Inhalt

W0324842

1

“LILLY!”

“LILLY! WIE TAUB BIST DU EIGENTLICH?”

“VERDAMMT NOCH MAL, LILLY!“

Ich drehe mich mürrisch auf die andere Seite, was ist das bloß für ein dämliches Gekreische hier?

„Klappe halten“, murmele ich nur und drehe mich genüsslich um. Es dauert wohl keine drei Sekunden und ich bin wach - und zwar hellwach! Ein nasses kaltes Etwas klatschte soeben in mein Gesicht, kerzengerade sitze ich im Bett und reiße mir die Schlafmaske herunter.

„BIST DU IRRE, BIENCHEN?“, schreie ich los.

„IRRE? WER SCHLÄFT DENN HIER WEITER BEI DEM HÖLLENLÄRM? Ich mache mir langsam wirklich Sorgen um deine Ohren, kein normaler Mensch kann bei so einem Gedröhne schlafen!“ Bienchen baut sich mit strenger Miene vor dem Fußende meines Bettes auf und schüttelt den Kopf, dann schaltet er das Radio aus und ich verschränke die Arme vor meiner Brust.

„Das ist immer noch meine Sache, wie ich mich wecken lasse“, maule ich weiter.

„Nicht, wenn ich davon auch wach werde.“ Bienchen setzt sich auf die Bettkante und lächelt milde. „Du siehst beschissen aus.“

„Oh danke“, knurre ich. „Ich möchte mal sehen, wie du aussiehst, wenn du so barbarisch geweckt wirst.“

„Oh, meine geliebte Lilly – es tut mir leid. Käffchen, Schätzchen?“

„Das ist ja wohl das Mindeste, was du für mich tun kannst!“ Ich seufze theatralisch auf, Bienchen huscht aus meinem Zimmer und kommt kurz darauf mit einem großen duftenden Becher zurück. „Wie du es gerne magst: heiß und süß!“

Immerhin bekomme ich einen Kuss auf die Wange gehaucht und den Becher in die Hand gedrückt, Bienchen weiß ganz genau, dass ich ihm sowieso nicht lange böse sein kann.

„Danke, Schnuffi", lächele ich und streichele ihm über die Wange. „Du bist noch gar nicht rasiert …"

„Ich wäre normalerweise auch noch gar nicht wach, aber dank des schreienden Lärms hier war an meinen Schönheitsschlaf ja nicht mehr zu denken!" Er rollt mit den Augen, ich kichere verlegen.

„Tut mir leid, du weißt, dass ich einen festen Schlaf habe."

„Das kann man nicht mehr Schlaf nennen, Lilly. Das muss schon irgend so ein vorkomatöser Zustand sein, in den du immer fällst."

„Und du hast schon Kaffee gemacht – habe ich dir eigentlich schon gesagt, dass ich dich liebe?" Ich klimpere übertrieben mit den Wimpern.

„Spar dir das für die Heten auf, Schätzchen. Du weißt, ich bin gegen deine Reize immun, auch wenn ich dich schon dafür beneide, was für Männer du abschleppen könntest." Bienchen verzieht das Gesicht in gespielter Verzweiflung und ich muss mich bemühen, meinen Kaffee nicht auf die neue Bettwäsche zu spucken.

„Das geht mir andersherum genauso, Schnuffi", grinse ich. „Die tollsten Männer sind sowieso schwul."

„Das halte ich für ein großes Gerücht", seufzt er, dann sieht er sich in meinem Zimmer um. „Wie kannst du es in dieser Unordnung nur aushalten? So findest du natürlich auch keinen Mann."

Er steht auf und legt meine Kleidung ordentlich über einen Stuhl, ich beschließe, jetzt auch besser mal aus dem Bett zu krabbeln, bevor er wieder in eine Schimpftirade über meine Unordnung ausbricht. „Und überhaupt: Du hast noch gar keinen Karton ausgepackt", fährt er auch prompt fort.

„Hab ich wohl", versuche ich mich zu verteidigen, ein strafender Blick trifft mich.

„Ja, den mit deinen Lieblingsklamotten. Aber alles andere steht noch hier rum. Lilly, so geht das nicht. Du weißt, ich liebe es, mit dir zusammenzuwohnen, aber an deiner Grundordnung müssen wir noch arbeiten."

„Bienchen – das ist mein Zimmer! Solange ich meinen Putzdienst erfülle, kannst du dich nicht beschweren."

„Nun gut." Er gibt mir einen Klaps auf den Hintern und mustert mich von oben bis unten. Jedem anderen Kerl hätte ich dafür schon längst eine geknallt, aber natürlich kann ich ihm nicht böse sein. Ich liebe ihn einfach, Bienchen ist meine Familie und mir Mutter, Vater,

Bruder und Schwester in einer Person – und beste Freundin natürlich sowieso.

„Ich habe viele Kundinnen, die würden für deine Figur morden", sagt er.

„Ich hab gute Gene", nuschele ich, während ich auf der Suche nach einem halbwegs passablen T-Shirt bin. Ich wühle mich durch den Klamotten-Karton, Bienchen schreit entsetzt auf, als ich die Shirts, die nicht infrage komme, achtlos auf den Boden schmeiße.

„Lilly! Die zerknittern doch total!"

„Ja, die ziehe ich ja eh nicht an …" Endlich hab' ich eines gefunden, das mir für den heutigen Tag passend erscheint, zufrieden lege ich es auf die Kommode und versuche ein paar Knitterfalten zu glätten.

„Das kannst du doch so nicht anziehen!" Bienchen reißt es mir aus der Hand und verschwindet damit in seinem Zimmer.

Ich zucke nur mit den Schultern, es bringt nichts, gegen seine Ordnungssucht aufzubegehren. Bienchen liebt alles, was mit Haushalt zu tun hat und ich profitiere natürlich davon. Da ich eh noch duschen muss, verziehe ich mich ins Bad. Mein Mitbewohner hat seine Toilettenartikel natürlich schon eingeräumt, alles steht fein säuberlich auf seiner Seite des Waschtisches. Ich wühle in meiner Plastiktüte nach der Zahnbürste, während des Putzens betrachte ich mir Bienchens Arsenal an Tigelchen und Töpfchen, er besitzt mehr davon als jede normale Frau.

Als ich aus der Dusche komme, liegen meine Anziehsachen schon fein säuberlich auf meinem Bett, selbst frische Unterwäsche hat Bienchen mir rausgelegt.

„Du solltest dir mal schärfere Sache zulegen, Lilly!", ruft er mir aus seinem Zimmer zu. „Mit den Snoopy-Dessous zieht doch jeder Kerl wieder den Schwanz ein, wenn du vor ihm stehst. Da helfen dir auch deine Kurven nichts!"

„Ich mag die Unterwäsche aber", entgegne ich und schlüpfe in besagten BH. „Außerdem suche ich im Moment keinen Mann und deswegen sind mir eingezogene Schwänze auch egal!"

„Das ist eine reine Schutzbehauptung!", kommt es prompt zurück. Bienchen erscheint wieder in meinem Zimmer, er ist schon fertig angezogen und cremt sich gerade sein Gesicht ein. „In der richtigen Verpackung kommen deine Reize viel besser zur Geltung“, doziert er weiter.

Genervt puste ich mir eine blonde Strähne aus dem Gesicht. „Bienchen – wir wollen ins Möbelgeschäft. Dafür brauche ich keine Dessous anzuziehen.“

„Man muss auf alles vorbereitet sein“, sagt er.

„Mann vielleicht – Frau aber nicht, ich zumindest nicht!“

Ich ziehe mir das T-Shirt über und greife nach einem Haarband, um meine langen blonden Haare zu bändigen. Meist ist das ein auswegloses Unterfangen, da meine Locken schon immer sehr widerspenstig waren – das habe ich von meiner Mutter geerbt. „So, fertig. Nur noch schnell frühstücken.“

„Make-up?“, fragt Bienchen mit einer Spur Resignation in der Stimme.

„Wir fahren doch nur ins Möbelgeschäft“, kichere ich.

Ich wusste es ja schon vorher, von daher bin ich nicht sonderlich verwundert, dass Bienchen und ich völlig entgegengesetzte Vorstellungen von unseren künftigen Wohnzimmermöbeln haben. Das war in der alten Wohnung schon so, damals habe ich noch versucht, mich durchzusetzen, heute gebe ich aber nach. Ich weiß, dass er einen guten Geschmack hat und es später mal edel und stilvoll aussehen wird.

Und außerdem habe ich auch den Kopf nicht wirklich frei. Morgen muss ich meinen neuen Job antreten und ich bin deswegen ziemlich nervös. Den Dienstplan habe ich schon zugeschickt bekommen, ich starte mit drei Tagen Spätdienst und muss gegen zwölf Uhr mittags da sein.

Wie es wohl sein wird? Bei meiner vorherigen Stelle bin ich gut zurechtgekommen, die Ärzte und meine Kolleginnen und Kollegen waren freundlich, das Klima war trotz der vielen Arbeit sehr entspannt.

Jetzt bin ich an einem großen Klinikum angestellt, wird es hier ganz anders sein?

Langsam kommen doch Zweifel in mir auf. War es richtig, mit Bienchen in die Großstadt zu ziehen?

Er hat hier die Chance bekommen, in einem Beauty-Tempel die Geschäftsführung zu übernehmen. Ich habe mich sehr für ihn gefreut, denn er geht total in seiner Arbeit auf und er wird einiges mehr verdienen als früher, wo er noch ‚normaler' Friseur war. *Hairstylist*, korrigiere ich mich innerlich, ich kann Bienchens strenges Gesicht schon direkt vor mir sehen und muss grinsen.

„Lilly – kannst du bitte mal antworten?" Genervt verdreht er die Augen. „Was hältst du von dem Bilderrahmen hier?"

Ich gebe ihm einen dicken Schmatzer auf die Wange. „Er ist perfekt – so wie du, Schnuffi!"

„Wie findest du denn den Verkäufer da drüben?" Bienchen stupst mich in die Seite, neugierig folge ich seinem Blick.

„Der ist knuffig", antwortete ich. An Bienchens Miene sehe ich schon, dass sein Jagdtrieb geweckt ist.

„Meinst du, ich hätte eine Chance?", fragt er aufgeregt.

„Woher soll ich das wissen? Es kommt auf einen Versuch an." Ich zucke die Schultern und betrachte weiter die Pflanzen, ein bisschen Grünzeug könnte unsere neue Wohnung schon noch gebrauchen, auch wenn ich weiß, dass die Pflege wieder an Bienchen hängen bleiben wird, denn ich vergesse irgendwie immer, zu gießen.

„Manno, Lilly, jetzt sag doch mal …", schmollt Bienchen. Ich widme ihm wieder meine ungeteilte Aufmerksamkeit.

„Benjamin Stockowski – du siehst atemberaubend aus, wie immer eigentlich", versichere ich ihm. „Geh und versuch dein Glück."

„Er schaut her, oh Gott, ich kriege einen Herzklabaster!", wispert Bienchen völlig aufgelöst. „Aber vielleicht ist er ja eine Hete und steht auf blonde Bitches wie dich!"

Nervös fährt er sich mit den Händen durch seine perfekt gestylten Haare.

„Nein, der ist bestimmt nicht auf Frauen gepolt, sieh doch mal, wie er sich bewegt", mache ich Bienchen Mut.

Er stapft auf den Verkäufer zu und legt sich dann mächtig ins Zeug, für seinen Mut bewundere ich ihn insgeheim, ich würde mich das bei einem Mann nie trauen.

Im Vergleich zu Bienchens zahlreichen Liebschaften bin ich auch wirklich ein Mauerblümchen. Ich hatte erst einen richtigen Freund, und obwohl es doch einige Männer gibt, die bisher Interesse an mir signalisiert haben, konnte ich mich nicht wirklich dazu durchringen, mit einem von ihnen etwas anzufangen. Ganz anders

Bienchen, der bereits öfters mit einem One-Night-Stand nach Hause gekommen ist.

Mittlerweile bin ich daran gewöhnt, dass mir morgens schon mal eine seiner Affären am Frühstückstisch begegnet oder plötzlich im Bad steht. Mit den meisten verstehe ich mich auch prächtig, und da sie nicht an mir als Frau interessiert sind, stört mich auch ihre Anwesenheit nicht.

Ich stöbere weiter bei den Deko-Artikeln, nach einer Weile kommt Bienchen wieder zu mir.

„Und? Warst du erfolgreich?“ Natürlich brenne ich vor Neugier.

Bienchen wirkt zufrieden. „Na ja, ich habe ihm erzählt, dass ich neu in der Stadt bin und er meint, er könne mir ein paar Bars und Clubs zeigen.“

„Klingt doch gut. Glückwunsch!“ Ich nicke anerkennend.

„Aber was ist mit dir? Du kennst noch niemanden hier, ich möchte dich erst mal nicht alleine lassen.“

„Bienchen – ich bin ein großes Mädchen, ich werde es schon überleben, wenn ich mal ein paar Abende alleine bin“, versichere ich ihm. „Außerdem muss ich sowieso abwarten, wie mein Dienstplan aussieht. Vielleicht bekomme ich ja direkt ein paar Nachtschichten. Du kannst also wirklich völlig unbedenklich losziehen.“

„Ach, Lilly. Ich mache mir eben Sorgen um dich.“

„Das musst du nicht. Ich bin gerade mal zweiundzwanzig, ich denke, es gibt noch Hoffnung für mich, dass ich nicht völlig vereinsamen werde“, kichere ich.

Da Bienchen und ich uns nur ein kleines Auto teilen, leisten wir uns den Lieferdienst des Möbelhauses. Man verspricht uns, die Sachen am nächsten Vormittag zu bringen. Zufrieden verstauen wir die Ausbeute an kleinen Dingen in unserem Wagen und fahren zurück zu unserer neuen Wohnung.

Bienchen beginnt sofort, die Deko-Sachen zu verteilen, ich bewundere ihn für seine Energie. Ich denke mit Schaudern an die Kartons, die ich noch auszupacken habe, doch mein Mitbewohner treibt mich an, ich ergebe mich schon bald in mein Schicksal.

Ein verführerischer Duft lockt mich am frühen Abend dann aus meinem Zimmer, Bienchen ist ein begnadeter Koch, ich kann dem lieben Gott nur immer wieder dafür danken, dass ich diesen Mann getroffen habe.

„Hm, das riecht aber lecker." Neugierig tapse ich in die Küche und werfe einen Blick in den Backofen.

„Das dauert noch. Wie weit bist du?", fragt mich Bienchen mit strenger Stimme.

„Fast fertig",maule ich. „Ich habe Hunger."

„Später. Lass mal sehen." Er geht an mir vorbei in mein Zimmer, ich höre ein missbilligendes Schnalzen und folge ihm brav.

Er steht wie eine strenge Gouvernante vor meinem Kleiderschrank. „Du musst deine Sachen ordentlicher falten."

„Geht doch auch so." Ich lasse mich aufs Bett fallen und starre an die Decke. „Ich sterbe vor Hunger."

„Wie kann man eine Figur wie eine Göttin haben und dabei so verfressen sein wie du?", tadelt mich mein Mitbewohner.

„Mein Job ist anstrengend, ich muss viel laufen", verteidige ich mich.

„Das ist trotzdem nicht gerecht." Er lässt sich neben mich aufs Bett plumpsen und greift nach meiner Hand.

„Wir wären das perfekte Paar, Schnuffi", kichere ich. Wir liegen so nahe beieinander, dass sich unsere Nasenspitzen berühren.

„Niemals, Schätzchen. Du bist mir viel zu unordentlich und chaotisch", grinst er. „Und auch wenn du so schöne lange Beine und tolle blaue Augen hast – du bist nicht mein Typ."

„Autsch, das tut weh", jammere ich. „Aber du bist mir auch zu feminin. Ich steh auf harte Kerle."

„Ach ja? So wie dein Ex?" Bienchen zieht die Augenbrauen hoch. „Der sah zwar gut aus, aber er war ein Macho."

„Frauen stehen auf Machos."

„Frauen sind manchmal echt blöde."

„Das stimmt allerdings auch wieder", seufze ich. „Können wir jetzt essen?"

2

„Soll ich dir ein paar Sandwiches machen?“ Bienchen sieht mich erwartungsvoll an, als ich am nächsten Tag mit klopfendem Herzen am Esstisch sitze.

„Ich habe keinen Hunger.“ Meine Stimme klingt ganz jammerig, aber so ist mir auch zumute. Mein erster Arbeitstag steht mir unmittelbar bevor und ich bin schrecklich nervös.

„Du musst etwas essen. Du hast schon nicht gefrühstückt“, ermahnt mich Bienchen mit strengem Blick.

„Was ist, wenn ich mich blöde anstelle? Was ist, wenn die Ärzte und Kollegen mich nicht mögen?“, fahre ich mit meinem Klagelied fort.

„Wieso sollen sie dich nicht mögen? War doch bei deiner anderen Arbeitsstelle auch nicht so.“

Ich ziehe einen Schmollmund. „Das heißt doch nichts.“

„Du bist eine gute Krankenschwester, Schwester“, grinst Bienchen und nippt an seinem Kaffee.

Er ist eben erst aufgestanden und sieht bereits wie aus dem Ei gepellt aus. Dabei trägt er nur einen rubinroten Satinmorgenmantel, der dazu auch noch sündhaft kurz ist.

„Ich hoffe, du trägst eine Unterhose“, motze ich ihn an. „Ich möchte keine intimen Einblicke auf nüchternen Magen bekommen.“

Bienchen verdreht die Augen und öffnet den Morgenmantel, er entblößt einen knapp sitzenden Hauch von Nichts, jetzt muss ich doch lachen.

„Was gibt es da zu giffeln?“, faucht Bienchen empört.

„Entschuldige, ich verstehe nur nicht, dass dir das gefällt.“ Ich deute mit dem Finger auf seinen Tangaslip.

„Ich finde es sexy. Und ich kenne genug Typen, die das auch finden“, zickt er mich an.

„Okay, mag sein.“ Ich trinke schnell einen Schluck Kaffee und versuche, ernst zu bleiben. „Ich stehe halte eher auf Shorts.“

„Und auf Snoopy-Unterwäsche, ich weiß“, knurrt er beleidigt. „Schätzchen, wir müssen unbedingt shoppen gehen, du musst deine Reize besser verpacken.“

„Ich wüsste nicht, für wen.“

„Hasi – du fängst einen neuen Job an, bei euch Heten ist doch der Arbeitsplatz die beste Partnerbörse. Wer weiß, vielleicht findet sich ja ein schnuckeliger Chefarzt", zwinkert Bienchen mir verschwörerisch zu.

„Nein." Ich schüttele entschieden den Kopf. „Du kennst meine Devise: Don't fuck in the factory."

„Ist ja keine Factory, sondern eine Klinik", verbessert Bienchen mich.

„Du weißt, was ich meine."

„Was musstest du auch auf der Gynäkologie anheuern? Wenn du dich nur um Frauen kümmerst, kann das ja nix werden. Hättest du dich nicht in der Chirurgischen bewerben können? Dort gibt es doch bestimmt viele hilflose Männer, die für eine hübsche blonde Schwester empfänglich sind."

„Bienchen – du hast doch etwa keine unanständigen Gedanken zu Frauen in Schwesterntracht, oder?"

„Ich habe nie unanständige Gedanken, Schätzchen."

Ich bin froh, dass er mich zur Klinik fährt, ich bin einfach zu nervös zum Autofahren und würde eine Gefahr für die Allgemeinheit darstellen. Dabei hat mich Bienchen immer wieder beruhigt und mir die Haare hochgesteckt, ich hätte das heute wohl nicht selbst hinbekommen.

„Ich hab Angst", wimmere ich, als er vor dem Hauptportal der Frauenklinik anhält.

„Quatsch, hast du nicht", widerspricht Bienchen mir. „Und jetzt los!" Er drückt mir meine Tasche in die Hand, sie ist auf einmal viel schwerer als eben noch.

„Du hast mir doch etwas zu essen eingepackt!"

„Ich kann einfach nicht aus meiner Haut." Er schaut mich so liebevoll an, dass ich ihm für seine Eigenmächtigkeit nicht böse sein kann.

„Ich hab dich lieb", flüstere ich und küsse ihn auf die Wange.

„Ich dich auch. Und jetzt los, kümmere dich um ein paar Schwangere - oder was die Frauen da sonst so für Probleme haben." Er beugt sich über mich und öffnet die Beifahrertür. „Los jetzt."

Ich atme noch einmal tief durch und betrete dann das moderne Gebäude. Dieser Teil der Klinik ist komplett saniert worden, wie mir der Chef der Pflegedienstleitung beim Einstellungsgespräch mit stolzgeschwellter Brust verraten hat.

Eine nette Dame sitzt an der Anmeldung, ich nicke ihr zu und gehe dann zu den Aufzügen, die mich zur Station bringen werden. Nervös knete ich meine Hände, ich schimpfe mit mir wegen meiner Aufregung, aber ich kann da einfach nicht aus meiner Haut, immer wieder frage ich mich, was mich hier wohl erwarten wird.

Ich schaue auf die Uhr, ich bin eine Viertelstunde zu früh dran, hoffentlich hat man jetzt schon Zeit für mich.

„Hallo, mein Name ist Elisabeth Zeisler, ich habe heute meinen ersten Arbeitstag." Ich lächele dem Krankenpfleger zu, der hinter dem Tresen der Teamleitung sitzt.

„Oh, hi." Der junge Mann steht auf und reicht mir die Hand. „Schön, dass du da bist. Wir duzen uns hier alle."

„Ich bin etwas früh dran."

„Macht nichts. Ich habe jetzt nur leider keine Zeit für dich, aber eine Krankenpflegehelferin wird dir erst mal alles zeigen." Er dreht sich herum und geht in eine kleine angrenzende Küche.

„Anna, kümmerst du dich bitte um Elisabeth?"

Ein junges Mädchen mit schwarzen Haaren und einem dunklen Teint tritt heraus. Auch sie wirkt freundlich und streckt mir die Hand entgegen. „Hallo Elisabeth."

„Oh, bitte nennt mich Lilly. Niemand ruft mich mit richtigem Namen."

„Gut, herzlich willkommen, Lilly. Ich bin Olli." Er greift nach einem Krankenblatt und eilt davon.

„Ich zeige dir die Umkleiden." Anna geht voran, ich versuche, mir alles einzuprägen, es ist so viel größer und moderner hier als in dem Krankenhaus, in dem ich gelernt und gearbeitet habe.

Die Dienstkleidung besteht aus einem himbeerfarbenen Kasack und einer weißen Hose, immerhin besser als das langweilige weiße Outfit, das ich gewohnt bin.

„Schöne Farbe", lächele ich.

„Ja, ich bin auch froh darüber." Anna führt mich weiter herum und zeigt mir die verschiedensten Räume.

„Hier ist der Ruheraum für die Oberärzte, da ist Vorsicht geboten, vor allem, wenn Dr. Stegmann schläft", kichert Anna, und ich versuche mir schon einmal den Namen *Stegmann* zu merken, mit einem Ausrufezeichen dahinter. „Er hat heute Dienst, du wirst ihn also noch kennenlernen.“

„Ah ja, schön“, stammele ich, ich hoffe, er ist nicht zu unangenehm.

„Da hinten geht's zum Säuglingszimmer, wenn ich Zeit habe, dann schaue ich da immer mal vorbei.“ Anna bekommt einen ganz verklärten Gesichtsausdruck, ich kann sie verstehen, ich bin auch gerne bei den Babys.

„Wir müssen zur Übergabe“, drängt sie mich dann, ich folge ihr und bin gespannt, was mich erwarten wird.

Nun lerne ich den Rest des Teams kennen, alle nehmen mich freundlich auf und ich entspanne mich zusehends. Wir erfahren von der Frühschicht, was es für Besonderheiten gab, zwei neue Patientinnen wurden aufgenommen, darunter eine Schwangere mit vorzeitigen Wehen, die nicht einsehen will, dass sie nur liegen darf.

„Dr. Stegmann redet ihr gerade ins Gewissen, ich hoffe mit Erfolg“, erklärte eine Krankenschwester.

„Och, wenn Cheffe seinen Charme spielen lässt …“, kichert eine andere Schwester, die Sigrid heißt.

„Mädels, bitte“, stöhnt Olli. „Können wir weitermachen? Ich möchte in den wohl verdienten Feierabend. Für den Stegmann könnt ihr auch noch schwärmen, wenn ich weg bin.“

„Sei nicht eifersüchtig“, neckt Sigrid ihn, dann widmet sie sich aber wieder den Patientenunterlagen. „Am besten, du kommst heute erst mal mit mir mit“, schlägt sie mir vor. „Sonst verläufst du dich hier noch.“

Ich bin ihr dankbar, noch habe ich nicht so ganz die Orientierung hier im Gebäude. Es gibt drei Flügel mit verschiedenen Abteilungen, die zentral zusammenlaufen. Auch wenn die Beschilderung der Bereiche ganz gut ist, so abwegig ist es bei mir gar nicht, dass ich mich verirren könnte, ich brauche immer ein bisschen, um mich zurechtzufinden.

Sigrid wirkt sehr offen und ihre gute Laune ist ansteckend. Sie hat eine angenehme Art, mit den Patientinnen umzugehen und ich merke direkt, dass sie sehr beliebt zu sein scheint.

„Hier sind die Zimmer der Privatpatienten“, erklärt sie mir dann. „Die Neuaufnahme mit den vorzeitigen Wehen liegt hier.“

Sie klopft an die Tür und öffnet sie vorsichtig, ich höre eine Männerstimme, die etwas unwirsch „Ja“ ruft.

Sigrid lässt sich davon nicht beeindrucken, sie tritt ein und nickt mir aufmunternd zu.

„Oh, hallo Frau Wolter“, flötet sie, die Patientin schaut sie mürrisch an. Sie ist in der dreißigsten Woche, doch ihr Bauch ist schon sehr beachtlich. „Wir kennen uns noch gar nicht. Ich bin Schwester Sigrid und das ist unsere neue Schwester Lilly. Lilly, das sind Frau Wolter und Dr. Stegmann.“

Ich lächele der Patientin zu, dann erst bemerke ich den Arzt, der mit verschränkten Armen und sehr genervtem Gesichtsausdruck an der Wand lehnt.

„Ich war gerade im Gespräch mit der Patientin“, giftet er uns an.

„Ich weiß, aber wir müssen noch den Blutdruck und die Temperatur messen, Frau Wolter hat sich heute Vormittag geweigert. Außerdem braucht sie eine neue Infusion.“ Sigrid deutet auf die Flasche in meiner Hand und schenkt Dr. Stegmann ein strahlendes Lächeln. Ich stöhne innerlich auf, ich hätte mir für meine erste Amtshandlung natürlich lieber eine leichtere Patientin gewünscht – und keine Beobachtung durch einen Oberarzt.

„Dann los!“, zischt der Arzt, dann mustert er mich ganz unverfroren von oben bis unten.

Ich bin empört, das darf ja wohl nicht wahr sein, wie kann er es wagen, mich so anzuschauen?

Konzentrier dich, ermahne ich mich selbst, nicht dass das alles hier zu einem Desaster wird.

„Darf ich?“, frage ich Frau Wolter freundlich. „Es geht auch ganz schnell.“

„Habe ich eine Wahl? Ich verstehe den Aufwand überhaupt nicht, mir geht es schon wieder gut, ich spüre die Wehen kaum noch.“

„Aber sie sind immer noch da. Es ist zu riskant, Sie wieder nach Hause zu schicken.“ Dr. Stegmann tritt näher an das Bett der Patientin. „Sie wollen doch nicht, dass Ihrem Baby etwas passiert, oder?“, fragt er mit einschmeichelnder Stimme.

Ich schaue kurz zu ihm hinüber. Nanu, dieser Mann kann wohl auch anders sein.

„Blutdruck 150:100“, stelle ich dann fest. „Hatten Sie schon öfter Probleme damit?“

„Nein, normalerweise nicht“, knurrt Frau Wolter. „Aber bei diesem Theater hier ist das ja wohl auch kein Wunder.“

Ich messe ihre Temperatur im Ohr und wechsle die Infusion. „Das war es schon.“

„Den Blutdruck müssen wir im Auge behalten“, weist der Arzt mich an. Jetzt habe ich Gelegenheit, ihn kurz zu mustern.

Ich muss an die Bemerkung von Olli denken, hatte er nicht irgendwas von Schwärmereien für Stegmann erwähnt?

Wenn dem so sein sollte, dann wohl zu Recht, denn Dr. Stegmann ist ausgesprochen attraktiv. Ich schätze den Oberarzt auf Anfang dreißig, er ist groß, hat dunkle Haare und ebenso dunkle, fast schon schwarze Augen. Ich schiele auf seine Hände, er hat lange feingliedrige Finger.

Pianistenhände, schießt es mir durch den Kopf. Ich kann keinen Ring entdecken, sofort schimpfe ich mit mir, dass ich auf dieses Detail geachtet habe.

„Gut, dann lassen Sie beide uns noch einmal allein.“ Seine Stimme reißt mich aus meinem Erstcheck, ich schaue ihm in die Augen und bemerke ein amüsiertes Blitzen.

Hat er etwa gemerkt, dass ich ihn gemustert habe?

Ich spüre, wie mir heiß wird, und bestimmt habe ich ganz rote Wangen bekommen. *Wie peinlich, wie oberpeinlich.*

Schnell raffe ich meine Sachen zusammen und stürme Richtung Tür. Sigrid flötet der Patientin noch ein „Auf Wiedersehen“ zu, aber ich stehe schon längst wieder auf dem Gang.

„Na? Ist er nicht schnuckelig?“ Meine Kollegin stupst mich in die Seite. „Er kann ein absoluter Kotzbrocken sein, und Launen hat der …“ Sie verdreht spektakulär die Augen. „Aber alle Mädels stehen hier total auf ihn. Pass bloß auf, Lilly, der hat schon etliche Herzen gebrochen und er war auch nicht ganz unschuldig daran, dass deine Vorgängerin das Handtuch geworfen hat.“

„Pff.“ Ich winke nur ab. „Danke nein, ich stehe nicht auf Liebschaften am Arbeitsplatz.“

„Das haben schon einige gesagt“, kichert Sigrid. „Aber so eine hübsche junge Schwester wie dich hat er bestimmt schon auf seinem Radar.“

Ich recke mein Kinn vor. „Sein Radar ist mir total egal. Außerdem ist er überhaupt nicht mein Typ.“

„Dann ist es ja gut.“ Sigrid sieht nicht hundertprozentig überzeugt aus. „Sei mir nicht böse, ich wollte dich nur warnen.“

„Das ist auch sehr nett.“ Ich drücke kurz ihre Hand. „Gibt es noch mehr Gefahren hier, auf die ich achten muss?“, erkundige ich mich grinsend.

Sigrid lacht auf. „Nein, die anderen Ärzte sind entweder zu alt, verheiratet oder unattraktiv.“

„Gut zu wissen.“ Ich stimme in ihr Lachen mit ein, dann gehen wir zum nächsten Zimmer.

3

Allmählich werde ich ruhiger, die Klinikroutine ist auch hier nicht anders als in dem Krankenhaus, in dem ich gelernt habe. Nur an die vielen neuen Gesichter und Räumlichkeiten muss ich mich erst noch gewöhnen. Die Kollegen scheinen sehr nett zu sein, nur eine Schwester, Svenja, war ein bisschen zickig, aber das stört mich vorerst noch nicht.

„Lilly, der Cheffe hätte jetzt für dich Zeit." Anna lächelt mich freundlich an, ich nicke eifrig.

„Ich komme sofort." Ich rufe mich zur Ruhe, man hat mir schon angekündigt, dass der Chefarzt mich auch begrüßen wird. Ich habe ein Foto von ihm im Internet gesehen, erst jetzt fällt mir auf, dass von diesem Dr. Stegmann keines abgebildet war, denn den hätte ich mir doch im Gedächtnis behalten.

Die Sekretärin des Chefarztes empfängt mich mit einem strahlenden Lächeln und führt mich in ein großes Büro, in dem mich drei Ärzte erwarten. Einen kenne ich schon, es ist der Herzensbrecher.

„Hallo Frau Zeisler, ich begrüße Sie in unserem Team." Prof. Meineke erhebt sich hinter seinem massiven Schreibtisch, auch die anderen Ärzte stehen auf, um mir die Hand zu schütteln.

„Das sind unsere Oberärzte, Dr. Simon Stegmann und Dr. Michael Werner", stellt er mir die beiden vor. „Ich bin Professor Meineke", ergänzt er noch überflüssigerweise.

„Elisabeth Zeisler, guten Tag." Ich gebe allen die Hand, mir entgeht nicht, dass Dr. Stegmann mich aus seinen dunklen Augen wieder eingehend mustert.

Wie mich so was nervt! Ich hasse diese abschätzenden Blicke, wütend funkele ich ihn an, er scheint es zu merken und grinst überheblich.

„Nun, konnten Sie sich schon einen Überblick verschaffen?" Prof. Meineke reißt mich aus meinen Gedanken, in denen ich Dr. Stegmann bereits gehörig den Marsch geblasen habe.

„Ja, das habe ich. Ich bin sehr angetan davon, wie modern und freundlich die Station gestaltet ist."

„Die Sanierungsmaßnahmen sind letztes Jahr abgeschlossen worden. Wir sind alle sehr glücklich über das Ergebnis“, erklärt mir der Professor.

„Das glaube ich. Sie können stolz sein auf diese Station“, sage ich.

„Wenn Sie Fragen haben oder es Probleme gibt, dann wenden Sie sich bitte an die Oberärzte oder an die Pflegedienstleitung. Und ich stehe Ihnen natürlich auch zur Verfügung“, fährt er fort.

„Vielen Dank.“ Innerlich weiß ich jetzt schon, dass ich mich bei Problemen lieber an den Oberarzt Dr. Werner halte. Er macht einen sympathischen Eindruck, von den Kolleginnen weiß ich, dass er frisch verheiratet ist und seine Frau gerade ein Baby bekommen hat. Professor Meineke schüttelt noch einmal meine Hand, mein Zeichen, dass ich wieder verschwinden darf.

Ich lächele den Ärzten noch einmal zu und verlasse das Büro so huldvoll ich kann.

Na bitte, lief doch supi, lobe ich mich insgeheim. Bienchen wäre stolz auf mich und meine Haltung.

„Und? Alles klar?“, erkundigt Sigrid sich.

„Ja, Professor Meineke scheint sehr sympathisch zu sein.“ Ich helfe ihr, das Abendessen in die Servierwagen zu räumen.

„Ja, der ist schon okay. Ich mag ihn auch“, pflichtet Sigrid mir bei.

Ich verzichte darauf, ihr zu erzählen, dass Dr. Stegmann auch bei der Begrüßung dabei war, noch einmal möchte ich mir nicht anhören, wie begehrt er doch bei den Damen ist.

Simon, schießt es mir prompt durch den Kopf. Ein schöner Name, viel zu schön für den eingebildeten Schnösel. Seine Blicke waren einfach nur eine Frechheit!

Gott sei Dank lenkt mich die Arbeit von weiteren Gedanken an den Oberarzt ab. Es gibt viel zu tun und die Zeit ist knapp bemessen, auch das ist nicht anders als bei meiner alten Arbeitsstelle.

Als Sigrid und ich uns eine kurze Kaffeepause gönnen, schaut Dr. Stegmann kurz in unseren Aufenthaltsraum. „Ladys, ich bin dann weg. Bis morgen.“ Er lächelt uns zu, ich meine sogar gesehen zu haben, dass er gezwinkert hätte.

Mir ist übel, was für ein aufgeblasener Sack!

„Schönen Feierabend, Dr. Stegmann“, flötet Sigrid, ich nicke nur und brumme so etwas wie „Tschüss“ in meine Kaffeetasse.

„Weg ist er, unser Stationsadonis“, kichert Sigrid.

Ich verkneife mir ein „Gott sei Dank“ und vertiefe mich in die Patientenakten.

Bienchen wartet schon auf mich, als ich das Krankenhaus verlasse. Er lehnt an unserem Auto, einem entzückenden Nissan Micra in Knallrot, von dem Bienchen sofort hin und weg war, und hüpft erwartungsvoll auf und ab, als er mich entdeckt.

„Da bist du ja endlich, Schätzchen!“

Ich bekomme zwei Küsschen auf meine Wangen und Bienchen mustert mich eingehend. „Wie war dein erster Tag? Anstrengend? Du hast ganz rote Bäckchen, Hasi. War es aufregend? Wie sind die Kollegen? Sind ein paar nette männliche Pfleger dabei? Und Ärzte? Gibt es sexy Ärzte?“

Ich grinse nur und lasse mich auf den Beifahrersitz plumpsen. Bienchen eilt um das Auto herum und schaut mich vorwurfsvoll an, als er neben mir sitzt.

„Jetzt erzähl endlich!“, drängelt er ungeduldig.

„Lieb, dass du mich abholst. Warum gehst du nicht aus? Genieß doch die letzten freien Tage, bevor du arbeiten musst.“ Ich streichele ihm über die Wange, natürlich ist er top gestylt und sieht aus wie aus dem Ei gepellt.

„Schatzi – es ist erst neun Uhr am Abend. Wer sagt dir denn, dass ich nicht noch ausgehe?“, rügt er mich mit sanfter Stimme. „Kommst du noch mit um die Häuser?“

„Nein, ich bin müde. Ich nehme ein Bad und gehe dann ins Bett.“ Es ist zwar immer lustig, etwas mit Bienchen zu unternehmen, aber heute habe ich dazu keinen Nerv. Ich muss erst einmal die neuen Eindrücke verarbeiten und mich entspannen.

„Langweilerin.“ Bienchen macht einen Schmollmund. „Aber los jetzt, ich will alles wissen.“

„Gib mir noch ein paar Minuten“, bitte ich ihn. „Ich möchte jetzt erst mal eine halbe Stunde nicht reden.“

„Gut, gut, meine allerliebste Diva“, seufzt Bienchen. „Aber dann musst du mir jedes Detail erzählen.“

Ich lasse mich in die Wanne gleiten und könnte Bienchen schon wieder abknutschen. Mein liebster Mitbewohner hat überall Teelichter aufgestellt und ein duftendes Schaumbad eingelassen.

„Wo sind die Rosenblätter?“, frage ich in gespielter Empörung, als er mit zwei Gläsern Sekt im Bad erscheint und sich auf den Badewannenrand setzt.

„Die brauche ich für meine Eroberung, Honey. Die Eselsmilch, in der du baden darfst, muss reichen.“

„Oh, welche Eroberung? Was hast du heute denn den ganzen Tag getrieben, während ich hart gearbeitet habe?“

„Die Eroberung, die ich heute Abend hoffentlich machen werde, meine ich. Ansonsten habe ich geputzt und aufgeräumt, hier ist ja noch eine Menge zu tun.“ Mich trifft ein strafender Blick, mir ist völlig klar, dass er damit auf mein Zimmer anspielt, aber ich lasse mich darauf nicht ein und ignoriere die Zwischentöne.

„Aber ich bin nicht hier, um dir von meinem langweiligen Tag zu erzählen“, quengelt er. „Los jetzt, wie war es? Spuck es aus oder ich wachse dir die Bikinizone.“

Ich pruste los, werde dann aber schnell ernst, ich weiß ja, wie neugierig er ist – umgekehrt würde ich jetzt auch an seiner Stelle hocken und ihn mit Blicken durchbohren. „Also, die Klinik und die Station sind saniert worden, dort ist alles tippitoppi“, beginne ich meine Erzählung.

„Und in was für Sachen werdet ihr da gesteckt?“ Er verzieht gequält das Gesicht, ich weiß, dass er nicht viel von meiner Berufsbekleidung hält, die seinen Sinn für Ästhetik beleidigt.

„Himbeerfarbene Kasacks und weiße Hosen“, strahle ich ihn an.

Er reißt die Augen auf. „Ui – Himmmbääääär? Wie chic, das ist ja fast schon gewagt!“

„Siehste mal.“

„Und die Ärzte? Was tragen die? Auch Himbeer?“

„Nein, Blau.“ Ich zucke entschuldigend mit den Schultern. „Der Chefarzt trägt Weiß.“

Bienchen verzieht das Gesicht. „Wie langweilig! Nun gut, jetzt haben wir die Outfits – wer steckt denn darin? Wie sind die Kollegen?“

„Die Pflegerinnen und Pfleger sind sehr nett, also bis auf eine, die scheint etwas zickig zu sein.“ Ich runzele die Stirn. „Svenja heißt sie, ich hatte kaum Kontakt zu ihr, sie war sehr reserviert und hat meine Fragen nur knapp und schroff beantwortet. Na ja, vielleicht ist sie auch nur schüchtern oder unsicher gewesen."

„Oder neidisch", fügt Bienchen hinzu.

Ich beäuge ihn skeptisch, was will er denn schon wieder andeuten? „Wieso denn neidisch?"

„Tu doch nicht so! Wenn so eine hübsche Blondine auf die Station kommt, da werden doch einige bestimmt Stielaugen bekommen. Und so was erweckt Stutenbissigkeit, muss ich dir das wirklich erklären? Womit wir wieder bei den Männern wären: Wie sind die so?"

„Ganz okay", murmele ich.

„Attraktive Kerle dabei?"

„Einer, ja. Aber der ist gleichzeitig ein totaler Kotzbrocken." Ich knurre in mein Sektglas.

„Ein sexy Drecksack? Erzähl mir mehr." Bienchen rutscht aufgeregt auf dem Badewannenrand herum.

„Da gibt es nichts zu erzählen. Eine Schwester hat mir berichtet, dass der Kerl wohl der Stationsvernascher ist. Und er selbst scheint sich für Mr. Bombastic zu halten."

„Klingt doch interessant."

„Ja, für dich vielleicht, weil du auf Klatschgeschichten aus bist." Ich puste ein Schaumwölkchen in seine Richtung, Bienchen kann gerade noch verhindern, dass es auf seinem frisch gebügelten schwarzen Hemd landet.

„Mehr habe ich nicht zu berichten." Ich zucke entschuldigend mit den Schultern.

Mein Mitbewohner verzieht enttäuscht das Gesicht. „Na ja, das ist ja sicherlich noch ausbaufähig."

„Was Mr. Bombastic angeht, sicher nicht!"

„Nun gut, Schatzi, wir werden sehen." Er beugt sich zu mir und gibt mir ein Küsschen auf die Stirn. „Ich bin dann mal weg."

„Ist gut", lächele ich. „Und morgen will ich dann was hören. Bleib anständig."

„Das will ich doch nicht hoffen", kichert mein Bienchen und huscht aus dem Bad.

Als Bienchen weg ist, taste ich nach meinem Handy und rufe Ela an, meine beste Freundin – nach Bienchen. Ich vermisse sie schon sehr, es ist mir schwergefallen, meine Heimatstadt und damit auch sie und meinen alten Freundeskreis zu verlassen.

„Hallo Lilly“, quietscht sie entzückt, als ich mich melde. „Wie war dein erster Arbeitstag?“

„Ganz okay. Die Kollegen sind nett und die Klinik ist sehr modern“, erkläre ich ihr.

„Und wie ist die neue Wohnung? Hat Bienchen schon alles eingerichtet?“

„Ja, du kennst ihn ja. Er schimpft mit mir wie ein Rohrspatz“, lache ich.

„Glaub ich dir sofort. Gefällt es dir denn?“

„Ja, schon. Aber ich vermisse dich!“

„Ich dich auch. Sobald ich Urlaub habe, komme ich dich mal besuchen“, verspricht sie mir.

Ich erkundige mich nach dem neusten Klatsch in der Clique, Ela berichtet mir alles bis ins kleinste Detail und ich genieße es, mich von ihrem Geplapper berieseln zu lassen.

Erst als ich es gar nicht mehr in der Wanne aushalte und meine Haut schon ganz verschrumpelt ist, beende ich das Gespräch und mache mich auf die Suche nach etwas Essbarem. Bienchen hat gekocht und mir etwas aufbewahrt, ich beglückwünsche mich wieder für meinen Mitbewohner und stelle die Schüssel mit dem Kartoffelauflauf in die Mikrowelle. Während des Essens fallen mir fast die Augen zu, der Tag war aufregend und jetzt, wo die Anspannung immer mehr von mir abfällt, bemerke ich erst meine Müdigkeit.

Ich werde von lautem Gepolter und Gekicher geweckt, verschlafen schaue ich auf die Uhr, es ist halb zwei in der Nacht.

„Pscht … meine Mitbewohnerin schläft schon“, höre ich Bienchen laut flüstern. Ich stöhne auf und drehe mich auf die andere Seite.

„Du hast eine Mitbewohnerin, chéri?“, kommt es empört zurück.

„Eine WG-Mitbewohnerin“, besänftigt Bienchen ihn. Er bemüht sich zwar leise zu sein, aber ich bekomme trotzdem jedes Wort mit. Ich hoffe, dass die folgenden Tätigkeiten der beiden etwas ruhiger ausfallen, ansonsten werde ich mir wohl Ohropax besorgen müssen.

Mein Wecker klingelt um acht Uhr, ich fühle mich relativ fit und ausgeschlafen, mir fallen Bienchen und sein Besuch wieder ein und ich wappne mich, dass mir gleich eventuell ein halb nackter fremder Mann gegenübersteht.

Vorsichtig tapse ich ins Bad, die Tür von Bienchens Zimmer ist zu und es ist still in der Wohnung, die beiden scheinen noch zu schlafen.

Ich grinse in mich hinein, natürlich freue ich mich für Bienchen, er ist ein liebenswerter Kerl und irgendwie auch immer auf der Suche nach der großen Liebe. Nur, dass er das viel offensiver angeht als ich.

Suchst du denn überhaupt?, ätzt eine kleine Stimme in mir.

Nö, antworte ich mir selbst. *Ich möchte mich erst mal in dieser fremden Stadt und in meinem neuen Job eingewöhnen. Alles andere wird sich zeigen.*

Meine Güte, was bin ich vernünftig! Ich bin selbst stolz auf mich und steige zufrieden mit dieser Erkenntnis unter die Dusche.

Was wohl Mama und Papa zu allem sagen würden?

Ein dumpfer Schmerz macht sich in mir breit, wie immer, wenn ich an sie denke. Meist kommen die Gedanken an sie ganz plötzlich und unvorbereitet, so wie jetzt gerade. Es tut immer noch weh, auch wenn schon zwei Jahre vergangen sind seit diesem schrecklichen Tag im August.

Daran zu denken, schnürt mir den Atem ab, nie werde ich den Moment vergessen, als ich die Haustür geöffnet habe und mir zwei Beamte gegenüberstanden. Und noch jemand war dabei, ich kannte ihn, es war der Pfarrer, der mich konfirmiert hat. Mir kam sofort in den Sinn, dass er auch Notfallseelsorger ist, und noch bevor einer der Polizisten etwas sagen konnte, flüstere ich entsetzt „Nein!"

Bienchen hat sich in dieser Zeit ganz rührend um mich gekümmert, ich bin nach kurzer Überlegung auch zu ihm gezogen, in der Wohnung meiner Eltern habe ich es nicht mehr ausgehalten, die Erinnerungen drohten mich zu erdrücken.

„Hallo? Ist jemand im Bad?"

Eine fremde Stimme reißt mich aus meinen Grübeleien.

„JA!", rufe ich laut und deutlich, innerlich frage ich mich, wie man so eine doofe Frage stellen kann, denn die Tür ist verschlossen und das Rauschen der Dusche müsste ja auch zu hören sein.

„Dauert es noch lange? Ich müsste mal …“, kommt es kläglich, ich knurre mürrisch und drehe das Wasser ab.

„Kleinen Moment noch.“ Ich schlinge mir ein Handtuch um meine Haare und schlüpfe in einen Bademantel, dann tapse ich zur Tür. „Hereinspaziert“, nuschele ich.

Vor mir steht ein zerknirscht dreinschauender blonder Typ in einem knappen Slip, sein Körper ist durchtrainiert, das ganze Kerlchen ist ganz schnuckelig, Bienchen dürfte zufrieden mit seiner Eroberung sein.

„Sorry.“ Er grinst mich schief an, ich nicke ihm zu und gehe in die Küche, um den Kaffeeautomaten anzuwerfen.

Auf dem Tresen stehen drei leere Sektflaschen, offenbar haben die beiden es gestern Abend noch richtig krachen lassen, denn ich erinnere mich daran, selbst nur ein Glas getrunken zu haben.

Als der Kaffee fertig ist, lehne ich mich mit der Tasse an die Arbeitsfläche und schaue aus dem Fenster.

„Kann ich auch einen bekommen?“, höre ich die Stimme von Bienchens Gast.

„Klar.“ Ich hole eine weitere Tasse aus dem Schrank.

„Du bist Krankenschwester, sagt Benni.“

„Eigentlich heißt es Gesundheits- und Krankenpflegerin“, belehre ich ihn.

„Ah, okay.“ Er grinst. „Entschuldige meine Unwissenheit.“

„Macht nichts. Was tust du denn so, wenn du nicht gerade in fremden Wohnungen übernachtest?“

Er ist mir sympathisch, er wirkt nicht ganz so tussig wie mein Bienchen. Wenn ich es nicht wüsste, würde ich ihn nicht sofort als homosexuell einordnen, obwohl ich mittlerweile dafür schon ein ganz gutes Gespür entwickelt habe. Vielleicht bi?

„Ich bin Model“, erklärt er und stellt sich neben mich. „Der Kaffee ist gut.“

„Jep, Bienchen steht auf diese sündhaft teuren Kaffeeautomaten und uns kommen nur die besten Röstungen ins Haus.“

„Bienchen? Du nennst Benni Bienchen?“, lacht er leise.

„Ja.“

„Wie kommt das denn?“

„Ist nur ein Spitzname“, wiegele ich ab. Ich werde ihm das sicherlich nicht auf die Nase binden, nicht, dass mein Mitbewohner deswegen sauer wird.

„Hm. Du verschweigst mir doch was.“ Er sieht wirklich süß aus, ich kann Bienchen verstehen.

„Wie wäre es, wenn DU mir deinen Namen verrätst? Immerhin ist dies hier auch meine Wohnung, du schmeißt mich aus dem Bad und stehst halb nackt neben mir – ich denke, ich habe etwas mehr Infos verdient.“ Ich kann mir ein Grinsen nicht verkneifen, denn er wirkt ehrlich ertappt.

„Sorry, du hast natürlich recht, ich bin wirklich unhöflich. Ich heiße Jeremy.“

„Jeremy? Bist du Engländer?“

„Nein, ist er nicht, seine Mutter hatte nur mal was mit einem GI“, tönt es ärgerlich dazwischen. Bienchen steht mit verschränkten Armen im Türrahmen und schaut beleidigt zu Jeremy hinüber. „Wieso bist du einfach aus meinem Bettchen gekrochen?“ Er geht zu ihm und haucht ihm einen Kuss auf die Lippen.

„Ich musste mal, chéri“, erklärt Jeremy wahrheitsgemäß. „Und da bin ich auf deine entzückende Mitbewohnerin gestoßen.“

„Ja, Lilly ist entzückend, eine wahre Augenweide. Und nicht auf der Suche nach Kerlen.“ Bienchen gibt mir ebenfalls einen Gutenmorgenkuss, dann nimmt er Jeremy an die Hand und zieht die Beute zurück in sein Zimmer. Ich zucke nur mit den Schultern und mache mir ein Frühstück. Als ich fertig angezogen bin, mache ich mich widerstrebend daran, ein paar Kartons auszuräumen, bevor ich zur Arbeit muss.

Zu meinem Glück steht Bienchen zeitig genug auf, um mir noch einmal die blonden Locken zu bändigen, nicht ohne dabei wieder einen Vortrag über Pflegekuren und Spülungen zu halten.

„Hallo, Lilly“, Olli begrüßt mich freundlich, als ich an meinem Arbeitsplatz auftauche. Bei der Übergabe erfahre ich, dass es ein paar frisch Operierte zu betreuen gibt, zwei Patientinnen haben eine Fehlgeburt erlitten und benötigen deswegen besondere Aufmerksamkeit.

Mit einem der Assistenzärzte mache ich mich dann auf den Weg in ein Krankenzimmer, der junge Mann, er heißt Robert, hat eine Ausschabung vorgenommen und ist ziemlich angespannt.

„Frau Wagner, wie fühlen Sie sich?“, fragt er die Patientin, er hat eine nette angenehme Stimme, doch er scheint die Frau nicht zu erreichen.

„Ich will nach Hause“, stöhnt sie stattdessen nur.

„Morgen kann Ihr Mann Sie abholen“, versucht er sie zu vertrösten. „Sie brauchen Ruhe.“

„Ruhe?“ Sie starrt ihn wütend an. „Ich habe jetzt das fünfte Mal ein Kind verloren, erzählen Sie mir doch nichts von Ruhe, Sie junger Schnösel!“

Robert wirft mir einen Hilfe suchenden Blick zu, ich setze mich auf das Bett der Patientin.

„Das ist unfassbar schwer“, rede ich sanft auf sie ein. „Wir alle hier fühlen mit Ihnen, aber jetzt müssen Sie erst mal an sich denken.“

„Ich will nach Hause!“ Sie stößt mich weg und zieht sich einen Zugang aus dem Arm, dann schwingt sie ihre Beine aus dem Bett und will aufstehen. Sie schwankt bedrohlich, ich kann sie gerade noch stützen und will den jungen Arzt bitten, mir zu helfen, doch der ist verschwunden. Genervt drücke ich auf den Rufknopf. Frau Wagner windet sich in meinen Armen und versucht, wieder freizukommen, ich habe Mühe sie zu halten. „Bitte, Frau Wagner, ich verstehe Ihren Kummer, aber Sie müssen noch etwas liegen bleiben. Sie merken doch, dass Sie noch nicht richtig laufen können!“

„Was ist hier los?“

Ich höre eine Männerstimme, zwei weitere Arme greifen nach der Patientin und gemeinsam drücken wir sie zurück aufs Bett.

Jetzt registriere ich, dass es Dr. Stegmann ist, der dazugekommen ist. Verwundert schaue ich ihn an, was macht er denn hier?

Frau Wagner schluchzt laut auf. „Ich habe mein Baby verloren, ich habe mein Baby verloren …“

Ich nehme ihre Hand und streichele darüber. „Sie dürfen nicht verzweifeln.“

Sigrid schaut herein und holt auf Dr. Stegmanns Anweisung ein Beruhigungsmittel. Der Oberarzt weist mich an, noch etwas bei der Patientin zu bleiben, dann verlässt er mit Sigrid zusammen das Zimmer.

Ich versuche, die Frau zu beruhigen, doch was sagt man jemandem, dem so etwas widerfahren ist? Eine richtige Routine habe ich für so eine Situation noch nicht entwickelt, die Patientin tut mir einfach nur leid und es fällt mir schwer, ihr Schicksal nicht so nah an mich herankommen zu lassen.

Als sie eingeschlafen ist, verlasse ich das Zimmer, Sigrid entdeckt mich und lächelt mir zu. „Robert hat einen ganz schönen Einlauf vom Stegmann bekommen, weil er dich alleine gelassen hat“, sagt sie und wie auf Stichwort erscheint der attraktive Oberarzt am Tresen.

„Gut gemacht, Lilly“, sagt er.

Ich schaue auf, diesmal ist sein Blick nicht unverschämt und mir gelingt sogar ein freundliches Lächeln. „Danke für Ihre Unterstützung.“

Er lässt seine Augen wieder an mir entlang gleiten, sie bleiben auf meinem Busen haften. Sofort gefrieren meine Gesichtszüge, dieser eingebildete Affe! Ich bin kurz vorm Platzen, Chef hin, Chef her – SO sieht mich niemand an!

„Ziehen Sie sich um“, weist er mich gelangweilt an, dann nimmt er ein Krankenblatt und rauscht wieder von dannen.

Ich schaue verblüfft an mir herunter, erst jetzt bemerke ich die Blutflecken auf meinem Kasack.

Sigrid grinst. „Beeil dich bitte, es gibt noch eine Menge zu tun.“

4

„Lilly!“

Robert, der junge Assistenzarzt, passt mich ab, als ich mich umgezogen habe.

„Ja?“

„Es tut mir leid, dass ich eben weggegangen bin, ich dachte es wäre besser, Dr. Stegmann hinzuzuziehen“, sagt er mit sehr zerknirschtem Gesichtsausdruck.

„Und was hätte ich in der Zeit machen sollen? Die Patientin bitten, mit ihrem hysterischen Anfall zu warten?“ Genervt streiche ich mir eine Locke aus dem Gesicht und funkele ihn böse an.

„Ja, ich weiß, das war unüberlegt von mir“, gibt er zu.

„Wegen so etwas brauchen Sie nicht den Oberarzt zu holen“, erkläre ich und mache mich wieder an die Arbeit.

Als ich noch einmal zu Frau Wagner ins Zimmer komme, ist sie wach und erneut in Tränen aufgelöst. „Soll ich Ihren Mann anrufen?“ Ich nehme wieder ihre Hand.

„Er müsste gleich hier sein“, sagt sie erschöpft. „Das war unser letzter Versuch mit einem Baby.“

Ich sehe sie betroffen an. „Ich verstehe. Aber Sie sind noch jung, haben Sie mal darüber nachgedacht, ein Kind zu adoptieren?“

Sie zuckt mit den Schultern. „Ich weiß nicht, ob das für meinen Mann eine wirkliche Option ist. Wir wollten unbedingt ein eigenes Kind.“

„Aber eine Familie zu sein, sich verbunden zu fühlen, muss nicht unbedingt etwas mit Blutsverwandtschaft zu tun haben.“ Sofort muss ich dabei an Bienchen und mich denken. „Vielleicht sollten Sie mal in Ruhe mit Ihrem Mann darüber reden.“

Es klopft an der Tür, ein Mann mit einem großen Blumenstrauß erscheint, ich bin erleichtert, dass sie jetzt nicht mehr alleine mit ihrem Kummer ist.

„Schwester, könnten Sie vielleicht einen Arzt holen?“, bittet er mich. Auch seine Augen sind etwas gerötet.

„Natürlich.“ Ich mache ihm Platz und überlege, ob ich Dr. Stegmann ansprechen soll. Robert traue ich irgendwie nicht genügend Sensibilität zu, zumindest im Umgang mit Patienten scheint Stegmann einfühlsamer zu sein.

Der Busenstarrer, knurre ich innerlich, dann mache ich mich aber doch auf den Weg zu seinem Büro.

„Ja?“, kommt es unwirsch, am liebsten würde ich wieder umdrehen, aber ich bin ja hier, um etwas für die Wagners zu tun.

„Entschuldigen Sie die Störung, Dr. Stegmann. Herr Wagner würde gerne mit einem Arzt sprechen und ich dachte, vielleicht könnten Sie mit ihm reden.“ Ich lächele, hoffe so, ihn etwas gnädiger zu stimmen.

Er runzelt ärgerlich die Stirn. „Wer?“

„Herr Wagner. Der Mann von Frau Wagner“, antworte ich ungeduldig. „Die Patientin mit der fünften Fehlgeburt, der Sie ein Beruhigungsmittel verordnet haben.“

„Wer hat denn die Ausschabung gemacht?“ Er sieht von dem Bildschirm auf, offenbar ist er gerade dabei, Patientenunterlagen zu vervollständigen und so, wie er gelaunt ist, scheint das nicht gerade eine seiner Lieblingsaufgaben zu sein. Ich halte mutig seinem bösen Blick stand, wieder fällt mir auf, was er für dunkle Augen hat.

„Einer der Assistenzärzte hat die Abrasio vorgenommen. Dr. Schneider, aber … also …“ Ich suche nach der passenden Formulierung, irgendwie verwirrt mich dieser intensive Augenkontakt zu ihm. „Also ich finde nicht, dass er der Richtige ist“, füge ich kleinlaut hinzu.

„Nicht der Richtige?“ Dr. Stegmann zieht die Augenbrauen hoch. „Und Sie glauben, dass Sie das beurteilen können? Soweit ich mich erinnere, hat der Kollege den Eingriff sehr gut durchgeführt.“

„Es geht doch nicht um den Eingriff!“ Ich bekomme langsam Zweifel, ob es so gut war, ihn aufzusuchen. „Es geht um … um die nötige Sensibilität im Umgang mit der Patientin und ihrem Mann.“

„Und die sprechen Sie ihm ab? Sie, die gerade mal den zweiten Tag hier sind?“ Er lässt mich nicht aus den Augen, ich bin immer noch irritiert, doch dann siegt in mir der Trotz. Ich recke mein Kinn vor und erwidere seinen recht arroganten Blick so stolz ich kann.

„Ich bin vielleicht neu hier, aber ich besitze eine gute Menschenkenntnis – zumindest dachte ich das bis gerade eben. Ich hielt Sie für den kompetenteren Ansprechpartner für die Wagners, ich bekomme aber gerade große Zweifel an dieser Einschätzung“, sprudelt es aus mir heraus, und noch bevor das letzte Wort über meine Lippen geblubbert ist, würde ich mich am liebsten irgendwo in einer Ecke verkriechen.

Dr. Stegmann springt von seinem Stuhl hoch, seine Augen sind zusammengekniffen und er funkelt mich feindselig an. „WAS BILDEN SIE SICH EIGENTLICH EIN? PLATZEN HIER HEREIN UND HABEN DANN AUCH NOCH EINE GROSSE KLAPPE!“, donnert es mir in ohrenbetäubender Lautstärke entgegen.

„Ich geh‘ dann mal wieder, ich werde Dr. Schneider bitten, das Gespräch zu führen“, piepse ich leise. Ich könnte mir selbst in den Hintern beißen.

„SIE GEHEN NIRGENDWOHIN, SIE WARTEN HIER!“ Er stürmt an mir vorbei aus seinem Büro und schlägt die Tür zu.

Scheiße – und nu?

Das hast du wirklich sauber hingekriegt, Lilly. Respekt! Schon am zweiten Tag den Cheffe verärgert, das soll dir erst mal einer nachmachen!

Aber vielleicht geht er ja zu den Wagners?, frohlockt eine andere Stimme in mir. *Dann wäre die Aktion ja wenigstens zu etwas gut gewesen.*

Ich seufze auf, hoffentlich lässt er sich nicht zu lange Zeit, ich habe noch eine Menge zu erledigen.

Vielleicht beschwert er sich auch bei der Pflegedienstleitung, stichelt es weiter in mir.

Würde er das machen? Ich beiße auf meiner Unterlippe herum, ich kenne diesen Kerl ja noch gar nicht richtig und kann ihn überhaupt nicht einschätzen.

Ich werde immer nervöser, je länger ich in seinem Büro herumstehe, dann beginne ich mich umzusehen. Das Büro ist nüchtern eingerichtet, es gibt keine Bilder und – soweit ich das beurteilen kann – auch keine persönlichen Gegenstände.

Oder?

Ich entdecke ein gerahmtes Bild auf seinem Schreibtisch, neugierig gehe ich darauf zu, ich hab ja eh nichts anderes zu tun.

Hinter den Schreibtisch zu gehen, wage ich nicht, also verrenke ich mich so weit, dass ich erkennen kann, was auf dem Foto abgebildet ist.

Dr. Stegmann auf einem Segelboot, er lächelt in die Kamera und sieht direkt viel jünger aus. Wieder fällt mir auf, wie gut er aussieht. Warum muss er bloß so ein Idiot sein?

Die Tür fliegt auf, ich bin vor Schreck einer Ohnmacht nahe, schnell drehe ich mich herum und versuche, ein möglichst unbeteiligtes Gesicht zu machen, doch er hat natürlich bemerkt, dass ich mir das Bild angesehen habe.

Sein Blick ist unergründlich, als er die Tür hinter sich schließt. „Genug gesehen?"

„Ein … ein schönes Boot." Nervös knete ich meine Hände.

Er kommt langsam auf mich zu, ich suche instinktiv einen Fluchtweg, aber hinter mir ist der Schreibtisch – und vor mir mein Chef.

„Finden Sie, ja?"

„Ja … ja klar", fiepse ich.

Wo du dich doch auch so gut mit Booten auskennst, höhnt es in mir. *Bist ja auch schon mal mit einer Fähre gefahren.*

„Hören Sie, Lilly, Sie sind gerade dabei, mir gehörig auf die Nerven zu gehen. Erst einmal sind Sie absolut unverschämt und dann spionieren Sie mir offenbar hinterher – und das gefällt mir ÜBERHAUPT NICHT!" Seine Stimme wird wieder lauter und sein Blick lässt mich vor Schreck erstarren.

War's das mit dem Job?

„Aber … aber ich spioniere doch nicht", versuche ich mich zu verteidigen.

„Ach nein? Und was war das gerade?" Er deutet mit der Hand auf das Bild.

„Steht doch offen in Ihrem Büro herum", entgegne ich mit mehr Mut, als ich eigentlich habe. „Ich meine, wenn es so *geheim* ist, dann dürfen Sie es halt nicht aufstellen!" Ich setze das Wort *geheim* mit meinen Fingern in Anführungszeichen und frage mich im nächsten Moment, ob ich eigentlich noch alle Tassen im Schrank habe.

Dr. Stegmann presst die Lippen zu einem schmalen Schlitz zusammen, er sieht jetzt wirklich, wirklich wütend aus.

„Das … also … die Bemerkung mit der Menschenkenntnis tut mir leid, wirklich", versuche ich dann zu retten, was zu retten ist. „Sie sind … also … Sie sind bestimmt ein äußerst kompetenter Oberarzt, sonst … also sonst wären Sie ja auch kein Oberarzt, wenn

Sie nicht besonders … gut wären und … und jung, also Sie sind ja auch noch recht jung für einen Oberarzt, das bedeutet ja schon, dass Sie bestimmt ein Genie in Ihrem Beruf sind … also … wenn Sie nicht so … so …“

Ja, was denn?

Ich ringe mit den Worten, mir fällt irgendwie nichts Passendes mehr ein.

„Wenn Sie nicht so ein netter, umgänglicher und fairer Chef wären“, plappere ich weiter, vielleicht kann ich ihn ja mürbe quatschen?

Dr. Stegmanns Miene verändert sich, er zieht jetzt wieder die Augenbrauen hoch und ich bilde mir ein, dass seine Mundwinkel zucken.

Das ist doch bestimmt ein gutes Zeichen, oder?

„Lilly …“, seufzt er und fährt sich mit der Hand durch die Haare, dann schüttelt er den Kopf und fängt an zu lachen.

Lacht er mich aus? In mir regt sich wieder Unmut, aber ich halte vielleicht jetzt doch besser die Klappe.

„Okay, ich nehme Ihre Entschuldigung an, aber …“, jetzt wird er wieder ernst, „halten Sie Ihre Zunge im Zaum! So ein Auftritt wie eben steht Ihnen nicht zu!“

„Natürlich, Sie haben vollkommen recht“, stammele ich erleichtert. „Darf … darf ich jetzt gehen? Ich … also … ich hab noch eine Menge zu erledigen.“

„Ja, Sie dürfen gehen. SEHR GERNE sogar!“ Na bitte, das wäre ja noch mal gut gegangen! Ich klopfe mir zufrieden auf die Schulter, aber eine Sache nagt dann doch an mir.

Ich gehe vorsichtshalber schon einmal zur Tür und greife nach der Klinke. „Eine Frage noch …“ Ich setze mein allerliebstes Lächeln auf, Bienchen sagt immer, damit könnte ich Eisberge zum Schmelzen bringen, ich hoffe, er hat recht.

Dr. Stegmann sieht mich warnend an. „Ja?“

„Die Wagners? Also … haben Sie mit Ihnen gesprochen?“ Ich schlucke aufgeregt, aber ich will mich auf keinen Fall durch seinen Blick einschüchtern lassen.

Er stöhnt genervt auf. „Ja, habe ich. Und jetzt hauen Sie ab, Sie Nervensäge!“

Das muss er mir nicht zweimal sagen, schnell wie der Blitz bin ich schon ab durch die Tür.

Ich bleibe kurz stehen, um mich zu sammeln, und atme tief durch – dann höre ich ihn hinter der geschlossenen Tür lachen.

Er lacht.

Über mich!

Lass ihn doch, ermahne ich mich selbst.

Im Grunde kann ich doch mit dem Verlauf des Gespräches ganz zufrieden sein.

„Wo warst du denn so lange?“ Sigrid mustert mich prüfend, als ich wieder zurück auf der Station bin.

„Oh, frag lieber nicht, ich war bei Dr. Stegmann und … ich habe ihn wohl etwas verärgert, aber es war für einen guten Zweck“, schiebe ich schnell hinterher.

„Verärgert? Womit denn?“ Meine Kollegin legt ihr Tablett weg, offenbar habe ich ihr Interesse geweckt.

Ich beginne zu erzählen, schmücke dabei die Ausbrüche meines Chefs ein bisschen aus, damit es spannender wird. Als ich fertig bin, kichert Sigrid. „Du hast eine ganz schön große Klappe, Lilly …“

„Findest du? Also ich fand das jetzt schon berechtigt. Ich wollte doch nur, dass er mit den Wagners redet.“

„Schon klar, aber sei ein bisschen vorsichtig mit dem Stegmann. Der kann sehr nett sein, aber auch das totale Ekel. Und er sitzt immerhin am längeren Hebel.“

„Ich weiß ja. Ich werde ihm aus dem Weg gehen.“

„Vielleicht ist das wirklich besser“, rät Sigrid mir.

Ich mache mich wieder an die Arbeit, Gott sei Dank gibt es heute keine schwierigen Komplikationen auf der Station, allen Risikoschwangeren geht es gut und die frisch Operierten machen ebenfalls einen munteren Eindruck. Und auch meinem Lieblingsoberarzt laufe ich nicht mehr über den Weg, zum Glück, ich hatte genug Aufregung für einen Arbeitstag.

„Bienchen?“

Müde werfe ich meinen Schlüssel auf die kleine Kommode im Flur und kicke meine Sneakers von den Füßen. „Bienchen, bist du da?“

Neugierig durchsuche ich alle Zimmer, schließlich höre ich seine Stimme aus dem Bad.

„Wir sind hiiiieeeer!“, tönt es fröhlich.

Wir?

Ich staune, ist Jeremy etwa immer noch da? Na ja, warum auch nicht, Bienchen muss ja morgen noch nicht zur Arbeit und kann sich austoben.

Ich klopfe an die Tür, eigentlich steht mir ebenfalls der Sinn nach einem Entspannungsbad. „Braucht ihr noch lange da drin?“

„Brauchen wir noch lange?“, höre ich Bienchen fragen.

„Kommt drauf an …“, kichert der Gast meines Mitbewohners, ich verdrehe die Augen und möchte mir erst gar nicht vorstellen, was da für Möglichkeiten in Betracht kommen, um die Badezeit zur verlängern.

„Komm doch rein, Schätzchen“, ruft Bienchen, vorsichtig drücke ich die Türklinke herunter, ich hoffe doch mal sehr, dass die beiden züchtig bedeckt sind und mir jetzt nicht gleich nackte Tatsachen entgegenspringen.

„Hi.“ Jeremy wirkt etwas verlegen, zusammen mit Bienchen sitzt er zwischen Schaumbergen in der Badewanne.

„Ich wollte euch nicht stören, aber irgendwann würde ich auch gerne da rein.“ Ich deute auf die Badewanne.

„Sollen wir ein Stückchen rutschen?“, gluckst mein Bienchen, ich reiße empört die Augen auf. Wenn nur er es wäre, würde ich mir das sogar überlegen, wir haben eigentlich keine Geheimnisse oder Hemmungen voreinander. Aber mit seinem Lover möchte ich die Wanne nun nicht gerade teilen.

„Nee, lass mal.“ Ich beschließe den Rückzug, doch Bienchen schaut mich fragend an.

„Wie war dein Tag, Mausi? Du wirkst erschöpft“, stellt er fest.

„Der Tag war anstrengend und … und nervend“, gestehe ich ihm, ich weiß, dass ich sowieso nichts vor ihm verbergen kann.

Bienchen weist auf die Toilette, ich setzte mich auf den Klodeckel und mache ein leidendes Gesicht. „Schieß los, wir sind ganz Ohr, nicht wahr, chéri?“ Er zwinkert Jeremy neckisch zu, dieser nickt tapfer.

„Dieser Stegmann ist ein absoluter Widerling“, platzt es denn auch prompt aus mir heraus. „Wie der mit Leuten umgeht – einfach ätzend. Ich weiß nicht, auf was der sich was einbildet, auf seine Schönheit vielleicht, aber dass so einer so eine Stelle innehat, das geht gar nicht!“ Ich muss das jetzt einfach loswerden, sonst platze ich.

„Dr. Stegmann ist der leitende Oberarzt“, erklärt Bienchen Jeremy.

„Aha“, meint dieser nur.

„Du müsstest schon etwas ins Detail gehen, Mausilein, damit dir unser vollstes Mitgefühl zuteilwird“, sagt Bienchen milde.

„Ich wollte nur, dass er sich mit den Wagners unterhält! Frau Wagner hatte jetzt die fünfte Fehlgeburt und der Assi, der die Ausschabung gemacht hat, war einfach nicht kompetent genug für dieses Gespräch …“, schnaube ich.

„Sagt wer?“, hakt Bienchen nach.

„Wie? Sagt wer?“, fauche ich ihn an.

„Wer sagt, dass er nicht kompetent genug ist?“

„Na ich!“ Ich verschränke die Arme vor meiner Brust und funkele Bienchen angriffslustig an, will er mein Urteilsvermögen jetzt etwa auch infrage stellen?

„Ach so, schon gut, weiter …“, bittet Bienchen mich.

„Na ja, also bin ich in das Büro vom Stegmann und habe ihn gebeten, dass er das Gespräch führt. Ist ja wohl nix dabei, oder?“

„Nö“, gibt Jeremy mir recht. Na bitte!

„Und dieser Kotzbrocken ist irgendwie nur genervt und tut so ultrabeschäftigt und zweifelt meine Menschenkenntnis an! Das muss man sich mal vorstellen!“, empöre ich mich. „Ich meine, es ist ja wohl hinlänglich bekannt, dass Schwestern da ein besseres Gespür haben, als die studierten Arschlöcher!“

„Lilly … bitte …“, rügt mich Bienchen sanft.

„Tschuldigung“, nuschele ich und schaue zerknirscht zwischen meinen Gesprächspartnern hin und her.

„Kein Thema“, winkt Jeremy ab und spritzt dabei ein paar Schaumflöckchen durch die Luft.

„Und … äh … hast du es ihm so in etwa gesagt? Ich meine, mit der besseren Menschenkenntnis von Krankenschwestern im Gegensatz zu Ärzten?“, hakt Bienchen nach.

„Nee, also, ich habe nur erwähnt, dass ich dachte, dass er der bessere Ansprechpartner für die Wagners sei, ich mich da wohl aber getäuscht hätte“, räume ich ein.

Bienchen reißt die Augen auf. „Und da ist er sauer geworden?“

„Und laut“, nicke ich heftig.

„Bist du doof oder so was? So kannst du doch nicht mit deinem Vorgesetzten reden!“

„Fang du nicht auch noch an!“

„Herrgott Lilly! Du musst dein Temperament im Zaum halten, sonst bist du den Job schneller wieder los, als du denkst!“

Ich zucke mit den Schultern. „Mir doch egal …“

„Weiter – da kommt doch noch etwas, oder?“

Die beiden Badenden schauen mich erwartungsvoll an, Jeremy sogar mit offenem Mund, was ihn nicht gerade besonders intelligent aussehen lässt. Aber warum sollen Männermodels auch mehr auf dem Kasten haben als ihre weiblichen Gegenstücke?

„Na ja, er hat rumgebrüllt, dann musste ich in seinem Büro warten … er segelt“, plaudere ich weiter.

„Woher weißt du das?“, fragt Bienchen argwöhnisch.

„Hab ich auf einem Foto gesehen.“ Ich stöhne laut auf bei der Erinnerung daran. „Deswegen hat er sich auch aufgeregt, ich würde ihm nachspionieren, nur weil ich mir das Bild in seinem Büro angeschaut habe – ich meine: Hallo? Das steht doch da!“

Bienchen wirkt fassungslos. „Er hat dich erwischt, als du dich umgesehen hast. Wird das jetzt noch schlimmer?“

„Nee, ich habe mich entschuldigt für … also für den Spruch mit der Menschenkenntnis – aber nicht für das Bild angucken“, stelle ich sofort klar. „Und immerhin hat er mit den Wagners gesprochen.“

„Du wirst irgendwann den Florence-Nightingale-Preis bekommen, Mausi“, kichert Bienchen. „Falls du nicht vorher wegen deiner großen Klappe im Knast landest.“

„Immerhin: Er hat mit ihnen gesprochen“, stelle ich direkt klar.

„Aber jetzt zu den wirklich wichtigen Dingen: Wie sieht er denn in Segelklamotten aus?“, fragt Bienchen.

„Oh nein“, stöhne ich auf, als ich am nächsten Tag den Schichtplan in der Hand halte und sehe, dass ich zur Nachtschicht zusammen mit Svenja eingeteilt bin. Irgendwie finde ich einfach keinen Draht zu ihr, obwohl ich immer ganz besonders freundlich zu ihr bin. Und als ob das noch nicht schlimm genug wäre, hat Dr. Stegmann auch noch Bereitschaftsdienst und ist ebenfalls da.

Ich kann also nur hoffen, dass es keine Vorfälle gibt, die es erfordern, dass ich ihn ansprechen muss. Immerhin sind zwei nette Assistenzärzte eingeteilt, mit denen zusammen werden wir die Nacht schon wuppen.

Ich werde aus meinen Gedanken gerissen, als ich sehe, dass eine Patientin den Rufknopf betätigt hat.

„Kann ich Ihnen helfen?“, frage ich das junge Mädchen. Sie hat hier in der Klinik einen Abbruch machen lassen, an ihrer Seite wacht ihre Mutter und sieht mich besorgt an.

„Sie hat Schmerzen, ist das normal?“ Die Mutter mustert mich vorwurfsvoll. „Wir wollten doch extra eine Vollnarkose.“

„Die Gebärmutter zieht sich zusammen, das kann Schmerzen verursachen. Aber ich werde einen Arzt bitten, sich Ihre Tochter noch einmal anzuschauen.“

Ich suche einen der Assistenzärzte, Dr. Müller winkt aber nur ab. „Du musst einen Oberarzt holen, die sind privat versichert und bestehen darauf. Die Kleine ist die Tochter von Bankdirektor Stegner“, raunt er mir zu.

Ich fluche leise und suche erst mal Dr. Werner, doch der ist in einer OP, also muss ich wohl oder übel zu Dr. Stegmann. *Vielleicht hat er ja auch keine Zeit*, versuche ich mich zu beruhigen, doch dann rüge ich mich selbst, hier geht es ja um das junge Mädchen mit dem Schwangerschaftsabbruch.

„Ja?“, höre ich seine zornige Stimme, diesmal werde ich mich aber ganz bestimmt zusammenreißen!

„Hallo, Herr Dr. Stegmann“, säusele ich so liebenswürdig ich nur kann. „Könnten Sie bitte mal nach einer Patientin sehen?“

Er telefoniert gerade und schaut mich böse an. „Ich muss aufhören, ich habe hier gerade ein ganz furchtbares Déjà-vu.“

Ich beiße mir auf die Unterlippe. Mir liegt eine spitze Bemerkung auf der Zunge - ob dieser Blödmann überhaupt ermessen kann, was für eine Anstrengung es mich kostet, ihm keine passende Erwiderung zu geben?

Wohl, um mich noch mehr zu provozieren, mustert er mich von oben bis unten. Oder ist das eine Manie von ihm?

Ich versuche, mir nicht anmerken zu lassen, wie ätzend ich das finde, und lächele ungerührt weiter.

„Trauen Sie mir das denn wirklich zu? Rein kompetenzmäßig?“, fragt er. Es blitzt in seinen Augen auf, meine Hoffnung, er könnte den kleinen Zwischenfall von vor zwei Tagen einfach vergessen haben, pulverisiert sich wohl gerade.*Lass dich nicht provozieren*, ermahne ich mich streng.

„Nun ja, es geht um einen Routineeingriff", hauche ich. „Das müsste zu schaffen sein!"

Dr. Stegmann zieht die Augenbrauen hoch und schaut mich mit nicht zu deutendem Blick an. „Hatten wir uns nicht darauf geeinigt, dass Sie Ihr loses Mundwerk unter Kontrolle halten?"

Aber du darfst stänkern, oder wie?, schreit ihn alles in mir an.

„Na ja, *einigen* würde ich das nicht nennen", entgegne ich leise. „Sie haben gesagt, ich solle aufpassen, was ich sage und ich habe … ich habe zugestimmt. Aber unter einer Einigung verstehe ich was anderes – also, wenn man es genau nimmt, etwas, das in gegenseitigem Einvernehmen beschlossen wird … und so ..."

Er steht auf und baut sich vor mir auf, ich halte seinem Blick stand und signalisiere ihm, dass ich mich nicht einschüchtern lasse.

Das ist zumindest mein Ziel.

„Lilly, Sie haben ja noch immer so eine große Klappe", grinst er. „Muss ich mich wiederholen?"

Pfff, schnaubt es verächtlich in mir, aber ich weiß ja selbst, dass ich mein Temperament irgendwie im Zaum halten muss.

„Äh, nein." Ich versuche, ihn mit meinem Lächeln zu betören.

„Wo ist das Problem?", fragt er dann.

Will er das wirklich wissen? Ich bin verunsichert. Soll ich ihm jetzt erzählen, dass ich seine Art unmöglich finde, was das Angaffen angeht?

Aber wenn er doch schon fragt …

„Ich mag es nicht, wie Sie mich mustern", platzt es aus mir heraus, die Worte sprudeln einfach nur so. „Das hat so etwas … etwas Anzügliches und das gehört sich nicht!"

Für einen Moment entgleisen Dr. Stegmann die Gesichtszüge. „Wie bitte?"

Nun, vielleicht hat ihm das ja auch noch keine Frau gesagt, offenbar schmelzen ja alle schon bei seinem Anblick dahin – Weiber halt.

„Sie haben eine unverschämte Art, Frauen anzuschauen", lege ich noch einmal nach, nur damit er mich nicht missversteht. „Vielleicht schauen Sie ja auch mich nur so an. Jedenfalls fühle ich mich dadurch belästigt."

Er ringt mit den Worten, dann scheint er aber wieder seine Haltung zurückzuerlangen. Für einen Moment schließt er die Augen, seine Kiefermuskeln spannen sich an, und als er mich wieder ansieht, schwant mir nichts Gutes. „Ich wollte von Ihnen wissen, warum Sie hergekommen sind … nichts weiter“, presst er mühsam durch die Zähne hervor.

Ich schlucke. Scheiße!

„Das … das war dann wohl ein Missverständnis“, flüstere ich.

„WARUM SIND SIE HIER?“, wiederholt er, die Wut ist deutlich aus seinen Worten herauszuhören, ich bekomme weiche Knie.

„Die junge Patientin mit der Ausschabung hat Schmerzen“, stammele ich. „Sie möchten bitte noch einmal nach ihr sehen.“

Bevor wir gemeinsam das Büro verlassen, dreht er sich noch einmal zu mir um: „Wir reden noch!“

Es klingt wie eine Drohung – und das soll es wohl auch sein. *Tja, sag schon mal tschüss zu deinem Job*, ätzt es in mir.

Aber wenn er sich doch so blöde ausdrückt. Wenn er gefragt hätte, um welche Patientin es geht, dann wäre alles nicht so gelaufen!

Ich lehne mich gegen die Wand neben seinem Büro, mir ist richtig schlecht. Was wird er jetzt tun?

Ich kann ihn überhaupt nicht einschätzen, er wirkte doch sehr wütend.

Aber warum eigentlich?

Wenn ich ihm sage, dass mich seine Blicke stören, dann ist das doch mein gutes Recht. Es gehört sich einfach nicht, Kolleginnen so anzustarren. Vielleicht musste ihm das wirklich nur mal gesagt werden.

Ich straffe meine Schultern und gehe wieder zurück, die Arbeit wird mich schon ablenken – und ihn hoffentlich auch.

„Was ist denn mit dir? Du bist ja so blass um die Nase“, stellt Sigrid mit geübtem Krankenschwesternblick fest.

„Frag nicht.“ Meine Stimme klingt jammeriger als ich das gerne hätte, aber so ganz habe ich die Sache mit Stegmann noch nicht verdaut.

„Ich frage aber trotzdem: Geht es dir nicht gut?“

Ich schüttele den Kopf. „Ich … ich bin wieder mit Stegmann aneinandergerasselt, aber es war ein Missverständnis.“

„Oh. Was ist denn jetzt schon wieder passiert?“ Ich sehe, dass Sigrid ein wenig schmunzelt, offenbar hat sie den Ernst der Lage noch nicht erkannt.

Ich erzähle ihr, was geschehen ist, ihre Augen werden immer größer. „Junge, Junge, du traust dich was.“ Sie pfeift anerkennend.

„Dann … dann findest du es nicht so schlimm?“, frage ich hoffnungsvoll.

„Na ja, Stegmann findet es sicher nicht prickelnd, aber im Grunde hast du schon recht. Ich weiß nur nicht, ob es so klug ist, mit solchen Sachen anzukommen, wenn man noch in der Probezeit ist.“

„Ich wäre ja gar nicht damit angekommen, ich habe ihn da wohl falsch verstanden“, seufze ich.

„Nu warte erst mal ab, wie er reagiert. Für ihn ist die Sache ja auch nicht angenehm. Wenn du dich belästigt von ihm fühlst, kann das für ihn Konsequenzen haben“, erwidert Sigrid. „Vielleicht war das auch ein guter Denkzettel für ihn.“

„Ich wollte ihm aber eigentlich keinen erteilen.“

„Du und deine große Klappe“, lacht meine Kollegin leise, aber ich kann ihre Heiterkeit nicht teilen, mir ist ganz flau im Magen.

Den Rest meiner Schicht husche ich über die Flure und schaue mich immer um, ob von Stegmann etwas zu sehen ist. Auf eine erneute Konfrontation lege ich überhaupt keinen Wert – und er offenbar auch nicht, denn er lässt mich nicht zu sich rufen. Gut so. Einigermaßen erleichtert fahre ich dann nach Hause.

5

„Gut, dass du kommst, du musst mich beraten!“

Bienchens Stimme schlägt mir schon ganz aufgeregt entgegen, als ich die Wohnung betrete.

Ich schreie innerlich auf, eigentlich will ich nur in mein Bett und mir die Decke über den Kopf ziehen, selbst Hunger habe ich heute keinen. Das Gespräch mit Stegmann ist mir gehörig auf den Magen geschlagen.

Widerstrebend schiele ich durch Bienchens offene Zimmertür. Er posiert gerade in einem weißen Hemd und seiner schwarzen Lieblingsdesigner-Jeans vor seinem Schrank.

Er schaut mich Hilfe suchend an. „Was soll ich denn bloß anziehen?“

„Willst du ausgehen?“ Ich bin erstaunt, dazu braucht er normalerweise nicht meinen Rat.

„Nein! Morgen! Was soll ich morgen anziehen?“ Jetzt klingt er fast schon hysterisch und mir fällt siedend heiß ein, dass ja morgen sein großer Tag ist.

„Na, das sieht doch schon ganz gut aus“, lächele ich. Ich weiß ganz genau, dass er am Ende eh das anziehen wird, was er will, aber er braucht meinen Zuspruch und das Gefühl, dass ich ihm bei der Entscheidung Händchen halte.

„Ist das nicht zu spießig?“, fragt er besorgt.

Ich lasse den Blick über die mit Strasssteinchen und Nieten verzierte Jeans gleiten. „Nö.“

„Ich meine, ich leite die Geschäftsstelle des Beauty-Salons. Muss ich da nicht etwas flippiger sein?“ Seine Stimme überschlägt sich fast vor Aufregung.

„Finde ich nicht. Wie du schon sagst: Du leitest den Laden. Als Chef muss man etwas seriöser wirken.“

Und man darf seine Angestellten nicht anstarren, schießt es mir durch den Kopf. Ärgerlich verjage ich die Gedanken an meinen Chef wieder.

„Hm. Ich weiß nicht …“

Bienchen schlüpft wieder aus den Sachen und probiert die nächste Kombination an.

Das Ganze wiederholt sich noch etwa zehn Mal, dann ist er zufrieden und hastet an sein Bügelbrett, um die Sachen noch einmal aufzuhübschen.

„Danke Lilly, du bist ein Schatz", flötet er zufrieden, als er alles fein säuberlich an seinen Kleiderschrank hängt. „Hast du schon etwas gegessen?"

„Hab keinen Hunger", antworte ich wahrheitsgemäß, sofort fährt er herum.

„Was ist los? Bist du krank? Dann raus mit dir und steck mich bloß nicht an!", kreischt er panisch. „Das kann ich ja überhaupt nicht gebrauchen, schleppst du hier etwa Krankenhauskeime an?"

„Nein", versuche ich ihn zu beruhigen. „Ich bin nur wieder mit meinem Chef aneinandergerasselt … nix weiter …"

„Der sexy Oberarzt?"

„Ja, der", stöhne ich.

„Was hast du denn diesmal gesagt?", fragt er mich mit gequältem Gesichtsausdruck.

Ich erkläre ihm das Missverständnis, Bienchen schaut mich strafend an. „Dass du immer alles so überdramatisieren musst!"

„Wie bitte? ICH? Dass gerade du das sagst", schmolle ich.

„Na, hör mal: Sei doch froh, wenn dir die Kerle auf deine Titten starren. Wenn sie es nicht mehr tun, DANN solltest du dir Gedanken machen!"

„Sehe ich auch wirklich gut aus?" Bienchen zappelt nervös auf dem Beifahrersitz herum, er ist ganz schrecklich aufgeregt und ich kann ihn nur zu gut verstehen.

„Ja, du siehst fantastisch aus, Schnuffi. So wie immer." Ich nehme seine Hand und streichele sanft darüber. „Und nun husch, husch. Ab zur Arbeit."

„Du hast ja recht, Lilly-Maus. Ich weiß, dass ich blendend aussehe und ich weiß, dass ich das alles schaffen werde!"

„Siehst du."

„Und du legst dich noch schlafen, Schätzchen." Er hebt drohend den Zeigefinger.

„Mache ich, versprochen." Ich beuge mich über ihn und öffne die Beifahrertür. „Los, Bienchen!"

„Vielleicht sehen wir uns noch, bevor du zur Nachtschicht musst.“ Zum Abschied bekomme ich noch einen Kuss auf die Wange.

„Ich hoffe es. Und wenn nicht, dann bringe ich Brötchen mit und wir unterhalten uns morgen beim Frühstück“, verspreche ich ihm.

„Ciao Honey.“ Er springt aus dem Wagen. „Und lass um Himmels willen den armen Oberarzt in Ruhe!“

„Mal sehen“, grummele ich.

Es fällt mir schwer, einzuschlafen, ich bin überhaupt nicht müde. Aber mir ist auch klar, dass ich ausgeruht sein muss, wenn ich heute Abend zur Klinik fahre. Ich verdränge die Gedanken an Dr. Stegmann, vielleicht will er die Sache auch auf sich beruhen lassen, mir wäre das natürlich am liebsten. Mein Verstand sagt mir, dass es nichts bringt, sich weiter aufzureiben. Ich hoffe nur, ich kann diesen Vorsatz auch durchhalten, wenn ich wieder im Dienst bin.

Bei der Übergabe versuche ich, so ruhig und routiniert wie möglich zu erscheinen. Gott sei Dank ist von Stegmann nichts zu sehen, er wird wohl in seinem Büro sein. Mit Svenja zusammen sehe ich nach den Patientinnen, sie ist wie gewohnt wortkarg und nicht besonders freundlich.

Ob ich sie mal darauf ansprechen soll?

Andererseits will ich nicht noch einen Kriegsschauplatz aufmachen, mir reicht es schon, dass ich mit Stegmann aneinandergeraten bin.

Als ich mit meiner Runde fertig bin, sehe ich ihn aus seinem Büro kommen. Ich straffe die Schultern und tue erst mal so, als würde ich ihn nicht sehen. Diese Taktik gefällt mir in Bezug auf ihn im Moment am besten.

Doch er scheint das irgendwie anders handhaben zu wollen, denn als ich mir gerade eine Tasse Tee holen will, hält er mich am Arm fest. „Auf ein Wort“, knurrt er, sein Blick verheißt nichts Gutes.

Ich löse meinen Arm aus seinem Griff und funkele ihn böse an. „Fassen Sie mich nicht an!“

Soll er gleich mal merken, dass ich auch nicht gut auf ihn zu sprechen bin.

Mein Herz klopft mir bis zum Hals, als er mich in einen Untersuchungsraum schiebt, die Tür hinter mir schließt und sich dagegen lehnt. Ich schlucke heftig, weil mir der Fluchtweg versperrt ist. Was wird das hier?

„Gehen … gehen Sie von der Tür weg“, fiepse ich erschrocken.

Er sieht mich für einen Moment verwundert an, dann scheint er zu verstehen und sein Blick wird noch wütender. „Glauben Sie, ich würde mich an Ihnen vergreifen? Wo Sie sich doch schon einbilden, ich würde Sie unsittlich anstarren?“

„Weiß mans?“, piepse ich.

„Meine Güte, Lilly!“ Er stößt sich von der Tür ab und setzt sich auf eine Untersuchungsliege. „Bin ich jetzt weit genug von Ihnen entfernt?“

Ich kann die Bissigkeit in seiner Stimme deutlich hören, das ruft meinen Trotz wieder auf den Plan. Er soll ja nicht glauben, dass er sich über mich lustig machen kann …

Statt einer Antwort nicke ich nur, dann räuspere ich mich und versuche, mich größer zu machen.

„Weswegen wollten Sie mich sprechen?“ Ich bin stolz auf mich, ich klinge wieder ganz geschäftsmäßig. *Bravo, Lilly!*

„Ich möchte nur etwas klarstellen“, beginnt er und lässt mich nicht aus den Augen. Ich versuche, mich dadurch nicht verunsichern zu lassen, auch wenn ich nach wie vor diese dunkle Färbung seiner Augen faszinierend finde. *„Lilly, konzentrier dich!“*

„Da bin ich aber gespannt“, lächele ich zuckersüß.

„Ich möchte etwas klarstellen, *ohne* von Ihnen unterbrochen zu werden“, fügt er scharf hinzu.

Ups.

Ich ziehe die Augenbrauen hoch, so wie er das immer macht, schweige aber.

„Ich habe keinerlei Interesse an Ihnen, ist das klar? Und ich habe Sie auch nicht anzüglich gemustert. Ich weiß nicht, was in Ihrem Köpfchen so vor sich geht und ob Ihre Fantasien Ihnen da nicht einen Streich gespielt haben, was mich betrifft.“ Seine Stimme klingt hart – ui.

„Ich kenne den Flurfunk hier und mir ist der Klatsch über mich ebenfalls bestens bekannt. Vielleicht hat das auch Einfluss auf Ihre Wahrnehmung gehabt.“ Er zuckt mit den Schultern. „Haben wir uns verstanden?“

„Darf ich auch was sagen?“ Ich scharre innerlich schon ungeduldig mit den Hufen, denn DAS kann ich unmöglich unkommentiert lassen.

„Kann ich das verhindern?“, grinst er spitzbübisch, was einen gewissen Charme hat. Der Mann weiß um seine Wirkung, Bienchen wäre hin und weg von ihm.

„Ich möchte auch etwas klarstellen“, beginne ich mein Statement, dabei bin ich so hibbelig, dass ich mit dem Fuß auftippe.

„Sie haben meine ungeteilte Aufmerksamkeit“, lacht er leise, was mich noch wütender macht, denn ich fürchte fast schon, dass er mich nicht ernst nimmt. Und das kann ich überhaupt nicht leiden.

„Wie ich Ihre *Musterungen* wahrnehme, das müssen Sie schon mir überlassen. Und ich habe ganz bestimmt KEINERLEI Fantasien, was Sie angeht“, füge ich so hochmütig ich kann hinzu. *Na ja, höchstens Gewaltfantasien …*

„Im Übrigen ist mir der Klatsch hier auch egal, denn ich bin ebenfalls ganz bestimmt nicht an Ihnen interessiert!“ Ich setze mein charmantestes Lächeln auf.

Sein Grinsen wird immer breiter. Ich merke, wie er sich lustig über mich macht, in mir verspüre ich den unwiderstehlichen Drang, ihm das Gesicht zu zerkratzen. Da das ja leider nicht geht, lege ich verbal nach.

„Es mag ja sein, dass Sie hier die Frauen verzaubern und was weiß ich mit ihnen anstellen, aber bei mir zieht das nicht. Sie sind, davon abgesehen, auch überhaupt nicht mein Typ.“ Ich puste mir eine blonde Locke aus dem Gesicht, wieso muss die sich ausgerechnet jetzt selbstständig machen?

„Na, da bin ich aber froh, dass das geklärt ist.“ Er reicht mir die Hand, ich bin so überrumpelt, dass ich sie spontan ergreife. „Auf gute Zusammenarbeit, Lilly.“

„J … ja …“, stammele ich. Irgendetwas hat sich in dem Ausdruck seiner Augen verändert und das verwirrt mich, worüber ich mich natürlich direkt maßlos ärgere, weil ich doch so gerne souverän und obercool wirken möchte.

„Gut, dann mal wieder an der Arbeit.“ Er hält mir die Tür auf und lässt mir den Vortritt, als ich an ihm vorbeigehe, streife ich ihn leicht.

Ich schaue ihn verwundert an, wie konnte das denn passieren, ich hatte doch genug Platz?

Ich sehe es kurz in seinen Augen aufblitzen. Bevor ich ihn fragen kann, was das jetzt sollte, höre ich Svenjas Stimme.

„Ach, hier sind Sie!“, kommt es mit vorwurfsvollem Unterton. „Sie müssen bitte sofort in Behandlungsraum Zwei kommen. Eine Patientin ist gerade eingeliefert worden mit Verdacht auf eine Eileiterschwangerschaft. Dr. Will möchte seine Diagnose von Ihnen bestätigt haben, bevor er sie operiert.“

Svenja funkelt Dr. Stegmann wütend an, dann schenkt sie mir einen verächtlichen Blick, sie scheint mächtig in Fahrt zu sein.

„Ich komme sofort“, sagt er. Die beiden entfernen sich hastig, Svenja flüstert ihm etwas zu, er winkt aber nur genervt ab.

Moment mal – läuft da was?

So langsam dämmert es mir, warum Svenja gerade so wütend war. Mir kommen Bienchens Worte wieder in den Sinn, als er was von *Stutenbissigkeit* gefaselt hat. Sollte da doch was dran sein?

Ob ich Svenja darüber aufklären soll, wie ich zu Dr. Stegmann stehe?

Das kann er doch machen, kommt es mir in den Sinn.

Ich grinse vor mich hin, soll sie doch eifersüchtig sein, sie war nicht gerade nett zu mir, ich fühle mich da ihr gegenüber nicht verpflichtet.

Irgendwie habe ich jetzt aber bessere Laune, die Sache mit Stegmann ist vom Tisch, ich habe noch meinen Job und Svenja ist verärgert. Läuft doch ganz gut, meine erste Nachtschicht.

Wir bereiten die Patientin mit der Eileiterschwangerschaft für die OP vor. Dr. Stegmann wird assistieren, scheinbar will er dem Assistenzarzt über die Schulter schauen. Ich helfe Svenja, die Patientin umzuziehen, die junge Frau krümmt sich vor Schmerzen, ich streichele ihr über das schweißnasse Gesicht.

„Es wird Ihnen gleich besser gehen“, versuche ich, sie zu beruhigen. „Wir tun alles, um Ihnen zu helfen.“

„Es tut so weh“, jammert sie, sie tut mir so leid, Svenja legt ihr einen Zugang und wir schieben sie so schnell wie möglich zu den OP-Räumen.

Nach einer Stunde erscheint Dr. Stegmann bei uns am Tresen, er wirkt etwas geschafft, in seinem Schlepptau ist Dr. Will, auch er sieht mitgenommen aus.

„Das war eine knappe Sache“, erklärt Dr. Stegmann. „Wir mussten den Eileiter entfernen, es war auch bereits viel Blut im Bauchraum. Ladys, ich lege mich jetzt hin.“

Er nickt uns noch einmal zu, auf Svenjas Gesicht legt sich ein verzücktes Strahlen, ich hatte also recht mit meiner Vermutung, was die beiden betrifft.

„Schlafen Sie gut.“ Ich lächele ihm freundlich zu. Er lächelt auf die gleiche Weise zurück – na bitte, geht doch.

Svenja und ich schauen immer mal wieder nach der frisch operierten jungen Frau, sie kommt langsam wieder zu sich, wir rufen Dr. Will, der ihr erklärt, was passiert ist.

Sie nimmt es ganz gefasst auf, in erster Linie ist sie wohl froh, dass die Schmerzen weg sind.

Die restliche Nacht verläuft zum Glück ruhig, wir müssen den Oberarzt nicht mehr wecken. Als ich um halb sieben in der Früh das Krankenhaus verlasse, bemerke ich meine eigene Müdigkeit.

Es scheint ein schöner Tag zu werden, die Sonne ist bereits aufgegangen und der Trubel in der Stadt hält sich noch in Grenzen. Ich genieße es, so früh unterwegs zu sein, wenn es noch angenehm leer auf den Straßen ist.

Ich halte beim Bäcker und hole Brötchen, dann fahre ich nach Hause.

Bienchen scheint noch zu schlafen, leider habe ich ihn gestern Abend nicht mehr sprechen können, bevor ich zur Arbeit gefahren bin. Er hat mir nur eine SMS geschrieben, dass er bis acht Uhr abends im Schönheitssalon bleiben müsse. Jetzt hoffe ich mal, dass er zeitig genug aufsteht, damit wir uns sehen können, bevor ich mich schlafen lege, denn ich bin ja auch neugierig, wie sein erster Tag gelaufen ist.

Ich höre um acht Uhr seinen Wecker klingeln und freue mich, als er in die Küche schlurft.

„Morgen, Schätzchen.“ Er begrüßt mich mit einem Küsschen auf die Wange, natürlich trägt er wieder den unvermeidlichen roten Satinmorgenmantel.

„Morgen, Schnuffi. Schön, dass du schon auf bist. Ich habe schon alles hingestellt.“

Ich deute auf den Esstisch, ich habe ihn schön für ihn gedeckt, sogar mit einem frischen Blumenstrauß. Bienchen ist erfreut.

„Oh, das ist ja hübsch. Dann nehme ich mal an, die Nachtschicht war okay?“ Er greift nach der Kaffeetasse.

„Ja, das war sie. Aber das ist jetzt nicht das Thema. Jetzt erzähl schon: Wie ist es in dem Beauty-Tempel?“

„Oh, du musst unbedingt mal vorbeikommen, Mausi. Tolles Personal, wirklich ein ganz klasse Team. Lauter nette und gepflegte Menschen. Die Behandlungsräume sind tippitoppi in Schuss, und die sind wirklich hinterher, dass die Hygienevorschriften eingehalten werden. Übrigens, die junge Dame, die das Waxing macht, ist große Klasse“, grinst er.

Ich stöhne auf, ich weiß, dass er mich dazu überreden will, aber ich bin nicht masochistisch veranlagt und bevorzuge lieber den Rasierer. „Schön für die junge Dame.“

„Das tut gar nicht so weh und du musst nicht täglich ran“, belehrt er mich wieder.

„Nein, danke“, winke ich ab. „Außerdem möchte ich keine fremden Leute an bestimmte Stellen meines Körpers lassen. Außer vielleicht meine Gynäkologin.“

„Wobei wir wieder beim Thema wären …“, säuselt Bienchen. „Was macht der sexy Oberarzt?“

„Der müsste wohl jetzt gerade aus seinem Schönheitsschlaf erwacht sein und den Dienst antreten“, sage ich betont gelangweilt.

„Und hat er dich wieder unsittlich angestarrt?“, bohrt Bienchen weiter. „Wie macht man das eigentlich? Unsittlich starren?“, überlegt er laut.

„Ich kann dir dafür keine Anleitung geben, weil ich so was ja nie machen würde.“

„Das würde ich aber gerne auch können!“, sinniert Bienchen, ich kichere leise vor mich hin.

„Aber zurück zum Thema: Gibt es Neuigkeiten von ihm?“ Mein Mitbewohner nimmt den Faden wieder auf.

„Ja, die gibt es in der Tat. Wir haben uns ausgesprochen“, sage ich mit bedeutungsschwangerer Stimme.

„Wie? Ausgesprochen? Worüber denn?“ Bienchen scheint verwirrt zu sein und er wirkt auch noch nicht so ganz wach.

„Er hat mich zu einem Gespräch gebeten und mir erklärt, dass er nichts von mir will und ich mir das nur eingebildet hätte … also das mit dem Gucken.“

„Was du aber nicht hast, oder?“

„Nein, natürlich nicht“, empöre ich mich. „Und das habe ich ihm dann auch klar gemacht. Und ich habe ihm gesagt, dass ich auch nichts von ihm will, weil er gar nicht mein Typ wäre.“

„Bist du doof?“ Bienchen starrt mich entsetzt an. „Warum denn das in aller Welt?“

„Weil es stimmt!“

„Du sagst selbst, dass er gut aussieht - vielleicht wäre da noch was gegangen. Meine Güte, Lilly, wie kann man so bescheuert sein!“

„Na danke!“ Ich tunke eingeschnappt mein Croissant in den Kaffee. „Nur weil er gut aussieht, muss ich ja nicht direkt was mit ihm anfangen. Außerdem kennst du meinen Grundsatz: Don't fuck …“

„Ja, ja, ich weiß“, winkt Bienchen genervt ab. „Na, jetzt hast du dir erst mal alle Chancen verbaut.“

„Kann sein – und ich bin froh drum. Außerdem scheint da was zwischen Svenja und ihm zu laufen. Also zumindest ist da was von ihrer Seite“, versuche ich das Thema ein bisschen umzulenken.

„Zicke Svenja?“ Bienchens Interesse scheint geweckt.

„Jep, genau die.“

„Ich hab doch gesagt, die ist eifersüchtig auf dich und deswegen so biestig“, kommt es triumphierend.

„Du hattest wahrscheinlich wieder einmal recht.“ Ich stehe auf und räume mein Geschirr weg, dann hauche ich Bienchen einen Kuss auf die Wange.

„Tja, Hairstylisten sind eben noch bessere Psychologen als Krankenschwestern“, grinst er und gibt mir einen Klaps auf den Po.

„Das weiß ich doch, Schnuffi.“ Ich unterdrücke ein Gähnen und mache mich auf den Weg in mein Zimmer.

Wie immer, wenn ich aus dem Nachtdienst komme, kann ich trotz Müdigkeit nicht direkt einschlafen, dafür bin ich noch zu überdreht. Das Gespräch mit Stegmann kommt mir wieder in den Sinn und Svenjas Reaktion darauf. Ich werde wohl Sigrid mal darauf ansprechen, ob sie mehr weiß, denn neugierig bin ich ja doch.

6

Die nächste Nachtschicht wird ruhig, wir müssen den Oberarzt Dr. Werner nicht wecken. In der darauffolgenden Nacht ist Dr. Stegmann wieder da, vielleicht kann ich nun meine Beobachtungen, was ihn und Svenja angeht, fortsetzen. Jedenfalls ist sie nicht freundlicher zu mir geworden, was mich vermuten lässt, dass Stegmann sie nicht darüber aufgeklärt hat, was er mit mir besprochen hat.

Vielleicht schwärmt sie ja auch nur für ihn? Er sieht ja wirklich gut aus, das kann man ihm nicht absprechen.

Während ich so vor mich hin grübele, spricht Dr. Will mich an, erschrocken zucke ich zusammen.

„Lilly, würden Sie bitte mal das Ultraschallgerät holen und in Zimmer 377 bringen?“, bittet er mich.

„Um wen geht es denn? Etwa Frau Klein?“ Ich springe sofort auf und bin besorgt, ich mag die Patientin gerne, sie ist eine ältere Dame und immer freundlich aufgelegt.

„Ja, leider. Sie klagt über Schmerzen im Unterleib, ich möchte mal nachsehen“, klärt er mich auf.

Ich haste sofort los. Ich hoffe, dass es nichts Schlimmes ist, man hatte der alten Dame gestern eine Zyste entfernt, eigentlich ein ganz harmloser Eingriff, und morgen sollte sie wieder nach Haus entlassen werden.

Ich steuere das erste Untersuchungszimmer an, um ein Gerät zu holen. Im ersten Moment bin ich überrascht, dass die Tür zu ist, obwohl sie eigentlich immer offen steht, wenn keine Patientin untersucht wird. Und im Augenblick haben wir keine Neuzugänge hier.

Mit Schwung öffne ich die Tür, ein entsetzter Schrei ertönt, mir fährt der Schreck in alle Glieder.

Im ersten Moment verstehe ich überhaupt nicht, was ich da sehe, doch das ändert sich schnell und ich bereue augenblicklich, dieses Untersuchungszimmer betreten zu haben.

Dr. Stegmann und Svenja fahren hastig auseinander, Svenja steht ohne Oberteil, nur mit BH bekleidet vor mir, schnell zieht sie sich die Hose hoch. Mein Blick erfasst Dr. Stegmann, der ebenfalls sehr hektisch an dem Reißverschluss seiner Hose nestelt.

„RAUS!“, schreit er mich an, ich weiche zurück, doch dann fällt mir der Grund ein, warum ich hier bin.

Ich schnappe mir das Ultraschallgerät und rolle es hinaus, jetzt habe ich meine Fassung so halbwegs wieder erlangt und bedenke die beiden mit einem vernichtenden Blick.

Schnell fahre ich das Gerät zu Zimmer 377, ich kann immer noch nicht fassen, was ich da gerade gesehen habe.

Aber wundert mich das wirklich? Mein Verdacht scheint sich also bestätigt zu haben, da läuft was zwischen den beiden und Svenja war tatsächlich eifersüchtig, als ich mit Stegmann vorgestern Nacht zusammen aus dem Untersuchungsraum gekommen bin.

Ich muss ein Kichern unterdrücken, jetzt ist mir auch klar, warum sie so sauer auf Stegmann war, sie hat wohl angenommen, dass er mich ebenfalls vernascht hat.

Dann werde ich aber wieder ernst, denn Frau Klein scheint große Schmerzen zu haben und ein Schweißfilm hat sich auf ihrer Stirn gebildet.

„Es tut mir leid, die Zyste ist zwar entfernt worden, aber die Entzündung hat sich verschlimmert“, erklärt Dr. Will ihr. „Sie bekommen weiterhin Antibiotika und werden noch ein paar Tage länger hier bleiben müssen. Und wir geben Ihnen natürlich höher dosierte Schmerzmittel.“

„Oh nein, aber mein Enkel hat doch übermorgen Geburtstag“, sagt die alte Dame traurig, ich setze mich zu ihr und halte ihre Hand.

„Eine Feier kann man doch nachholen“, tröste ich sie. „Die Hauptsache ist doch, dass Sie gesund werden.“

Ich bleibe noch ein bisschen bei der alten Dame am Bett sitzen, sie lenkt mich von dem Vorfall von eben ab und ich habe ein wenig Zeit, um mich wieder zu sammeln.

Als sie eingeschlafen ist, verlasse ich leise das Zimmer und kehre zurück zur Rezeption.

Svenja ist ebenfalls da, als sie mich sieht, errötet sie prompt. Ich beschließe, erst einmal so zu tun, als wäre nichts gewesen und sie zu ignorieren.

„Lilly?“ Nach einer Weile spricht sie mich mit kläglicher Stimme an.

„Hm?“

„Du … du sagst doch nichts, oder? Also, ich meine zur Pflegedienstleitung …“

„Was sollte ich denn sagen?“, frage ich. Ist vielleicht gemein, aber ich finde, sie hat es verdient, ein bisschen zu schmoren.

„Na, was wohl. Also das mit … mit Stegmann eben.“ Sie wirft mir so einen flehentlichen Blick zu, dass ich weich werde.

„Es geht mich nichts an, was du so treibst – und mit wem du es treibst“, erlöse ich sie. „Und es geht auch niemand anderen etwas an.“

Sie atmet hörbar aus. „Danke.“

„Sei aber bitte demnächst etwas vorsichtiger, und schließ die Tür ab.“ Ich kann mir ein Grinsen jetzt doch nicht verkneifen.

„Ja, klar, also … also das haben wir einfach vergessen“, murmelt sie.

Von Stegmann ist weit und breit nichts zu sehen, ich nehme an, dass er schläft, bin dann aber doch überrascht, als ich ihn auf einmal auf dem Gang sehe. Als er mich entdeckt, deutet er mit seinem Kopf auf ein Untersuchungszimmer, ich verstehe zwar die Aufforderung, denke aber im Traum nicht daran, ihm zu folgen und schlage sofort die entgegengesetzte Richtung ein.

„Lilly!“, ruft er mir genervt nach. „Ich möchte bitte kurz mit Ihnen reden!“

Langsam drehe ich mich zu ihm herum. „Ja, hier bin ich doch, reden Sie.“

Er schnaubt verächtlich und schiebt mich etwas unsanft in den Untersuchungsraum.

„Was soll das?“, zische ich. „Ich bin nicht an den Dingen interessiert, die Sie mit Personal in diesen Räumen zu tun pflegen!“

„Und ich bin nicht daran interessiert, es mit IHNEN zu tun, ich denke, das haben wir geklärt“, knurrt er. „Ich möchte Sie nur bitten, die Klappe zu halten, nicht dass Svenja Ärger bekommt, sie hat schon eine Abmahnung!“

Ach ja? Weswegen denn?

Ich ziehe nur die Augenbrauen hoch, das habe ich mir von ihm abgeguckt und möchte es perfektionieren.

Dr. Stegmann fährt sich mit der Hand durch die Haare, sie sind jetzt ganz verwuschelt und er sieht … sexy aus, das muss ich ihm zugestehen. Dann fällt mir aber wieder ein, wo er mit seinen Händen heute schon überall bei Svenja war und ich bin ernüchtert.

„Ich weiß, dass gerade das Klappe halten für Sie unendlich schwer ist – trotzdem: Bitte erzählen Sie niemandem etwas davon, was Sie gesehen haben, okay?“ Er sieht mir jetzt direkt in die Augen, für einen Moment bin ich ganz hingerissen von ihm, doch dann fällt mir wieder ein, was er gerade gesagt hat.

Moment mal …

„Wenn Sie mich schon um etwas bitten, dann tun Sie es gefälligst, ohne mich dabei zu beleidigen!“, keife ich.

„Oh bitte …“, stöhnt er auf.

„Ich werde nichts sagen, auch wenn ich dieses unsittliche Treiben hier ungeheuerlich finde. Es hätte auch eine Patientin in der Tür stehen können!“

„Es waren aber Sie ...“ Jetzt grinst er mich breit an. „So prüde, Lilly?“

„Prüde?“ Ich lache laut auf. „Nein, das bin ich nicht. Aber ich möchte an meinem Arbeitsplatz nicht mit solchen Bildern konfrontiert werden!“ Ich drehe mich um und will den Raum verlassen, mir reicht es jetzt – aber so was von!

Er hält schnell die Tür zu, steht jetzt so dicht hinter mir, dass ich seinen Körper in meinem Rücken spüre.

„Es tut mir leid“, flüstert er leise, sein Atem streift meinen Nacken, ich spüre deutlich, wie sich sämtliche Körperhärchen bei mir aufstellen. *Hilfe, was ist das?*

„Schon gut“, murmele ich, dann stoße ich ihn weg und mache, dass ich aus seiner Nähe komme.

Ich flüchte auf die Toilette, dem wohl einzigen Ort, an dem ich ihm erst mal nicht begegnen werde. *Obwohl - weiß mans?*

Mein Atem geht ganz schnell, ich bin total aufgewühlt – und das nervt mich gerade maßlos. Wieso reagiere ich denn so dämlich auf den Kerl? Erl ist ätzend, ein Kotzbrocken, und er scheint sich wirklich einmal quer durch die weibliche Belegschaft zu vögeln. Und dann so etwas! Ich fühle mich von der Reaktion meines Körpers verraten. Klar, der Mann ist sexy und er weiß um seine Wirkung auf Frauen. Und er versucht scheinbar, mich einzulullen, damit ich nichts verrate.

Scheint doch zu klappen ...

Nein, ich werde nichts über ihn und Svenja erzählen, weil mich der ganze Scheiß nichts angeht, weise ich mich selbst zurecht.

Dann trete ich wieder hinaus und gehe zurück zum Tresen.

Svenja steht dort, zusammen mit Dr. Stegmann, sie flüstern irgendetwas und lächeln mich beide an, als ich hinzukomme.

Am liebsten würde ich sie lauthals beschimpfen, das dämliche Grinsen sein zu lassen, aber das verkneife ich mir und begebe mich auf einen Kontrollgang, um mich abzulenken.

Ich war wohl noch nie so froh wie heute, dass eine Nachtschicht zu Ende geht. An den nächsten zwei Tagen werde ich Stegmann wohl kaum über den Weg laufen, er hat an einem Tag frei und an dem anderen Hintergrunddienst, dafür muss er nicht in der Klinik sein.

Bienchen ist diesmal schon wach und wartet auf mich, der Frühstückstisch ist bereits gedeckt, ich könnte ihn dafür knutschen.

Ich kicke meine Schuhe von den Füßen und lasse mich auf einen Stuhl plumpsen.

„Lilly! Räum deine Schuhe weg!“, tadelt Bienchen mich, gibt mir aber dennoch das obligatorische Begrüßungsküsschen.

„Ja, gleich“, nuschele ich und greife nach der Teekanne. „Wie war dein Tag gestern?“

„Ganz gut. So langsam bekomme ich einen Überblick. Wir haben sogar richtige Promis als Kunden, stell dir vor, wer gestern da war …“ Er legt mir die Hand auf den Arm und schaut mich erwartungsvoll an.

„Du weißt, dass ich mich in der Promiwelt nicht auskenne!“

„Tim Broscheidt!“, kommt es triumphierend, Bienchen klatscht vor Begeisterung in die Hände.

„Wer?“ Den Namen habe ich noch nie gehört.

Ein strafender Blick trifft mich. „Na, der Schauspieler aus der *Herzen mit Schmerzen*-Soap!“

„Kenn ich nicht.“ Ich nippe an meinem Tee, versuche dann aber Interesse zu heucheln.

„Ach du wieder!“ Bienchen schnalzt beleidigt mit der Zunge. „Das ist ein total heißer Typ!“ Prompt bekommt mein Mitbewohner einen ganz verklärten Blick.

„Ach so, na, ist doch schön.“

„Na ja, der ist wohl hetero …“, seufzt Bienchen leidend auf.
„Tut mir leid. Was ist denn mit Jeremy?“ Ich versuche, ihn auf andere Gedanken zu bringen.
„Der ist heute und morgen in Paris. Aber wir sehen uns am Samstag.“ Jetzt lächelte Bienchen wieder, ich bin beruhigt.
„Schön.“
„Sag mal, ist dir was über die Leber gelaufen?“, fragt er.
„Wieso?“
„Du bist so einsilbig!“
„Bin ich gar nicht.“
„Wohl. Jetzt sag, was ist los? Ist irgendetwas passiert in der Nachtschicht?“ Er trommelt mit den Fingern auf die Tischplatte, ich ahne schon, dass er nicht locker lassen wird.
„Ach Bienchen … es war ganz furchtbar …“, stöhne ich und vergrabe mein Gesicht in meinen Händen.
„Wieso? Hat man dich gefeuert? *Was* hast du zu *wem* gesagt?“
„Ich hab gar nichts ausgefressen, ich war … ich war nur zur falschen Zeit am falschen Ort“, jammere ich.
„Wieso? An welchem Ort warst du denn?“ Ich höre die Ratlosigkeit in seiner Stimme.
„Ich war an dem Ort, an dem Stegmann gerade mit Svenja … also … du weißt schon …“
„Er wollte sie flachlegen? Ui … während der Dienstzeit? Und wieso warst du dabei? Bist du jetzt unter die Spanner gegangen?“
Mein Kopf ruckt empört hoch. „Quatsch! Was denkst du denn von mir! Ich wollte etwas aus einem Untersuchungszimmer holen, - da waren die beiden gerade zugange.“
„Echt? So richtig? In welcher Stellung denn?“
„Nein, nein, soweit waren sie noch nicht. Svenja hatte ihren Kasack ausgezogen und ihre Hose war unten. Und bei Stegmann war die Hose offen. Aber die Situation war eindeutig!“ Ich rümpfe die Nase, als sich mir das Bild wieder vor mein geistiges Auge schiebt.
Mein Mitbewohner sieht enttäuscht aus. „Ach, schade …“
„Schade? Spinnst du? Ich bin ganz froh, dass ich nicht mehr sehen musste!“, fauche ich ihn an.
„Und das hat dir jetzt die Laune verhagelt? Warum denn? Ist doch nur menschlich.“

„Ist mir scheißegal, wie menschlich das ist! Und von mir aus können die sich die Seele aus dem Leib ficken, SOLANGE ICH DAS NICHT SEHEN MUSS!“

„Jetzt komm mal runter und drück dich bitte anders aus.“ Er sieht mich fassungslos an. „Man könnte ja fast meinen, du wärst neidisch!“

„Neidisch?“ Ich kneife die Augen zusammen und schaue ihn warnend an. Ich bin wirklich kurz davor, einen Wutanfall zu kriegen. „Nein, BENJAMIN, ich bin nicht neidisch. Ich bin genervt. Vor allem, weil die beiden mich dann noch bequatscht haben, ja nichts davon weiterzuerzählen!“

„Ach ja? Kommt wohl nicht so gut an, wenn der Oberarzt sich die Schwestern vornimmt.“ Bienchen bleibt ganz ungerührt davon, dass ich kurz davor bin, zu explodieren.

„Ich will davon einfach nichts wissen“, schnaube ich. „Ich will damit nicht konfrontiert werden … und schon gar nicht will ich mich deswegen einlullen lassen!“

„Wer lullt denn? Stegmann?“

Ich nicke. „Er hat mir ein Gespräch aufgenötigt deswegen. Ich soll ja nix sagen, weil Svenja schon eine Abmahnung bekommen hat.“

„Warum denn?“

„WEISS ICH NICHT! Jedenfalls hat er …“ Ich muss daran denken, wie er mir die Tür zugehalten hat, ich kriege die Erinnerung daran einfach nicht aus meinem Kopf.

„Hat er dich wieder unsittlich angeguckt?“

Ich schaue ihn böse an, aber die Wut verpufft genauso schnell, wie sie gekommen ist. „Nein, er hat versucht, seinen Charme bei mir einzusetzen.“

„Und er hat es geschafft?“

„Ja, und das finde ich zum Kotzen!“

„Ach, Schätzchen!“ Bienchen nimmt mich in die Arme. „Bist halt doch nur ein doofes blondes Weibchen.“

„Ich weiß“, sage ich um Mitleid heischend, dann straffe ich aber die Schultern. „Aber noch mal passiert mir das nicht!“, gebe ich mich kampfeslustig.

„Aber wenn er doch so toll ist … Ich würde den ja gerne mal sehen. Muss ja schon ein Prachtexemplar von Kerl sein“, seufzt er. „Kannst du nicht mal ein Foto machen?“

„Mal sehen“, knurre ich. „Aber nicht, dass du dich auch noch verknallst.“

„Wieso auch?, fragt er geschockt. „Hat es dich erwischt?“

„MICH? BIST DU BLÖDE?“, kreische ich. „Nein, ich meine doch die anderen alle!“

„Ach so, da bin ich ja beruhigt“, grinst Bienchen und gibt mir einen Kuss auf die Wange. „Ab ins Bett, Schätzchen.“

„Hallo Lilly. Wie gehts dir?“

Sigrid begrüßt mich freundlich, als ich sie heute das erste Mal seit vier Tagen wieder sehe. Nach meinem Nachtdienst hatte ich zwei freie Tage und starte heute in der Frühschicht. Die Zeit hat mir gut getan, ich konnte über einiges nachdenken und kann jetzt über mich und meine Reaktion nur noch lachen.

Gut, Mr. Bombastic hat mich etwas ins Schleudern gebracht, aber das ist jetzt vorbei, ich werde ihm mit professioneller Distanz gegenübertreten, so wie den anderen Ärzten auch.

„Gut“, sage ich. „Schön, dich zu sehen.“ Und das meine ich ehrlich, Sigrid ist mir die liebste Kollegin von allen.

Ich werfe einen Blick auf den Dienstplan der Ärzte, Stegmann hat heute Dienst, dann kann ich meine Vorsätze ja direkt in die Tat umsetzen.

Doch dazu kommt es zunächst nicht, er betreut zwei Saugglockengeburten und ist erst mal nicht in Sicht. Macht nichts, es werden noch genug Gelegenheiten kommen, ihm zu zeigen, wie seriös und unaufgeregt ich in seiner Nähe sein kann.

„Wow – Cheffe zieht blank“, kichert Sigrid und drückt sich die Nase an der Fensterscheibe platt.

Die anderen Kolleginnen kommen hinzu, sie beginnen ebenfalls zu giffeln und Bemerkungen zu machen, die etwas undamenhaft sind.

Natürlich bin ich neugierig und stelle mich dazu.

Sie schauen hinunter auf einen kleinen Innenhof, der für Patienten nicht zugänglich ist. Dort liegen Stegmann und Dr. Müller auf Bänken in der Sonne, beide haben ihre Oberteile ausgezogen, und ich muss zugeben, dass sie gut gebaute Körper haben.

„Was für Poser!“, ätze ich dann und setze mich demonstrativ wieder an den Esstisch in unserer kleinen Küche, die anderen Kolleginnen sind davon ganz unbeeindruckt und haben weiterhin viel Spaß an dem Anblick. *„Blöder Kerl“*, schimpfe ich in Gedanken. *„Der weiß doch ganz genau, dass wir ihn sehen können.“*

Ich versuche, die Bemerkungen meiner Kolleginnen zu überhören, was natürlich nicht möglich ist, also schnappe ich mir die Patientenunterlagen und beginne mit der Medikamentenvergabe. Kann mir ja schließlich egal sein, wenn die Weiber so blöde sind.

„Hallo Ladys.“ Dr. Stegmann kommt strahlend zu uns an die Rezeption. „Wie gehts?“

Sein Blick bleibt an mir haften, ich nicke nur kurz und beachte ihn dann nicht weiter, alles Teil meiner Taktik.

„Gut geht es uns. Hatten Sie eine schöne Mittagspause?“, grinst Sigrid.

„Ja, danke.“

„Sie haben auch gut Farbe bekommen“, kichert sie. Mir wird das alles zu blöde und ich schnappe mir das Blutdruckmessgerät, irgendein Opfer wird sich schon finden, gibt ja hier genügend Patientinnen.

7

„Schönen Feierabend“, wünscht Anna mir, die heute zur Spätschicht gehört.

„Danke, dir auch einen angenehmen Dienst!“ Ich nehme meine Tasche und gehe zu den Aufzügen.

Doch dann fällt mein Blick auf die Tür zum Säuglingszimmer, ich hatte noch gar keine Gelegenheit, dort mal vorbeizuschauen.

Als ich näher komme, höre ich schon das Babygeschrei, ich klingele, Maria öffnet mir erfreut.

„Hallo Lilly. Hast du Feierabend?“

„Ja, darf ich mal gucken kommen?“, frage ich.

„Na klar, ich muss gleich Zwillinge füttern, wenn du magst, kannst du mir helfen.“ Sie bittet mich herein, ich desinfiziere mir die Hände und folge ihr dann.

Dieser unvergleichliche Babyduft schlägt mir entgegen, lächelnd betrachte ich die kleinen Wesen mit ihren rosa oder blauen Mützchen.

Vor einem Zwillingspaar bleiben wir stehen, sie schreien beide aus Leibeskräften.

„Darf ich?“, frage ich aufgeregt und strecke schon die Hände nach dem kleinen Jungen aus.

„Na klar.“ Maria reicht mir ein Fläschchen. „Ich bin froh, wenn ich Hilfe habe. Ich bin heute alleine hier, Sandy war ganz plötzlich übel geworden und Teresa kann erst in einer Stunde hier sein.“

„Ich helfe dir gerne.“ Ich setze mich mit dem kleinen Luka auf einen Stuhl, er ist ganz furchtbar aufgeregt, er scheint zu spüren, dass es gleich was zu futtern gibt.

Nach den ersten kräftigen Zügen aus der Flasche entspannt er sich aber zusehends, ich betrachte ihn lächelnd, er ist dunkelhäutig und sieht einfach zum Anknabbern aus.

Dann fällt mein Blick auf ein Baby mit einem etwas schiefen Köpfchen, mir fällt ein, dass Stegmann heute zwei Kinder entbunden hat, ich deute auf das Wägelchen.

„Ist das eine von den Saugglocken-Geburten?“

„Ja, Dr. Stegmann musste heute gleich zweimal ran, das waren beides Geburtsstillstände. Oh, da ist er ja!“ Maria schaut in Richtung der großen Glasscheibe, ich folge ihrem Blick und entdecke den Oberarzt, er kommt gerade aus einem gegenüberliegenden Zimmer.

„Ah“, sage ich nur. Er schaut zu uns herüber und zieht überrascht die Augenbrauen hoch, als er mich sieht.

Ich konzentriere mich wieder auf den kleinen Schatz in meinem Arm, doch ich höre schon das Klingeln, Maria steht auf und geht zur Tür.

„Hallo Lilly, sind Sie bei uns nicht ausgelastet?“, lacht Stegmann fröhlich.

„Doch, natürlich. Aber ich mag die Atmosphäre hier, so friedlich und unschuldig.“ Ich schenke ihm ein süßes Lächeln, für einen Moment verfinstert sich seine Miene, offenbar hat er meine Anspielung verstanden. *Kluger Junge.*

„Nun ja, zumindest sind die Kleinen noch nicht in der Lage, bissige Bemerkungen abzugeben“, entgegnet er mit sanfter Stimme.

Maria sieht verwirrt zwischen uns hin und her.

„Ja, das ist bestimmt ein großes Glück für manche Leute, denn man sagt ja, dass Betrunkene und Kinder immer die Wahrheit sagen“, flöte ich zurück. „Könnte ja manchmal unbequem werden.“ *Professionelle Distanz! Verdammt noch mal, Lilly!*, ermahne ich mich selbst.

„Meinen Sie?“ Er grinst unverschämt breit übers ganze Gesicht, scheinbar kann ich ihn heute nicht ärgern. *Was ja auch gut ist …*

Mein kleiner Schützling wird immer schwerer in meinem Arm, ich schaue wieder zu ihm und bemerke, dass seine Augen zufallen.

„Nun, Ihre Gegenwart scheint eine einschläfernde Wirkung zu haben“, lacht Dr. Stegmann. Was hat denn der für eine dämlich gute Laune heute?

„Für Aufregungen sind ja auch andere zuständig“, murmele ich und beschließe, den blöden Kerl jetzt einfach zu ignorieren.

Er scheint es zu verstehen und verzieht sich wieder, Maria sieht mich fragend an, aber ich habe nicht vor, zu dem Geplänkel irgendeine Stellungnahme abzugeben.

Als Luka sein Fläschchen ausgetrunken hat, wickele ich ihn und lege ihn zurück, dann bedanke ich mich bei Maria.

„Oh, nichts zu danken, komm doch öfter vorbei. Scheint spannend zu werden, wenn du da bist“, lacht sie.

Auf dem Weg zu den Aufzügen entdecke ich Dr. Stegmann wieder, ich stöhne innerlich auf und schlage spontan die Richtung zu den Treppenhäusern ein.

„Schönen Feierabend, Lilly", höre ich ihn hinter mir rufen, wieso folgt der mir denn jetzt?

„Danke", erwidere ich knapp und will meinen Weg fortsetzen, doch er redet weiter.

„Werden Sie heute die Sonne genießen? Es ist wirklich ein schöner Tag."

Ich drehe mich zu ihm um, ich weiß, ich sollte das nicht sagen, aber …

„Meinen Sie, ich sollte mich auch mit freiem Oberkörper in den Innenhof legen? Ich weiß nicht, so eine Zurschaustellung ist eigentlich nicht mein Ding."

Schwups, da ist es raus, ich ärgere mich total über mich selbst, ich wollte doch so gerne cool und souverän in seiner Gegenwart sein.

Er ist immer noch ein Vorgesetzter!

„Wie immer eine spitze Zunge", grinst Stegmann. Er hat sich lässig über das obere Geländer gelehnt. Da ich schon ein paar Stufen hinuntergegangen bin, muss ich also zu ihm aufschauen, was mir überhaupt nicht passt.

„Aber der Anblick wäre bestimmt sehr reizvoll", fügt er mit sanfter Stimme hinzu.

„Meinen Sie? Ich weiß nicht, ich bin nicht der Typ, der gerne viel über sich preisgibt." Ich mache eine abfällige Handbewegung. „Das überlasse ich lieber anderen …"

„Gehen Sie mal mit mir einen Kaffee trinken?"

Die Frage kommt wie aus dem Nichts, ich bin so überrascht, dass ich Stegmann mit offenem Mund anstarre.

„Ist das Ihr Ernst?" Ich kann es kaum glauben, was soll das denn jetzt? Ich fühle mich überfordert, er hat mich tatsächlich total aus dem Konzept gebracht.

„Ja, warum denn nicht? Sie sind eine sehr schlagfertige Gesprächspartnerin." Er schaut mir direkt in die Augen. „Und vielleicht geben Sie dann ja doch mal etwas mehr über sich preis."

Nichts da!, rät mein Verstand mir. *Der will nur spielen, lass dich nicht darauf ein!*

„Und wenn ich das gar nicht will?“ Ich habe meine Fassung wiedererlangt und schaue ihn so hochmütig an, wie ich es von dieser Position aus kann.

„Dann würde ich mich fragen, ob Sie vielleicht feige sind.“ Er stützt sein Kinn auf seiner Hand ab und grinst mich wieder so jungenhaft an.

„Feige?“ Ich imitiere wieder die hochgezogenen Augenbrauen. „Haben Sie den Eindruck?“

„Der erste Eindruck kann natürlich täuschen.“

„Womit wir wieder bei dem Thema Menschenkenntnis wären“, grinse ich frech.

„Bekomme ich eine Antwort auf meine Frage?“ Immer noch lässt er mich nicht aus den Augen, dieser intensive Blickkontakt verunsichert mich, ich komme mir vor wie seine Beute. *Genau das bist du doch auch,* zischt es in mir.

„Hm, ich weiß nicht so recht. Ich habe eigentlich nicht viel Zeit.“

Er lacht laut auf, es schallt durchs Treppenhaus. „Dachte ich es mir doch. Sie haben eine große Klappe, aber wenn es ans Eingemachte geht, ziehen Sie den Schwanz ein.“

„Ans Eingemachte? Ich dachte, Sie wollen nur Kaffee trinken gehen oder ist das eine andere Umschreibung für ein Tête-à-Tête im Untersuchungszimmer?“

LILLY!, stöhnt es in mir auf.

„Hätten Sie denn gerne eins?“

„Ein Tête-à-Tête? Mit Ihnen? Lieber Herr Dr. Stegmann, offenbar leiden Sie an Gedächtnisschwund. Ich habe Ihnen doch schon einmal erklärt, dass ich nicht an Ihnen interessiert bin“, säusele ich.

„Dann geht es Ihnen wohl wie mir, denn ich bin auch nicht an Ihnen interessiert. Schon vergessen, Lilly?“ Sein leises Lachen macht mich langsam rasend, wieder komme ich mir nicht ernst genommen vor. Wie ich das hasse!

„Und warum wollen Sie dann mit mir Kaffee trinken?“ Meine Stimme wird immer lauter, mich ärgert das, aber ich kann meine Wut langsam nicht mehr im Zaum halten.

„Ich finde Sie ganz amüsant, nichts weiter. Wenn Ihre Fantasie mit Ihnen durchgeht, ist das nicht meine Schuld, oder?“

„Meine Fantasien gehen Sie gar nichts an!“, fauche ich.

„Das stimmt. Aber sie sind bestimmt sehr interessant.“

„DAS WERDEN SIE NIE ERFAHREN!“

„Kaffeetrinken?“ Seine Stimme klingt jetzt ganz sanft, aha, jetzt versucht er es also wieder mit der Einwickelmethode!

„Ich überlege es mir – vielleicht.“ Ich versuche, mich unter Kontrolle zu kriegen, schließlich halte ich es für besser, den Rückzug anzutreten.

„Ich wünsche Ihnen einen schönen Tag, Dr. Stegmann.“

„Ich Ihnen auch, Lilly.“ Er macht einen höflichen Diener vor mir und geht dann zurück auf die Station.

Für diese Geste würde ich ihn am liebsten erwürgen – oder ihm einen Kaffee über seinen Kasack kippen.

Vielleicht sollte ich das mit der Einladung doch mal in Erwägung ziehen.

Ich weiß nicht, wohin mit mir. Eigentlich wollte ich das schöne Wetter nutzen und ein bisschen in der Stadt bummeln gehen, mich vielleicht in ein Café setzen.

Aber nein – natürlich spukt mir das Gespräch mit diesem blöden Kerl im Kopf herum. Ich weiß überhaupt nicht mehr, wie sich das so entwickeln konnte und natürlich bin ich verwirrt darüber, dass er mich eingeladen hat.

Was soll das? Was will er denn von mir?

Er hat ja selbst behauptet, dass ich eine Nervensäge sei, warum will er sich das also antun und mit mir mehr Zeit verbringen, als unbedingt nötig ist?

Und will ich das überhaupt?

Spontan schreit alles in mir auf: NEIN, BLOSS NICHT!

Genau das ist die richtige Antwort, ich bin zufrieden mit mir.

Andererseits …

Ein kleines Stimmchen säuselt mir zu, was denn schon dabei wäre … wäre doch bestimmt ganz amüsant … und er sieht gut aus und ist doch recht witzig …

Es reicht! Ich muss mit jemandem darüber reden, und da bleibt nur Bienchen übrig.

Entschlossen steuere ich seinen Beauty-Tempel an, ich wollte mir den Laden ja eh mal ansehen.

Als ich vor dem Gebäude stehe, starre ich erst einmal nur mit offenem Mund an der Fassade hoch. Klar, Bienchen hat mir alles genau beschrieben, aber irgendwie habe ich das wohl nicht richtig eingeschätzt, denn schon von außen sieht das hier nach purem Luxus aus. Ob die mich überhaupt mit einer Jeans reinlassen? Ich knabbere unsicher auf meiner Unterlippe herum, dann will ich mich aber nicht einschüchtern lassen und betrete mit hoch erhobenem Kopf die *Zentrale der Schönheit* – wie Bienchen seinen Arbeitsplatz neuerdings ganz unbescheiden nennt.

Drinnen ist es noch pompöser, als es von außen wirkt. Die Böden sind aus weißem Marmor, überall gibt es römische Säulen und diese David- und Aphroditestatuen, ich muss mir ein Kichern verkneifen.

Hinter einer Reihe Friseurstühle gehen noch verschiedene Bereiche ab zu den anderen Abteilungen. Wie groß ist der Laden denn?

„Guten Tag, mein Name ich Beatrice. Was kann ich für Sie tun?" Eine junge Dame, ganz in Weiß gekleidet, kommt auf mich zu.

„Ich möchte zu Herrn Stockowski", sage ich.

„Haben Sie einen Termin?"

„Nein, ich bin eine Freundin von ihm und hätte ihn gern kurz gesprochen."

„Sagen Sie mir Ihren Namen, dann schaue ich mal, was ich für Sie tun kann", säuselt sie.

„Lilly. Er weiß dann schon Bescheid", sage ich hochmütig.

Sie stöckelt davon, mein Blick fällt auf diese Mörderschuhe, ich werde nie verstehen können, wie man so etwas freiwillig anziehen kann.

Während ich auf die Audienz warte, schaue ich mich um. Eine weitere junge Dame sitzt hinter einem Empfangstresen und tippt etwas in einen PC. An den Wänden hängen Bilder von unwirklich schönen Frauen – und Männern.

Photoshop, denke ich grimmig, dann höre ich an dem Getrappel auf dem Marmor, dass Madame zurückkommt.

„Bitte folgen Sie mir", lächelt sie mich an, natürlich mit einem strahlend weißen Zahnpastalächeln.

Ich folge ihr und komme mir in meinen Sneakers ein bisschen schäbig vor, aber immerhin habe ich es bequemer als Beatrice.

Sie führt mich in ein Büro, es ist in Weiß und Violett gehalten, hinter einem Designerschreibtisch aus Glas sitzt mein Bienchen, er ist in ein Gespräch mit einem hübschen Mann vertieft, der seinen Gesten nach zu urteilen zu Bienchens Ufer gehört.

„Hallo Schätzchen!“ Bienchen springt auf und breitet theatralisch die Arme aus. „Ich wusste doch, dass du es dir mit dem Waxing noch überlegst!“

„Hi Schnuffi“, knurre ich ihn an. „Spinnst du? Deswegen bin ich nicht gekommen.“

„Warum denn?“ Bienchen wirkt für einen Moment irritiert, dann steckt er mir eine blonde Locke zurück, die sich aus meiner Frisur gelöst hat.

„Bad Hair Day?“, fragt der hübsche junge Mann einfühlsam, er mustert meine Haarpracht und ich sehe das Mitleid in seinen Augen.

„Nein“, keife ich los. „Ich wollte mit dir reden, aber ich sehe, du bist beschäftigt.“

„Für dich habe ich doch immer Zeit, Honey. Und wenn ich nichts für deine Schönheit tun kann, dann kann es ja nur etwas mit deinem Job zu tun haben. Richtig?“

Ich nicke und lege mein ganzes Leid in einen Augenaufschlag.

„Setz dich“, sagt er..

Ich lasse mich in einen weißen Ledersessel plumpsen und schaue auffordernd Bienchens Gesprächspartner an, der kann jetzt ja wohl mal gehen.

„Das ist Rob, mein persönlicher Assistent“, stellt Bienchen ihn mir vor. „Ich habe keine Geheimnisse vor Rob, aber wenn du möchtest, dann schicke ich ihn natürlich raus.“

Na toll, denke ich genervt. *Wie sieht das denn jetzt aus, wenn ich darauf bestehe?*

Wütend funkele ich mein Bienchen an, diese Peinlichkeit hätte er mir ja auch ersparen können.

„Nein, er kann bleiben“, nuschele ich gequält. Warum auch nicht, immerhin bin ich es fast schon gewohnt, mein Privatleben auch mit Bienchens Typen zu teilen.

„Schieß los!“ Bienchen sieht mich gespannt an.

„Er hat mich zu einem Kaffee eingeladen“, blubbert es gequält aus mir heraus. „Was soll ich denn jetzt machen?“

Bienchens Augen werden größer und größer. „Wow – Mr. Bombastic?“

„Ja, wer denn sonst?“, zische ich.

„Er ist Oberarzt und damit Lilly vorgesetzt, dieser Mann muss ein Ladykiller sein, aber Lilly wehrt sich noch standhaft“, wird Rob von Bienchen aufgeklärt.

„So, so … aber jetzt will er dir an die Wäsche“, stellt Rob fachmännisch fest. Ich schaue ihn mit großen Augen an.

„Na ja, ob er das jetzt so wirklich will …“

„Klar will er das.“ Rob schüttelt den Kopf. „Dass die Heteros das immer noch so verschlüsselt ausdrücken müssen …“

„Er ist halt ein Mann mit Stil.“ Bienchen zuckt mit den Schultern. „Viel wichtiger ist aber doch: Was will Lilly? Was seine Absichten sind, das ist wohl klar.“

Zwei Augenpaare schauen mich jetzt neugierig an, ich schlucke aufgeregt.

„Na ja, ich kann ihn eigentlich nicht leiden“, sage ich leise.

„‚Eigentlich nicht bedeutet so viel wie: ‚Ich will ihn‘“, resümiert Rob.

Ich werfe ihm einen giftigen Blick zu, ist der Typ Psychologe oder was?

„Nein, ‚eigentlich nicht‘ bedeutet ‚eigentlich nicht‘“, stelle ich patzig klar.

„Okay“, grinst Rob, ich sehe ihm an, dass er mir nicht glaubt. Blöder Kerl!

„Fangen wir doch mal von vorne an: Wie kommst du denn zu dieser Einladung?“, fragt mich Bienchen mit sanfter Stimme, er hat diesen gutmütigen Blick drauf, als ob er mit einer Schwachsinnigen reden würde.

„Ach, das kam irgendwie aus dem Nichts. Wir haben uns wieder ein bisschen angezickt, dann hat er mich gefragt. Ich bin ja selbst überrascht. Er meint, ich wäre amüsant.“

„Das bist du ja auch zweifelsohne“, nickt mein Bienchen.

„Und sie ist eine scharfe Frau. Ich meine, man könnte an ihr noch kräftig tunen, aber das Grundgerüst steht ja.“ Rob scannt mich mit seinem Blick ab. „Du glaubst doch nicht im Ernst, dass er mit ihr Kaffee trinken gehen möchte, weil sie amüsant ist?“, fragt er in Bienchens Richtung.

„Nein. Vor allem ist der Kerl ja wohl ein Womanizer. Aber noch hat Lilly nicht geantwortet: Wirst du mit ihm Kaffee trinken gehen?“

Ich seufze auf. „Er meinte, ich wäre feige, wenn ich ihm absage. Und dass ich nur eine große Klappe hätte und den Schwanz einziehen würde, wenn es ans Eingemachte geht.“

Bienchen und Rob kichern, ich werfe den beiden einen genervten Blick zu, sie werden schlagartig wieder ernst.

„All das stimmt ja auch, ich bin überrascht, wie gut er schon weiß, welche Knöpfe er bei dir drücken muss. Aber noch immer ist da keine klare Antwort: Wirst du mit ihm Kaffee trinken gehen?“, hakt Bienchen nach.

„Ich glaube nicht. Ich habe ihm gesagt, dass ich darüber vielleicht nachdenken werde“, piepse ich leise.

„Lass ihn zappeln“, rät Rob mir. „Er ist ein Jäger, du scheinst ihn zu reizen, weil du widerspenstig bist – noch.“

„Sie könnte ja auch wirklich nur mit ihm Kaffee trinken gehen“, wirft Bienchen ein.

„Oh ja, am besten in einem knappen Mini“, giffelt Rob. „Und dann lässt sie ihn abblitzen.

„Du spinnst wohl!“, fauche ich ihn an. „Ich trage keine Minis!“

Obwohl …

Ich komme ins Grübeln, vielleicht wäre eine saftige Abfuhr wirklich mal etwas, was dieser eingebildete Casanova braucht. Das ist er bestimmt nicht gewohnt, so selbstgefällig wie der Kerl ist.

Bienchen und Rob tauschen einen Blick. „Erde an Lilly! Bist du noch da?“, höre ich mein Bienchen dann.

„J … ja …“, antworte ich. „Vielleicht ist die Idee gar nicht mal so übel“, kläre ich die beiden über meine Gedankengänge auf.

„Und meinst du, du kannst das? Du bist nicht gerade das, was man einen Vamp nennen würde!“ Bienchen schüttelt den Kopf.

„Na hör mal“, protestiere ich. „Hältst du mich für so schwach, dass ich direkt mit ihm ins Bett hopse?“

„Vielleicht nicht direkt ins Bett, aber … Lilly, vergiss den Vorschlag, das passt überhaupt nicht zu dir. Das bist du nicht und ich möchte das auch nicht. Du bist keine blonde Bitch.“

„Hm, ich überlege es mir“, grummele ich. „Vielleicht will er ja auch schon gar nicht mehr, immerhin habe ich ihm keine klare Antwort gegeben.“

„Lilly!“, Bienchens Stimme wird jetzt eindringlicher. „Der Typ ist nicht irgendjemand, sondern ein Vorgesetzter, der dir das Leben in der Klinik zur Hölle machen kann. Vergiss diese Schnapsidee von Rob.“ Er wirft seinem Assistenten einen strafenden Blick zu.

Ich muss mir eingestehen, dass Bienchen recht hat. Für einen Moment war sein Vorschlag ja ganz reizvoll, aber im Grunde möchte ich das ja auch alles gar nicht.

Nein, Simon Stegmann kann mir gestohlen bleiben.

Ich bin ganz erleichtert, als ich den Beauty-Tempel verlasse. Gespräche mit Bienchen und seinem Anhang sind für mich immer hilfreich.

Ich komme an einem Schaufenster vorbei, in dem eine Puppe steht, die einen Mini trägt. Nachdenklich bleibe ich davor stehen. Ich habe so etwas noch nie getragen, aber vielleicht sollte ich den Rock einfach mal anprobieren.

Wozu?, frage ich mich selbst kritisch. *Nur so eben ...*

Nein, ich bleibe standhaft. Keine Minis, kein Kaffeetrinken mit Mr. Bombastic – das würde mein Leben nur unnötig komplizieren. Irgendwann werde ich schon einen netten Mann treffen, der meine liebenswürdige Art zu schätzen weiß und zudem nicht mein Chef oder Kollege ist.

Jawohl, soweit der Plan …

8

Ich bin trotzdem nervös, als ich am nächsten Tag zur Arbeit gehe. Wieder habe ich Frühdienst und auch Stegmann ist in der Klinik. Aber wie durch ein Wunder laufen wir uns nicht über den Weg, ich bin erleichtert, so ist es mir auch ganz recht.

Bienchen allerdings nicht, denn der erwartet am Abend wieder den neusten Klatsch von mir, nur leider kann ich damit nicht dienen.

„Das ist ja blöde", schmollt er.

„Finde ich nicht, ich bin froh, dass ich noch ein bisschen Galgenfrist habe."

„Na gut, aber morgen will ich was hören." Er zieht immer noch eine Schnute, dann gibt er mir ein Abschiedsküsschen, er will noch ausgehen.

In der Nacht werde ich durch ein lautes Türenknallen geweckt, erschrocken setze ich mich im Bett auf. Es ist noch keine elf Uhr, ist Bienchen schon zurück? Aber warum randaliert er hier herum?

Und wenn es ein Einbrecher ist?

Quatsch! Mutig schwinge ich meine Beine aus dem Bett. Im Flur brennt Licht und ich höre ein unterdrücktes Schluchzen aus Bienchens Zimmer.

Ich bin alarmiert, leise klopfe ich an, aber es kommt keine Antwort, also drücke ich vorsichtig die Klinke hinunter.

Bienchen liegt in seinem Bett, den Kopf im Kissen vergraben und weint ganz fürchterlich.

„Hey, was ist denn los?" Ich laufe schnell zu ihm und setze mich auf die Bettkante.

„Bienchen? Bitte rede mit mir!"

Er dreht sein Gesicht zu mir, sein dezentes Make-up ist ein bisschen verlaufen und seine Augen blicken verzweifelt. „DIESES SCHWEIN!", schluchzt er.

„Wen meinst du? Was ist los?", frage ich entsetzt.

„Jeremy! Diese blöde Modelschlampe! Er hat mir erzählt, er wäre in London, und jetzt rate, wen ich eben im *Millers* gesehen habe? Und wer da mit so einer anderen Kuh herumgeknutscht hat?"

„Oh nein, das tut mir so leid.“ Ich streichele über seine Haare. „Bienchen, ich weiß gar nicht, was ich sagen soll. Der Typ hat dich echt nicht verdient.“

„Natürlich hat er das nicht … aber er war so … so sexy … und ich dachte, also …“

„Ich weiß.“ Ich beuge mich zu ihm und nehme ihn in die Arme.

„Bleibst du hier?“, weint er herzzerreißend.

„Klar. Magst du ein bisschen Schokoeis?“, versuche ich ihn zu trösten.

„Aber nur ein bisschen, nicht so viel wie du“, jammert er.

Ich husche aus seinem Zimmer und hole eine Dose aus dem Kühlfach, mit zwei Löffeln bewaffnet krabbele ich dann unter Bienchens Decke.

„Ich hasse Männer! Warum bin ich nicht Hetero?“

„Dann würden wir jetzt hier sitzen und du würdest wegen einer Frau weinen“, sage ich sanft.

„Auch wieder wahr.“ Er stochert im Eisbecher herum und löffelt lustlos. „Warum bin ich bloß in diesen Laden gegangen?“

„Sei doch froh, dass du über Jeremy Bescheid weißt. Lieber ein Ende mit Schrecken …“

„Ja, du hast ja recht“, knurrt er, dann schiebt das Eis weg. „Bring das wieder weg, wir werden sonst zu fett.“

Ich gehorche brav, dann kehre ich zu ihm zurück und kuschele mich zu ihm unter die Bettdecke.

„Irgendwann werden wir schon unsere Traumprinzen finden“, murmele ich.

„Bestimmt.“ Bienchen fängt plötzlich an zu kichern.

„Was ist?“

„She call me Mr. Boombastic …“, fängt er an zu singen.

Ich kneife ihn empört in die Wange. „Das ist nicht lustig!“

„Aber es heitert mich auf!“

„Du bist doof!“, seufze ich, aber dann muss ich auch kichern.

„Hallo, Lilly.“ Ich brauche mich nicht umzudrehen, um herauszukriegen, wem die Stimme gehört.

„Hallo, Herr Dr. Stegmann.“

Er bleibt noch einen kurzen Moment bei mir stehen, dann geht er weiter in ein Patientenzimmer.

Ob er auf eine Antwort gewartet hat?

Aber da wird er lange warten müssen, denn ich habe nicht vor, von mir aus das Gespräch noch einmal auf das Kaffeetrinken zu bringen.

Immerhin wirkte er nicht unfreundlich, wenn wir den Umgang so weiterführen könnten, dann wäre das doch schon ein Fortschritt.

Und es scheint tatsächlich zu funktionieren, ich bin mehr als erleichtert. Wenn wir uns begegnen, reden wir nur dienstlich und das auch noch in einem freundlichen Ton. Ich beginne, mich in seiner Gegenwart wieder etwas zu entspannen. Er sieht mich auch nicht mehr so komisch an, vielleicht haben meine Worte ja doch etwas bei ihm bewirkt.

„Es kommt ein Notfall rein, bitte ruf im OP an", weist Sigrid mich an, mit der ich heute zur Nachtschicht eingeteilt bin. „Soll ich Stegmann wecken gehen?"

„Ja, bitte", antworte ich hastig. Ich will bestimmt nicht das gute Verhältnis zu ihm aufs Spiel setzen, indem ich ihn aus dem Schlaf reiße.

Kurz darauf wird eine junge Frau mit starken Blutungen eingeliefert dann erscheint ein Mann mit einem Neugeborenen auf dem Arm und einer älteren Frau, vielleicht seiner Mutter. Beide sind kreidebleich und richtig starr vor Entsetzen.

„Was ist passiert?", frage ich Sigrid erschrocken.

„Die Frau hatte eine Sturzgeburt, jetzt hört sie nicht auf zu bluten, die Nachgeburt löst sich nicht", erklärt Sigrid mir.

Ich bin betroffen, die Angehörigen tun mir furchtbar leid, ich kann nur hoffen, dass man die junge Mutter retten kann.

Ich gehe zu dem Mann und der älteren Dame. „Kann ich Ihnen etwas zu trinken bringen?"

„Nein." Beide schütteln den Kopf. „Ist meine Frau schon im OP?", fragt der Mann.

„Ja, man wird alles tun, um ihr zu helfen", erkläre ich ihm, dann sehe ich, dass der Kinderarzt kommt, zusammen mit einer Schwester der Neugeborenenstation.

„Wir möchten uns Ihren kleinen Sohn mal ansehen. Ist das in Ordnung?“, fragt Dr. Steffen ihn.

„Ja … ja natürlich.“ Der Mann übergibt ihm das Baby, das in eine Decke gehüllt ist.

„Möchten Sie uns begleiten?“, fragt die Schwester.

„Nein, ich bleibe hier, aber geh du ruhig mit, Mutter.“ Der Mann nickt der älteren Dame zu, die von ihrem Stuhl aufspringt. Sie wirkt erleichtert, ist wahrscheinlich über die Ablenkung froh.

„Wenn Sie etwas benötigen, wir sind da vorne.“ Ich deute auf den Tresen unserer Rezeption. „Bitte zögern Sie nicht, uns anzusprechen.“

„Ich möchte nur, dass sie es schafft“, sagt er mit Tränen in den Augen.

Ich drücke kurz seine Hand. „Sie ist hier gut aufgehoben, man wird alles für sie tun“, versuche ich ihn zu beruhigen, ich weiß aber selbst, dass das nicht möglich ist.

„Es ist furchtbar“, flüsterte ich Sigrid zu, als ich wieder zurück bin. Dabei hatte diese Nachtschicht so ruhig begonnen – und jetzt das.

Es dauert eine Dreiviertelstunde, bis Dr. Stegmann aus dem OP kommt, ich kann ihn nur von hinten sehen, aber er hockt sich vor den Mann hin und ich bemerke zu meinem Entsetzen, dass er den Kopf schüttelt.

„Oh Gott!“ Ich bin tief betroffen und schaue zu Sigrid, die ebenfalls einen erschrockenen Gesichtsausdruck hat.

Der Mann bricht förmlich zusammen, er beginnt heftig zu weinen, ich greife nach dem Telefonhörer und rufe den Krankenhausseelsorger an, dieser verspricht, sofort zu kommen.

Sigrid holt eine Beruhigungstablette und ein Glas Wasser und geht damit zu den beiden Männern.

Ich bin noch immer wie erstarrt, klar, ich weiß, dass so etwas immer passieren kann, aber mich trifft das Schicksal dieser kleinen Familie hart.

Eine Patientin ruft mich, ich bin fast schon froh darüber, dass ich etwas zu tun bekomme. Sie hat sich übergeben, ich helfe ihr beim Umziehen und hole frische Bettwäsche. Diese Routinegriffe helfen mir dabei, mich wieder etwas zu fangen.

Als ich aus dem Zimmer komme, sehe ich, dass der Seelsorger sich um den jungen Mann und seine Mutter kümmert und Dr. Stegmann mit schnellen Schritten davongeht. Sein Gesichtsausdruck ist ernst, fast schon zum Fürchten, während des Gehens reißt er sich die OP-Haube vom Kopf und verschwindet im Treppenhaus.

Ich folge ihm, ohne zu wissen, warum, es ist einfach ein Bauchgefühl. Er sitzt auf der obersten Stufe im Treppenhaus, das Gesicht zwischen seinen Händen vergraben.

Ich laufe zurück in unsere kleine Küche und befülle zwei Tassen mit Kaffee. Sigrid erkläre ich, dass ich eine kurze Pause mache, sie nickt nur, wirkt noch ebenso betroffen wie ich. Dr. Stegmann sitzt noch in unveränderter Position auf der Treppe, vielleicht handele ich mir jetzt eine grobe Abfuhr ein, aber ich wage es trotzdem.

Als er das Geräusch der Tür hört, ruckt sein Kopf nach oben und er stöhnt genervt auf, dreht sich aber nicht um.

Ich gehe zu ihm und setze mich neben ihn auf die Stufe, wortlos reiche ich ihm die Tasse Kaffee.

Er sieht kurz zu mir. „Danke."

Wir bleiben eine Weile so sitzen, er sagt nichts und ich überlege, ob ich nicht lieber wieder gehen soll. Doch dann beginnt er zu reden.

„Was für eine Scheiße", flüstert er leise.

„Ja. Es ist schlimm", stimme ich ihm zu.

„Sie ist gestorben. Einfach gestorben, obwohl wir alles für sie getan haben." Er schüttelt den Kopf. „Das ist alles so unnötig, sie hat gerade ein Kind bekommen und dann so etwas."

„Es geht nicht gerecht zu, nie. Und es geht auch nicht der Reihe nach." Ich schlucke heftig, ich muss an meine Eltern denken und daran, dass ich anfangs auch sehr wütend auf alles und jeden war und so sehr mit dem Schicksal gehadert habe.

Dr. Stegmann sieht mich an, seine dunklen Augen sind so faszinierend, ich muss aufpassen, dass ich ihn nicht stundenlang anstarre.

„Das klingt aber sehr verbittert für eine junge Frau", sagt er mit sanfter Stimme.

Ich zucke nur mit den Schultern. „Jeder macht doch seine Erfahrungen, oder nicht?"

„Ja, das ist wohl richtig", seufzt er. „Trotzdem kann ich da gerne drauf verzichten."

„Sie sind ein guter Arzt, ich bin sicher, dass Sie alles getan haben, was möglich gewesen ist."

„Hm", brummt er nur, nach einiger Zeit des Schweigens spricht er mich wieder an.

„Lilly?"

„Ja?"

Er grinst auf einmal, mein Herz kommt prompt ins Stolpern.

Hoppla ...

Er hält seine Kaffeetasse hoch. „War das jetzt etwa das gemeinsame Kaffeetrinken?"

Ich setze ein liebreizendes Lächeln auf. „Das wollten Sie doch so gerne."

„Da haben Sie mich aber ganz schön überrumpelt und sich sehr leicht aus der Affäre gezogen."

„Sie haben ja keine Modalitäten genannt."

„Ich akzeptiere das so aber nicht, das kann ich nicht gelten lassen. Ich finde, wir sollten neu verhandeln." Er sieht mir wieder direkt in die Augen, ich schaue schnell weg, wenn er so guckt, dann kann ich nicht richtig denken.

„Damit bin ich nicht einverstanden", sage ich schnell.

„Wovor haben Sie Angst?", hakt er nach, ich starre stur auf meine Schuhspitzen.

„Vor … vor gar nix."

„Okay." Er legt mir einen Finger unters Kinn und dreht meinen Kopf wieder zu sich. „Dann erhöhe ich den Schwierigkeitsgrad und lade Sie zu einem Abendessen ein." Seine Stimme ist ganz warm und seine Berührung löst einen Schauer in meinem Körper aus.

Ich fühle mich wie das Kaninchen vor der Schlange, sein Blick geht mir durch und durch. „Trauen Sie sich das zu?", fragt er weiter.

Ich rücke etwas von ihm ab und versuche, mich wieder zu fassen. Aus einem Impuls heraus möchte ich jetzt am liebsten abhauen, aber das wäre ja wirklich feige.

„Und wenn wir gesehen werden? Was ist mit dem Kliniktratsch?"

„Schämen Sie sich für mich?"

Ich schüttele den Kopf. „Nein, aber … aber Sie wissen doch, wie schnell sich so etwas herumspricht."

„Okay, wir suchen ein Restaurant aus, das etwas außerhalb liegt. Gibt es sonst noch Bedingungen?"

„Nein“, antworte ich prompt.

„Dann ist das also ein Ja?“

Ich schaue ihn verdattert an. „Hm? Wie jetzt?“

„Ihr Einwand war, dass Sie sich nicht dem Tratsch aussetzen möchten – ich habe eine Lösung angeboten, weitere Bedingungen haben Sie nicht gestellt. Also deute ich das als ein Ja.“

„Das … das ist nicht fair, Sie haben mich überrumpelt!“, protestiere ich.

„So wie Sie mich eben mit dem Kaffeetrinken. Dann sind wir quitt.“ Er steht auf und hält mir seine Hand hin, ich bin viel zu perplex und ergreife sie. Er hilft mir hoch und ich komme sehr dicht vor ihm zum Stehen.

„Danke fürs Aufmuntern, Lilly. Es ist Ihnen gelungen“, sagt er leise.

„Das … das ist mein Krankenschwester-Gen, ich muss immer helfen“, stottere ich, aber immerhin habe ich meine Schlagfertigkeit wieder gefunden.

Er lacht wieder, erst jetzt bemerke ich, dass er immer noch meine Hand hält, schnell entziehe ich sie ihm.

„Ich muss wieder …“, murmele ich, dann mache ich, dass ich aus seiner Nähe komme.

Zuerst steuere ich die Waschräume an, mein Spiegelbild bestätigt mir, was ich schon vermutet hatte. Meine Wangen sind ganz gerötet und meine Augen haben einen leichten Glanz, als ob ich Fieber hätte.

Jetzt reiß dich aber mal zusammen!, schnauze ich mich selbst an. *Der Kerl hat dich überrumpelt und das mit einer ganz miesen Masche! Er hat dein Mitleid ausgenutzt!*

Ich bin versucht das Abendessen wieder zu canceln, immerhin hat er es mit unfairen Mitteln erschlichen, aber dann siegt mein Stolz. Ich kneife nicht, ich werde das schon irgendwie über die Bühne bringen. Ich habe ja jetzt genug Zeit, mich da mental drauf vorzubereiten.

Als ich zurückkomme, bittet mich Sigrid, die Stellung zu halten, weil sie auch eine Pause braucht. Sie wirkt ebenso mitgenommen, so einen Fall kann man nicht so leicht abschütteln, auch nicht mit jahrelanger Routine.

Der junge Mann und seine Mutter sind fort, ich erkundige mich bei Dr. Müller, einem Assistenzarzt, was aus ihnen geworden ist.

„Sie sind nach Hause, der Seelsorger hat sie begleitet. Das Baby wird für ein paar Tage hierbleiben, das ist mit dem Kinderarzt abgesprochen.“

„Ist es denn gesund?“

„Ja, dem Kleinen fehlt nichts. Außer die Mama.“ Auch er wirkt traurig, das ist einer dieser Tage, die man nicht so schnell vergessen wird.

Ich bin froh, als sich das Ende der Nachtschicht ankündigt. Draußen dämmert es bereits, es scheint wieder ein schöner Sommertag zu werden.

Bevor ich gehen kann, kommt Dr. Stegmann noch einmal zu mir, er hat einen Zettel in der Hand und reicht ihn mir. „Bitte überprüfen Sie das und geben Sie mir dann Rückmeldung“, sagt er mit geschäftiger Stimme, dann rauscht er wieder ab.

Ich schaue verblüfft auf das Blatt in meiner Hand, es stehen Termine darauf, er scheint es wirklich ernst zu meinen.

Ich schlucke tapfer, aber nun gut, da muss ich dann wohl durch.

Ich hole wieder Brötchen, Bienchen wartet bereits auf mich, wie immer in seinen roten Satinmorgenmantel gehüllt. „Hallo, Mausi“, begrüßt er mich fröhlich. „Wie wars?“

„Furchtbar“, stöhne ich auf. „Es war eine der schlimmsten Schichten, die ich je hatte.“

„Was ist passiert? Bist du wieder mit Mr. Bombastic aneinandergerasselt?“ Ich höre die Neugier in seiner Stimme, von der kurzen Affäre mit Jeremy hat er sich zwar wieder erholt, aber jetzt interessiert ihn mein Privatleben noch mehr, als sonst.

„Ich werde mit ihm zu Abend essen.“ Ich spreche diese Worte ungläubig aus, jetzt, wo sie aus meinem Mund kommen, hört sich das alles noch irrealer an.

„WAS?“, kreischt Bienchen. „Was soll denn das jetzt? Was ist passiert, was hat er mit dir gemacht? Hat er dich unter Drogen gesetzt? Oder bist du jetzt auf einmal doch verknallt? Schätzchen, der Kerl ist gefährlich, da waren wir uns doch einig!“

Ich kann nur mit den Schultern zucken. „Ich weiß. Es … es hat sich einfach so ergeben.“

„Quatsch nicht so blöde rum.“ Bienchen rückt einen Stuhl zurecht und drückt mich darauf. „So was ergibt sich doch nicht einfach so. Raus mit der Sprache!“

Ich beginne zu erzählen, was in der Nacht geschehen ist. Der junge Mann und das Baby tun mir immer noch sehr leid, auch Bienchen blinzelt hastig ein paar Tränchen weg.

„Das war sehr nett von dir, Lilly“, lobt er mich, als ich ihm erzähle, dass ich Stegmann den Kaffee gebracht habe.

„Ja, und was habe ich jetzt davon?“

„Na ja, es gibt Schlimmeres, als mit einem attraktiven Mann essen zu gehen – auch wenn der Kerl ein Drecksack zu sein scheint. Seine Absichten dir gegenüber haben sich sicherlich nicht geändert, das sollte dir klar sein“, sagt er ernst.

„Das weiß ich auch. Aber das heißt ja nicht, dass ich mit ihm ins Bett gehe“, maule ich.

„Nein, natürlich nicht.“ Er schaut mich über den Rand seiner Kaffeetasse prüfend an. „Aber er scheint dich sehr zu beeindrucken, das hatten wir schon lange nicht mehr.“

„Was heißt beeindrucken? Eigentlich habe ich mich mehr über ihn geärgert, als alles andere.“

„Mach mir nichts vor, Honey. Wenn er dir egal wäre, würdest du nicht so viel über ihn reden.“

„Er ist nicht der Richtige für mich“, sage ich mit kläglicher Stimme.

„So sehe ich das auch. Andererseits: Lilly, du bist jung und bildschön. Was spricht gegen einen Flirt? Du weißt ja, auf was du dich mit ihm einlässt.“

„Ich gehe mit ihm essen und … und das war es dann. Mehr wird nicht passieren“, denke ich laut nach.

„Wir werden sehen. Aber erst einmal bleibt noch eine wichtige Frage offen: Was ziehst du an? Du kannst unmöglich mit Jeans und T-Shirt auflaufen. Und sicherheitshalber solltest du auch auf die Snoopy-Dessous verzichten“, sagt Bienchen.

„Hallo? Was habe ich denn gerade gesagt? Ich werde nicht mit ihm ins Bett gehen!“, protestiere ich.

„So was lässt sich nicht vorhersehen. Wir werden einkaufen gehen, Schnuppi. Und Waxing muss auch sein!“

„Nur über meine Leiche!“

„Du hast ein Date mit Mr. Bombastic – wir müssen für alle Eventualitäten gewappnet sein, Schätzchen. Und du willst doch gut aussehen, oder?“

„Und wenn nicht?“, trotze ich.

Bienchen grinst mich breit an. „Du wirst so heiß aussehen, dass er dir aus der Hand fressen wird. Vertrau mir.“

9

„Bienchen, ich will mich immer noch wiedererkennen, wenn ich in den Spiegel schaue“, versuche ich meinen Freund etwas zu bremsen, aber wenn er einmal in Fahrt ist, ist das sehr schwer.

„Ich werde mit Nasti reden und sie fragen, wann sie Zeit hat“, plappert er weiter. „Wann ist überhaupt das Date?“

„Für das ABENDESSSEN haben wir noch keinen Termin, er hat mir einen Zettel gegeben.“ Ich hole schnell meinen Rucksack und wühle darin herum.

„Verdammt“, fluche ich leise, ich habe das Blatt so klein zusammengefaltet, dass ich es nicht auf Anhieb finde. Ich fördere ein paar alte Kassenbons zutage, Fahrradschlüssel für ein Rad, das mir vor einem Jahr geklaut wurde, ein Feuerzeug mit Hundewelpen-Aufdruck, das ich mal gefunden habe und so niedlich fand, Tampons und vertrocknete Labellos, dann fällt mir ein, dass ich das „kostbare“ Stück Papier ja in einer Seitentasche deponiert habe – damit ich nicht suchen muss.

Bienchen sieht mich entsetzt an, als ich meinen Rucksack leere. „Wann lernst du endlich, Ordnung zu halten?“

„Ich hab den Zettel doch!“

Noch bevor ich alles wieder zurück in den Rucksack stopfen kann, schiebt Bienchen die ganzen Sachen aus meiner Reichweite. „Wir sortieren gleich mal aus, aber jetzt erst zum Wichtigen“, sagt er mit der strengsten Stimme, die er drauf hat, ich ergebe mich, ich bin viel zu kaputt, um mit Bienchen zu diskutieren.

„Hm, das ist ja alles sehr knapp“, bemerkt er, als er die Daten studiert. „Wie sieht es denn mit deinem Schichtplan aus?“

„Das passt, das hat er wohl schon mit einkalkuliert.“ Ich lehne kurz den Kopf zurück und schließe die Augen, ich will einfach nur ins Bett.

„Cleverer Junge.“ Ich kann an Bienchens Stimme hören, dass er grinst. „Bist du so müde, Honey?“

„Ja.“

„Dann ab ins Bett. Sollen wir den Termin in fünf Tagen nehmen? Dann haben wir genügend Zeit, dich aufzuhübschen, in der Zeit sollte das zu schaffen sein.“

„Danke“, antworte ich sarkastisch. „Meinst du wirklich, du kriegst mich bis dahin vorzeigbar?“

Bienchen tätschelt meine Wange. „Müsste gehen.“

Müde lasse ich mich in die Kissen fallen – was für eine Nachtschicht. Aber nicht nur die junge Frau, die auf so tragische Weise gestorben ist, beschäftigt mich, sondern natürlich auch Stegmanns Einladung.

Soll ich mich wirklich aufpolieren lassen? Immerhin kennt er mich im Krankenhaus auch nicht aufgetakelt und will trotzdem mit mir essen gehen.

Andererseits hatte ich schon so lange keine Verabredung mehr und ich hätte schon Lust, mich etwas herauszuputzen. Ich vertraue Bienchen und dieser Nasti einfach, vielleicht sollte ich mir mal anhören, was sie mir vorschlagen. Wenn es zu doll wird, kann ich ja immer noch Nein sagen.

Wie Bienchen es mir aufgetragen hat, kreuze ich den Termin an, den er mir genannt hat, und lege den Zettel in einem Umschlag in Stegmanns Postfach. Als ich aus dem Umkleideraum komme, sehe ich ihn auf dem Flur stehen, er ist in ein Gespräch mit Svenja vertieft. Irgendwie habe ich gerade überhaupt keine Lust mehr auf ein Essen mit ihm. Die Bilder von den beiden kommen mir wieder in den Sinn und ich frage mich, was das alles eigentlich soll.

Ich versuche, möglichst unbemerkt an ihnen vorbei zu kommen, doch er muss mich wohl gesehen haben, denn ich höre ihn meinen Namen rufen.

Wohl oder übel bleibe ich stehen und drehe mich zu ihm herum.

Er kommt auf mich zu, ich bemerke erst jetzt, dass er schon umgezogen ist, er steht in T-Shirt und Jeans vor mir und sieht sehr lässig aus. Außerdem ist er nicht rasiert, das gibt ihm etwas Verwegenes.

„Hallo, Lilly.“ Er lächelt, ich grinse etwas schief zurück. „Haben Sie sich einen Termin ausgeguckt?“

„Ja, der Zettel liegt in Ihrem Postfach“, antwortete ich steif. „Ich muss zum Dienst.“

„Ich weiß, dann schaue ich direkt mal nach.“ Er lächelt immer noch, ich muss mir eingestehen, dass er einfach umwerfend aussieht. *Du bist genauso blöde wie alle Weiber vor dir, wenn sie ihn sehen!*, schimpft es in mir, doch es stimmt halt, ich kann da nicht aus meiner Haut.

„Ich habe heute Hintergrunddienst, Dr. Werner ist hier", erklärt er überflüssigerweise, denn ich weiß bereits, welcher Oberarzt heute auf Station ist. „Ich hoffe, Sie und mein Kollege haben eine ruhigere Nacht als wir gestern."

„Ja, das hoffe ich auch", antworte ich und wende mich zum Gehen.

„Lilly?"

„Ja?"

„Ich freu mich auf unser Essen", fügt er leise hinzu. Ich ziehe es vor, darauf nicht zu antworten.

„Sie haben schöne blaue Augen, da lässt sich doch bestimmt ein leichtes Sommerkleid im gleichen Ton finden", strahlt Nasti.

Ich habe es also wirklich getan, ich habe mich in die Hände von Bienchens Beauty-Team begeben. Okay, Nasti scheint wirklich nett zu sein, sie ist eine kleine zierliche Brünette, die eifrig mit bunten Tüchern vor meinem Gesicht herumwirbelt, damit wir die Farben herausfinden, die zu mir passen.

Ich rümpfe etwas die Nase. „Ein Kleid? Ich weiß nicht."

„Es gibt hier in der Nähe ein paar schöne Boutiquen, wir könnten doch einfach mal gucken gehen", schlägt sie mir vor, ich füge mich schließlich. Vielleicht sollte ich einfach mal etwas Neues ausprobieren.

„Nasti, mein Budget ist nicht besonders hoch. Wir können auch in ein Kaufhaus gehen", sage ich, als wir vor den Toren des Beauty-Tempels stehen.

„Die Preise der Geschäfte sind moderat", beruhigt sie mich. Also gut, ich vertraue ihr, und wir ziehen los.

Bei den ersten beiden Geschäften bin ich noch etwas schüchtern. Die Kleider, die Nasti mir zeigt, lehne ich ab, ich kann mich nicht so recht damit anfreunden. In der dritten Boutique fallen mir aber ein paar ins Auge. Nasti reicht mir eines davon und hält es mir vor.

„Die Farbe ist perfekt, fast der gleiche Ton wie Ihre Augen", sagt sie verzückt. „Wollen Sie es mal anprobieren?"

Ich betrachte das Kleid etwas kritisch, der Schnitt ist schön, recht luftig und etwas verspielt, aber der Rock ist doch ein bisschen kurz.

Doch ich lasse mich überreden, ich wollte ja mutiger sein, und verschwinde mit dem Kleid in der Umkleidekabine.

Es endet knapp oberhalb meiner Knie, aber es sitzt gut. Für einen Moment überlege ich, ob es nicht zu gewagt ist, denn es gewährt durch den Ausschnitt auch mehr Einblicke, als ich normalerweise gewillt bin zu präsentieren. Doch dann trete ich damit vor die Kabine.

Nasti strahlt mich an. „Ja! Es ist perfekt! Sie haben so schöne Beine, die kommen jetzt erst richtig zur Geltung."

Ich deute verschämt auf meine Oberweite. „Aber … aber hier oben …"

„Da finden wir schon das Passende für drunter", zwinkert sie mir zu. Eine Verkäuferin kommt mit Schuhen im gleichen Farbton hinzu, natürlich mit einem hohen Absatz.

„Darin kann ich nicht laufen", protestiere ich.

„Die müssen aber sein. Bitte, das Kleid wirkt sonst nicht, und bei so schönen langen Beinen wäre es eine Sünde, keine hohen Schuhe dazu zu tragen." Nasti scheint unerbittlich, missmutig schlüpfe ich in die Schuhe hinein.

Die ersten Schritte sind etwas wacklig. Große Strecken werden mein Oberarzt und ich nicht zurücklegen können, aber es war ja nur die Rede von einem Abendessen und nicht von Power-Walking.

„Sie können zuhause ja noch üben", rät Nasti mir.

„Das muss ich wohl", murre ich ein wenig unwillig, dann betrachte ich mich aber im Spiegel und ich muss sagen, was ich sehe, gefällt mir.

Und auch, wenn die Schuhe mörderisch unbequem sind, ich habe darin eine ganz andere Haltung und fühle mich irgendwie … sexy.

„Und? Lass sehen!" Bienchen reißt mir sofort die Tüten aus der Hand, als wir in das *Zentrum der Schönheit* zurückkehren.

„Wow – das Kleid ist umwerfend! Und dieses Blau!" Er scheint zufrieden und ich bin froh, dass er es absegnet. Auch wenn ich mir darin gefalle, ich weiß Bienchens Sinn für Schönheit und Ästhetik zu schätzen. Jetzt habe ich gleich noch ein besseres Gefühl.

„Und die Schuhe!", quietscht er verzückt. „Toll, toll, toll!"

Er öffnet die Tüte mit den Dessous, der BH ist halterlos, das Höschen ein Hauch aus blauer Spitze.

„Mausi, du wirst traumhaft aussehen!“ Er knutscht mich überschwänglich auf die Wangen. „Aber was ist mit dem Drunterdrunter?“, raunt er mir zu.

„Ich werde nicht gleich mit ihm ins Bett hüpfen! Von daher muss ich mir darüber keine Gedanken machen.“

„Aber jetzt bist du schon mal hier.“ Er umschmeichelt mich mit seinen Blicken, ich weiß ja, dass er es im Grunde nur gut mit mir meint.

„Aber nur mit Vollnarkose!“

„Du wirst es überleben, Honey. Ihr reißt euren Patientinnen doch auch immer die Pflaster ohne Narkose runter, schlimmer wird es auch nicht.“ Er zieht mich in den hinteren Bereich des Beauty-Tempels, wo Waxing-Expertin Ina schon auf mich lauert.

Es ist mir schon ein bisschen peinlich, mich so dermaßen nackt vor ihr zu präsentieren, aber sie nimmt mir durch ihre professionelle Art sämtliche Hemmungen.

Und ich könnte Bienchen umbringen, denn es tut weh, definitiv!

Als ich die Folterkammern wieder verlasse, werfe ich ihm einen bösen Blick zu, er revanchiert sich mit einem Luftkuss.

Völlig erschöpft fahre ich wieder nach Hause, Shoppen und Schönheit sind mindestens genauso anstrengend wie eine Nachtschicht.

Ob Mr. Bombastic wohl zu schätzen weiß, wie sehr ich heute für ihn gelitten habe?

„Hallo Schätzchen“, tönt es laut, als Bienchen nach Hause kommt. Ich stehe in der Küche und schnipsele gerade Gemüse.

„Hallo Schnuffi.“

„Und, wie fühlst du dich? So völlig ohne Haare? Mal von dem Gestrüpp da oben abgesehen?“ Er tätschelt liebevoll meinen Kopf.

„Treib es nicht zu weit, BENJAMIN!“ Ich drohe ihm mit dem Küchenmesser, mein Mitbewohner kichert verschämt, dann baut er sich vor mir auf.

„I make you sexy“, sagt er selbstbewusst und posiert vor mir wie ein bekannter Fernsehchoreograf.

Man muss ihn einfach lieben.

Es ist schon irgendwie ein doofes Gefühl, heute auf der Station herumzulaufen und genau zu wissen, dass ich am Abend mit dem sexy Oberarzt essen gehe. Zweimal sind wir uns bereits über den Weg gelaufen, er hat mir freundlich zugelächelt – nichts weiter.

Gut, ich bin damit zufrieden, ich möchte ja auch nicht, dass wir hier irgendwem auffallen. Also, auch wenn garantiert nichts zwischen uns beiden passieren wird, versteht sich.

Per SMS hat er mir mitgeteilt, dass er mich um sieben abholen wird. Nachdem ich meine Adresse eingetippt hatte, wurde mir doch kurz mulmig.

Ich habe mich immer wieder gefragt, ob das wirklich das Richtige ist, dann aber die Gedanken daran weit von mir geschoben. Ich möchte ausgehen und einen schönen Abend haben. Und wenn es mir zu blöd wird, dann werde ich einfach gehen.

Benjamin huscht um mich herum. Als er endlich mit meinen Haaren fertig ist, darf ich mich im Spiegel bewundern.

Ich staune nicht schlecht, als mir eine attraktive Frau entgegenschaut. Er hat mich sehr dezent geschminkt und meine Locken so hinbekommen, dass sie tatsächlich gepflegt aussehen.

„Und? Ist das nicht die schönste Frau, die du je gesehen hast?“, fragt er, der Stolz in seiner Stimme ist deutlich herauszuhören.

Ich nicke ganz begeistert. „Danke, du bist wirklich ein Meister auf deinem Gebiet.“

„Du hast genau die richtige Mischung zwischen Mädchen und Vamp, die Heteros werden dir zu Füßen liegen!“

Ich hauche ihm ein Küsschen zu, dann schnappe ich mir die kleine Handtasche, die Bienchen mir noch geschenkt hat. Ich hatte natürlich vergessen, dass ich zu dem Kleid nichts Passendes habe, und damit ich nicht mit meinem ollen Lederrucksack losziehe, wollte Bienchen auf Nummer sicher gehen.

„Ich werde unten vor dem Haus auf ihn warten“, sage ich.

„Lass ihn doch hochkommen“, schmollt er.

„Nein, das möchte ich nicht“, wiegele ich schnell ab.

„Mausi, ich bin den ganzen Abend zuhause. Wenn irgendwas ist, ruf an, ich hole dich dann sofort ab“, gibt er mir noch mit auf den Weg.

Das Treppensteigen ist auf diesen Schuhen eine Herausforderung, aber ich habe geübt und schaffe es ohne Bänderriss oder Verstauchungen nach unten.

Die Kirchturmuhr schlägt genau sieben Mal, ich schaue mich um - was Stegmann wohl für einen Wagen fährt?

Wenn er in fünf Minuten nicht da ist, hat er Pech gehabt, denke ich trotzig.

Eine Gruppe junger Männer kommt an mir vorbei, ich kann die Blicke förmlich spüren, die sie mir zuwerfen.

„Hey Mäuschen, kommst du mit uns mit?", fragt mich einer der Burschen.

„Mäuschen ist schon mit mir verabredet", höre ich plötzlich eine Stimme hinter mir, überrascht drehe ich mich um. Wo kommt der denn auf einmal her?

„Hallo", antworte ich verdattert. „Ich habe Sie gar nicht gesehen."

„Ich habe in dem Hauseingang gewartet. Keine Sorge, ich glaube nicht, dass mich jemand erkannt hat." Sein Blick huscht über meinen Körper, ich kann Bewunderung darin erkennen und fühle mich direkt selbstbewusster.

„Sie sehen wunderschön aus, Lilly." Seine Stimme klingt richtig rau, ich bin beeindruckt von meiner Wirkung auf ihn.

„Danke. Sie auch", lache ich leise und natürlich stimmt das auch. Er trägt eine schwarze Jeans und graues Hemd, es passt hervorragend zu seinem dunklen Typ.

Ob er auch eine Stylingberaterin hatte? Und ob er auch diese Schmerzen ausgestanden hat?

Ich schiebe den Gedanken daran schnell zur Seite, ich will bestimmt nicht wissen, wie es *da unten* bei ihm aussieht.

„Mein Auto steht da vorne." Er zeigt auf einen schnittigen BMW, alles andere hätte mich jetzt auch irgendwie enttäuscht.

Er hält mir die Tür auf, ich versuche, so elegant wie möglich in den Wagen zu schlüpfen, das hätte ich auch lieber mal üben sollen, denn mein Rock rutscht mir bis zu den Oberschenkeln hoch.

Ich schaue ihn verschämt an, natürlich hat er das auch gesehen, aber meine Beine sind lang, schön, glatt und haarlos – ich hab nichts zu verstecken.

„Wo fahren wir hin?", frage ich, als er den Motor anlässt.

Er wirft mir einen kurzen Blick zu, meine Güte, diese Augen sind wirklich toll. „Nun, Sie wollten doch etwas außerhalb essen gehen, oder?"

„Ja, das wäre mir lieber.“

„Wir fahren in einen Vorort, lassen Sie sich überraschen.“ Er hat sein Killerlächeln aufgesetzt, mein Herz klopft ein bisschen schneller – das geht ja gut los.

„Lilly?“

„Ja?“

„Können wir vielleicht das dämliche Sie weglassen? Wenn Sie darauf bestehen, können wir uns weiterhin so in der Klinik anreden, aber heute Abend kann ich gerne darauf verzichten.“

Ich schaue zu ihm hinüber. „Okay Simon“, stimme ich dann zu.

Er nimmt meine Hand und haucht einen Kuss darauf, ich bin unfähig, mich zu rühren. „Danke, Lilly.“

Hilfe – bist du dem Kerl wirklich gewachsen?, schreit alles in mir.

Bestimmt, piepst ein kleines Stimmchen, aber nicht sehr überzeugend.

Die Fahrt dauert eine halbe Stunde, wir fahren tatsächlich weit hinaus. Falls Bienchen mich abholen sollte, braucht er sein Navi, das findet er sonst nie.

Simon Stegmann hält vor einem kleinen italienischen Lokal, innerlich atme ich auf, ich hatte schon befürchtet, dass wir in einen Gourmettempel gehen.

Er hält mir wieder die Tür auf und reicht mir die Hand, als ich aus dem Auto aussteige. Höflich bedanke ich mich bei ihm.

Simon hat einen Tisch bestellt, er liegt in einer Nische, das ganze Lokal ist irgendwie verwinkelt, es gefällt mir hier, auch wenn es schon sehr intim ist.

Der Kellner ist ein älterer Mann, der eine bunt karierte Schürze umgebunden hat und uns aus freundlichen Augen mustert.

„Was darf ich für Sie tun?“, fragt er in gebrochenem Deutsch.

Ich bestelle ein Glas Rotwein, Stegmann eine Flasche Mineralwasser, klar, er muss ja noch fahren.

„Erzähl mir etwas über dich“, bittet er mich, als wir unser Essen ausgesucht haben. „Kommst du hier aus der Stadt?“

„Nein.“ Ich schüttele den Kopf. „Ich wohne erst seit Kurzem hier. Und du?“

„Ja, ich bin hier geboren.“

Natürlich weiß ich das alles, ich kann ja googeln, und wenn ich es nicht gemacht hätte, hätte Bienchen mir sicherlich ein Dossier über ihn zusammengestellt, so eifrig, wie er sich im Moment, in Ermangelung eines eigenen Privatlebens um meins kümmert.

Trotzdem möchte ich, dass er weiter von sich erzählt, dann kann ich mich besser an die Situation gewöhnen. „Hast du Geschwister?", frage ich.

„Ja, eine ältere Schwester. Sie ist Zahnärztin und hat zwei kleine Kinder." Er lächelt, scheinbar mag er sie.

„Onkel Simon", grinse ich.

„Klingt furchtbar, oder?"

„Na ja, sexy ist anders …"

„Findest du mich denn ohne Onkel-Titel sexy?" Er wird wieder ernst, sein Blick hält mich fest. Ich bin auf den plötzlichen Themenwechsel nicht vorbereitet und ärgere mich selbst, dass ich davon angefangen habe.

„Das werde ich dir nicht verraten, Simon Stegmann", rede ich mich heraus.

„Und warum nicht?"

„Da musst du schon selbst drauf kommen", plappere ich weiter.

Lilly – was redest du da?

„Hm, ich werde mir Mühe geben, das herauszufinden." Seine Augen funkeln vergnügt, okay, wir flirten also bereits, das ging ja schnell.

„Und ich werde mir Mühe geben, das vor dir zu verbergen", antworte ich.

„Bisher ist dir das jedenfalls gut gelungen."

„Das will ich auch hoffen, wer lässt sich schon gerne in die Karten schauen." In einem Anfall von Wahnsinn bedenke ich ihn mit einem kecken Augenaufschlag.

„Hm, sagen wir mal, ich kann mir vorstellen, dass da zumindest eine Sympathie für mich da ist. Sonst säßen wir nicht hier", grinst er und wirkt äußerst siegessicher.

Na warte …

„Wir sitzen hier, weil du mich überrumpelt hast, Doc. Und ich bin nicht so grausam, dir einen Korb zu geben, du weißt doch: mein Krankenschwestern-Gen."

Er nickt anerkennend. „Okay, du verstehst es, meinem Ego einen Knacks zu versetzen."

„Dein Ego kann das gut ab.“ Ich nippe an meinem Wein, der ist lecker, genauso wie der Kerl, der mir gegenübersitzt.

„Ich finde dich jedenfalls verdammt sexy“, raunt er mir zu. Bei dem Klang seiner Stimme wird mir sofort einen Tick heißer, oh Gott, ich muss mich retten.

„Das hat mein Freund mir eben auch gesagt, ich glaube, das Kleid war eine gute Wahl.“ Ich setze mein liebreizendstes Lächeln auf, lasse ihn aber nicht aus den Augen.

Für einen Moment wirkt er leicht geschockt.

Vielleicht war das taktisch unklug, vielleicht komme ich jetzt gar nicht mehr zu meinem Essen und er fährt mich direkt nach Hause, aber das geht mir hier eindeutig zu schnell.

„Und was sagt dein Freund dazu, dass du mit mir essen gehst?“

„Was er gesagt hat? Guten Appetit“, plaudere ich gut gelaunt weiter.

„Er hatte nichts dagegen?“ Simon zieht die Augenbrauen hoch, ich könnte ihn fressen, wenn er das macht. „Ich hätte dich nicht gehen lassen, wenn du meine Freundin wärst. Schon gar nicht in diesem heißen Fummel.“

„Wir haben vollstes Vertrauen zueinander.“ Ich drehe mich ein bisschen zur Seite und schlage die Beine übereinander, ich weiß, dass er das aus den Augenwinkeln registriert.

Im Moment habe ich die Oberhand – das gefällt mir. So können wir gerne weiterspielen.

„Außerdem gehen wir doch nur zusammen essen“, lächele ich ihm zu. „Oder?“

Er schüttelt den Kopf, dann lacht er leise. „Natürlich tun wir das, Lilly.“

Er schaut mir in die Augen, ich sehe genau, was er wirklich will und ich spüre deutlich, wie ein heißes Prickeln durch meinen Körper jagt.

10

Die Vorspeise kommt, ich habe einen Salat bestellt, obwohl ich eigentlich gar keinen Hunger habe. Sehr ungewöhnlich für mich, aber ich brauche meine vollste Aufmerksamkeit für Mr. Bombastic.

„Wusstest du schon als kleiner Junge, dass du mal Arzt werden willst?“ Ich muss irgendwie das Gespräch wieder in normale Bahnen lenken.

„Meine Eltern sind auch beide Ärzte, das liegt wohl in der Familie.“

„Auch Gynäkologen?“

„Nein, meine Mutter ist Internistin, mein Vater Chirurg. Ich wollte zuerst auch Chirurg werden.“

„Und wieso hast du dich umentschieden?“

„Die erste Geburt, die ich erlebt habe, war ein Kaiserschnitt, es waren Zwillinge. Ich werde das nie vergessen, es war ein sehr schöner Augenblick, da wusste ich, dass ich das möchte. In den meisten Fällen ist eine Geburt etwas sehr Schönes für die Patientinnen und ihre Angehörigen. Ich mag diese Momente.“

Ich nicke, das kann ich gut verstehen.

„Und was ist mit dir? Immer schon das Krankenschwester-Gen gehabt?“, grinst er.

„Früher wollte ich Tierärztin werden oder Tierpflegerin im Zoo. Durch ein Praktikum in der Schule bin ich dann im Krankenhaus gelandet. Mein Job gefällt mir, ich bin näher an den Patienten als die Ärzte“, antworte ich provokativ.

Er lacht laut auf. „Oh ja, die berühmte Menschenkenntnis! Du und deine freche Klappe …“

„Ich habe nur die Wahrheit gesagt.“

„Natürlich, Lilly, natürlich.“ Es blitzt in seinen Augen, ich weiß, er nimmt mich nicht ernst, aber es ist schön, ihn lachen zu sehen. Lachen ist besser als flirten, jedenfalls für mein Seelenheil.

„Ich nehme an, du hast deinen Eltern viel Freude bereitet mit deinem Temperament“, schmunzelt er.

Ich werde plötzlich ernst und schaue auf meinen Teller, da ist er wieder, dieser dumpfe Schmerz. Ich versuche, ihn wegzuschieben, mir nichts anmerken zu lassen.

„Lilly?“

Ich schlucke heftig, flehe Simon in Gedanken an, mir noch einen kleinen Moment zum Sammeln zu geben, doch dann spüre ich seine Hand auf meiner, er streichelt sanft mit seinen Fingern über meine.

„Lilly, hab ich was Falsches gesagt?“, hakt er mit weicher Stimme nach, ich schüttele den Kopf, dann sehe ich ihn wieder an und versuche ein Lächeln.

„Nein, natürlich nicht. Meine Eltern sind vor zwei Jahren bei einem Autounfall ums Leben gekommen, ich … ich hatte immer ein gutes Verhältnis zu ihnen.“

Seine Miene wird ernst, ich sehe die ehrliche Betroffenheit in seinem Gesicht. „Das tut mir leid, verdammt, ich wollte da nichts in dir aufwühlen.“

„Schon gut, du kannst das ja nicht wissen. Ich … ich bin einfach nur noch ein bisschen sentimental, wenn ich an sie denke.“ Jetzt habe ich mich wieder gefangen, schaue kurz auf seine Hand, die immer noch auf meiner liegt, er scheint meinen Blick zu bemerken und zieht sie weg.

Was eigentlich schade ist, er hat so schöne warme Hände …

LILLY!, ermahne ich mich selbst.

„Jetzt verstehe ich auch deine Bemerkung neulich in der Klinik, als wir auf der Treppe saßen.“ Er fährt sich durch die Haare. „Ich habe mich schon gefragt, wie es wohl gekommen ist, dass eine junge Frau so traurige Erfahrungen gemacht hat.“

„Na ja, ist … ist ja auch egal jetzt.“ Ich lächele wieder – alles gut. „Möchtest du mal eine eigene Praxis eröffnen?“

Er zuckt mit den Schultern. „Ich weiß nicht. Es gefällt mir bis jetzt ganz gut im Krankenhaus, auch wenn die Arbeitszeiten schon lang sind.“

„Du hast es schnell zum Oberarzt geschafft. Das ist in deinem Alter doch eher selten, oder?“

Simon sieht mich aus zusammengekniffenen Augen an. „Was meinst du damit?“

Seine Stimmung scheint plötzlich umzuschlagen, ich bin etwas verwirrt.

„Also … also in dem Krankenhaus, in dem ich gelernt habe, waren die Oberärzte alle schon etwas älter“, stammele ich, sein Blick verwirrt mich, habe ich etwas Falsches gesagt?

„Falls das eine Anspielung sein soll, dass ich es nur durch die Beziehungen meiner Eltern geschafft hätte: Nein, das ging alles seinen geregelten Gang. Ich habe sicherlich Glück gehabt, dass die Verwaltung mich bestimmt hat, aber ich bin gut in meinem Job!" Seine Stimme klingt streng, ich zucke richtig zusammen.

„Das war keine Anspielung", entgegne ich kühl. „Man wird ja wohl noch fragen dürfen. Ich kann ja nicht wissen, dass du da so überempfindlich bist!"

Ich funkele zurück, er soll bitte mal wieder runterkommen!

Er schüttelt den Kopf und atmet tief durch, dann lächelt er mich schief an – er ist so attraktiv …

„Tut mir leid, Lilly, ich wollte dich nicht so anfahren. Ich habe nur schon so oft dämliche Bemerkungen deswegen gehört, mich nervt das mehr als aller Krankenhausklatsch."

„Schon gut." Ich bin heute gnädig gestimmt und nippe an meinem Wein - ups, das erste Glas ist schon leer, ich sollte aufpassen.

„Möchtest du noch etwas?"

„Ja gerne", nicke ich begeistert. So viel zum Thema "Aufpassen beim Alkoholgenuss".

Der Kellner kommt prompt, der Service hier ist gut, und auch der Hauptgang lässt nicht lange auf sich warten. Ich nehme noch ein Schlückchen und werde direkt mutiger. „Da du das Thema Krankenhausklatsch angeschnitten hast – das würde ich gerne vertiefen."

Er stöhnt auf. „Bitte nicht."

„Ich bin vor dir gewarnt worden", hauche ich mit bedeutungsschwangerer Stimme.

„Ach ja? Von wem?" Er zieht wieder die Augenbrauen hoch – wie ich das liebe!

„Das werde ich dir doch nicht verraten", kichere ich. „Nun ja, du kannst aber auch nicht abstreiten, dass der Klatsch völlig an den Haaren herbeigezogen ist, immerhin konnte ich mich mit eigenen Augen davon überzeugen."

„Das … das tut mir auch immer noch sehr leid." Er sieht etwas gequält aus. „Das war bestimmt nicht für fremde Augen bestimmt."

„Aber ich habe es gesehen. Bist du … also Svenja und du - seid ihr ein Paar?"

Boah, was bin ich mutig, hastig trinke ich einen Schluck Wein und warte gespannt auf seine Antwort.

„Nein, Lilly. Wir sind kein Paar. Wir hatten eine flüchtige Affäre, die aber mittlerweile beendet ist.“ Er schaut mir direkt in die Augen, ich spüre wieder dieses seltsame Kribbeln, und irgendwie bin ich auch erleichtert.

Kein Paar!, hallt es in mir nach. *Was dir auch scheißegal sein kann, weil der Kerl dein CHEF ist!*, ermahne ich mich selbst. Ist mir aber nicht egal, wie ich mir eingestehen muss.

„Und ich suche auch nichts Festes“, fügt er dann hinzu. „Ich bin nicht der Typ für Verpflichtungen oder Familienleben.“

Immer noch lässt er mich nicht aus den Augen, will er meine Reaktion testen?

Ich versuche, cool zu bleiben und zucke mit den Schultern. „Ist ja auch nicht jedermanns Sache. Also suchst du nur kurze Affären?“

Er nickt. „Wenn du es so ausdrücken willst.“

„Wie würdest du es denn ausdrücken?“

„Ich möchte mein Leben genießen.“ Er stößt mit seinem Wasserglas an meines an. „Und mich mit schönen Frauen umgeben.“

„Wird das auf Dauer nicht langweilig?“ Ich überlege, ob ich das könnte – ständig wechselnde Beziehungen.

„Ob es langweilig wird, mit schönen Frauen Sex zu haben? Äh – nein“, grinst er frech.

Gut, das war deutlich. Und im Grunde ja auch keine wirkliche neue Information. Er will Sex, und genau das ist wohl auch der Grund, warum wir heute hier sitzen.

„Von mir wirst du ihn nicht bekommen.“ Ich lächele süffisant zurück. „Aber wem sag ich das, du hast ja auch gar kein Interesse an mir.“

Er runzelt die Stirn. „Wann hab ich das gesagt?“

„So alt bist du doch noch gar nicht, dass du dich auf Vergesslichkeit berufen könntest. Aber gut, dann werde ich mal einem alten Mann auf die Sprünge helfen: vor einiger Zeit, in Untersuchungsraum sechs. Du hast gesagt, du hättest keinerlei Interesse an mir und dass ich es mir nur eingebildet hätte, dass du mich anzüglich gemustert hättest.“

„Ach ja!“ Er lacht leise. „Ich habe dich wirklich nicht anzüglich gemustert.“

„Hast du wohl, ich habe es bemerkt, ich bin doch nicht blöde! Und was ist mit dem Interesse? Warum sitzen wir dann hier?“, bohre ich weiter, mein Gott was bin ich heute mutig, muss am Kleid liegen.

Und am Wein.

„Ich finde dich amüsant, ich mag deine große Klappe, mir imponieren Menschen, die nicht gleich kuschen."

„Du findest mich sexy, hast du eben gesagt."

„Ich kann dich sexy finden und gleichzeitig amüsant, oder?" Es blitzt in seinen Augen spitzbübisch auf.

„Dann willst du mich also nicht ins Bett bekommen?", frage ich, fast schon etwas beleidigt.

„Nachdem ich weiß, dass du einen Freund hast, ist diese Frage nicht mehr relevant."

„Schreckt dich das ab?"

„Ich habe keine Lust auf Ärger."

„Schon mal schlechte Erfahrungen gemacht?"

„Ja, und ich lege keinen Wert darauf, noch einmal so etwas zu erleben." Das wirkt ehrlich, ich bin zufrieden mit der Antwort.

Mein Kopfkino schaltet sich ein, ich sehe Bienchen in seinem roten, kurzen Satinmorgenmantel mit einem Nudelholz auf Mr. Bombastic losgehen und ihn wüst beschimpfen. Ich kann nicht anders, ich fange lauthals an zu lachen, es ist einer dieser Anfälle, die man nicht kontrollieren kann, so sehr man sich auch bemüht, ernst zu bleiben.

Ich schaue in Simons verdutztes Gesicht, mein Lachen wird noch heftiger und es fließen die ersten Tränen.

„Was, verdammt noch mal, ist denn jetzt so lustig?", fragt er mürrisch, er tut mir richtig leid – aber ich muss trotzdem weiterlachen.

„Es … sorry, Simon, es hat nichts mit dir zu tun, mir ist nur etwas … etwas eingefallen", japse ich nach Luft. „Völlig unpassend sozusagen …"

Ich krame in meinem schicken Täschchen nach einem Taschentuch und schniefe hinein.

„Aha", brummt er. Als ich mich wieder gefangen habe, greife ich nach seiner Hand und drücke sie kurz. „Das war völlig unpassend, tut mir leid, aber es hatte wirklich nichts mit dir zu tun."

Simon schaut auf meine Hand, er erwidert meine Berührung und zieht sie dann an seine Lippen.

Jetzt bin ich wieder todernst, ich schaue ihn fasziniert an, mehr kann ich nicht machen, ich bin wie gelähmt.

„Allerliebste Lilly, konnte ich dir schon einmal böse sein?“ Er haucht mir einen Kuss auf meine Fingerspitzen, ich spüre förmlich, wie ich dahinschmelze.

All meine Sinne springen auf ihn an, das süße Kribbeln breitet sich von meinen Fingerspitzen in Schallgeschwindigkeit über meinen ganzen Körper aus.

Hilfe!

Immer noch kann ich mich nicht rühren, ich schaue nur zu, was er da tut. Er haucht auf jeden Finger kleine Küsse, dann wandern seine Lippen weiter über meine Handfläche bis zu meinem Handgelenk, dabei lässt er mich nicht aus den Augen.

Mein Herzschlag hat seine Geschwindigkeit mindestens verdoppelt, ob er das spüren kann?

Plötzlich lässt er mich wieder los, meine Hand sinkt auf die Tischplatte, mein Atem geht ganz schwer und ich zittere leicht.

„Er ist ein Glückspilz“, lächelt Simon.

„W … wie bitte?“, stottere ich, ich muss mich räuspern, oh mein Gott, dieser Mann …

„Dein Freund. Er ist ein Glückspilz.“

Reiß dich zusammen!, schreit alles in mir.

„Ja, das ist er. Und ich bin es auch, denn wir lieben uns sehr“, sage ich mit fester Stimme. Nun, das ist ja schließlich keine Lüge.

Und außerdem ist er stockschwul, füge ich in Gedanken hinzu, aber das muss Simon nicht wissen. Meine Reaktion auf ihn war schon verräterisch genug, soll er sich doch ein bisschen ärgern.

„Liebe ist ein großes Wort. Ich glaube nicht, dass es *die* große Liebe gibt. Ich halte das für romantischen Kram, genauso wie Treue. Man lebt nur einmal und man sollte das genießen.“

Gut, ich bin wieder ernüchtert. Danke, Simon.

„Das sieht halt jeder anders“, sage ich leise.

„Ja, und das respektiere ich. Auch wenn es mir manchmal schon sehr schwerfällt“, fügt er augenzwinkernd hinzu. „Möchtest du noch einen Nachtisch?“

„Ähm, nein, ich glaube nicht“, schüttele ich den Kopf. „Vielleicht sollte ich jetzt lieber nach Hause fahren.“

Simon sieht mich enttäuscht an, jetzt bekomme ich prompt Mitleid. „Jetzt schon? Es … es ist doch noch gar nicht spät.“

„Es war ein sehr schöner Abend, ich danke dir dafür“, lächele ich, dann kommt mir ein Gedanke.

Vielleicht sollte ich ihn erlösen, noch mal werden wir das hier so schnell nicht wiederholen, und von daher kann ich auch alles gleich aufklären. Und Bienchen würde es auch gefallen. Als Lohn für seine Mühe mit mir sollte er Mr. Bombastic kennenlernen dürfen, finde ich.

„Wir könnten bei mir noch einen Kaffee trinken“, schlage ich vor.

„Bei dir zuhause?“ Er wirkt ehrlich verblüfft. „Mit deinem Freund zusammen? Hältst du das wirklich für eine so gute Idee?“

„Feige? Aber ich kann dich beruhigen, mein Freund ist heute nicht zuhause, er ist mit einem Kumpel unterwegs“, lüge ich, sonst würde er vielleicht nicht mitkommen.

„Hm.“ Er hat wieder diesen eindringlichen Blick drauf, ich halte ihm aber mutig stand.

„Kaffeetrinken“, wiederhole ich.

Er scheint kurz die möglichen Gefahren abzuwägen, dann nickt er. „Okay, Kaffeetrinken.“

Ich habe ihn also tatsächlich zum Kaffeetrinken eingeladen, meine Güte, ich muss komplett bescheuert sein. Aber die Einladung ist ausgesprochen, kneifen gilt nicht.

„Ich muss nur noch mal kurz für Königstigerinnen“, säusele ich und versuche, so elegant wie möglich aufzustehen.

Hui, ich merke den Alkohol schon ganz schön, aber das ist es nicht, was mich kurzzeitig irritiert. Ich spüre Simons Blicke auf mir, als ich in Richtung der Toiletten gehe. Das sollte mich kalt lassen, tut es aber nicht.

Ich kann nicht abstreiten, dass er eine enorme Wirkung auf mich hat, dabei ist er doch genau der Typ Mann, den ich eigentlich zum Kotzen finde.

Und er ist mein Chef.

Hastig nestele ich mein Handy aus dem Täschchen, ich muss Bienchen informieren, dass ich gleich mit Mr. Bombastic aufschlagen werde – der arme Kerl würde sonst einen Herzinfarkt kriegen.

„Ja, Schätzchen? Soll ich dich abholen? Hat er dich belästigt? Oder ist er ein Langweiler?“ Bienchen scheint das Telefon in seiner Hand gehalten zu haben, denn er meldet sich sofort.

„Nein, nichts von alledem. Hör zu, ich komme gleich mit ihm vorbei, wir wollen noch einen Kaffee bei uns trinken“, warne ich ihn.

„BIST DU IRRE? Wie lange habe ich Zeit, um mich zurechtzumachen?“, kreischt er los. „Und was hast du vor? Willst du mit ihm vögeln? IN DEINEM ZIMMER? Weißt du überhaupt, wie es da aussieht? In dem Saustall wird das nichts!“

Ich verdrehe genervt die Augen. „Beruhig dich. Nein, ich habe nicht vor, mit ihm zu vögeln, und es ist mir auch egal, wie es in meinem Zimmer aussieht. Wir wollen nur einen Kaffee trinken – außerdem wolltest du ihn doch immer mal sehen, jetzt hast du die Gelegenheit dazu.“

Bienchen atmet hörbar ein und aus. „Wie viel Zeit hab ich?“

„Ich schätze, wir sind in einer halben Stunde da.“

„Ich gebe mein Bestes!“ Er drückt mich hastig weg. Ich kann mir lebhaft vorstellen, dass er jetzt völlig hysterisch vor seinem Schrank steht und sich was Hübsches zum Anziehen heraussucht.

Simon erhebt sich vom Tisch, als ich zurückkomme. Ich bin beeindruckt von seinen Manieren. „Wir können sofort los, wenn du magst. Ich habe schon bezahlt.“

„Vielen Dank für das leckere Essen.“ Ich schenke ihm mein hinreißendstes Lächeln, Bienchen würde stolz auf mich sein.

„Jederzeit gerne wieder.“ Er lacht siegessicher.

Nun, er weiß ja noch nicht, was ihm gleich blüht.

Ich steige nicht wesentlich eleganter in sein Auto ein als auf der Hinfahrt. Mein Rock schiebt sich wieder bis zu meinen Oberschenkeln hoch, herrje, Kleider können wirklich lästig sein. Nur diesmal macht es mir nicht so viel aus, der Alkohol verleiht mir eine gewisse Lässigkeit.

Als wir vor unserem Wohnhaus ankommen, schiele ich hinauf. In allen Zimmern brennt Licht, wahrscheinlich wirbelt Bienchen noch durch die Wohnung.

Simon öffnet mir die Wagentür, ich beginne, es zu genießen, wie er sich um mich bemüht.

Wahrscheinlich will er nur deine Beine angaffen, zischt es in mir, aber es sei ihm vergönnt.

Er sieht sich im Treppenhaus um, es ist ein Altbau, aber aufwendig restauriert.

„Ein schönes Haus", sagt er. „Gute Bausubstanz."

„Ja, ist alles tippitoppi hier", kichere ich und kann es kaum noch erwarten, die beiden Männer miteinander bekannt zu machen. Die werden Augen machen!

„Da sind wir", strahle ich, als wir im obersten Stock angelangt sind. Er grinst frech. Der Kerl ist wirklich zum Knutschen – aber leider ein Arschloch.

Das Leben kann so grausam sein.

Ich schließe die Tür auf, aus dem Wohnzimmer kommt leise Musik und Bienchen hat Teelichter angezündet – ich glaub's ja nicht!

Simon bleibt wie angewurzelt im Türrahmen stehen.

„Dein Freund ist doch da?", fragt er mit zusammengekniffenen Augen.

„Ja, scheint so." Ich zucke betont gleichgültig mit den Schultern, dann greife ich nach seiner Hand und ziehe ihn in die Wohnung, nicht, dass der jetzt noch abhaut.

Ich komme ihm ganz nahe. „Keine Angst."

Er spannt seine Kiefermuskeln an und scheint auf der Hut zu sein.

„Ich bin da, Süßer!", rufe ich laut, ich höre Geräusche aus dem Wohnzimmer, dann Getrippel – und schon steht Bienchen in seiner ganzen Pracht vor uns.

„Hallo Schätzchen, na, wie war dein Abend?" Ich bekomme ein Küsschen auf die Wange, dann trete ich zur Seite, damit Bienchen meine Beute besichtigen kann.

„Hallo." Er streckt Simon elegant seine perfekt manikürte Hand entgegen. „Du musst Lillys Chef sein."

„Ähm ja, Simon Stegmann." Er erwidert den Händedruck, ein kurzer eisiger Blick trifft mich, den ich mit einem strahlenden Lächeln erwidere.

„Find ich ja toll, dass du hier bist. Mausi erzählt immer so viel von dir“, säuselt Bienchen weiter, ich nicke zustimmend.

„Ach?“ Simon zieht wieder so sexy die Augenbrauen hoch.

„Wie war denn der Abend? Habt ihr euch gut amüsiert, ihr beiden Hübschen?“ Bienchen lässt Simon nicht aus den Augen, ich fürchte fast, dass er gleich anfängt zu sabbern.

„Es war sehr schön, wie waren etwas außerhalb bei einem Italiener.“ Ich habe einen Plauderton aufgesetzt und genieße die Situation in vollen Zügen.

„Mein Gott, ich bin so unhöflich!“ Bienchen schlägt die Hände vors Gesicht. „Kommt doch bitte herein.“ Er deutet auf das Wohnzimmer und trippelt damenhaft voraus.

Simon folgt mir mit fassungslosem Gesichtsausdruck.

„Bitte setz dich doch. Kaffee?“ Ich kann mir ein freches Grinsen nicht verkneifen.

„Ja, bitte“, sagt Simon.

„Ich mach schon“, sagt Bienchen eifrig. „Latte? Oder lieber einen normalen starken Schwarzen mit viel Milchschaum?“ Bei Bienchen klingt das so wollüstig, dass ich mir einen erneuten Lachanfall nur schwer verkneifen kann.

„Schwarz“, presst Simon hervor. Ich setze mich neben ihn aufs Sofa, mein Grinsen ist wie festgetackert.

Lässig schlage ich die Beine übereinander, jetzt darf er ruhig gucken, hier fühle ich mich sicher.

„Nur damit ich das jetzt nicht missverstehe: Das ist dein Freund?“, fragt er leise.

„Ja, das ist er. Er ist mein Ein und Alles“, sage ich.

„Okay.“ Simon scheint sich ein bisschen gefangen zu haben, Bienchen erscheint wieder und stellt den Becher vor ihn hin. „Bitteschön, das Käffchen ist da! Heiß und rabenschwarz.“

„Danke, sehr aufmerksam.“ Simon nickt ihm höflich zu.

Bienchen plumpst auf einen Sessel und schlägt huldvoll die Beine übereinander, er legt eine Hand unter sein Kinn, ich bin sicher, diese Pose hat er vorher oft genug vor dem Spiegel geprobt. „Erzähl doch mal, wie macht sich denn Lilly so als Schwester?“

„Oh, Lilly ist wirklich eine Bereicherung für unsere Station. Sie ist sehr beliebt bei den Patientinnen“, sagt Simon, er wirkt doch noch ein bisschen angespannt.

„Sie ist hinreißend, oder?“ Bienchen wirft mir einen Luftkuss zu, den ich keck mit meiner Hand auffange.

„Äh ja, durchaus“, antwortet Simon, er schaut mich kurz an, was gäbe ich jetzt dafür, wenn ich seine Gedanken lesen könnte.

„Lilly ist mein allergrößter Schatz und sie ist obendrein wunderschön“, säuselt Bienchen weiter. Trotz aller Show bemerke ich einen warnenden Unterton. Ob Simon ihn auch registriert?

„Das stimmt, Lilly ist bezaubernd.“ Simon schlägt sich wirklich tapfer und das Kompliment höre ich doch nur zu gerne – andererseits: Was sollte er auch sagen?

„Ja.“ Bienchen scheint zufrieden mit der Antwort. „Schmeckt der Kaffee?“

„Er ist ganz hervorragend. Was machen Sie denn beruflich?“

Oh, er siezt Bienchen, ich werde hellhörig und werfe Bienchen einen kurzen Blick zu. Wir sollten es nicht übertreiben.

„Ich leite die Zweigstelle von *Beauty Glow*. Sagt dir das was?“

„Nein, ehrlich gesagt nicht.“

„Es ist ein Schönheitssalon“, sage ich und beschließe, Simon bald aus dieser Situation zu erlösen.

„Nun ja, du musst so was ja auch nicht kennen.“ Bienchen lächelt ihm verführerisch zu. „Bei deinem Äußeren.“

„Äh, danke“, windet sich mein Chef, dann sieht er mich an. „Könnte ich dich mal kurz sprechen?“

Oh, oh ...

„Klar.“ Ich stehe auf und versuche, möglichst cool zu bleiben.

Er wendet sich noch einmal an Bienchen. „Vielen Dank für den Kaffee, er war wirklich gut.“

„Keine Ursache, für so einen Gast tue ich doch alles“, grinst mein Mitbewohner, ich beiße mir auf die Unterlippe und gehe dann vor.

„Nun, die Wohnung ist nicht besonders groß“, plappere ich vergnügt, als wir im Flur stehen. „Hm“, knurrt Simon mich nur an.

Au weia.

„Das ist mein Zimmer.“ Ich luge vorsichtig hinein, bin mir nicht sicher, ob vielleicht noch Wäsche herumliegt, doch Bienchen muss hier auch durchgehuscht sein, alles ist aufgeräumt.

Simon folgt mir, er schließt sofort die Tür und stellt sich dicht vor mich. „Du Luder“, stöhnt er gefährlich leise, ich kann seinen Atem spüren, seine Augen funkeln mich an.

„Warum?“ Trotz der aufgeladenen Situation kann ich mir das Lachen nicht verkneifen.

„Das weißt du ganz genau.“ Seine Stimme klingt heiser, ist das jetzt gut oder schlecht?

„Ich habe nicht gelogen“, seufze ich. „Er ist mein Freund und ich liebe ihn.“

„Du hast mich in dem Glauben gelassen, dass du in einer richtigen Beziehung wärst.“ Simon hebt die Hand und streicht mir zärtlich über mein Gesicht, ich sollte ihn wegschieben, aber ich kann einfach nicht.

„Benjamin ist der wichtigste Mann in meinem Leben.“ Meine Stimme versagt mir beinahe den Dienst.

„Mann? Nun ja“, sagt er spöttisch.

Ich schaue ihn fassungslos an. Hat er gerade Bienchen beleidigt? Das kann ja wohl nicht wahr sein! In mir brandet eine ungeheure Wut auf, wie kann er es wagen?

Bevor ich einen klaren Gedanken fassen kann, habe ich auch schon ausgeholt und ihm eine kräftige Ohrfeige verpasst. „Niemand macht sich über ihn lustig“, zische ich. „Und jetzt sieh zu, dass du dich verpisst!“

11

Simon sieht mich fassungslos an, auf seiner Wange zeichnen sich meine Fingerabdrücke ab. Meine Hand ist ganz rot und brennt wie verrückt, doch das ist mir jetzt egal. Ich bin immer noch außer mir vor Wut. Wieso geht der Kerl denn nicht?

„Raus!“, wiederhole ich lauter, dann kommt Leben in mich, ich öffne die Tür und sehe Simon auffordernd an.

Er bedenkt mich mit einem eisigen Blick, dann hastet er mit großen Schritten an mir vorbei.

Scheiße! Mein Gewissen meldet sich anklagend zu Wort. *Du hast gerade deinem Chef eine gedonnert! Bist du völlig irre?*

Niemand beleidigt Bienchen! NIEMAND!

Ich höre, wie die Wohnungstür mit einem lauten Knall zugeworfen wird, erschrocken zucke ich zusammen. Auf wackligen Beinen gehe ich hinaus in den Flur, wo ich Bienchen treffe, der mich geschockt ansieht.

„Was ist denn nu los?“, fragt er verblüfft.

„Er … also … er hat … ich meine, das geht doch nicht, oder?“, stammele ich.

Bienchen nimmt meine Hand und zieht mich zurück in mein Zimmer, dann drückt er mich auf mein Bett und setzt sich neben mich.

„Jetzt noch einmal und bitte in ganzen Sätzen: Was ist passiert? Hat er dich begrapscht oder wollte er dich sogar vergewaltigen?“

„N … nein …“ Ich schüttele hastig den Kopf. „Er hat sich über dich lustig gemacht.“

Bienchen reißt empört die Augen auf. „Ach ja? Was hat er denn gesagt?“

„Also direkt gesagt hat er nichts.“ Ich knete aufgeregt meine Hände ineinander. „Ich habe ihm gesagt, dass du der wichtigste Mann in meinem Leben bist und er meinte nur: ‚Mann? Nun ja.‘“, versuche ich den Idioten nachzuäffen.

Bienchen antwortet nichts, er schaut mich etwas verständnislos an. „Ja, und weiter?“

„Dann habe ich ihm klargemacht, dass sich niemand über dich lustig macht und ihm eine geknallt! Ich könnte jetzt noch platzen, wenn ich an diesen Affen denke!

„DU HAST WAS?“ Bienchen springt auf und läuft hastig durch mein Zimmer. „Spinnst du jetzt komplett? DER MANN IST DEIN CHEF!“

„Ja und? Er hatte kein Recht dazu!“ Ich schaue Bienchen verständnislos an, was ist denn los?

„Lilly – wegen so einem Scheiß knallt man doch seinem Vorgesetzten keine!“ Er rauft sich die Haare, das macht er sonst nie, ich ahne, dass er sehr verzweifelt ist. „Mein Gott, du weißt doch ganz genau, was ich mir schon alles auf der Straße habe anhören müssen, dagegen ist das doch ein Witz! Lilly, du musst ihm sofort nach, du musst das wieder geradebiegen! Wahrscheinlich hat er die Kündigung schon so gut wie fertig geschrieben. Gottchen, Gottchen, Gottchen – wie oft habe ich dir schon gesagt, dass du dein Temperament in den Griff kriegen sollst?“

Ich verschränke die Arme vor meiner Brust. „Einen Teufel werde ich tun! Ich brauche mich nicht zu entschuldigen. Immerhin war er unser Gast, da kann er sich so etwas schenken, das homophobe Arschloch!“

„Lilly! Mensch, fluch nicht wie ein Bauarbeiter!“ Bienchen rennt immer noch in meinem Zimmer herum. „Und ich dachte, ihr vögelt jetzt hier drin. Jetzt, wo endlich mal aufgeräumt ist!“

Ich gucke Bienchen verdutzt an, dann beiße ich mir auf die Unterlippe. Irgendwie ist das alles überhaupt nicht zum Lachen, vielleicht hat er recht und ich bin meinen Job los, aber ich kann nicht anders, ich pruste los.

„Sag mal, gehts noch?“ Je entsetzter er guckt, desto mehr muss ich lachen, es ist so schlimm, ich kann mich gar nicht mehr beruhigen. Schließlich lasse ich mich aufs Bett zurückfallen und gebe mich meinem Lachanfall hin.

Irgendwann setzt sich Bienchen neben mich, er wartet geduldig ab, bis ich mich beruhigt habe. „Du musst dich entschuldigen, Lilly“, sagt er sanft. „Ruf ihn an.“

„Nix da! Ich liebe dich, Bienchen, und niemand darf sich so äußern.“

„Es war doch nicht so schlimm, er war überfordert mit der Situation, das konnte man ihm anmerken. Was hast du ihm denn überhaupt von mir erzählt? Er schien so überrascht zu sein.“

„Ich habe ihm erzählt, dass ich mit meinem Freund zusammenlebe.“

Bienchen stöhnt laut auf, auch er lässt sich jetzt zurückfallen und schlägt die Hände vors Gesicht. „Ich ahne schon, was er gedacht hat! Sprich nicht weiter, ich will nichts mehr hören!“

„Er hat mich angemacht, von wegen, ich würde sexy aussehen und so. Da habe ich nur gesagt, dass mein Freund das auch finden würde. War das eine Lüge?“ Ich klimpere mit den Augenlidern, Bienchen schüttelt nur den Kopf.

„Lilly …“, seufzt er gequält auf, dann nimmt er meine Hand und haucht mir einen Kuss darauf. „Aber ich finde es ja süß, dass du dich so für mich einsetzt.“

„Natürlich tue ich das. Du würdest das Gleiche auch für mich tun.“

„Und so einen affenscharfen Mann vor den Kopf stoßen? Träum weiter, Honey“, kichert er.

„Er ist umwerfend, oder?“, flüstere ich.

„Purer Sex – und er ist durch und durch hetero. Was für eine Verschwendung“, jammert Bienchen.

„Wieso bist du dir denn da so sicher?“

„Na, er hat dich mit Blicken fast ausgezogen und mich kaum beachtet. Braucht es da noch mehr Anhaltspunkte?“

„Natürlich nicht.“ Ich schiele zu Bienchen hinüber. Er sieht mich ebenfalls an und nun müssen wir beide lachen.

„Du wirst noch mal in die Hölle kommen“, schimpft er dann mit mir.

„Bienchen … bitte…“, jammere ich. Ich krabbele auf sein Bett und zupfe an der Decke. „Alleine macht es keinen Spaß!“

Er zieht die Bettdecke über seinen Kopf. „Du spinnst wohl, nein, ich habe überhaupt keine Lust zu so was!“

„Du könntest ruhig mal etwas für deine Gesundheit tun“, sage ich und pikse ihm durch die Decke in den Bauch. „Außerdem hast du doch immer Angst, fett zu werden.“

„Nein, ich jogge nicht!“, kommt es gedämpft zurück. „Hättest du gestern mal lieber mit Mr. Bombastic Matratzensport getrieben, dann wärst du jetzt auch ausgeglichener.“

Ich seufze auf, wahrscheinlich hat er damit sogar recht, aber ich habe eben meine Prinzipien. „Hab ich aber nicht“, murmele ich. „Bitte Bienchen … Ich habe mich sogar in deiner Folterbude waxen lassen und du willst noch nicht mal mit mir joggen gehen. Und das kommt sogar noch deiner Gesundheit zugute, du wirst auch nicht jünger!“

Bienchen setzt sich mit einem Ruck auf und sieht mich wütend an. „Ich hasse dich dafür!“

„Ich weiß – und jetzt komm!“

Na ja, eine besonders gute Idee war es nicht, Bienchen mitzunehmen, wie ich kurze Zeit später feststellen muss. Er schnauft und stöhnt fürchterlich neben mir, und wenn er mal genug Luft hat, beschimpft er mich wüst.

„Du bist eine … eine Sklaventreiberin!“

„Ich weiß, Schnuffi. Eine Runde schaffen wir aber noch“, muntere ich ihn auf.

„Ich … ich werde sterben … elendig … in … in einem mit Hundescheiße verdreckten Park“, presst er mühsam hervor.

„Wirst du nicht, ich bin Krankenschwester und kann Erste Hilfe. Bienchen, das ist echt bedenklich, dass du jetzt schon schlappmachst.“

„Kann ja nicht jeder so bekloppt … sein wie du.“

Ich habe ein Einsehen und verlangsame das Tempo. „Ich werde gleich auch etwas Leckeres kochen.“

„Das tust du nur, um dich von deinem Desaster gestern Abend abzulenken. Und ich muss das ausbaden.“ Bienchen erreicht fast schon auf allen vieren eine Parkbank und lässt sich darauf nieder.

Ich kann nicht widersprechen, er hat ja recht. Die ganze Nacht über habe ich gegrübelt. Okay, die Ohrfeige war vielleicht etwas zu viel, aber im Grunde fühle ich mich auf der guten Seite.

Du hast ihn schon ziemlich hochgenommen, rügt mich meine innere Stimme wieder einmal.

Er hat es verdient.

„Ich werde morgen mit ihm reden“, sage ich zerknirscht. „Und mich für die Ohrfeige entschuldigen – aber nur dafür!“

„Ich hoffe, es nutzt was. Aber solange er dich noch nicht im Bett hatte, ist er vielleicht gnädiger gestimmt“, schnauft Bienchen.

„Danke für die Einschätzung“, knurre ich zurück. „Und dir besorgen wir einen Personal-Trainer.“

Bienchens Gesicht erhellt sich. „Das ist der erste vernünftige Satz, den ich heute von dir höre.“

Missmutig schaue ich auf den Dienstplan. Irgendwie war mir schon klar, dass sich heute alles gegen mich verschwören würde. Natürlich hat Simon Dienst, wie sollte es auch anders sein.

Bienchen hat mich genaustens gebrieft, ich weiß aber jetzt schon, dass ich zu nervös sein werde, um mich daran erinnern zu können.

Auf dem Schichtplan für das Pflegepersonal taucht mein Name noch auf, ich werte das jetzt einfach mal als gutes Omen, offenbar bin ich noch im Rennen.

Als ich die Patientinnen versorgt habe, mache ich mich mit sehr wackligen Knien auf den Weg zu Simons Büro. Vor seiner Tür atme ich noch einmal tief durch und klopfe zaghaft an.

Vielleicht entbindet er ja gerade ein Baby, schießt es mir durch den Kopf, dann höre ich schon ein knurriges „Ja!“

Oh Mist ...

Ich öffne zögernd die Tür und stecke vorsichtig meinen Kopf durch den Türspalt. „Hätten Sie … hätten Sie kurz mal Zeit?“, piepse ich, Scheiße, was bin ich nervös.

Er wirft mir einen bösen Blick zu, deutet dann aber auf einen Stuhl vor seinem Schreibtisch.

„Komm mir bloß nicht zu nahe“, ätzt er. „Was willst du?“, fragt er, als ich mich gesetzt habe.

„Ich … also … am Samstag, die … die Ohrfeige … das tut mir leid“, flüsterte ich, ich kann ihm kaum in die Augen schauen.

„Das fällt dir aber früh ein!“

„Ich kann es nicht leiden, wenn sich jemand über Benjamin lustig macht. Er … er bedeutet so viel für mich, er ist meine Familie“, versuche ich ihm zu erklären. Er antwortet nicht, jetzt sehe ich vorsichtig auf, der Ausdruck in seinem Gesicht ist nicht mehr ganz so feindselig. „Und er musste sich schon so oft blöde Sprüche anhören, also … auf der Straße und so und das hat er nicht verdient.“

„Ich wollte das auch nicht, es ist mir einfach so herausgerutscht, die ganze Situation war so … so merkwürdig.“ Er schüttelt den Kopf. „Du hast mich ganz schön an der Nase herumgeführt, Lilly.“

„Mag sein, aber dafür entschuldige ich mich nicht“, murmele ich trotzig. „Ich habe nicht gelogen!“

„Aber die Wahrheit hast du auch nicht gesagt.“ Seine Mundwinkel zucken, ich schöpfe Hoffnung.

„Jedenfalls nicht ganz.“

Er erwidert mein scheues Lächeln, dafür könnte ich ihn knutschen.

„Du hast einen guten Schlag“, grinst er dann.

„Äh, na ja“, verlegen streiche ich mir eine Locke hinters Ohr.

Er verschränkt die Arme vor seiner Brust und schaut mir fest in die Augen. „Du bist mir was schuldig.“

Ich werde unsicher, rutsche auf meinem Stuhl herum. „Findest du?“

„Komm zum Essen vorbei.“ Er klickt eine Datei auf seinem Rechner an. „Übermorgen, da hast du Frühschicht und gehst am nächsten Tag in die Spät.“

Ich reiße die Augen auf. „W … wie bitte?“

„Du hast mich schon verstanden, oder?“

„Aber … aber … ich meine … warum denn?“ Ich knete nervös meine Hände ineinander, was soll das jetzt?

„Warum?“ Er sieht mich verblüfft an, scheinbar hat er mit der Frage nicht gerechnet. „Lilly, ich fand es schön mit dir. Wir haben uns doch gut unterhalten, oder? Ist es so schlimm, wenn wir das noch einmal wiederholen?“

„Aber … aber wir könnten doch in ein Restaurant gehen“, sage ich hastig.

„Bei mir zuhause fühle ich mich sicherer“, lacht er. „Außerdem könnte ich dann auch ein Glas Wein trinken. Du möchtest ja nicht, dass wir hier in der Nähe ausgehen, damit wir nicht gesehen werden.“

„Und … und wenn ich nicht möchte?“, antworte ich zaghaft. Ich kann das nicht einordnen, stoße ich ihn dann wieder vor den Kopf oder verliere ich meinen Job? Leichte Panik breitet sich in mir aus.

Simon runzelt die Stirn. „Dann würde ich das sehr schade finden, Lilly.“

„Aha.“ So richtig zufrieden bin ich jetzt mit dieser Antwort auch nicht. Und was heißt in diesem Fall *schade finden*?

Ich überlege fieberhaft, was ich jetzt sagen soll, es ist ja nicht so, dass er total abstoßend wäre oder so was. Aber er ist gefährlich, das spüre ich immer mehr, gefährlich für mich und mein Seelenheil – und letztendlich auch für meinen Job.

Irgendwie ist das alles sehr verfahren – Hilfe! Ich müsste mich mit Bienchen besprechen. Ob ich eine Frist herausschlagen kann?

„Lilly!“

Seine laute Stimme reißt mich aus meinen Grübeleien. Ich sehe ihn erschrocken an, er steht jetzt direkt vor mir. Wann ist er denn um seinen Schreibtisch herumgekommen? Das habe ich gar nicht mitgekriegt.

„Lilly, was ist los? Wenn es dir so schwerfällt, auf mein Angebot einzugehen, dann sollten wir es wohl besser lassen“, sagt er mit sanfter Stimme. „Oder verrätst du mir, was dahinter vor sich geht?“

Er hebt eine Hand und streicht mir hauchzart über die Stirn. Ich spüre diese Berührung überdeutlich, mir wird ganz schwummerig.

„Lieber nicht.“

„Bekomme ich denn trotzdem eine Antwort? Was ist das Problem?“, hakt er nach, ich mache den Fehler und schaue ihm in die Augen, ich bin wie in einem Bann.

LILLY!, ermahne ich mich selbst. *Du benimmst dich gerade wie eine komplette Idiotin!*

„Ich … also …“ Ich schlucke hart, dann sammele ich mich wieder. „Ich weiß nicht, wo das hinführen wird und … und ich habe die Befürchtung, wenn … also, wenn ich ablehne, dass du dann sauer bist und vielleicht … also …“

„Lilly, du bist ja völlig von der Rolle. Hey, entspann dich bitte.“ Seine Stimme klingt immer noch sanft, ich nehme meinen ganzen Mut zusammen.

„Na ja, du … du bist mein Chef und … also … ich weiß nicht, ob es nicht vielleicht Konsequenzen für mich hätte, wenn ich Nein sage“, presse ich mühsam hervor.

Scheu schaue ich zu ihm auf, sein Gesicht ist wie versteinert.

Oh je ...

„Denkst du das wirklich über mich?“, fragt er fassungslos. „Denkst du wirklich, es wäre von Nachteil für dich, wenn du mir einen Korb gibst?“

Er fährt sich mit der Hand ein paar Mal durch die Haare, jetzt sind sie wieder so niedlich verwuschelt. „Auch wenn der Klatsch hier vielleicht anderes vermuten lässt: Nein, so nötig habe ich es dann doch nicht. Und ich werde nicht über dich herfallen, Lilly. Du bist eine schöne und sehr interessante Frau, aber ich kann mich dann doch noch beherrschen!“ Er funkelt mich jetzt wütend an.

Mist ...

„Du ... du wolltest doch wissen, was mich beschäftigt“, antworte ich mit jammernder Stimme.

„Keine Sorge, es wird dir bei mir nichts Schlimmes passieren – und hier auch nicht“, fügt er dann etwas milder hinzu, ich schaue ihn etwas hoffnungsvoller an.

Er scheint sich wieder gefangen zu haben, ich atme auf.

„Dann … also … dann würde ich deine Einladung gerne annehmen“, höre ich mich selbst sagen.

Du bist so dämlich, Lilly.

Aber ich kann nicht anders, es ist lächerlich, ich verstehe mich selbst nicht mehr. Ich will das jetzt auch nicht hinterfragen, dieser Mann ist so faszinierend und es schmeichelt mir, dass er mich interessant findet. Habe ich schon jemals so einen Menschen kennengelernt?

Ich glaube nicht, nein, da bin ich mir sicher. So eine Wirkung hatte noch niemand auf mich.

„Das freut mich.“ Seine Stimme holt mich wieder zurück, er lächelt, ich drohe zu schmelzen. „Gibt es etwas, was du nicht magst?“

„Meeresfrüchte und so’n Gedöns“, nuschele ich, ich bin noch immer ganz aufgewühlt.

„Okay, dann weiß ich Bescheid“, grinst er. „Dann also übermorgen?“

Ich nicke nur, dann sehe ich zu, dass ich aus seinem Büro komme.

12

„Und? Jetzt sag doch!“ Bienchens Stimme quengelt durch mein Handy, ich musste ihn einfach anrufen, deswegen habe ich mich raus in den Krankenhauspark geschlichen.

„Er hat meine Entschuldigung akzeptiert und … also … er hat mich wieder zum Essen eingeladen, jetzt aber zu sich nach Hause“, piepse ich.

„WAS?“

„Jetzt frag doch nicht so blöde!“

„Wie kam das denn schon wieder? Hat es sich wieder einfach so ergeben? Du solltest dich entschuldigen, nichts weiter, und ihn nicht weiter anflirten!“, kommt es vorwurfsvoll.

„Ich habe ihn nicht angeflirtet, es … es hat sich wirklich so ergeben, er meint, ich wäre ihm was schuldig, weil ich ihn ein bisschen hochgenommen habe. Und dann kam die Einladung“, winsele ich.

„Er ist echt hartnäckig. Du weißt, was passieren kann, wenn du zu ihm gehst?“

„Ich bin kein willenloses Weibchen“, versuche ich mich zu rechtfertigen.

„Er ist heiß – und wie! Und du bist doch schon völlig hin und weg von ihm. Ich fände es ja gut, wenn du auch mal wieder zum Zug kommen würdest, aber ich befürchte nichts Gutes für dich. Du kannst Sex und Liebe nicht trennen, Mausi“, sagt Bienchen milde.

„Ich … ich werde kein Sex mit ihm haben!“ Ich versuche, entschlossen zu klingen. Ist mir das gelungen? Keine Ahnung.

„Du bist dabei, alle deine Prinzipien über Bord zu schmeißen, Honey. Aber bitte, es ist deine Entscheidung. Wehe du heulst dem Kerl hinterher, wenn er dich wieder fallen lässt!“

„Werde ich schon nicht, weil … weil nichts passieren wird!“ Ich rappele mich wieder auf. „Ich muss weitermachen, Schnuffi. Wir sehen uns heute Abend.“

„Wo willst du hin? Zum Strand?“ Bienchen mustert mich abfällig.

„Nein, wieso?“

Es ist heiß heute, der Sommer dreht gerade voll auf und auch jetzt sind die Temperaturen noch bei lauschigen 28 Grad. Ich habe mich für ein ärmelloses weißes Top und Jeansshorts entschieden. Auf keinen Fall möchte ich übermäßig aufgetakelt bei Simon erscheinen und das einzige Kleid, das ich besitze, kennt er ja schon.

„SO willst du zu deinem Date?“ Bienchen baut sich vor mir auf. „Ist nicht dein Ernst, oder?“

„Doch. Schickere Sachen hab ich nicht, das Kleid hatte ich ja schon an. Außerdem essen wir bei ihm zuhause, da wird es wohl zwanglos zugehen“, verteidige ich mich.

Bienchen grinst zweideutig. „Zwanglos oder hemmungslos?“

„Fang nicht schon wieder an!“

„Was für Schuhe?“, fragt er ungerührt.

Ich halte ihm meine Flip-Flops vor die Nase. „Die hier.“

„Du hast einen Knall!“ Er schnalzt widerwillig mit der Zunge. „Ich weiß schon, was du damit bezweckst.“

„Ach ja? Und was?“

„Du meinst, wenn du in den unscheinbaren Sachen bei ihm auftauchst, läuft er nicht so heiß, stimmt's?“

Ich fühle mich tatsächlich etwas ertappt. „Ich hab nix anderes“, nuschele ich trotzdem.

„Honey, komm mal mit“, lacht Bienchen, dann zieht er mich in sein Zimmer. Er stellt mich in die Mitte seines Spiegelkabinetts, damit ich mich von allen Seiten sehen kann – mein Zimmer bietet so eine ausgefeilte Konstruktion natürlich nicht.

Er klopft mir auf den Hintern. „Du hast in diesen Shorts einen wahnsinnig sexy Arsch und der hier …“, er zieht an meinem Zopf, „wird ihn um den Verstand bringen, du kleines verdorbenes Miststück.“

„Du spinnst“, verteidige ich mich, werde aber unsicher, denn Bienchen hat eigentlich immer recht, was Styling und Wirkung angeht.

„Ich bin zwar schwul, aber das heißt nicht, dass ich nicht weiß, auf was Heteros abfahren“, sagt er. „Aber warte …“

Bienchen huscht kurz zu seinem Nachtschränkchen, er kommt mit einer kleinen Schachtel zurück. „Greif zu“, flötet er betont unschuldig.

Ich öffne das Kistchen, vor mir liegt eine bunte Vielfalt von Kondomen, ich laufe knallrot an.

„Ich brauch die nicht“, stammele ich.

„Du verträgst die Pille nicht, Honey. Schon vergessen? Und ich liebe es zwar, DICH als Mitbewohnerin zu haben, aber auf irgendwelche Abkömmlinge von dir lege ich keinen Wert.“

Mein Blick fällt wieder auf die Auswahl vor mir. „Schwarz mit Noppen?“, keuche ich entsetzt.

„Du hast echt von nix ne Ahnung!“ Bienchen verdreht die Augen. „Jetzt steck endlich welche ein, vorher lass ich dich nicht weg hier!“

Ich greife verschämt in die Kiste und nehme mir zwei Tütchen, Bienchen stöhnt auf.

„Wenn er wirklich Mr. Bombastic ist, dann nimm gefälligst mehr mit!“

„Ich werde überhaupt keine brauchen!“

„NIMM! JETZT! KONDOME! MIT!“

„Viel Spaß!“ Bienchen hat es sich nicht nehmen lassen, mich zu fahren, als er gesehen hat, dass ich mich tatsächlich mit den Flip-Flops ans Steuer setzen wollte. Jetzt stehen wir vor einem ultramodernen Appartementhaus direkt am Fluss, ich weiß, dass die Mietpreise hier astronomisch sind.

Ich schaue noch mal auf die SMS, doch, die Adresse stimmt.

„Danke“, sage ich, meine Güte, was bin ich nervös.

„Tu nichts, was ich nicht auch tun würde“, grinst Bienchen.

„Mit Sicherheit nicht“, murmele ich und steige mit wackligen Beinen aus.

Die sommerlichen Temperaturen und meine Aufregung bewirken, dass mir noch heißer ist, als ich auf die Klingel drücke. Es gibt hier keine Namensschilder, nur Nummern, hoffentlich habe ich mich jetzt nicht vertan.

„Komm rein“, höre ich dann aber Simons warme Stimme und kurz darauf den Türsummer.

Als ich im Aufzug stehe, wünsche ich mir fast, dass er noch langsamer fahren möge, aber da öffnen sich schon die Türen und vor mir steht Simon.

„Hallo Lilly.“ Er lächelt mich an, auch er trägt bloß eine Jeans und ein T-Shirt. „Schön, dass du da bist.“

Ich trete schüchtern aus dem Aufzug. Simons Augen wirken noch einen Tick dunkler als sonst, wie kann das sein?

„Komm …“ Er nimmt meine Hand und führt mich in seine Wohnung. „Möchtest du dich umschauen?“

Ich bleibe im Flur stehen, es verschlägt mir die Sprache. Das Wohnzimmer hat eine große Fensterfront, die zum Fluss gerichtet ist. Eingerichtet ist die Wohnung ultramodern, fast schon etwas klinisch steril, aber das passt zu Simon.

„Wow“, stammele ich nur. „Was … was für eine Aussicht.“

Ich trete ans Fenster und schaue fasziniert heraus.

„Ja, das hat mir auch direkt gefallen.“ Er stellt sich neben mich. „Möchtest du ein Glas Champagner?“

„Ja, gerne.“ Vielleicht werde ich dann ruhiger.

Simon prostet mir zu, erst jetzt bemerke ich den köstlichen Duft und mir fällt die Theke auf, hinter der sich die Küche befindet.

„Es riecht gut hier“, sage ich anerkennend.

„Dann hoffe ich mal, dass es dir schmeckt.“ Er stößt mit seinem Glas an meines an. „Ich hab mich wirklich auf dich gefreut, Lilly.“

„Ich … ich hab mich auch gefreut“, höre ich mich sagen.

Ach ja? In erster Linie hast du eine Scheiß-Angst vor deiner eigenen Reaktion!

„Soll ich dich ein bisschen herumführen? Das Essen dauert noch einen kleinen Moment.“ Er lächelt immer noch so nett, ich versuche, mich zu entspannen, klappt aber nicht.

„Gerne“, sage ich.

Die Wohnung ist wirklich beeindruckend groß und so einen Luxus habe ich noch nie gesehen.

„Und das ist alles für dich alleine?“, frage ich verblüfft, als wir das große Badezimmer betreten. Es hat schwarze Fliesen an der Wand und mitten im Raum steht ein großer schwarzer Whirlpool. Alles ist hochmodern, ich wüsste überhaupt nicht, wie man die vielen Knöpfe und Hebelchen überhaupt bedienen sollte.

„Ähm ja, hier wohne ich alleine“, grinst er. „Von Hause aus bin ich … na ja, sagen wir mal, ich kenne es etwas großzügiger.“

„Aha.“ Ehrfürchtig schaue ich mich um. „Wer putzt denn diese schwarzen Fliesen?“

Bienchen würde Anfälle kriegen, wenn darauf Wasserspritzer zu sehen wären, wahrscheinlich würde er jeden Tag hier herumwienern.

„Nun ja …“

„Verstehe, du bist von Haus aus Putzfrauen gewöhnt."
„Könnte hinkommen", grinst Simon.
Vor einem Raum bleibt er stehen. „Wenn ich dir jetzt das Schlafzimmer zeige, kriegst du dann wieder Bedenken?", fragt er vorsichtig.
„Nein, ach Quatsch", wiegele ich ab, ich versuche cool zu wirken, was aber überhaupt nicht klappt.
Sein Schlafzimmer – ui!
Er öffnet die Tür, wie in der ganzen Wohnung wirkt auch dieser Raum etwas unterkühlt und steril.
Das ist also der Lusttempel? Ich bin ein bisschen enttäuscht, ich weiß nicht, was ich erwartet habe, aber das erscheint mir doch zu streng.
„Was würde ich jetzt dafür geben, wenn ich deine Gedanken erraten könnte." Simon lehnt lässig im Türrahmen und beobachtet mich.
„Oh, ich … ich bin nur verblüfft, wie groß alles ist", weiche ich aus.
„Alles eine Sache der Gewöhnung." Er tritt zur Seite und lässt mich vorbei, ich bin froh, dass wir das Zimmer wieder verlassen können.
„Es gibt noch zwei andere Zimmer, das eine ist mein Büro, in dem anderen bügelt meine Putzfrau, erklärt er mir. Ich sehe mir auch diese Zimmer an. So langsam komme ich ein bisschen runter, jetzt merke ich auch, dass es kühl in der Wohnung ist. Offenbar gibt es eine Klimaanlage.Wir gehen zurück ins Wohnzimmer, Simon schaut nach dem Essen, so eine offene Küche hat schon was.
Ich setze mich auf einen Barhocker, er schenkt mir noch etwas Champagner ein.
„Die Wohnung ist toll, sehr beeindruckend." Mittlerweile habe ich eine Gänsehaut, auf wie viel Grad ist diese Klimaanlage eingestellt? 15?
Unwillkürlich reibe ich mir über die Arme, ich fluche innerlich, denn durch den dünnen Stoff meines BHs und des T-Shirts zeichnen sich deutlich meine Brustwarzen ab.
Oh nein, wie peinlich, jammert alles in mir. Ich war auf vieles eingestellt, aber nicht darauf, heute zu frieren.
Ich verschränke die Arme vor meiner Brust, aber so kann ich ja auch nicht den ganzen Abend sitzen.

„Ist dir kalt?“ Simon mustert mich eingehend, hat er jetzt etwa auch schon gesehen, dass …? „Ja, schon. Ich … also … draußen ist es so heiß und hier drinnen …“ Ich lächele gequält.

„Ich Idiot, tut mir leid, ich stelle die Klimaanlage höher.“ Er geht an einen Monitor und tippt etwas ein. „Ich war heute im Gästezimmer auf dem Laufband und hab vergessen, die Temperatur wieder hochzustellen.“

Er verschwindet kurz und kommt mit einem Sweatshirt in der Hand zurück. „Magst du es überziehen, bis die Temperatur hochgefahren ist?“ Dieser Mann kann ja ein richtiger Schatz sein. Ich ziehe das Shirt über, es ist eine Wohltat, ich fühle mich direkt besser - bis auf meine nackten Füße.

„Besser?“, fragt er mich.

„Ja, es ist nur … also … ich hab noch kalte Füße“, sage ich kläglich.

Er grinst breit. „Hätte ich mir ja denken können. Frauen …“

Simon holt auch noch ein Paar Socken.

Ich erwarte eigentlich, dass er sie mir in die Hand drückt. Stattdessen kniet er sich vor mich und streift mir die Flip-Flops von den Füßen. Unwillkürlich halte ich den Atem an. Simon umfasst meine Wade und streift mit den Fingern der anderen Hand ganz sachte hinunter zu meinen Zehen.

„Du hast tolle Beine, Lilly“, sagt er leise und zieht eine Socke über meinen Fuß.

Dann streichelt er über mein anderes Bein, ich spüre, wie sich ein Kribbeln in meinem Körper ausbreitet und jede Stelle, die Simon berührt, scheint zu glühen. Mein Mund wird ganz trocken, ich muss heftig schlucken und irgendwie bin ich ganz erstarrt.

Als dann beide Füße verpackt sind, steht er wieder auf und lächelt mich spitzbübisch an, ich bin kurz davor, in völlige Verzückung zu geraten.

„Stets zu Ihren Diensten, Ma’am.“

„Da … danke“, murmele ich.

„Ich möchte, dass du dich bei mir wohlfühlst, Lilly.“ Ganz sachte berührt er meine Wange.

„Das … das tue ich.“

„Das freut mich.“ Für einen Moment schauen wir uns an, dann kommt Leben in ihn und er verschwindet hinter dem Tresen.

„Kann ich dir helfen?“, biete ich mich an, doch seine Handgriffe sehen ganz routiniert aus. Dieser Mann sieht selbst beim Kochen noch lässig und elegant aus, wie macht er das nur?

„Nein. Du könntest mir nachher nur den Gefallen tun, charmant zu lügen und meine Kochkünste über den grünen Klee zu loben, denn ich koche nicht oft“, lacht er verlegen.

„Dafür riecht es aber gut.“

„Meine Putzfrau hat mir alles genau aufgeschrieben.“ Er macht eine Schublade auf, in der mehrere Zettel liegen, jetzt muss ich auch lachen.

Er kocht extra für mich, säuselt es in mir, ich stütze mich auf meine Hand auf und beobachte ihn weiter.

Er steht mit dem Rücken zu mir, jetzt habe ich mal Gelegenheit, mir seine Rückfront anzuschauen, er hat einen knackigen Po. Bienchen wäre hin und weg.

Nur Bienchen?

In diesem Moment schaut Simon über seine Schulter. „Lilly?“

Ich fühle mich ertappt, hat er jetzt etwa gesehen, wohin ich geguckt habe?

Oh, bitte nicht ...

„Hm?“ Ich spüre, dass ich knallrot angelaufen bin, geht es noch peinlicher?

„Ich dachte, wir essen draußen, ist es dir recht? Dort ist es auch schön warm und du musst nicht frieren.“

„Okay.“ Ich rutsche vom Barhocker. „Soll ich den Tisch decken?“

Er macht einen Schrank auf und deutet auf Geschirr. „Das wäre nett. Dort geht’s hinaus.“

Er weist auf eine andere Balkontür, die auf eine Dachterrasse führt, auf der Bambuskübel stehen, über denen ein Sonnensegel gespannt ist. Wie schön! Begeistert schaue ich mich um, es wirkt richtig lauschig hier und überhaupt nicht kühl.

Von hier oben hat man einen ebenso schönen Ausblick auf den Fluss und die gegenüberliegenden Stadtteile. Ich stelle mir vor, wie es aussieht, wenn es dunkel ist, das muss wunderschön sein.

Simon hat einen dieser angeberischen Riesen-Gasgrille, den er jetzt entzündet. „Hunger?“

Mir kommt kurz in den Sinn, dass ich ihn am liebsten anknabbern würde, so sexy, wie er mich jetzt anschaut, aber solche Gedanken sollte ich lieber sein lassen.

„Ja, schon ein bisschen."

„Gut, es ist auch wirklich gleich fertig." Er holt ein Blech voll Rosmarinkartoffel und überbackenen Tomaten mit Schafskäse. Dazu gibt es Salat, Fleisch und Wein.

Auf der Dachterrasse herrschen noch angenehme Sommertemperaturen.

Ich zupfe am Saum des Sweatshirts und versuche, das Ding irgendwie auszuziehen, ohne dass mein T-Shirt mit hochrutscht. Simon beobachtet mich lächelnd und nimmt mir dann das Kleidungsstück ab.

Okay, ein kleines Stück vom Bauch konnte er wohl erkennen, aber ich versuche, mich zu beruhigen, das ist ja alles halb so schlimm.

Ich ziehe mir die Socken aus, die Fliesen sind warm von der Sonne.

„Alles wieder okay?", fragt er mich.

„Ja, alles gut, ich bin aufgetaut", sprudelt es aus mir heraus, dann höre ich Simon auch schon lachen.

„Das freut mich wirklich zu hören, Lilly."

13

„Hm, das ist richtig gut“, lobe ich, als ich den ersten Bissen von dem zarten Fleisch im Mund habe.

„Puh, da bin ich erleichtert.“ Er hebt sein Rotweinglas und prostet mir zu. Er ist ein aufmerksamer Gastgeber, mein Glas ist nie leer und so langsam spüre ich auch schon den Alkohol.

„Darauf, dass ich die widerspenstige Lilly tatsächlich in meine Wohnung gelockt habe.“ Er grinst frech und ich verziehe meine Lippen zu einem Schmollmund.

„Bereust du es schon?“, frage ich.

Er sieht mir direkt in die Augen.

„Nein, überhaupt nicht. Es ist schön, dass du da bist. Ich meinte das vorhin ehrlich, ich hab mich wirklich auf dich gefreut.“ Er wird wieder ernst, seine Finger streichen ganz sanft über meinen Handrücken.

Ich müsste ihm das wohl verbieten, aber ich kann nicht, es ist so schön, meine Haut prickelt richtig. Wie von selbst erwidere ich diese zärtliche Geste.

„Wie kommt diese WG mit deinem Freund zustande? Wie habt ihr euch kennengelernt?“, fragt Simon weiter, versucht er mich abzulenken? Seine Finger verschränken sich mit meinen, ich lasse es zu.

„Ich kenne Bienchen schon seit der Schulzeit“, beginne ich zögernd, interessiert ihn das wirklich?

„Bienchen? Du nennst ihn Bienchen?“

„Ja, schon seit damals.“ Ich muss lächeln. Benjamin hat immer behauptet, dass er von Blüte zu Blüte schwärmen würde, seitdem wurde er von allen so genannt.

„Wir haben uns immer gut verstanden und ich habe ihm beigestanden, als er sein Outing hatte. Er hat es schwer gehabt, seine Eltern waren stockkonservativ. Benjamin ist durch eine harte Schule gegangen und hat viele Schläge einstecken müssen, im wahrsten Sinne des Wortes.“

Simon hört mir aufmerksam zu, ich kann sehen, dass ihn das betroffen macht. „Verstehe, das tut mir leid für ihn.“

Ich schüttele den Kopf. „Er hat sich nie beirren lassen, dafür habe ich ihn bewundert. Und als meine Eltern gestorben sind, hat er sich rührend um mich gekümmert, das werde ich ihm nie vergessen. Er ist der beste Freund, den ich habe, und ich liebe ihn über alles", füge ich leise hinzu.

„Das glaube ich und davon konnte ich mich überzeugen", sagt Simon zerknirscht.

Ich hebe meine Hand und streichele ihm behutsam über die Wange, die ich vor ein paar Tagen geschlagen habe. „Die Ohrfeige tut mir leid, das … das war übertrieben …"

Simon hält meine Hand fest, haucht kleine Küsse in die Innenfläche, ich bekomme wieder eine Gänsehaut, nur hat das diesmal nichts mit den Temperaturen zu tun.

„Du imponierst mir, Lilly", sagt er dann, sein Atem kitzelt meine Haut.

Ich schaue fasziniert zu, wie er zärtlich meine Fingerspitzen küsst. „Die Sonne geht gleich unter, magst du so einen romantischen Kram?"

Ich bin verwirrt, was hat er noch mal gefragt? Doch dann fällt es mir wieder ein, ich nicke nur. „Ja, klar, ist … ist doch hübsch anzuschauen", stottere ich.

„Nun, bei dir hätte ich mich auch nicht gewundert, wenn du lieber nachts bei Vollmond um ein Lagerfeuer tanzen und dabei Hühnern die Köpfe abbeißen würdest."

Ich schaue ihn empört an, dann kneife ich ihn in die Nase. „Spinner", jetzt muss ich aber auch glucksen.

Simon hält meine Hand fest und führt mich zum Geländer der Dachterrasse. Die Aussicht von hier oben ist atemberaubend, ich kann mich gar nicht an dem Farbenrausch sattsehen, der sich uns präsentiert.

„Schön", flüstere ich leise, mehr zu mir selbst als für seine Ohren bestimmt.

Simon steht hinter mir, ich spüre seine Anwesenheit deutlich, obwohl er mich nicht berührt. Doch ich sehne mich in diesem Moment nach Körperkontakt, ich weiß nicht, ob mich der Alkohol mutig macht oder ob mich der Sonnenuntergang in eine solche Stimmung versetzt hat, aber ich mache eine winzige Bewegung zurück und lehne mich mit dem Rücken an seine Brust.

Ich kann seinen festen Körper an meinem spüren und bin aufgeregt und verwirrt zugleich.

Simon reagiert zuerst gar nicht, bleibt einfach nur hinter mir stehen, ich bin etwas verwirrt, will mich wieder von ihm lösen, da legt er plötzlich seine Hand auf meine Hüfte. Ich halte kurz die Luft an, soll ich ihn gewähren lassen? Doch ich bin einfach zu neugierig, was wird das hier werden? Ich will es herausfinden.

Ich spüre zuerst seinen Atem an meiner Schläfe, dann seine Lippen, die mich ganz sanft berühren. Er haucht mir zarte Küsse auf meinen Nacken, sein Mund gleitet weiter zu meinem Ohr. Sein Griff um meine Hüfte wird fester, ich bin dankbar dafür, dass er mir Halt gibt, denn meine Knie werden immer weicher.

Er liebkost zärtlich mein Ohrläppchen, ein sanfter Schauer überzieht meinen Körper, ich schließe die Augen und lasse es einfach geschehen.

Sein Mund wandert an meinem Hals hinab, bis zu meiner Schulter, ich spüre, dass seine Finger unter die Träger meines Tops schlüpfen und ihn ein Stück hinunter schieben. Seine Lippen folgen seiner Hand, seine Küsse auf meiner nackten Schulter zu fühlen, entlockt mir einen Seufzer.

„Du riechst so gut“, raunt er mir zu, seine raue Stimme klingt so sexy.

Ich halte den Atem an, er fährt mit seinem Finger am Rand meines Ausschnitts entlang, hinterlässt eine brennende Spur auf meiner Haut. Ich löse eine Hand vom Geländer, ich muss ihn einfach auch anfassen. Ich taste hinter mich, lege meine Hand auf seine Jeans und ertaste durch den Stoff hindurch seinen Oberschenkel.

„Süße“, umschmeichelt mich seine Stimme, seine Hand legt sich ganz behutsam auf meine Brust, ich spüre die Lust in mir aufflammen, schon lange habe ich so etwas nicht mehr gefühlt.

Sanft umkreisen seine Finger meine Brustwarze, die sich deutlich durch den Stoff abzeichnet, aber jetzt ist mir das egal, ich will, dass er weitermacht.

Bitte nicht aufhören, bitte nicht aufhören, hämmert es in mir.

Er bewegt seine andere Hand auf meiner Hüfte, seine Finger schlüpfen unter mein T-Shirt, jetzt spüre ich sie auf meinem nackten Bauch.

„Oh.“ Ich stöhne heiser auf, Simon presst mich fester an sich, ich fühle an meinem Po, dass er ebenfalls sehr erregt ist.

Seine warmen Hände gleiten unter meinem Shirt nach oben, legen sich auf meine Brüste, ich werde immer unruhiger, reibe mich an ihm.

„Du machst mich total an, Lilly“, stöhnt er an meinem Hals, er beißt mich sanft hinein, dann entblößt er eine Brust und zieht leicht an meiner Brustwarze.

Ich will mich umdrehen, doch er hält mich fest. „Bleib so, Süße“, raunt er mir zu.

Ich seufze auf, schließe wieder meine Augen, überlasse mich ihm völlig. Er reibt ganz sanft an meiner Knospe, dann zieht er erneut daran.. Ich spüre einen süßen Schmerz in meinem Unterleib, fühle, wie ich immer feuchter zwischen meinen Beinen werde.

Simons Finger gleiten wieder über meinen nackten Bauch, er nestelt am Knopf meiner Jeans, für einen Moment schießt mir durch den Kopf, dass ich dem Ganzen jetzt wohl ein Ende bereiten sollte.

Doch dieser Gedanke verfliegt so schnell, wie er gekommen ist als ich höre, wie er den Reißverschluss hinunterzieht. .

Simons Lippen liebkosen meinen Hals, sanft beißt er mich ins Ohrläppchen, dann lässt er seine Finger in mein Höschen gleiten.

Ich kann ein Stöhnen nicht unterdrücken, als er mich zärtlich streichelt.

„Oh Wahnsinn“, flüstert er an meinem Ohr, seine Stimme macht mich noch mehr an, ich beginne zu zittern, drehe mein Gesicht zu ihm. Er beginnt, mich leidenschaftlich zu küssen, unsere Zungen spielen miteinander, er schmeckt so gut, ich will mehr von ihm.

Ich spüre, wie seine Finger immer tiefer zwischen meine Beine gleiten, schließlich ist er in meiner feuchten Spalte, ich stöhne heiser in seinen Mund.

„Lass dich gehen“, flüstert er an meinen Lippen, dann ist er mit einem Finger in mir, ich zucke zusammen, Simon zieht meinen Körper noch enger an sich, gibt mir Halt.

„Du bist so schön nass“, raunt er, ich kann nichts mehr denken, überlasse mich nur noch seinen Händen, seinem Mund, er nimmt den zweiten Finger dazu, mein Herzschlag rast immer mehr, ich bin kurz vorm Abheben.

Er drückt meine Brustwarze leicht zusammen, dann dringt er noch einmal mit seinen Fingern tief in mich, ich höre mich schreien, dann überrollt mich mein Höhepunkt , während Simon mich ganz fest an sich gedrückt hält.

Ich bin völlig atemlos und zittrig, oh mein Gott, was ist hier bloß passiert, ich kann mich nicht erinnern, dass ich schon einmal so heftig gekommen bin.

Simon küsst mich wieder, dann gleiten seine Finger aus mir heraus, er dreht mich zu sich herum.

Ich bin noch völlig benommen, lege meinen Kopf an seine Brust, er streichelt mir über den Rücken.

„Entspann dich, meine Schöne“, flüstert er mir zu, ich schlinge meine Arme um seinen Körper, halte mich einfach nur an ihm fest.

So langsam komme ich wieder runter, ich höre seinen Herzschlag, auch er geht schneller als normal. Mir wird wieder bewusst, dass wir ja auf seinem Balkon stehen, ich hebe den Kopf und schaue mich vorsichtig um.

„Keine Angst, niemand kann uns sehen“, beantwortet er meine unausgesprochene Frage.

Er legt einen Finger unter mein Kinn und hebt mein Gesicht zu sich hoch. „Alles klar?“

Ich nicke nur, mir ist es peinlich, mich so gehen gelassen zu haben, ich weiß nicht, was das war, aber ich kam einfach nicht dagegen an.

„Ich bin total geil auf dich, Lilly. Du bist eine wahnsinnig sinnliche Frau“, murmelt er, dann senkt er seinen Mund wieder auf meinen.

Er küsst mich ganz vorsichtig, als ob er plötzlich Angst hätte, dass ich ihn abweisen könnte.

Dieser Mann berauscht mich, und selbst wenn ich wollte, ich könnte ihn gar nicht von mir schieben. Ich spüre, dass er immer noch total erregt ist und ich bin fast schon stolz, dass ich es bin, die ihn so anmacht.

Jetzt lasse ich meine Hände auf Wanderschaft gehen, ich schiebe sein Shirt ein wenig hoch und gleite über seinen festen Bauch. Unter meinen Fingerspitzen spannen sich seine Muskeln noch mehr an, er ist gut trainiert, das muss man neidlos anerkennen.

Seine Küsse werden fordernder, er presst mich an das Geländer, das harte Metall bohrt sich in meinen Rücken.

Schnell öffne ich den Verschluss seiner Jeans und schiebe sie ein Stück hinunter, meine Hand gleitet an seinen Shorts entlang, er hat eine beachtliche Erektion. Ich will ihn sehen, seine Haut berühren, ich lasse meine Hand in seine Hose gleiten, endlich kann ich ihn anfassen, Simon stöhnt heiser auf.

„Ich muss dich haben", presst er hervor. „Schlaf mit mir, jetzt sofort."

Ich lächele und küsse ihn noch einmal leidenschaftlich. „Okay, Doc."

Er grinst süß, umfasst meinen Po und hebt mich auf seine Hüften. Ich bin überrascht, halte mich dann aber lachend an seinem Hals fest.

„Wir geben bestimmt ein lustiges Bild ab", kichere ich an seinem Ohr. „Du mit offener Hose und einem mächtigen Ständer …"

Er gibt mir einen Klaps auf den Po. „Nicht frech werden, Schwester."

Simon bringt mich in sein Schlafzimmer und legt mich auf das riesige Bett. Er lässt sich neben mich fallen, seine Augen wandern über meinen Körper.

„Zieh dich aus." Ich kann das Verlangen in seiner Stimme hören und das macht mich total an.

Ich setze mich auf und ziehe mir langsam mein Shirt über den Kopf, Simon nimmt es mir aus der Hand und wirft es auf den Boden. „Weiter! Ich will dich endlich nackt sehen!"

Ich öffne meinen BH, normalerweise präsentiere ich mich nicht gerne so freizügig, aber er nimmt mir meine Befangenheit. Er streichelt mich mit seinen Blicken, ich kann die Bewunderung darin sehen und das gibt mir Sicherheit.

„Oh, wow." Er beugt sich zu mir und haucht mir auf jede Brust einen zärtlichen Kuss. „Weiter!"

Ich knie mich aufs Bett, schiebe meine Hose hinunter, dann meinem Slip, ich fühle mich gut dabei und unglaublich sexy.

Er streckt eine Hand nach mir aus, streichelt über meine Scham, greift dann zwischen meine Beine und grinst. „Du bist ja schon wieder so bereit, Süße." Simon setzt sich auf, drückt mich behutsam auf den Rücken, mit einem Ruck befreit er mich von Hose und Slip.

Ich liege jetzt völlig nackt vor ihm, aber es macht mir nichts aus, im Gegenteil, ich spüre deutlich, wie meine Begierde immer mehr entfacht wird. Ich will ihn endlich in mir fühlen und spreize meine Beine für ihn.

Simon reißt sich sein Shirt herunter, in Windeseile ist er ebenfalls ausgezogen, mein Blick fällt auf seine Erektion, jetzt bekomme ich doch Zweifel, er ist doch schon sehr groß.

Simon legt sich neben mich.

„Setz dich auf mich“, bittet er mich und ich hocke mich vorsichtig auf seinen Schoß.

„Wir brauchen ein Kondom“, fällt es mir siedend heiß ein. Gott sei Dank habe ich noch daran gedacht!

„Nimmst du nicht die Pille?“ Er sieht mich überrascht an. „Ich bin okay, falls du Sorgen hast. Du doch auch, oder?“

„Ja, das schon. Aber ich vertrage die Pille nicht.“

„Ich kann dir eine Spritze verpassen, ist vielleicht eine Alternative für dich“, murmelt er, seine Hände gleiten über meinen Körper, bleiben dann auf meinen Brüsten liegen.

„Ich bekomme Blutungen von den Hormonen“, sage ich.

Was wird das hier, ein Fachgespräch?

„Wann bekommst du deine Periode?“, fragt er. „Ich bin einsame Spitze im Berechnen von fruchtbaren und unfruchtbaren Tagen.“

„Spinnst du?“ Ich knuffe ihn empört in die Brust. „Ich stehe nicht auf riskante Spielchen.“

„Ein Jammer“, grinst er. „Aber du hast ja recht, okay, dann mit Gummi.“ Sanft zwickt er mich in die Brustwarzen. „Komm höher“, raunt er mir dann zu.

Ich bin verwirrt.

„Höher rutschen“, bittet er mich noch einmal.

Ich krabbelte noch ein Stück nach oben, weiß aber immer noch nicht, was er vorhat.

„Noch höher. Ich will dich schmecken.“

Ich erröte prompt, ich habe das noch nie gemacht. Sein Kopf liegt jetzt zwischen meinen Beinen, ich halte den Atem an.

Seine Hände umfassen meine Hüften, er zieht mich zu sich herunter, ich spüre seinen Mund an meinem empfindlichsten Punkt.

„Oh Gott“, stöhne ich auf, es kommt mir so vor, als würden Stromschläge durch meinen Körper jagen, seine Zunge bohrt sich in mich hinein und seine Finger umspielen meine Perle.

Ich ringe nach Luft, was er da tut, ist einfach himmlisch. „Simon …“

„Beug dich zurück, dann stütze dich mit deinen Armen auf mir ab“, flüstert er heiser.

Ich tue, was er verlangt, ich präsentiere mich völlig offen vor ihm, das Gefühl ist unbeschreiblich.

Er dringt wieder mit seinen Fingern in mich, ich spüre zwei in mir, dann drei.

Dann umfasst er mich und rollt mich auf den Rücken, er greift neben sich, ich höre etwas knistern, atemlos schaue ich ihm dabei zu, wie er sich ein Kondom überstreift.

Er ist groß, sehr groß, aber ich komme vor lauter Lust nach ihm fast um.

Simon drückt meine Beine auseinander, seine Bewegungen sind jetzt nicht mehr zärtlich, er packt mich und stößt dann heftig zu.

Ich schreie auf, oh Gott, er füllt mich wirklich komplett aus, ich habe Angst, dass es mich bei der kleinsten Bewegung zerreißt.

„Okay?“ Ich kann plötzlich Besorgnis in seinen Augen lesen. „Habe ich dir wehgetan?“

Ich beiße mir auf die Unterlippe, brauche einen Moment, dann schlinge ich meine Beine um seine Hüften, er rutscht noch tiefer in mich, ich stöhne erneut auf.

„Wir lassen das besser“, sagt er heiser.

„Nein, bitte.“ Ich lächele ihm zu. „Es ist okay.“

„Wirklich?“ Er zieht wieder so sexy die Augenbrauen hoch, ein Schauer läuft durch meinen Körper.

„Komm“, bitte ich ihn. „Machs mir …“

Simon lächelt, dann küsst er mich. „Kannst du dich schmecken?“, raunt er mir zu, ich nicke.

Noch immer bewegt er sich nicht, jetzt hebe ich mein Becken leicht an, will ihm zu verstehen geben, dass er endlich etwas tun soll, bevor ich hier vor lauter Lust zerfließe.

„Sag es“, flüstert er heiser. „Was soll ich mit dir tun?“

„Hab ich doch schon gesagt“, stöhne ich auf, ich will ihn küssen, doch er beißt mich nur in meine Lippe.

„Was soll ich tun?“ Ein breites Grinsen umspielt seine Lippen. „Sag es richtig.“

„Fick mich, du Mistkerl“, wimmere ich unter ihm.

Simon lacht heiser auf, mein ganzer Körper vibriert.

„Oh ja, das werde ich jetzt tun …“ Er küsst mich leidenschaftlich, dann stößt er in mich, ich spüre ihn ganz tief.

Ich fühle, wie es sich in mir aufbaut, kralle meine Fingernägel in seinen Rücken, werde immer erregter.

Auch sein Atem geht schneller, ich komme ihm entgegen, wir finden einen Rhythmus, ich höre, wie unsere Körper bei jedem harten Stoß aufeinanderprallen, Schweiß rinnt mir aus jeder Pore, genauso wie ihm.

„Lilly …“ Er stöhnt meinen Namen, es klingt wie Musik in meinen Ohren.

Ich kralle mich noch mehr an ihn. „Ich halte es nicht mehr lange aus“, flüstere ich, fühle mich wie losgelöst.

„Komm Süße“, bittet er mich.

Ich schließe die Augen, gebe mich ihm völlig hin, gebe mich auf in seinen Armen.

Ich kann mich schreien hören, er wird noch einmal kraftvoller, fast schon brutal dringt er jetzt in mich, dann verharrt er in seinen Bewegungen, als es ihm kommt.

Er lässt sich auf mich fallen, liegt schwer auf meinem Körper, ich bin unfähig, mich zu rühren. Die süßen Nachbeben rollen über mich hinweg, ich streichele über Simons Rücken, ertaste Striemen auf seiner Haut - war ich das?

Er atmet noch schwer, dann richtet er sich ein bisschen auf, um mich von seinem Gewicht zu entlasten.

Seine Augen suchen meine, zärtlich streichelt er mir eine verschwitzte Locke aus meinem Gesicht, von meinem Zopf ist wohl nicht mehr viel übrig.

„Wow“, sagt er leise. „Das war gigantisch.“

Ich lächele ihm scheu zu, irgendwie ist meine Schüchternheit wieder da, dabei habe ich mich doch eben alles andere als schüchtern verhalten.

Ich zupfe an seiner Unterlippe. „Du bist gigantisch, Doc.“

Simon gleitet aus mir, ich fühle mich auf einem sehr leer. „Musst du schon gehen?“, lache ich.

„Ich muss nur kurz was entsorgen, aber ich komme gerne noch einmal wieder.“ Er fällt in mein Lachen mit ein, ich kann hören, dass er das Kondom abstreift, dann stützt er sich mit den Händen neben meinem Kopf ab. „Du bist sehr sexy, Lilly.“

„Das kann ich auch über dich sagen.“ Mit den Fingern fahre ich die Konturen seines Gesichtes nach, wie attraktiv er doch ist.

Simon küsst sich meinen Körper hinab, es scheint so, als wolle er keine Stelle auslassen. Ich seufze auf, als er mit seiner Zunge meinen

Bauchnabel umkreist, ich bin zwar noch wohlig erschöpft, aber trotzdem macht mich das total an.

Er gleitet tiefer und drückt meine Schenkel auseinander.

„Stell die Beine auf", sagt er dann plötzlich, ich hebe verwundert den Kopf. Als ich nicht sofort reagiere, schiebt er mich so zurecht, dass ich mit angewinkelten Knien vor ihm liege.

Er küsst zärtlich meine wunde Scham, gleitet mit seinen Fingern durch meine Spalte. „Hab ich dir wirklich nicht wehgetan?", murmelt er leise.

„Nein, das geht schon", versichere ich ihm.

Er haucht mir kleine Küsse auf meine intimste Stelle, ich schließe genießerisch die Augen.

„Du bist wirklich wunderschön." Er streicht mit einem Finger durch meine Feuchtigkeit, dringt langsam damit in mich ein. „Überall ..."

„Du musst es ja wissen", kichere ich. „In deinem Job hast du ja genügend Vergleichsmöglichkeiten."

Simon rutscht wieder zu mir hoch, er sieht mich strafend an. „Wenn ich Patientinnen untersuche, dann achte ich auf andere Dinge!" Er beißt mich in die Nase. „Freches Luder."

Ich ziehe ihn wieder zu mir, ich kann spüren, dass auch seine Lust wiederkehrt. „Küss mich, Doc", flüstere ich.

Er tut mir den Gefallen, ich seufze auf. Er bewegt sich leicht auf mir, als ich seine Spitze zwischen meinen Beinen fühle, schrecke ich auf.

„Wir brauchen ein Kondom!" Ich schiebe ihn schnell von mir.

„Verdammt, danke, Lilly." Er haucht mir einen Kuss auf den Mund. „Du kannst einen echt um den Verstand bringen."

„Du einen auch", grinse ich breit.

„Du machst mich total scharf, Süße. Ich will dich, schon wieder." Seine Hände streicheln über meine Pobacken, gleiten dazwischen.

Ich umfasse sanft sein Glied und beginne ihn zu massieren. „Dann tu's doch."

Simon stützt sich auf seine Ellenbogen und sieht mir zu, ich beuge mich über ihn, beginne ihn zu küssen, streichele mit meiner Zunge an seinem Schaft entlang.

„Ich halt das nicht mehr aus!" Er rollt mich auf den Bauch, ich höre wieder das Knistern einer Verpackung.

Simon umfasst meine Hüften und zieht mich hoch, sodass ich vor ihm knie. Ich spüre seine Hände, sie liebkosen meine Haut, sanft zieht er meine Pobacken auseinander, seine Zunge ist überall, dann dringt er endlich in mich ein, wir beiden schreien auf, als wir erneut miteinander verbunden sind.

14

Ich bin wohlig erschöpft, als wir endlich zur Ruhe kommen. Simon hat mich in seine Arme gezogen, ich liege ganz dicht bei ihm. Ich fühle mich geborgen und sicher, schon lange habe ich dieses Gefühl nicht mehr gehabt.

Ich sehe zu ihm auf, seine Augen sind geschlossen, aber sein Atem geht noch unruhig.

„Schlaf jetzt, Süße … bitte …“ Seine Mundwinkel zucken verdächtig.

„Kannst du nicht mehr?“, kichere ich leise, schlagartig öffnet er die Augen wieder.

„Ich glaube, ich sollte dir nicht mehr zumuten.“ Seine Hand wandert über meinen Rücken hinunter zu meinem Po, behutsam streichelt er darüber und lässt die Hand darauf liegen. „Ich möchte dich schonen.“

„Wie nett“, spotte ich, dann muss ich aber gähnen, Simon lacht leise auf.

„Ich hab doch gesagt, du sollst schlafen.“ Er gibt mir noch einen zärtlichen Kuss. „Es war gigantisch mit dir, Lilly. Ich liebe dein Temperament“, murmelt er an meinen Lippen.

„Das kann ich nur zurückgeben“, raune ich ihm zu, dann rücke ich noch etwas näher an ihn heran und schließe die Augen.

Er ist vor mir eingeschlafen, seine Körperspannung hat nachgelassen und er atmet gleichmäßig. Und ich?

Ich bin ebenfalls hundemüde, doch ich finde keine Ruhe. Die vergangenen Stunden spuken noch in meinem Kopf herum, ich hatte noch nie in meinem Leben so fantastischen Sex, mein Ex war eher der schnelle Typ, der mehr auf seinen Lustgewinn aus war. Und ich habe gedacht, es müsste immer so sein. Doch Simon hat mich eines Besseren belehrt. Er ist ein aufmerksamer Liebhaber, und auch wenn es teilweise recht wild zugegangen ist, ich hatte immer das Gefühl, dass er auf mich aufgepasst hat.

Und jetzt?

Ich weiß, ich sollte mir die Frage besser nicht stellen, denn ich darf nichts von ihm erwarten. Ich kenne seine Einstellung zu festen Beziehungen, weiß, dass er nur kurze Affären sucht.

Fieberhaft überlege ich, ob ich nicht einfach gehen soll. Vielleicht würde ich mich besser fühlen, wenn ich das Ganze beenden würde. Sonst würde ich doch vielleicht nur hoffen, dass es was Ernsteres wird.

Willst du das denn?

Will ich eine feste Beziehung zu einem verdammt attraktiven Mann, der zudem auch noch gut im Bett ist?

Wer will das schon?, höhnt es in mir.

Natürlich möchte ich es, aber das kann ich mir wohl aus dem Kopf schlagen.

Dann geh, zischt es in mir.

Simon regt sich kurz, er zieht mich noch einmal näher zu sich heran, wieder legt sich seine Hand auf meinen Po, das hat schon etwas sehr Besitzergreifendes, aber es ist auch schön. Ich ertappe mich dabei, dass ich zu ihm gehören möchte.

Gleich ... gleich schleiche ich mich fort...

„Lilly!"

Von irgendwoher höre ich eine Stimme, ich spüre, wie mich jemand im Gesicht berührt.

„Lilly, verdammt noch mal, was ist das denn für eine Scheiße!" Die Stimme wirkt sehr aufgeregt, dann ist wieder Ruhe, gut so, denn ich bin noch hundemüde.

Plötzlich wird mein Kopf angehoben, ich gebe einen unwilligen Ton von mir, dann spüre ich etwas Nasses in meinem Gesicht.

„Lilly, mach die Augen auf, sofort. Komm schon, Süße, werde wach, rede mit mir!"

Ich schrecke hoch. „Hey!" Mit meinen Händen versuche ich das nasse Etwas aus meinem Gesicht zu bekommen, dann ist es verschwunden, ich reiße die Augen auf und sehe mich empört um.

Vor mir sitzt Simon, er ist bereits angezogen und seine Haare sind feucht und verstrubbelt. Er schaut mich besorgt an. „Sag mal, was ist das mit dir?", fragt er fassungslos. „Ich dachte, du bist bewusstlos!"

„Was? Nein!" Ich rappele mich mühsam hoch, mit der Bettdecke trockne ich mein Gesicht ab. Erst jetzt stelle ich fest, dass ich immer noch nackt bin, hastig ziehe ich die Decke über meine Brüste.

„Ich habe einen tiefen Schlaf", knurre ich.

„Na, das kann man wohl laut sagen!“ Er umfasst meine Handgelenke, die Decke gleitet herab, er betrachtet mich eingehend. „Du bist wunderschön und sehr verführerisch, Lilly. Aber ich muss los, ich habe ab acht Uhr Dienst“, seufzt er.

„Wie spät ist es?“ So langsam kommt Leben in mich. Wollte ich nicht schon in der Nacht verschwunden sein?

Na klasse, schimpfe ich mit mir selbst. *Hat ja gut geklappt.*

„Es ist gleich halb acht.“ Er legte seine Hand an meine Wange, genießerisch schmiege ich mein Gesicht hinein, dann reiße ich mich aber los.

„Ich bin schon weg“, sage ich. Ich hoffe, ich kann meine Traurigkeit vor ihm verbergen.

„Nein, bitte bleib, so lange du willst. Wo das Bad ist, weißt du ja, und es ist auch noch was zu essen da. Bedien dich und setz dich ruhig noch was in die Sonne, wenn du magst“, sagt er freundlich.

„Ich werde nach Hause fahren.“ Schon bin ich aus dem Bett und suche meine Sachen zusammen, die im ganzen Zimmer verstreut liegen.

Ich schäme mich plötzlich für meine Nacktheit, was im Grunde lächerlich ist, denn letzte Nacht konnte ich mich gar nicht schamlos genug vor Simon präsentieren. Prompt bekomme ich einen roten Kopf, wenn ich an die letzten Stunden denke.

Ich spüre, dass er mich beobachtet, er sitzt immer noch auf dem Bettrand, hastig schlüpfe ich in mein Höschen. Als ich nach meinem BH greifen will, hält mich Simon an meiner Hand fest und zieht mich zwischen seine Beine.

„Was ist los, Lilly, hm?“

Er sieht mich von unten an, ich kann nicht anders, meine Finger fahren durch seine Haare und verwuscheln sie noch einmal. Wie oft habe ich das in der letzten Nacht gemacht?

„Nichts, ich sollte nur besser nach Hause fahren.“ Ich versuche einen lockeren Plauderton.

Er küsst meinen nackten Bauch. „Ich hab das Gefühl, dir brennt was unter den Nägeln, raus damit“, flüstert er. „Du hältst dich doch sonst nicht zurück, wenn du etwas loswerden willst.“

„Nein, was soll denn sein?“ Ich bekomme direkt wieder eine Gänsehaut, wieso kann der das einfach so bei mir auslösen?

„Sehen wir uns bald wieder?“ Seine Finger necken eine meiner Brustwarzen, ich zittere am ganzen Körper.

Was hat er gerade gesagt?

„Du … du willst mich wiedersehen?“, frage ich verblüfft.

„Ja klar, unbedingt. Es war fantastisch mit dir, Lilly. Ich hätte schon große Lust auf eine Wiederholung.“ Er steht auf und küsst mich zärtlich auf meine Brüste. „Du nicht?“

„Ähm, also …“ Ich versuche, mich zu konzentrieren und nicht von seinen Zärtlichkeiten einlullen zu lassen. „Ich dachte … ich dachte eigentlich, dass du nur … also … dass du nur was Schnelles gesucht hast.“

Simon nimmt mein Gesicht zwischen seine Hände, er sieht mir tief in die Augen. „Lilly, ich suche keine feste Beziehung, das stimmt schon. Aber ich finde dich viel zu verlockend, als dass ich mich mit einem Mal begnügen möchte. Vorausgesetzt, du willst es auch, dann könnten wir doch noch eine Menge Spaß haben“, sagt er. „Wie siehst du das?“

Ich senke den Blick, bin jetzt doch verwirrt.

Je länger du das mitmachst, umso schlimmer wird es hinterher für dich, sagt mir meine Vernunft. Doch mein Körper ist da anderer Meinung und – ich gestehe – meine Libido hat im Moment die Oberhand, sie beherrscht einfach alles.

„Ich … ich würde dich auch gerne wiedersehen“, höre ich mich sagen, obwohl ich weiß, dass es ein Fehler ist.

Simon zieht mich noch einmal fest an sich und gibt mir so einen leidenschaftlichen Kuss, dass mir die Luft wegbleibt. „Wir werden noch viel Spaß haben, Süße.“ Deutlich kann ich das Verlangen seinen Augen sehen und ich muss mir eingestehen, dass mich das total anmacht.

„Wir sehen uns in der Klinik“, sagt er und kurz darauf ist er verschwunden. Mich hält es hier auch nicht mehr, obwohl mich seine Hightech-Dusche reizt, möchte ich nach Hause.

Als ich auf dem Weg zur Bushaltestelle bin, rufe ich Bienchen an, er hat mir bereits zweimal gesimst.

„Na endlich!“, tönt es vorwurfsvoll. „Ich will alle Details, aber erst mal: Wo bist du jetzt?“

„Auf dem Weg zur Bushaltestelle in der Hafenstraße“, antworte ich wahrheitsgemäß.

„WAS? Er fährt dich nicht nach Hause?“

„Er ist schon auf dem Weg in die Klinik. Ist doch okay, ich komme auch so klar."

„Ich hole dich ab!"

Bevor ich noch etwas sagen kann, hat mich Bienchen schon weggedrückt, ich seufze auf, mir ist klar, dass mich jetzt ein Verhör erwartet.

Kurz darauf ist er auch schon da, schnell steige ich ins Auto. Bienchen mustert mich ausgiebig, ich kann mir schon denken, dass sein Urteil vernichtend ausfällt.

„Du siehst ganz schön durchgevögelt aus", stellt er sachlich fest.

„Danke, ich liebe deine klaren Worte", zische ich ihm zu. „Ich will unter die Dusche, bitte fahr los."

„Wie war es denn bei Mr. Bombastic? Hat er seinem Namen alle Ehre gemacht?" Bienchen kennt keine Gnade und startet das Verhör.

„Sei nicht so neugierig", sage ich.

„Du bist das erste Mal seit Jahren über Nacht weggeblieben, die Mädchenabende mit Ela zähle ich jetzt natürlich nicht mit. Ich habe ein Anrecht auf Informationen, ich erzähle dir ja auch immer alles."

Ich seufze auf, ich weiß ja, dass er sich Gedanken macht und im Grunde ist es auch ein schönes Gefühl, dass er das tut.

„Es … es war eine sehr schöne Nacht. Er ist ein toller Mann", sage ich leise. „Und bevor du weiterfragst: Ja, wir hatten Sex, viel Sex! Und es war großartig." Ich spüre, wie ich bei den Erinnerungen daran erröte.

„So siehst du auch aus", lacht Bienchen. „Ich beneide dich so", fügt er theatralisch hinzu. „Wärst du denn mit den zwei Kondomen ausgekommen?"

„Nein, wäre ich nicht", gestehe ich ihm kleinlaut.

„Wusste ich es doch. Aber ich kann dich verstehen, der Mann ist echt jede Sünde wert."

„Weiß nicht", murmele ich und atme auf, als wir zuhause ankommen.

Zu meiner Verblüffung steigt Bienchen mit aus. „Musst du nicht in deinen Beauty-Tempel?"

„Ich komme später, Rob weiß Bescheid", winkt Bienchen ab. „Du bist erst mal wichtiger."

„Ich werde duschen und etwas essen, kein Grund zur Sorge", wiegele ich ab.

Er schaut mich nur streng über den Rand seiner Sonnenbrille an, okay, Widerstand zwecklos.

Bienchen lässt mir ein Bad ein, für seine Fürsorge könnte ich ihn knutschen. Als ich mich gerade ausziehe und meine Wäsche in die Truhe stopfe, kommt er mit einer Tasse Kaffee und einem Croissant herein.

„Du bist ein Schatz!“ Ich nehme ihm den Kaffee aus der Hand und lasse mich ins Wasser gleiten. Meine wunden Stellen brennen etwas, aber ich genieße trotzdem die Wärme.

„Hier.“ Bienchen reicht mir das Croissant und setzt sich auf den Badewannenrand, als er sicher sein kann, dass ich nicht mehr herumspritze..

„Ich freue mich für dich und deine Libido, aber du wirkst nicht besonders glücklich. Oder bist du nur müde?“, hakt er gnadenlos nach.

„Ich weiß nicht, ob ich das alles wirklich so will“, gestehe ich ihm.

„Werde mal konkreter!“ Bienchen nimmt einen Waschlappen und fährt mir damit sanft übers Gesicht.

„Er will mit mir Spaß haben, er will mich wiedersehen. Aber er will keine Beziehung“, fasse ich zusammen.

„Aber das wusstest du doch.“ Bienchen schmiert mir irgendetwas ins Gesicht.

„Was machst du da?“

„Das ist eine Entspannungsmaske, Honey. Damit du nachher frisch wie der junge Morgen deinem Lover gegenübertreten kannst“, säuselt mein Bienchen.

„Ah, danke, cool.“

Er kann das wirklich gut, seine Fingerspitzen gleiten sanft über mein Gesicht, es ist eine Wohltat.

„Und du weißt jetzt nicht, ob du eine kurze Affäre willst“, nimmt er wieder den Faden auf.

„Ja, genau. Ich hatte schon überlegt, ob ich in der Nacht einfach abhauen und damit Tatsachen schaffen soll.“

„Und wieso bist du dageblieben?“

„Ich bin eingeschlafen.“

„Ich liebe dich für die stets konsequente Umsetzung deiner Vorhaben“, kichert Bienchen.

„Jetzt bin ich genau das geworden, was ich niemals wollte: eine seiner Affären. Und dann auch noch mit meinem Vorgesetzten."

„Du hast dich halt in ihn verliebt, Schätzchen. Da handelt man einfach total blöde."

Ich schlucke heftig, natürlich hat Bienchen wieder einmal recht, ich bin bis über beide Ohren verschossen in diesen Mistkerl. „Aber ich will nicht verliebt in ihn sein."

„Das verstehe ich sehr gut. Bloß schaffst du es, dich direkt wieder zu entlieben? Denn eines steht fest: Wenn er dich leid ist, wirst du es sowieso müssen."

„Ich weiß ja", flüstere ich heiser. „Aber – also nur mal angenommen: Was ist … also, was ist, wenn er sich auch in mich verliebt? Ist das so ausgeschlossen? Ich meine, wenn wir uns weiter sehen und so … meinst du nicht, er könnte mich auch lieben?", frage ich hoffnungsvoll.

Bienchen hört auf, mein Gesicht zu massieren, er sieht mich süß an und stupst mit seinem Finger auf meine Nasenspitze. „Lilly, du bist meine Göttin. Wenn du mich fragst, müsste sich jeder heterosexuelle Mann sofort in dich verlieben. Ich habe noch nie ein hinreißenderes, chaotischeres und heißeres Miststück getroffen als dich. Jeder müsste dir sofort die Welt zu Füßen legen wollen – aber leider sind die meisten Typen Arschlöcher, die das nicht erkennen können oder wollen."

Ich schaue Bienchen verliebt an. „Das hast du jetzt aber schön gesagt", hauche ich.

„Ja, ich weiß. Aber es nutzt ja nichts, wenn ich das so sehe", knurrt er. „Lilly, ich kann deine Hoffnungen verstehen und es ist ja nicht total auszuschließen, dass dein Plan wirklich gelingt. Vielleicht kriegst du ihn wirklich rum, aber stell dich doch eher darauf ein, dass es mit jeder Menge Herzschmerz enden könnte. Wir sollten die Schokoladeneis-Vorräte dringend checken."

Ich befürchte auch, dass es kein gutes Ende mit Mr. Bombastic nehmen wird.

Dafür verwöhnt mich der andere Mann in meinem Leben so gut er kann. Er wäscht mir noch die Haare und steckt sie mir für den Dienst hoch, dann verpasst er mir ein leichtes Make-up, man sieht mir wirklich nicht mehr an, wie erschöpft ich noch von der letzten Nacht bin.

Als ich den Dienst antrete, ist von Simon weit und breit nichts zu sehen. Ich schaue auf den Plan, er ist für zwei Kaiserschnitte eingeteilt, vielleicht ist es auch gut so, dass wir uns erst einmal nicht über den Weg laufen. Die Krankenhausroutine hilft mir dabei, mich wieder zu sammeln und zu konzentrieren.

Gott sei Dank ist viel zu tun, dadurch kann ich mich selbst vom Grübeln abhalten.

„Hallo Lilly."

Wie aus dem Nichts höre ich auf einmal seine Stimme. Ich bin gerade dabei, Medikamente zu verteilen, als er auf einmal vor mir auf dem Flur steht.

„Oh, hallo Dr. Stegmann", lächele ich, er runzelt unwillig die Stirn.

„Sollen wir uns tatsächlich weiter siezen? Ich bin mit vielen hier per Du." Es scheint ihm irgendwie gar nicht zu gefallen.

„Wäre mir lieber", antworte ich wahrheitsgemäß.

„Okay, Lilly, wie SIE wollen", grinst er. „Sie sehen sehr gut aus. Hatten Sie eine angenehme Nacht?"

„Es geht so", antworte ich gespielt leidend. „Ich bin ständig vom Schlaf abgehalten worden."

„Wirklich? Wie kann das sein?"

„Irgend so ein lästiger Kerl wollte keine Ruhe geben, aber ich bin locker mit ihm fertig geworden." Ich mache eine abfällige Handbewegung, Simon fängt laut an zu lachen.

„Locker? So, so … Ich kann mir aber vorstellen, dass Sie ganz schön Ihre Krallen ausfahren können." Er fährt mit seiner Hand kurz über seinen Rücken, ich spüre, wie ich rot werde.

„Tut mir leid", flüstere ich leise. „Sehr schlimm?"

„Nein, es war mir ein Vergnügen, dass ich Ihnen Vergnügen bereiten konnte", lacht er. „Deswegen trage ich diese Narben mit Stolz."

„Was man so Vergnügen nennt", antworte ich frech.

„Bist du sehr wund?", hakt er nach, bei seiner Frage bekomme ich eine Gänsehaut.

„Auszuhalten."

„Ich habe unsere Pläne abgeglichen, du hast ab morgen drei Nachtschichten, verdammter Mist." Er fährt sich mit der Hand durch die Haare, wie gerne würde ich das jetzt tun?

„Danach hast du zwei Tage frei, ich könnte tauschen. Hast du Lust, dich mit mir zu treffen? Ich möchte dich so schnell es geht wiedersehen und in meinem Bett haben", raunt er mir zu – ich würde ihn am liebsten anspringen.

Eine Tür öffnet sich und eine Patientin kommt heraus, ich lächele ihr zu.

„Bitte sagen Sie mir Bescheid, ob das möglich ist", fährt Simon fort.

„Ich … ich denke, das ließe sich machen", sage ich.

Er wartet kurz ab, bis die Patientin außer Hörweite ist. „Ich freue mich auf dich, Lilly", flüstert er. „Die Nacht war echt heiß."

„Ja, das war sie, die Temperaturen waren mörderisch. Ich habe mich auch gefragt, warum du die Klimaanlage nicht anders eingestellt hast, wenn du in deinem Protzbau doch schon eine besitzt", sage ich unschuldig.

Simon grinst übers ganze Gesicht. „Und du bist doch ein Luder."

„Jeder kriegt das, was er verdient." Ich deute auf das Medikamentenschälchen in meiner Hand. „Und deswegen muss ich jetzt auch weitermachen. Halten Sie mich also nicht von der Arbeit ab, Doc."

„Oh, das würde ich nur allzu gerne machen."Es funkelt in seinen Augen. „Aber ich kann warten."

15

Ich bin sehr aufgeregt, als ich an diesem Nachmittag zu Simon fahre. Es kommt mir einerseits immer noch falsch vor, meine Bedenken haben sich keinesfalls verflüchtigt, aber die Freude, ihn zu sehen, überwiegt einfach.

Er hat mich gebeten, die nächsten zwei Tage bei ihm zu bleiben und deswegen Kleidung zum Wechseln mitzubringen - und ich kann ihm einfach nicht widerstehen. Ich habe mir sogar ein neues Kleid gekauft, ich möchte ihm gefallen, möchte, dass ihm der Atem stockt, wenn ich es zum Abendessen anziehe.

„Komm hoch", höre ich seine Stimme aus der Gegensprechanlage, mein Herz klopft ganz wild, als ich mit dem Aufzug nach oben fahre.

Er erwartet mich bereits, seine Augen leuchten, als sie mich sehen, und meine Bedenken sind wie weggeblasen. „Hallo Süße." Er strahlt mich an, nimmt meine Hand, zieht mich an sich und gibt mir einen leidenschaftlichen Kuss.

„Hallo Doc", raune ich an seinen Lippen.

Als er die Tür hinter sich geschlossen hat, nimmt er mein Gesicht zwischen seine Hände und haucht mir kleine Küsse darauf, ich bin einfach hingerissen von ihm.

„Endlich kann ich dich berühren und das mit dir machen …" Er drückt mich an die Wand, seine Küsse werden leidenschaftlicher, ich kann es nicht verhindern, es macht mich total an.

Ich schlinge die Arme um seinen Hals, dann spüre ich, wie seine Hände unter mein Shirt schlüpfen und über meine nackte Haut streicheln. Kleine Blitze zucken durch meinen Körper, elektrisieren mich. Ich presse mich an ihn, fühle, dass ihn das alles andere als kalt gelassen hat.

Auch ich kann nicht anders, meine Hände streichen an ihm hinunter, erreichen den Bund seiner Jeans. Zärtlich lasse ich meine Finger über seinen Schritt gleiten, Simon stöhnt laut in meinen Mund.

„Ich will dich, hier auf der Stelle", flüstert er heiser.

„Dann nimm mich", bitte ich ihn, sein Lächeln bringt mich zum Schmelzen.

Mit einem Ruck zieht er mir mein T-Shirt über den Kopf und bedeckt meinen Hals mit Küssen. Seine Lippen wandern tiefer, erreichen mein Dekolleté, seine Finger befreien meine Brüste aus dem BH, ich schließe die Augen und seufze wohlig auf.

Simon geht vor mir auf die Knie, küsst sich weiter an mir herab, ich kann es kaum noch erwarten, ich will ihn endlich in mir spüren.

Irgendwie hat er mir meine Jeansshorts heruntergezogen, zusammen mit meinem Höschen, ich hab es gar nicht bewusst mitgekommen.

Er umfasst mit seinen Händen meinen Po und presst sein Gesicht in meinen Schoß. Ich schreie leise auf, als ich seine Zunge spüre, sie gleitet zwischen meine Beine und leckt zärtlich über meine Weiblichkeit.

„Du schmeckst so gut, Süße." Sein heißer Atem beschert mir erneut eine Gänsehaut, meine Finger krallen sich in seine Haare.

„Bitte komm zu mir", bettele ich.

Simon küsst sich quälend langsam an meinem nackten Bauch hinauf, als er endlich vor mir steht, versuche ich hektisch, seine Jeans zu öffnen, vor lauter Erregung bin ich aber so zittrig, dass es mir nicht gelingt.

Er hilft mir, endlich kann ich ihn berühren, er ist schon ganz hart, ich will ihn ebenfalls küssen, doch Simon hebt mich hoch und presst mich an die Wand.

„Halt dich an mir fest und leg die Beine um mich", raunt er mir zu, dann küsst er mich so fordernd, dass ich mich einfach seinen Wünschen füge.

Mit einem einzigen harten Stoß dringt er in mich ein, ich stöhne überrascht auf.

Simon löst seine Lippen von mir und sieht mich erschrocken an. „Lilly, es tut mir leid …"

Er will sich von mir lösen, doch ich schüttele den Kopf. „Hör bloß nicht auf, Doc", raune ich ihm zu. „Mach weiter!"

„Sicher?" Er wirkt immer noch besorgt.

„Ganz sicher", seufze ich auf, jetzt bin ich es, die ihn wieder beginnt zu küssen, er geht erst langsam, ganz zögernd darauf ein, dann reißt er uns beide wieder mit.

Ich schließe die Augen, genieße jeden seiner Stöße, doch dann halte ich erschrocken inne.

„Kondom … wir brauchen ein Kondom", flüstere ich entsetzt.

„Scheiße!“ Er lässt mich los und setzt mich ganz behutsam auf dem Boden ab.

„In meiner Tasche!“ Mit zitternden Händen will ich sie öffnen, doch Simon kommt mir zuvor. Er grinst, als er den stattlichen Vorrat sieht, der da zum Vorschein kommt. Ich bin selbst überrascht, scheinbar hat Bienchen noch großzügig aufgefüllt.

„Sieht sehr vielversprechend aus“, lacht Simon leise, ich nehme eins heraus und reiße die Folie auf. Bevor ich es über ihn rolle, küsse ich sein hartes Glied und lecke sanft daran entlang.

„Bitte mach das verdammte Gummi drum“, knurrt Simon, ich befolge nur zu gerne seine Weisung. Als er dann endlich wieder in mir ist, erregt mich das so sehr, dass ich schon fast komme.

„Mach schnell“, flüsterte ich heiser und stöhne auf, als er erneut tief in mich eindringt.

Wir sinken gemeinsam auf den Boden, immer noch sind wir miteinander verbunden. Simon liegt unter mir und atmet schwer.

Ich bin genauso aus der Puste und bette meinen Kopf an seine Schulter, sein Herz hämmert laut in seiner Brust, mir geht es auch nicht anders. „Du bringst mich noch um“, seufzt er auf, seine Hände streicheln durch meine blonden Haare.

„Ist doch ein schöner Tod, oder?“, kichere ich, Simon seufzt auf, dann hebt er mein Becken vorsichtig an und gleitet aus mir.

„Allerdings, ein wunderschöner Tod. Das Warten auf dich hat sich gelohnt“, lächelt er.

Ich sehe ihn ernst an. „Ich habe mich nach dir gesehnt“, gestehe ich ihm ehrlich, er streichelt wieder über meine Wange.

„Ich fand es auch schwer, dich in der Klinik zu sehen und dich nicht anfassen zu dürfen. Schön, dass du hier bist, Süße.“

Gut, das war nicht die Antwort, die ich mir erhofft hatte, aber ich versuche, dem nicht zu viel Bedeutung zuzumessen.

„Meinst du, wir könnten vielleicht aufstehen?“, fragt er grinsend.. „Es ist zwar schön, dich so nah bei mir zu haben, aber es gibt hier in der Wohnung wesentlich bequemere Orte.“

„Ach ja?“ Ich wuschele ihm durch die Haare, dabei komme ich ihm mit meinen Brüsten sehr nahe. Ehe ich mich versehe, beginnt er, an einer meiner Brustwarzen zu saugen.

„Oh Mann, du machst mich echt total an“, stöhnt er auf, dann hält er meine Handgelenke fest und schiebt mich sanft von sich herunter.

Ich bin fast schon enttäuscht, greife nach meiner Kleidung, schon hat er mich wieder umklammert.

„Untersteh dich, etwas anzuziehen“, sagt er. Seine Augen schimmern ganz dunkel, die Leidenschaft, die ich darin erkenne, beschert mir eine Gänsehaut.

Simon hebt mich hoch auf seine Arme. „Was hast du vor?“, frage ich verblüfft.

„Ich möchte dich jetzt so begrüßen, wie du es verdient hast.“

Er trägt mich in sein Schlafzimmer und legt mich behutsam auf seinem Bett ab. Dann zieht er sich aus, ich schaue ihm bewundernd dabei zu, er ist wirklich ein unglaublich schöner Mann. Ich empfinde ein bisschen Traurigkeit darüber, dass er nie wirklich mir gehören wird, dann schiebe ich dieses Gefühl aber ärgerlich von mir, JETZT bin ich hier und JETZT kann ich ihn haben, exklusiv für mich.

Ich sehe ihn gespannt an als er zu mir ins Bett kommt, dann beginne ich zu begreifen, was er mit seinen Worten gemeint hat.

Er beginnt mich überall zu küssen, hüllt mich komplett ein mit seinen Zärtlichkeiten. Ich hebe die Hände, will mich revanchieren, doch er lächelt nur und schüttelt den Kopf. „Schließ einfach die Augen, Süße.“

Ich seufze auf und tue, was er sagt. Es fühlt sich so gut an, was er da mit mir macht, ich werde immer erregter unter seinen Händen. Meine Lust kehrt zurück, ich spüre, wie ich wieder feucht werde, mühelos facht er meine Hitze wieder an.

Er schiebt sich zwischen meine Schenkel, dringt mit der Zunge in mich ein, dann mit zwei Fingern.

„Ich liebe es, wenn du so bereit bist“, murmelt er und haucht kleine Küsse auf meine empfindlichste Stelle.

„Bitte komm“, höre ich mich stöhnen, ich registriere noch das vertraute Knistern einer Packung, dann ist er endlich in mir und wir feiern erneut unser Wiedersehen, nur diesmal ganz sanft und zärtlich.

„Ich hoffe, es gefällt dir hier – und es ist weit genug von der City weg“, grinst er, als wir es am Abend tatsächlich geschafft haben, sein Bett zu verlassen und in ein Restaurant zu gehen.

Ich habe das neue Kleid angezogen, Simon hat mir dafür viele Komplimente gemacht, natürlich hat Bienchen es mit ausgesucht und es steht mir wirklich gut.

Das kleine Restaurant hat eine Terrasse und wir finden einen Tisch in einer Ecke.

Ich kann mich kaum auf Simons Worte konzentrieren, sondern schaue ihn die ganze Zeit nur verliebt an. Die letzten Stunden waren wundervoll, wir haben uns noch einmal sehr leidenschaftlich geliebt, nie hätte ich gedacht, dass mir Sex einmal so viel Spaß machen könnte. Und wenn wir beide nicht Hunger bekommen hätten, wären wir wohl auch noch ewig im Bett geblieben.

Ich bestelle mir Nudeln, mein Magen rebelliert so langsam und ich bin selbst verblüfft, wie viel ich heute verdrücken kann.

Simon betrachtet mich lächelnd, als ich die Gabel weglege, ich habe alles aufgegessen und bin sehr zufrieden.

„Du hast einen guten Appetit“, stellt er fest. „Und trotzdem eine traumhafte Figur. Wie kommt es?“

„Ich jogge regelmäßig – und ich muss in meinem Job viel laufen.“ Ich zucke mit den Achseln und nippe an meinem Wein. „Du bist aber auch ganz gut in Schuss.“

„Ich versuche auch, so oft es geht, Sport zu machen. Ich mag es, mich auszupowern.“

„Das habe ich gemerkt.“

„Und da ich nicht jeden Tag so kleine Raubkatzen wie dich im Bett haben kann, muss das Laufband herhalten“, lacht er und schaut mich dabei wieder so sexy an, ich könnte ihn fressen.

„Du brauchst also viel Bewegung“, stelle ich fest.

„Allerdings.“ Er prostet mir zu, dann rückt er mit seinem Stuhl näher zu mir.

Er haucht mir einen Kuss auf die Schläfe. „Du bist eine wahnsinnig schöne Frau, Lilly.“

„Na ja, das ist wohl ein bisschen übertrieben.“ Ich genieße seine Zärtlichkeiten und gebe mich der Illusion hin, dass er für mich genauso empfindet, wie ich für ihn.

Ich spüre seine Hand auf meinem Knie, wieder löst diese Berührung einen sanften Schauer in meinem Körper aus.

Simon sieht mich lächelnd an, seine Finger schlüpfen unter den Saum meines Kleides, ich zucke zusammen, was hat er denn vor?

„Nein, das ist die Wahrheit“, raunt er mir zu, ich schlucke heftig, denn seine Finger streicheln über meine nackten Oberschenkel.

„Bitte spreiz die Beine für mich“, bittet er mich leise, ich bin gefangen von dem Ausdruck in seinen Augen, doch dann sehe ich mich verschämt um.

„Es gibt hier eine Tischdecke“, grinst er.

Simon haucht einen Kuss auf meine Schulter, es sieht alles ganz harmlos aus, wenn da nicht seine Finger wären, die mittlerweile zwischen meinen Schenkeln nach oben gewandert sind. Er touchiert ganz leicht mein Höschen, ich bin sicher, dass er bereits fühlen kann, wie sehr mich dieses verbotene Spiel anmacht.

„Oh Lilly“, seufzt er auf und nimmt wieder einen Schluck aus seinem Glas, ich tue es ihm gleich. Als ich schlucke, gleiten seine Fingerspitzen unter die Spitze meines Höschens. Ich setze das Glas schnell wieder ab und sehe ihn mit weit aufgerissenen Augen an.

Ganz langsam bewegt er sich in meiner feuchten Spalte, ich kann gar nicht glauben, dass er das wirklich hier tut – und dass ich es zulasse. Wieder schaue ich mich um, aber die anderen Gäste scheinen keine Notiz von uns zu nehmen.

„Ich würde dich jetzt hier am liebsten auf der Stelle ficken“, flüstert er mir ins Ohr, dann zupft er mit seinen Zähnen an meinem Ohrläppchen, mit seinen Fingern dringt er in mich ein, ich ziehe scharf die Luft ein.

„Wäre aber vielleicht nicht angemessen, Doc.“ Meine Stimme klingt ganz heiser.

„Ich fürchte, du hast recht“, lacht er leise, dann zieht er seine Finger zurück und lässt mich mit meiner Erregung zurück. „Sollen wir zahlen?“

Ich nicke nur, versuche meinen Atem wieder unter Kontrolle zu bekommen. „Bitte schaff mich in dein Bett.“

„Simon?“

Ich komme aus dem Bad und suche ihn.

„Ich bin hier!“, höre ich ihn rufen und entdecke ihn auf der Dachterrasse.

Neugierig trete ich hinaus, er hat Windlichter angezündet und liegt auf einer breiten Liege. Als er mich sieht, streckt er die Hand nach mir aus und zieht mich zu sich.

„Es ist noch so warm, ich dachte, wir könnten noch ein bisschen draußen bleiben", murmelt er an meinem Ohr, dann reicht er mir ein Glas Wein.

Ich nehme es dankend an, obwohl ich den Alkohol schon deutlich spüre.

Bewundernd betrachte ich den Sternenhimmel. „Es ist schön hier."

So müsste es bleiben, für immer, schießt es mir durch den Kopf. *In Simons Armen liegen und den Himmel betrachten ...*

Er lässt seinen Finger ganz sacht über mein Gesicht gleiten. „Woran denkst du, meine Schöne?"

„Dass es ein toller Tag war – und ein schöner Abend", lüge ich, die Wahrheit kann ich ihm ja schlecht sagen.

„Das war heiß eben in dem Lokal", raunt er mir zu, seine Hand geht wieder auf Wanderschaft, streift an mir entlang und schlüpft dann unter mein Kleid. „Du bist heiß, Lilly."

Ich schließe die Augen, seine heisere Stimme verrät mir, was er möchte. „Darf ich dich ausziehen?"

Ich schaue ihn unsicher an. „Nachbarn?"

„Uns kann keiner sehen, schon vergessen?" Er beginnt, mich zärtlich zu küssen, natürlich kann ich ihm nicht widerstehen. Als ich spüre, wie er mir mein Höschen hinunterschiebt, seufze ich auf und bin wie Wachs in seinen Händen.

„Sollen wir hineingehen?"

Ich höre seine Stimme wie durch Watte, ich liege eng an ihn geschmiegt in seinen Armen und bin so erschöpft, dass ich mich nicht mehr bewegen kann.

„Gleich", nuschele ich schläfrig, es ist so schön gerade, ich rutsche noch ein Stück näher an ihn heran, doch Simon zieht sich zurück.

„Hey!" Ich öffne empört die Augen, doch bevor ich noch weiter protestieren kann, hat er mich schon hochgehoben.

„Lass uns im Bett schlafen, Lilly", lächelt er. „Die Liege ist für die ganze Nacht zu unbequem."

„Finde ich nicht“, sage ich, aber gut, wenn ich nicht selbst laufen muss, ist mir alles egal.

Behutsam trägt er mich dann ins Bett, ich kann kaum noch die Augen offen halten.

„So müde, Süße?“, höre ich ihn noch flüstern, dann schlafe ich.

Ich werde von streichelnden Händen geweckt, doch noch schaffe ich es nicht, richtig wach zu werden. Dann spüre ich, wie meine Beine sanft gespreizt werden, ein Prickeln zieht durch meinen Körper, etwas dringt in mich ein, jetzt schlage ich die Augen auf, aber es ist noch dunkel im Zimmer.

„Was machst du?“, murmele ich verschlafen. Simon liegt zwischen meinen Beinen und küsst mich an meiner empfindlichsten Stelle.

„Ich dachte schon, ich kriege dich nie wach“, lacht er, dann rutscht er nach oben und stützt sich mit beiden Armen neben mir ab. „Wie kann man nur so einen tiefen Schlaf haben?“

„Wieso?“

„Hast du eine Ahnung was ich schon alles mit dir angestellt habe?“, grinst er.

„Wie bitte?“ Jetzt bin wach, aber hellwach! „Spinnst du? Hast du etwa mit mir … als ich geschlafen habe?“

Simon lacht laut auf, dann küsst er mich zärtlich. „Nein, keine Angst, ich bin zwar komplett verrückt nach dir, aber das würde selbst ich mich nicht wagen“, raunt er an meinen Lippen. „Tut mir leid, wenn ich dich geweckt habe, aber wenn du so nackt neben mir liegst, macht sich mein Körper selbstständig.“

Ich schaue ihn an, meine Augen haben sich jetzt an die Lichtverhältnisse gewöhnt. „Ich bin auch verrückt nach dir“, sage ich leise und schlinge die Arme um seinen Hals.

„Zeig mir, wie sehr“, flüstert er heiser, ich tue ihm nur zu gerne den Gefallen.

Als ich erneut wach werde, fallen Sonnenstrahlen in das Zimmer, ich blinzele verschlafen, der Platz neben mir ist leer.

Müde rappele ich mich hoch und schaue mich um, ich höre Wasser rauschen, scheinbar ist Simon im Bad.

Mein Kopf dröhnt ein wenig, es war doch ein bisschen viel Alkohol gestern, so viel bin ich nicht gewohnt, vielleicht sollte ich

Simon nach einer Kopfschmerztablette fragen. Ich schwinge meine Beine aus dem Bett, meine Tasche steht in der Ecke, ich fische mir ein Shirt und ein Höschen heraus. Als ich es anziehen will, spüre ich, dass ich ziemlich klebrig zwischen meinen Beinen bin. Erschrocken zucke ich zusammen und mir wird plötzlich eiskalt. Haben wir etwa …?

Schnell renne ich zurück zum Bett, schlage die Decke weg, hektisch untersuche ich das Laken. Ich stöhne auf, als ich verräterische Flecken auf dem schwarzen Stoff entdecke.

Entsetzt schließe ich die Augen, ich versuche zu überlegen, wann ich meine Periode hatte, in diesem Moment kommt Simon ins Zimmer, nur mit einem Handtuch um die Hüften bekleidet. „Du bist ja schon wach, meine Schöne." Normalerweise würde ich ihn jetzt sofort anspringen, aber ich bin viel zu aufgebracht, wütend funkele ich ihn an.

„WAS HAST DU DIR DABEI GEDACHT?", schreie ich los, ich kann mich einfach nicht beherrschen, das darf doch wohl alles nicht wahr sein!

Er runzelt ärgerlich die Stirn. „Ich wünsche dir auch einen wunderschönen guten Morgen, Lilly!"

„Ich hab keinen Sinn für Höflichkeitsfloskeln", wüte ich weiter, ich deute auf das Laken. „Kannst du mir das bitte mal erklären?"

Als Simon die Flecken sieht, begreift er.

„Scheiße", keucht er. „Wann … verdammt … Lilly, das … das muss heute Nacht passiert sein!" Er fährt sich mit der Hand durch die Haare. „Ich hab das Gummi vergessen …"

„Sieht ganz so aus und fühlt sich auch so an", stöhne ich verzweifelt auf.

„Hey, kein Problem." Er scheint sich wieder gefangen zu haben und setzt sich neben mich aufs Bett. „Komm mal her, Süße …"

Er hat die Arme ausgestreckt, ich habe mich zwar immer noch nicht beruhigt, aber ich lasse es zu, dass er mich auf seinen Schoß zieht.

„Wann hattest du das letzte Mal deine Periode?" Er sieht mich ernst an, ich versuche, mich zu erinnern, ich schreibe mir das nie auf.

Mein Kopf dröhnt immer noch, angestrengt denke ich nach. „Ich glaube … ich glaube vor drei Wochen."

Simons Gesicht erhellt sich. „Okay, dann müsstest du ja bald deine Tage bekommen, falls dein Zyklus regelmäßig ist."

„Ja, ist er“, nuschele ich. Ich knabbere nervös auf meiner Unterlippe. Stimmt meine Berechnung? Verdammt, vielleicht sollte ich mir so etwas wirklich aufschreiben.

„Soll ich mal nachschauen?“, fragt er mich dann. „Um den Zeitpunkt des Eisprungs ist der Muttermund leicht geöffnet, ich könnte ertasten, ob …“

„UNTERSTEH DICH!“, zische ich. „Das kommt überhaupt nicht infrage!“

„Gut.“ Er hebt abwehrend die Hände. „Wenn deine Angabe richtig ist, wird nichts passiert sein. Ich könnte aber auch Michael anrufen und die *Pille danach* aus der Klinik holen.“

Ich atme tief durch, versuche mich wieder zu beruhigen. „Nein, nein, schon gut. Es stimmt schon, es wird nichts passiert sein. Wozu hab ich denn einen Fachmann an meiner Seite?“

Simon lächelt, ich lasse zu, dass er mich küsst. „Es tut mir leid, bei dir schaltet sich mein Verstand aus, meine Schöne.“

„Aber bitte nicht noch einmal.“ Ich nehme sein Gesicht zwischen meine Hände. „Bitte denk dran.“

„Du hättest mich ja erinnern können.“ Er beißt mir zärtlich in die Unterlippe.

„Du hast mich heute Nacht überrumpelt“, verteidige ich mich.

„Lilly …“

„Hm?“

„Auf der Liege … draußen … wir haben da auch nicht verhütet.“ Er schaut mich mit einem Hundeblick an.

„W … wie bitte?“

„Ich kann mich jedenfalls nicht erinnern, außer, dass es fantastisch war, mit dir zu schlafen“, sagt er mit rauer Stimme.

„Ich sollte lieber nicht mehr so viel trinken“, knurre ich. „Einer muss einen klaren Kopf bewahren.“

„Du solltest dir über andere Verhütungsmethoden Gedanken machen. Wie viele Pillenpräparate hast du denn schon durchprobiert?“ Er sieht mich aufmerksam an, irgendwie scheint er wieder in den Arzt-Modus geraten zu sein.

„Oh Gott, willst du jetzt die Namen wissen?“, frage ich verblüfft.

„Wäre eine gute Idee, ja.“

Ich runzele die Stirn. „Keine Ahnung, zwei oder drei verschiedene.“

„Das ist wirklich sehr hilfreich, Lilly.“ Er steht auf, lässt das Handtuch fallen und öffnet den Kleiderschrank.

„Netter Anblick“, kichere ich.

„Lenk nicht ab.“ Er schlüpft in Shorts, dann geht er aus dem Zimmer und kehrt kurz darauf mit seinem Notebook zurück. „Schauen wir doch mal, ob wir die Präparate finden, die du nicht verträgst.“

„Hm.“ Ich sehe mir die verschiedenen Pillenpackungen, an die er mir zeigt, ganz sicher bin ich aber nicht.

„Lilly – du als Krankenschwester solltest dir so etwas aber besser merken können!“ Er klapst mir leicht auf den Po, wir liegen beide auf dem Bauch, Simon klickt genervt weiter.

„Das ist halt auch schon eine Weile her“, verteidige ich mich.

Ein prüfender Blick trifft mich. „Wie lange denn?“

Ich zucke mit den Schultern. „Zwei Jahre oder so.“

„Schau mal, das ist ziemlich neu und soll gut verträglich sein.“ Er deutet auf eine Packung. „Warum probierst du das nicht mal aus? Wenn du jetzt deine Tage bekommst, kannst du direkt starten.“

„Denkst du dabei an mich oder an dich?“, grinse ich.

„An uns beide – und an deine künftigen Partner.“ Er gibt mir einen Kuss auf die Wange. „Wenn du denen den Kopf so verdrehst wie mir, dann wird das noch öfter passieren.“

Seine Worte sind wie ein Stich ins Herz für mich – künftige Partner … Wie stellt er sich das vor? Wie soll ich mich je wieder in einen anderen Mann verlieben können? Ich versuche, mir nichts anmerken zu lassen und stehe auf.

„Was ist?“, fragt Simon.

„Ich möchte duschen“, sage ich ausweichend, ich kann ihm nicht in die Augen schauen, ich brauche jetzt etwas Zeit, um mich zu sammeln.

Das Wasser beruhigt mich ein bisschen, auch wenn mir ganz schwer ums Herz ist. Natürlich, ich weiß, Simon will nur seinen Spaß. Im Moment bin ich es, die ihm den bereitet, aber das kann sich schnell ändern, das ist mir leider wieder klar geworden.

Ich greife nach einem weichen Handtuch und will mich gerade abtrocknen, als er ins Badezimmer kommt.

„Kann ich dir helfen?“ Er hat dieses Lächeln auf den Lippen, mit dem er mich immer wieder rumkriegt, aber jetzt bin ich einfach nicht in der Stimmung.

„Ich komme schon klar, danke“, sage ich und greife nach meiner Wäsche.

„Ist alles in Ordnung, Lilly?“, bohrt er direkt nach, irgendwie scheint er einen Draht dafür zu haben, wenn mich etwas bedrückt, ich verfluche ihn dafür.

„Ja klar, ich … ich brauche nur einen Moment für mich“, lächele ich.

„Okay, ich bin draußen. Wir können auf der Dachterrasse frühstücken, wenn du magst.“ Er wirkt nicht überzeugt, aber offenbar respektiert er meinen Wunsch.

„Hört sich gut an.“ Ich drehe ihm den Rücken zu und ziehe mir meinen BH an, als er das Bad verlässt, atme ich tief durch.

Du weißt, woran du bei ihm bist, ermahne ich mich selbst. *Hör auf damit, Lilly. Lass ihn sein Leben leben, du bist doch gar nicht mehr du selbst!*

Ich versuche, die trüben Gedanken zu verdrängen, die plötzliche Ernüchterung, die jetzt so schlagartig eingesetzt hat, in die hinterste Ecke zu schieben, doch das ist nicht so einfach.

Als ich das Bad verlasse, habe ich mich soweit wieder im Griff. Simon sitzt bereits draußen, auf dem Tisch steht ein Blumenstrauß und auf einem Teller liegt eine rosafarbene Rose.

Ein Lächeln stiehlt sich auf mein Gesicht. „Danke.“

Ich beuge mich zu ihm und gebe ihm einen Kuss.

„Ist alles wieder in Ordnung?“, fragt er, sein Blick scheint mich zu durchbohren.

„Ja. Ich bin vor der ersten Tasse Kaffee noch kein richtiger Mensch.“

Ich hoffe, er kauft mir diese kleine Notlüge ab, und greife nach einem Brötchen.

„Ich habe in drei Wochen ein paar Tage Urlaub. Und ich überlege, ob ich nach Mallorca fliegen soll, meine Familie hat dort ein Segelboot liegen. Lust?“ Er greift nach meiner Hand und haucht einen Kuss darauf.

Ich sehe ihn überrascht an, hat er mich das jetzt wirklich gefragt? Aber wenn er mit mir verreisen will, dann hat er offenbar nicht vor, mich so schnell wieder loszuwerden, oder?

„Ähm, also …“ Ich kann nur stammeln. „Ich … ich … ich war noch nie auf einem Segelboot.“

„Na und? Das kann man ändern.“

Meine Stimmung hebt sich schlagartig wieder, mir wird es ganz warm, na klar habe ich Lust!

„Ich würde sehr gerne mit dir mitkommen“, strahle ich.

Huhu Lilly! Probezeit!, ermahnt mich eine kleine Stimme in meinem Kopf.

„Ach Mist“, stöhne ich auf.

„Was ist?“

„Ich weiß nicht, ob ich Urlaub nehmen darf, wegen der Probezeit“, sage ich zerknirscht.

„Ah, daran habe ich gar nicht gedacht. Soll ich mal mit der Pflegedienstleitung reden?“, bietet er sich an.

„Nein“, ich schüttele den Kopf. „Das … das wäre mir nicht recht.“

„Verstehe, der Krankenhausklatsch. Warum stehst du da nicht drüber?“

„Mir ist es nun einmal nicht egal, was die Leute über mich denken“, verteidige ich mich.

„In Ordnung, dann frag halt selbst.“ Er zuckt mit den Schultern, ich greife wieder nach seiner Hand.

„Ich freue mich darüber, dass du mich gefragt hast“, sage ich ehrlich.

„Oh, ich genieße deine Gesellschaft im Moment sehr, Lilly.“

„Ich deine auch“, antworte ich leise und versuche die Wörter *im Moment* zu verdrängen.

„Es waren zwei sehr schöne Tage“, sagt Simon, als wir vor unserem Haus parken. Er streichelt meine Wange. „Ich würde sie gerne wiederholen.“

„Geht mir genauso“, sage ich. Ich will nicht nach Hause, aber ich muss morgen früh raus und ich brauche dringend Schlaf.

„Wir sehen uns in der Klinik.“ Er gibt mir einen leidenschaftlichen Kuss, ich bin völlig außer Atem, als er sich von mir löst.

„Ups“, sagt er dann mit einem frechen Grinsen im Gesicht.

„Was ist?“

„Hoffentlich hat uns keiner gesehen", lacht er. „Wie willst du denn den Leuten erklären, dass du mit deinem Chef im Auto herumknutschst?"

„Blödmann!" Ich stupse ihn in die Seite, falle dann aber in sein Lachen mit ein.

„Kannst du nicht doch noch eine Nacht bleiben?" Er sieht mich sehnsüchtig an.

„Nein, es ist besser, wenn ich in meinem Bett schlafe, ich muss morgen ausgeruht sein."

„Okay", seufzt er. „Du hast ja recht, unsere Patientinnen haben ein Anrecht auf ausgeschlafenes Personal. Was ist mit der Pille? Soll ich sie dir besorgen?"

„Ich denk darüber nach." Ich hauche ihm noch einen letzten Kuss zu, dann öffne ich die Autotür.

„Tschüss, Doc."

„Bis morgen, Süße", lächelt er mir noch einmal zu, dann startet er den Wagen.

„Ah, mein Schätzchen ist wieder da", jubiliert Bienchen, als ich die Wohnung betrete. Er huscht aus dem Wohnzimmer und betrachtet mich prüfend, ich erwarte schicksalsergeben seine Analyse. „Man sieht, was du getrieben hast."

„Ich weiß und es war wunderbar", sage ich.

„Habt ihr auch noch etwas anderes gemacht als gevögelt?"

„Gegessen und getrunken, das war's aber auch schon", sage ich verlegen.

„Nun ja, so gehört sich das ja auch, am Anfang ist immer alles supi." Bienchen seufzt auf. „Wie ich dich beneide …"

„Es tut mir leid, wir können da keine Ausnahme machen, Lilly", sagt Rainer, der Chef der Pflegedienstleitung, bedauernd. „Du musst die Probezeit abwarten, bis du Urlaub nehmen kannst."

Ich versuche, meine Enttäuschung zu verbergen.

Sehr zerknirscht gehe ich an diesem Morgen zu Simon ins Büro. Er zieht mich sofort in die Arme.

„Hallo Süße, mein Bett war sehr leer ohne dich", raunt er mir zu.

Das will ich doch hoffen, zischt eine Stimme in mir, dann fällt mir aber der Grund für meinen Besuch in seinem Büro wieder ein.

„Ich bekomme leider keinen Urlaub, das hatte ich schon befürchtet“, sage ich zerknirscht.

Er streicht mir eine Locke aus dem Gesicht. „Ich kann es immer noch versuchen. Ich hätte dich sehr gerne dabei.“

„Nein, du weißt, warum ich das nicht möchte. Vielleicht … vielleicht ein anderes Mal?“, frage ich hoffnungsvoll.

„Klar, wir werden sehen.“ Er haucht mir einen Kuss auf die Nasenspitze. „Ich muss zu einer OP, Lilly. Leider können wir uns erst wieder in einer Woche treffen, Michael hat sich den Fuß verknackst und ich muss durcharbeiten.“

„Das … das ist ja schade.“

Heute scheint sich alles gegen uns verschworen haben.

„Mir tut es auch leid, aber da kann man leider nichts machen.“ Noch einmal presst er mich an sich. „Aber wir werden alles nachholen und dann werde ich dich lieben, dass dir Hören und Sehen vergeht!“

In den nächsten Tagen komme ich fast um vor Sehnsucht nach ihm. Wenn wir uns in der Klinik sehen, halten wir die nötige Distanz ein, er respektiert meinen Wunsch, unsere Affäre geheim zu halten. Mittlerweile wäre es mir sogar fast schon egal, ihn einfach auf dem Klinikflur vor allen Kollegen zu küssen. Ich möchte ihn berühren, in seinen Armen liegen und seine Leidenschaft spüren. Ich komme mir selbst schon vor wie ein mannstolles Miststück, Simon und ich telefonieren oft miteinander, aber das ist immer nur ein schwacher Trost für mich.

Ich kann es kaum noch erwarten, bis die Woche herum ist und ich ihn wiedersehen kann.

Nachdenklich drehe ich die Pillenpackung in meiner Hand. Simon hat sie mir nach unseren zwei gemeinsamen Tagen in den Briefkasten geworfen – sie ist immer noch unberührt.

So langsam bekomme ich ein sehr ungutes Gefühl, ich müsste doch eigentlich schon meine Periode haben, ich überlege fieberhaft hin und her, viereinhalb Wochen müssten vergangen sein.

Ich weiß auch gar nicht, was ich ihm sagen soll, wenn wir uns übermorgen sehen, er wird bestimmt denken, ich nehme die Pille und alles ist in Ordnung.

Wieder schimpfe ich mit mir, dass ich mir nicht notiert habe, wann ich die letzte Regel hatte, doch unbewusst kommt mir Bienchen in dieser Frage zu Hilfe.

„Ich gehe heute mit Rob aus“, verkündet er ganz stolz am Abend.

„Was? Das ist ja toll!“ Ich springe auf und falle ihm um den Hals. „Wie kommt es auf einmal? Ich dachte, du findest ihn nur nett?“

„Hm, ich weiß auch nicht, in den letzten Tagen haben wir die Abrechnungen zusammen gemacht und irgendwie hat sich da was verändert.“ Mein Bienchen wirkt nachdenklich. „Wieso habe ich nicht schon viel früher gemerkt, was für ein toller Typ das ist?“

„Na ja, das ist doch jetzt auch egal. Hauptsache, du hast wieder ein Date. Was werdet ihr unternehmen?“

„Wir wollen ins *Master's* essen gehen und dann vielleicht hier eine DVD schauen“, haucht er bedeutungsvoll. „Irgendeine Liebesschnulze. Wie hieß noch mal der Film, den wir vor drei Wochen geguckt haben? Vielleicht kennt Rob den ja noch nicht.“

„*Notting Hill.*“ Ich kann mich an den DVD-Abend noch gut erinnern, ich hatte meine Tage bekommen und fürchterliche Unterleibsschmerzen.

Vor drei Wochen?

Drei Wochen?

DREI WOCHEN?

Mir wird plötzlich heiß und kalt zugleich, ich schaue Bienchen entsetzt an. „Bienchen … bist … bist du sicher, dass es … dass es vor drei Wochen war?“, piepse ich kläglich.

„So ungefähr, ist das irgendwie wichtig? An diesem Tag war Sandy Caspari in unserem Laden, wir haben sie aufgebrezelt für die Filmpreisverleihung am Abend“, sagt Bienchen . „Wieso fragst du? Und was machst du für ein Gesicht?“

„Ich hatte an diesem Abend meine Tage bekommen“, stammele ich.

„Ja, was erschüttert dich daran so? Du bekommst sie jeden Monat, Schätzchen, schon vergessen? Noch ein Grund, warum ich lieber ein Mann bin - diese Sauerei.“ Er schüttelt sich wie ein nasser Hund.

Ich schließe entsetzt die Augen, das kann doch nicht sein, oder?

„Was ist los, Schatzi? Hast du einen Geist gesehen?“ Bienchen mustert mich eingehend. „Du bist ganz blass.“

„Ähm, nein, alles … alles in Ordnung“, stottere ich, dann stehe ich hastig auf und laufe in mein Zimmer.

„Mach schon, mach schon, mach schon“, maule ich meinen Laptop an, wieso braucht der denn so lange, um hochzufahren?

Endlich meldet er sich dienstbereit, ich googele nach der Filmpreisverleihung, das war vor neunzehn Tagen.

„Nein!“ Ich kann es nicht fassen, den letzten Sex mit Simon hatte ich vor fünf Tagen.

Du warst genau drin, Glückwunsch, Lilly, ätzt es in mir.

Ich sitze erstarrt vor dem Bildschirm, dann rufe ich einen Eisprung-Kalender auf und trage das Datum meiner letzten Periode ein.

Der Kalender ist wirklich übersichtlich gestaltet, es wird mir sehr plastisch dargestellt, was ich schon befürchtet hatte.

Ich hatte Geschlechtsverkehr mit Simon an meinen fruchtbaren Tagen.

Ich stöhne auf und lasse mich aufs Bett plumpsen, warum muss mir das passieren? Entsetzt schlage ich die Hände vors Gesicht. Für die *Pille danach* ist es schon längst zu spät, warum habe ich Simons Angebot nicht angenommen, sie zu besorgen?

Und warum warst du zu betrunken, um zu merken, dass er ohne Gummi mit dir vögelt?

Und warum hat er das getan?

Ich kann das alles gar nicht fassen, wenn etwas passiert ist ...

Nein, ich darf gar nicht weiterdenken, das DARF NICHT SEIN!

Aber vielleicht ist auch alles gut gegangen. Ich bekomme selbst tagtäglich mit, was die Patientinnen erzählen. Wie viele Jahre sie teilweise probieren, um schwanger zu werden. So einfach ist das nicht auch nicht, so leicht kriegt man kein Baby.

Und dann gibt es die, bei denen es sofort klappt, tobt es in mir weiter. Wie oft habe ich mir schon anhören müssen, dass Kondome geplatzt sind oder die Pille versagt habe? Und wie oft habe ich innerlich nur müde darüber gelächelt?

Ich setze mich wieder auf, ich muss irgendwie versuchen, mich zu beruhigen.

Gott sei Dank ist Bienchen damit beschäftigt, sich für heute Abend zurechtzumachen, an meine Gemütsverfassung verschwendet er keinen Gedanken mehr.

Ich verkrieche mich in meinem Zimmer und schalte den Fernseher an, doch so richtig kommt nichts bei mir an.

Gegen zehn Uhr klingelt mein Handy, es ist Simon. Wie immer, wenn ich seinen Namen auf dem Display sehe, klopft mein Herz schneller.

„Hallo Süße", höre ich seine Stimme. „Was machst du?"

„Fernsehen", antworte ich. „Hallo Doc. Hast du eine ruhige Schicht?"

„Bis jetzt ja, ich lege mich gleich hin. Ich hoffe, die Assistenzärzte kriegen die Nacht auch ohne mich rum."

„Ich drücke die Daumen." Es tut so gut, seine Stimme zu hören.

„Ich freue mich schon auf dich, meine Schöne. Nimmst du eigentlich bereits die Pille?"

„Ähm, ja, also … ich … ich hab meine Tage noch nicht bekommen", gestehe ich.

„Ah, okay." Es ist kurz ruhig in der Leitung. „Die müssten aber doch jetzt täglich einsetzen, oder? Als du bei mir warst, hast du gesagt, du hättest sie vor drei Wochen gehabt – und das ist jetzt fast vier Wochen her."

„Ja, ich denke schon", schlucke ich. Ich bringe es nicht über die Lippen, ich habe Angst vor seiner Reaktion, wenn ich ihm erzähle, dass ich mich vertan habe. Und wieso sollte ich auch schlafende Hunde wecken? Wahrscheinlich mache ich mir doch eh völlig unnötige Sorgen.

Es ist nichts passiert, es ist nichts passiert, hämmere ich mir immer wieder ein.

„Ich möchte endlich wieder in dir sein", seufzt er durchs Telefon, ich bekomme prompt eine Gänsehaut. „Und es ist mir auch egal, wenn du dann deine Tage hast."

„Hört … hört sich gut an. Ich habe auch Sehnsucht nach dir", flüstere ich.

„Okay, lass uns lieber aufhören", lacht er. „Ich kann es kaum noch erwarten, dich wieder zu sehen."

„Geht mir genauso." Ich hauche ihm noch einen Kuss durch die Leitung, dann verabschieden wir uns.

Es ist nichts passiert, es ist nichts passiert …

Die Begrüßung fällt sehr stürmisch aus, als ich Simon zwei Tage später wiedersehe. Es ist so schön, seine Berührungen zu spüren, und seine leidenschaftlichen Küsse rauben mir den Atem.

Er verliert nicht viele Worte, sondern zieht mich direkt in sein Schlafzimmer. Ich habe nichts dagegen, auf diese Weise müssen wir nicht mehr als nötig miteinander reden, und da er feine Antennen für mich hat, wird er vielleicht nicht bemerken, dass mir etwas auf der Seele brennt.

„Wir brauchen ein Kondom", bitte ich ihn schließlich. Er zieht die Augenbrauen hoch. „Du müsstest doch jeden Tag deine Periode bekommen, das ist wirklich nicht nötig."

„Bitte Simon, ich möchte kein Risiko eingehen, du weißt selbst, dass immer was passieren kann."

„Ich kann vor allem rechnen", antwortet er hochmütig, fügt sich dann aber. „Okay, natürlich hast du recht, es ist vernünftiger so."

Ich atme innerlich auf, er scheint mir nichts anzumerken, ich bin auch sehr darauf bedacht, ihn immer weiter aufzuheizen. Und es klappt, mit Sex kann man ihn sehr gut ablenken.

Nur mich leider nicht. Als ich am nächsten Tag nach Hause fahre, kreisen meine Gedanken nur immer wieder um das eine Thema. Ich muss einen Test machen, ich brauche Gewissheit, sonst drehe ich durch.

Und noch einmal kann ich Simon in meiner Verfassung auch nicht mehr unter die Augen treten, er hat mich jetzt schon ein paar Mal gefragt, warum ich so nachdenklich bin, ich konnte ihm eine Notlüge präsentieren, aber ich glaube kaum, dass ich die Schauspielerei ein weiteres Mal durchhalte.

Mein Nervenkostüm ist zum Zerreißen gespannt, als ich am nächsten Tag zur Arbeit fahre. Bienchen schläft natürlich noch, ich bin froh, dass ich ihm nicht begegnet bin. Er ist frisch verliebt und kümmert sich nicht so sehr um mich, aber meine heutige Hibbeligkeit wäre ihm auf jeden Fall aufgefallen.

Ich habe Frühdienst, das kommt mir gelegen, etwa eine Stunde, bevor ich meinen Dienst antreten muss, bin ich in der Klinik.

Die Nachtschwestern sehen mich verwundert an, ich erkläre ihnen nur, dass ich nicht schlafen konnte und ihnen gleich helfen werde. Ich husche in die Umkleidekabinen, dann verschwinde ich in einen Untersuchungsraum und schließe hinter mir ab.

Meine Hände zittern, als ich mir den Arm abbinde und auf die Ellenbogenbeuge klopfe.

Komm schon, du schaffst das, mache ich mir selbst Mut, noch einmal atme ich tief durch. Gott sei Dank klappt es auf Anhieb, die Nadel sitzt und mein Blut läuft ins Röhrchen. Schnell löse ich den Stauschlauch, immer wieder lausche ich ängstlich auf die Geräusche draußen auf dem Flur, mein Herz klopft ganz wild und mir ist total übel vor Aufregung.

Endlich ist es geschafft, ich presse einen Tupfer auf meinen Arm, dann raffe ich hastig alle Utensilien zusammen und lasse sie verschwinden.

Ich schaue mich vorsichtig um, als ich auf den Flur trete, aber es scheint mich tatsächlich niemand bemerkt zu haben.

Die Mitarbeiter im Labor trudeln langsam ein, ich kenne sie alle mittlerweile ganz gut und weiß, dass sie auch mal ein paar Ausnahmen machen.

„Hey Lilly“, begrüßt mich Jan freundlich. „Was gibt es?“ Er deutet auf das Röhrchen in meiner Hand.

„Könntest du mir einen Gefallen tun?“ Ich hoffe, dass er die Nervosität in meiner Stimme nicht hört.

„Klar. Schwangerschaftstest?“, grinst er.

„Ja, für eine Freundin. Sie ist ganz … ganz aufgeregt und will nicht so lange warten, bis man es im Urin nachweisen kann.“

Ich versuche ein Lächeln, ist es mir gelungen? Keine Ahnung.

„Na, dann lass mal sehen.“ Er nimmt mir das Röhrchen ab. „Ich muss hier noch alles vorbereiten, ich sag dir dann Bescheid, wenn ich das Ergebnis habe.“

„Danke.“ Auf sehr wackligen Beinen gehe ich hinaus.

Ich muss mich ablenken, also helfe ich den Kolleginnen von der Nachtschicht. Doch in meinem Kopf kreisen nur die Gedanken an den Test. Vielleicht war es auch noch zu früh, um ihn durchzuführen. Vielleicht fällt er negativ aus, weil das HCG noch nicht erhöht ist. Seit dem ungeschützten Sex mit Simon sind aber schon neun Tage vergangen – wenn ich schwanger sein sollte, was natürlich ganz unmöglich ist, dann müsste der Test positiv ausfallen.

Ich muss mich konzentrieren, als die Übergabe stattfindet, Gott sei Dank hilft mir meine Routine, die Arbeit zu erledigen.

Dann sehe ich plötzlich Jan am Tresen stehen und mit Sigrid reden, ich muss mich echt zwingen, nicht ohnmächtig zu werden, so schlecht ist mir mittlerweile.

Jan entdeckt mich und deutet mit dem Kopf auf einen Untersuchungsraum, ich folge ihm unauffällig dorthin.

„Alles klar“, lacht er. „Sag deiner Freundin, es hat geklappt. Man konnte deutlich das erhöhte HCG nachweisen.“ Er hält mir einen Laborausdruck hin, ich greife danach, spüre, wie meine Hände zittern, ich kann das jetzt nicht mehr kontrollieren.

„Danke.“ Meine Stimme klingt ganz kratzig, ich kann an Jans Blick erkennen, dass er Bescheid weiß.

„Viel Glück, Lilly.“ Er klopft mir auf die Schulter und lässt mich dann alleine.

Ich schaue auf das Blatt, sehe die Werte, ich weiß, was sie bedeuten, natürlich. Dieses verdammte HCG wäre in dieser Konzentration nicht nachweisbar, wenn ich nicht schwanger wäre, das sind nun einmal die Fakten. Unumstößlich und schwarz auf weiß liegen sie vor mir.

Mir ist auf einmal ganz furchtbar kalt. Irgendwie fühle ich mich wie von eisigen Händen zusammengepresst, ich krümme mich auf dem Stuhl zusammen, kann kaum noch aufrecht sitzen.

Schwanger, du bist schwanger, hämmert es in mir. Ich schüttele immer wieder den Kopf, als könnte ich dadurch diese Tatsache loswerden, wie lächerlich.

Ich weiß jetzt nicht mehr, wie lange ich schon hier so sitze, bestimmt werden meine Kolleginnen sich langsam fragen, wo ich stecke, aber ich bin unfähig, mich zu rühren, ich starre immer wieder nur auf diesen Ausdruck in meiner Hand.

Ich muss nachdenken, muss einen kühlen Kopf bewahren, muss versuchen, Lösungen zu finden – doch wie sollen die aussehen?

Ich weiß, ich muss mit Simon reden, so langsam kocht auch immer mehr Wut auf ihn in mir hoch. Er ist an dem ganzen Mist genauso beteiligt, und er hat mindestens genauso viel Schuld wie ich.

Ja, ich werde mit ihm reden, gleich, wenn er da ist, und wenn mir nicht mehr so kalt ist.

16

„Meine Güte, Lilly!“ Sigrid sieht mich erschrocken an. „Du bist ja weiß wie die Wand!“

Meine Kollegin greift nach meinem Arm und drückt mich auf einen Stuhl, ich bin verwundert, dachte ich doch, ich hätte mich einigermaßen wieder im Griff.

„Echt? Ich … also … ich hab ein paar Probleme mit dem Magen“, krächze ich heiser, irgendwie will meine Stimme nicht so richtig funktionieren.

„Dann geh besser nach Hause, einen Virus können wir hier echt nicht gebrauchen“, stöhnt Sigrid auf.

„Ich trinke mal einen Kaffee, vielleicht wird es dann besser“, winke ich ab, ich will nicht nach Hause gehen, ich muss auf den Oberarzt warten, weil ich ihm sagen will, dass er Vater wird.

Bei dem Gedanken daran muss ich fast schon hysterisch kichern, ich kann mir überhaupt nicht ausmalen, wie er reagieren wird. Dass er mir vor Freude um den Hals fällt, schließe ich mal aus – aber alles andere? Wird er dazu stehen oder mich direkt vor die Tür setzen?

Ich weiß es nicht, in meinem Kopf herrscht ein einziges Chaos. Ich habe nicht die geringste Idee, wie alles weitergehen wird und irgendwie wollen sich auch keine Lösungen auftun.

Und Bienchen …

Mir wird es ganz schwer ums Herz, wenn ich an ihn denke. Ich weiß, dass er mit Kindern nichts anfangen kann und sie gehören auch nicht zu seinem Lebensentwurf.

Sollte ich ein Kind bekommen, muss ich in eine andere Wohnung ziehen, ein Baby im Haushalt kann ich ihm nicht zumuten. Es wäre auch ungerecht, denn er hat mit alledem ja nichts zu tun.

Eine andere Wohnung? Und von was willst du die bezahlen? Was wird aus dem Baby, wenn du arbeiten musst?

Ich spüre, wie sich ein dicker Kloß in meinem Hals bildet, doch ich will nicht weinen, ich muss versuchen, Ruhe zu bewahren. Ein Blick auf die Uhr verrät mir, dass Simon in einer halben Stunde hier sein müsste.

Weinen bringt jetzt absolut nichts.

Sigrid kommt wieder, sie schaut besorgt aus. „Wie geht es dir?“

„Ich helfe dir gleich“, versuche ich ihr glaubhaft zu versichern.

„Lilly, wenn es nicht geht, dann bist du wirklich keine Hilfe hier."

„Das wird bestimmt gleich wieder besser." Ich versuche, so viel Zuversicht wie möglich in meine Stimme zu legen.

Ich raffe mich auf und schnappe mir eine Patientenakte, meine Kollegin beobachtet mich argwöhnisch, offenbar befürchtet sie, dass ich die ganze Station mit einem Killervirus anstecken könnte.

Ich lächele ihr noch einmal zu, ich weiß, dass es nicht echt wirkt, aber mehr schaffe ich im Moment nicht.

„Guten Morgen, Ladys!"

Ich höre Simons fröhliche Stimme und hebe den Kopf. Er sieht so gut aus wie immer und seine Laune könnte nicht besser sein.

Na, dann warte mal ab, mein wunderschöner Oberarzt ...

Sein Blick fällt auf mich, er runzelt etwas die Stirn, sehe ich wirklich so beschissen aus?

Ich wende mich rasch wieder von ihm ab, ich werde ihm noch Zeit für einen Kaffee lassen, eine kleine Schonzeit für ihn und mich.

Dann halte ich es aber nicht mehr aus, ich brauche Klarheit, Antworten, sonst drehe ich noch völlig durch.

Ich warte einen Moment ab, in dem keine Kollegen in meiner Nähe sind, und mache mich auf den Weg zu seinem Büro. Er ist in einer Stunde für einen Kaiserschnitt eingeteilt, bis dahin muss er die frohe Botschaft verdaut haben.

Es kommt mir so vor als bewege ich mich in Watte gehüllt, alles ist so gedämpft und weit weg. Vielleicht bin ich auch einfach nur zu sehr mit mir selbst beschäftigt, um andere Dinge wahrzunehmen.

Leise klopfe ich an seine Tür, es kommt keine Reaktion, also noch einmal.

„Ja?"

Okay, dann mal los! Ich bin froh, dass er da ist, denn ich weiß nicht, ob ich noch einmal den Mut aufbringen würde, zu ihm zu gehen.

„Hey, Süße, wie geht's dir?" Er strahlt mich an, als ich die Tür geschlossen habe, dann umrundet er den Schreibtisch und kommt auf mich zu. „Du bist heute so blass, bist du krank?"

Ich kann nicht antworten, also schüttele ich nur den Kopf.

„Lilly?“ Er zieht die Augenbrauen hoch, ich liebe es so sehr, wenn er das tut. „Was ist los? Hast du die Sprache verloren?“

Ich atme tief durch, dann nestele ich zitternd das Blatt mit den Laborwerten aus meiner Hosentasche. Wortlos reiche ich es ihm, Simon sieht mich verständnislos an.

„Was ist das?“ Er schaut nicht darauf, verdammt, warum sieht er es sich denn nicht an?

„Meine … meine Blutwerte“, presse ich heiser hervor, jetzt wirkt er erschrocken.

„Du bist doch krank? Bist du deswegen so blass?“

Ich verdrehe die Augen, wie kann ein studierter Mensch so merkbefreit sein?

„Nein, ich bin okay. Aber mein HCG-Wert ist erhöht“, presse ich leise hervor.

„Was?“

Jetzt wird auch er blass, endlich sieht er auf den Zettel und überfliegt die Labordaten.

Dann dreht er sich um und geht zurück zu seinem Schreibtisch, ich werde immer nervöser.

Okay, er muss das auch erst mal verdauen, beruhige ich mich.

„Warum zeigst du mir das?“ Er schaut auf, sein Blick ist so eisig, dass ich sofort wieder anfange zu frieren. „Was hab ich damit zu tun?“

Ich bin irritiert, was redet er denn da? Will er mich hochnehmen, so blöde kann er doch gar nicht sein?

„Du … du weißt ganz genau, was du damit zu tun hast, oder nicht?“, bringe ich schließlich heraus.

„Nein, tut mir leid. Ich glaube, da musst du dich an den Typen wenden, der dich geschwängert hat. Ich kann es ja nicht gewesen sein, denn als wir ungeschützten Verkehr hatten, lag deine Periode bereits drei Wochen zurück, wie du mir erklärt hast. Also komme ich wohl nicht infrage!“ Er zuckt betont gelangweilt mit den Schultern.

Das kann ja wohl nicht wahr sein, ich schlucke heftig, versuche, mich zu sammeln, was er da sagt, ist einfach ungeheuerlich.

Immerhin, ich bestehe nicht mehr nur aus nackter Panik, sondern Wut kocht in mir hoch, verdammt viel Wut!

„Du willst mir doch nicht unterstellen, dass ich zweigleisig gefahren bin, oder?“, frage ich sicherheitshalber noch einmal nach.

„Doch, genau das scheint der Fall zu sein, Lilly.“ Seine Stimme klingt kalt, ganz fremd auf einmal. „Du vergisst, wen du vor dir hast. Ich kenne die weiblichen Zyklen besser als andere Kerle, mir kannst du nichts vormachen!“

„Es waren keine drei Wochen, ich hatte mich vertan. Als wir ohne Kondom Sex hatten, war meine Periode erst zwei Wochen her, nicht drei Wochen.“ Ich schließe kurz die Augen, versuche so ruhig wie möglich zu bleiben und nicht auf ihn loszugehen.

„Ach ja? Und das fällt dir jetzt auf einmal ein? Warum hast du mir nicht eher etwas davon gesagt?“ Er lehnt sich in seinem Sessel zurück und lässt mich nicht aus den Augen. „Nein, Lilly, das kommt mir doch jetzt alles ein bisschen arg konstruiert vor. Geh zu dem Mann, der dich geschwängert hat und lass mich in Ruhe.“

„Ich bin bei dem Mann, der mich geschwängert hat.“ Jetzt versagt mir doch fast die Stimme, ich bin so geschockt von seinen Worten, dass ich sogar kurz vergesse, wütend auf ihn zu sein.

„Ich glaube dir nicht.“ Er wendet sich von mir ab und sieht auf seinen Monitor.

„HÖR AUF DAMIT, VERDAMMT NOCH MAL!“ Ich stütze mich mit den Händen auf seinem Schreibtisch ab. „LASS DAS SEIN, SIMON! ICH BIN KEINE SCHLAMPE, DIE WILD DURCH DIE GEGEND VÖGELT. ICH WAR NUR MIT DIR ZUSAMMEN UND NUR DU KANNST DER VATER SEIN!“

Mit meinen Fäusten trommele ich auf die Schreibtischplatte, ich bin außer mir vor Wut – und vor Schmerz. Tränen schießen mir in die Augen, ich will nicht weinen, ich will das nicht, aber ich kann nicht anders.

Er greift nach meinen Händen und hält sie fest. „Lilly, lass die Show sein, mich kannst du damit nicht beeindrucken.“ Er klingt auf einmal sehr bedrohlich, aber das ist mir egal.

„DU LÄSST MICH HÄNGEN, JA? DU LÄSST MICH TATSÄCHLICH MIT EINEM KIND SITZEN?“, frage ich fassungslos. „MIT DEINEM KIND?“

Ich kann das kaum glauben, ich reiße mich aus seinem Griff los und taumele ein paar Schritte zurück, dann spüre ich die Wand in meinem Rücken.

„Es ist besser, wenn du jetzt mein Büro verlässt. Ich finde es schade, dass das jetzt so gekommen ist, aber offenbar scheint dir ja ein Mann nicht genügt zu haben. Lange wäre das mit uns sowieso nicht mehr gegangen, doch du konntest es wohl nicht abwarten“, sagt er mit fester Stimme.

Ich bin so entsetzt, dass ich nichts mehr erwidern kann. Ich starre ihn stattdessen nur an - den Mann, den ich liebe. Wie kann er mir das nur antun? Ich verstehe das nicht, es ist zu viel, zu viel …

„Noch einmal: Ich habe mit keinem Mann außer dir geschlafen, Simon. So bin ich nicht … ich könnte das doch niemals tun“, flüstere ich heiser, lauter kann ich nicht mehr sprechen. „Ich habe mich doch in dich verliebt.“

Simon sieht auf, ich kann keine Regung in seinem Gesicht erkennen. „Liebe ist ein großes Wort. Du weißt, wie ich darüber denke, ich habe dir nie etwas vorgemacht. Und jetzt geh bitte. Ich kann dir nicht weiterhelfen, Lilly.“

„Es ist dein Kind, Simon.“ Ich greife nach der Türklinke. „Da kannst du hier noch so das obercoole Arschloch spielen, es ist dein Kind.“

Ich spüre, wie sich mein Mageninhalt den Weg nach oben bahnen will, hastig verlasse ich sein Büro, dann beginne ich zu laufen, schaffe es gerade noch zu den Personaltoiletten. Doch ich würge nur, es kommt nichts heraus, ich habe außer einem Kaffee heute auch noch nichts zu mir genommen.

Jetzt wäre es an der Zeit, aufzuwachen. Bienchen soll kommen, mit einem Kaffee in der Hand, und mich wecken, denke ich traurig. *Denn das kann doch nur ein Albtraum sein.*

Ich spüre wieder dieses Zittern, es ist schon unheimlich, ich kann es gar nicht mehr kontrollieren. Dann bricht es aus mir heraus, ich fange an zu schluchzen, erst ganz leise, dann ist es um mich geschehen. Ich verliere die Kontrolle über mich und sinke auf dem Boden zusammen.

17

Mein Zeitgefühl ist mir völlig abhandengekommen, ich weiß nicht, wie lange ich hier schon sitze. Doch langsam versiegen die Tränen, das unkontrollierte Schluchzen lässt nach und ich kann wieder halbwegs klar denken.

In mir ist immer noch eine ungeheure Kälte, Simons Worte sind für mich unbegreiflich. Ich weiß, dass er nicht der Typ für Beziehungen ist, ich hatte auch nicht auf einen Heiratsantrag gehofft, aber zumindest darauf, dass er Unterstützung signalisiert.

Wieso habe ich nicht erkannt, dass er so ein Arschloch ist? Und wie viele Frauen hat er noch auf diese Weise behandelt?

Lange wäre das mit uns sowieso nicht mehr gegangen ...

Seine Worte kommen mir wieder in den Sinn.

Wann wollte er mich denn abschießen? In dieser Woche noch? Oder wollte er lieber doch noch ein paar Mal Sex haben?

Mir ist so unglaublich schlecht, ich verspüre einen Ekel in mir – vor ihm, vor mir.

Du musst selbst eine Lösung finden, mit ihm kannst du nicht rechnen.

Ich schaue in den Spiegel, ich sehe wirklich zum Kotzen aus, an Arbeit ist nicht zu denken, ich werde mich krankmelden.

Krankmelden in der Probezeit? Ich bekomme ein schlechtes Gewissen. Doch mir bleibt nichts anderes übrig, so bin ich ein Totalausfall und keine Hilfe für meine Kollegen.

Auf wackligen Beinen gehe ich zum Tresen, Sigrid ist zum Glück alleine da. Als sie mich sieht, reißt sie die Augen auf.

„Meine Güte, Lilly. Tu mir einen Gefallen und geh sofort nach Hause“, sagt sie mitfühlend.

„Das … das hatte ich auch vor.“ Ich probiere ein Lächeln, es klappt nicht.

„Gute Besserung, melde dich morgen mal, wie es dir geht, ja? Und nimm dir ein Taxi.“

„Ich kann mit dem Bus fahren“, wiegele ich ab.

„In deinem Zustand? Das halte ich für keine gute Idee. Leg dich direkt ins Bett, vielleicht bist du ja bald schon wieder auf dem Damm."

„Ja, vielleicht."

Wenigstens laufe ich Simon nicht mehr über den Weg, als ich das Krankenhaus verlasse. Ich steige in eine der Taxen, die immer vor dem Haupteingang parken, und lasse mich nach Hause bringen.

Bienchen ist schon fort, ich bin froh darüber, ich muss mich erst einmal sammeln und mir überlegen, wie ich ihm das beibringen soll.

Aber muss ich das überhaupt?

Es gibt eine ganz einfache Lösung für mein Problem, und niemand muss etwas davon erfahren. Ich presse die Hände an meine Schläfen, darüber möchte ich eigentlich überhaupt nicht nachdenken, diese Option schiebe ich erst mal ganz weit von mir.

Ich kicke die Schuhe von meinen Füßen und begebe mich dann auf direktem Weg ins Bett.

Ich muss wohl tatsächlich eingeschlafen sein, denn als ich aufwache, um auf die Toilette zu gehen, ist es bereits nachmittags. Ich schnappe mir nur zwei Flaschen Mineralwasser, essen kann ich nichts, mein Magen ist wie zugeschnürt. Dann begebe ich mich wieder ins Bett.

Ich befinde mich in einem Kreislauf aus Weinen, Fluchen und dem Versuch, alles krampfhaft zu verdrängen, Letzteres klappt natürlich nicht.

Gegen Abend kommt Bienchen nach Hause, er kichert albern und ich kann hören, dass jemand bei ihm ist.

„Ups", giggeln die beiden.

„Das sind die Schuhe meiner Mitbewohnerin, die hats nicht so mit der Ordnung", verkündet Bienchen.

Nun gut, er hat ja recht, aber um herumliegende Schuhe kann ich mich im Moment echt nicht kümmern.

„Ist sie schon im Bett?", flüstert Bienchens Gast.

„Ja, ich denke schon, sie hat Frühdienst und muss deswegen zeitig schlafen gehen." Bienchen versucht auch, leise zu sein, aber ich kann trotzdem jedes Wort hören.

Ich ziehe die Decke über meinen Kopf, ich will nichts mehr mitkriegen – am besten bleibe ich den Rest meines Lebens hier in diesem Bett.

„Lilly!"
„LILLY!"
Ich höre eine energische Stimme, es ist Bienchen, ich stöhne auf.
Er zieht mir die Schlafmaske weg, empört reiße ich die Augen auf, ich will gerade losschimpfen, als mir wieder einfällt, in was für einer Scheißlage ich mich befinde.
„Was ist?", fahre ich meinen Mitbewohner an.
„Wieso bist du hier? Du hast doch Frühdienst!" Bienchen schaut mich vorwurfsvoll an. „Du bist in der Probezeit, schon vergessen?"
„Nein, ich … ich bin krank", verteidige ich mich. „Lass mich in Ruhe!"
„Krank?" Jetzt setzt er sich auf meine Bettkante und mustert mich prüfend. „Du siehst verheult aus."
„Ja, kann sein", nuschele ich und will mir eine Schlafmaske greifen, doch Bienchen hält sie so weit weg, dass ich nicht drankomme. „Gib sie mir wieder!"
„Erst wenn du mir sagst, was du hast! Was ist denn das für eine Krankheit, bei der man verquollene Augen hat?", hakt er nach.
„Magen-Darm", knurre ich. Dass Bienchen vor Viren panische Angst hat, weiß ich ja, er steht auch sofort von meinem Bett auf und bringt etwas Abstand zwischen sich und mich.
„Wirklich? Ich hab dich gar nicht kotzen hören heute Nacht. Und die Klospülung ist auch nicht dauernd gegangen." Er verschränkt die Arme vor seiner Brust.
„Du hast ja auch bestimmt andere Dinge zu tun gehabt, als darauf zu achten. Oder ist dein Gast schon weg?" Ich rappele mich im Bett auf und schaue ihn genervt an.
„Und was ist das hier?" Er deutet auf den Boden, dort liegen überall verteilt vollgeheulte Zewatücher. Mist, daran habe ich natürlich nicht gedacht.
„Raus mit der Sprache!", verlangt Bienchen.
„Musst du dich nicht um deinen Gast kümmern?", starte ich ein letztes Ablenkungsmanöver.
„Rob ist schon weg, er wollte sich zuhause frisch machen." Bienchen kommt wieder ein Stück näher. „Jetzt red schon", sagt er

dann so sanft, dass mir prompt wieder die Tränen in die Augen steigen.

„Ach Bienchen, es ist alles so schlimm, so schlimm“, platzt es aus mir raus, ich fange wieder an zu schluchzen, diese Weinkrämpfe sind wirklich die reinste Pest!

Ich spüre, wie er mich in seine Arme zieht, das macht alles nur noch schlimmer, und ich kriege erst mal kein Wort mehr raus.

„Hat es zufällig was mit einem gewissen Oberarzt zu tun?“

Ich kann nur nicken, dann höre ich ihn fluchen. „Mensch Schätzchen, das war uns doch beiden klar, dass das nicht gut gehen würde, hm?“ Er wiegt mich sanft in seinen Armen, ich kann mich überhaupt nicht mehr beherrschen.

Bienchen lässt mich erst einmal in Ruhe weinen. Als ich halbwegs wieder des Sprechens mächtig bin, schaue ich ihn aus verquollenen Augen an. „Es ist noch viel schlimmer, viel, viel schlimmer.“

„Inwiefern?“

„Ich … also … oh Bienchen, es ist so schrecklich …“, schniefe ich.

„Okay, ich habe das jetzt allmählich kapiert. Aber was genau ist denn so schrecklich? Hast du ihn beim Fremdvögeln erwischt und ihn daraufhin gelyncht? Ist dir jetzt die Polizei auf den Fersen? Muss ich jeden Moment damit rechnen, dass hier gleich ein Sondereinsatzkommando hereinstürmt?“

„Nein, schlimmer …“, schluchze ich laut auf.

„Mausi – ich werde echt langsam ungeduldig. Jetzt sag endlich!“

„Ich bin schwanger von dem Dreckskerl – und er hat mich abserviert und beleidigt. Er meinte, das Kind wäre nicht von ihm, er käme als Vater gar nicht infrage, weil er sich mit fruchtbaren und unfruchtbaren Tagen …“

„SCHWEIG!“ Bienchen springt von meinem Bett auf und läuft hektisch durch mein Zimmer. „Das glaube ich nicht, das GLAUBE ICH EINFACH NICHT!“

„Ist aber so“, schniefe ich jämmerlich.

„Wieso hab ich bloß gefragt?“ Bienchen schlägt sich mit der Hand an die Stirn, dann funkelt er mich böse an. „Wie blöde bist du eigentlich? Wie kannst du ohne Kondom herumvögeln? Mensch Lilly, du bist echt die unreifste Person, die es gibt. Schwanger … na ganz toll!“

Bienchen dreht weiter in meinem Zimmer seine Kreise, er wirkt völlig aufgelöst.

„Es ist einfach so passiert, wir hatten beide was getrunken“, piepse ich.

„Pfff! Euch sollte man beiden in den Hintern treten. Man sollte meinen, dass ein Oberarzt einer gynäkologischen Klinik weiß, wie man Schwangerschaften verhindert – UND EINE KRANKENSCHWESTER AUCH!“

„Ich weiß ja.“ Ich nehme mir ein neues Tuch und schnaufe hinein. „Es … es ist alles so blöd gelaufen, ich hatte mich vertan, was meine Periode angeht. Deswegen dachte Simon, wir hätten an meinen unfruchtbaren Tagen miteinander geschlafen, also ohne Verhütung, meine ich …“

„Was faselst du da?“ Bienchen schaut mich unwillig an. „Wenn man ohne Verhütungsmittel miteinander in die Kiste hüpft, kann man schwanger werden, oder?“

„Ja, aber nur an bestimmten Tagen“, rechtfertige ich mich. „Und darin habe ich mich eben geirrt.“

„Davon will ich nichts wissen, ich kann nicht glauben, dass ihr beide so dämlich wart!“ Er schüttelt immer wieder den Kopf, dann scheint er sich etwas gefasst zu haben und setzt sich zu mir aufs Bett. „Aber wie geht es denn jetzt weiter? Simon weiß davon, ja? Du hast eben so was in der Art gestammelt.“

„Ich habe heute Morgen in der Klinik einen Bluttest machen lassen, mein HCG-Wert ist erhöht“, sage ich.

„Was für ein Wert? Aber egal jetzt, bei dem Test kam also heraus, dass du schwanger bist, richtig? Und weiter?“ Bienchen nimmt ebenfalls ein Zewa aus der Schachtel und tupft mir mein Gesicht ab.

„Ich bin zu Simon hin und habe ihm davon erzählt. Er meinte halt, dass er nicht als Vater infrage käme, weil wir ja an meinen unfruchtbaren Tagen miteinander geschlafen hätten – und dass ich mich an den richtigen Vater wenden soll.“

Bienchen stößt einen Pfiff aus. „Das ist echt ein starkes Stück! Er unterstellt dir also, dass du mit noch einem Kerl gepennt hast?“

„Ja, das tut er. Als ich ihn darüber aufgeklärt habe, dass ich mich mit dem Datum meiner Periode vertan habe, meinte er nur, das würde alles konstruiert klingen.“

„Dem Typen müsste man mal richtig in den Arsch treten“, presst Bienchen wütend hervor.

Ich zucke nur mit den Schultern. „Das bringt mir auch nichts“, sage ich dann leise.

„Mensch, wie geht es denn jetzt weiter? Willst du das Kind bekommen?“ Bienchen sieht mich traurig an, ich weiß ja, wie er über Kinder denkt.

Ich greife nach seiner Hand und streichele darüber. „Im Moment habe ich noch keine Ahnung. Aber hab keine Sorge, ich werde dich nicht damit belasten. Ich weiß auch gar nicht, wie ich mit Baby über die Runden kommen soll, selbst wenn Simon zahlen sollte. Und ich habe einen Job, ich muss Schichtdienst machen“, wieder kommen mir die Tränen. „Ich … ich weiß nicht, ob ich das schaffe. Und ich weiß nicht, ob ich ein Baby von so einem Typen haben will.“

Bienchen drückt mich fest an sich. „Ach Mausi, ich würde dir so gerne helfen, aber ich fühle mich gerade selbst total überfordert.“

Ich streichele über seinen Rücken. „Ich weiß, aber mach dir keine Sorgen, das hier ist meine Sache.“

„Ich hole mal das Schokoladeneis.“

„Ich will nix davon, ich hab keinen Hunger.“

„Aber ich brauche was!“ Er springt von meinem Bett auf und sieht mich dann entschlossen an. „Ich fahre jetzt zu dem Kerl und stelle ihn zur Rede. So geht man nicht mit meiner Göttin um.“

„WAS?“

Ich springe ebenfalls aus dem Bett, mir wird kurz schwindelig, aber ich kann mich wieder fangen. „Nein, Bienchen, bitte nicht!“ Ich kralle mich in seinem Hemd fest. „Das ist meine Sache, nicht deine!“

„Aber so geht man nicht mit dir um!“ Jetzt schießen ihm auch Tränen in die Augen. „Das … das geht doch nicht! Er kann dich nicht so hängen lassen!“

„Bienchen, hör auf.“ Ich kann ihn nicht weinen sehen, jetzt fange ich prompt auch schon wieder an. „Und bitte unternimm nichts, hörst du? Da komme ich schon irgendwie alleine durch.“

Bienchen zieht mich wieder an sich, wir beide liegen uns weinend in den Armen. „Ich will nicht, dass du unglücklich bist, Mausi. Ich kann das nicht ertragen. Und ich will dich nicht verlieren, aber … aber mit dir und einem Baby zusammenwohnen, ich weiß nicht, ob ich das kann. Aber ich werde es versuchen, ich will nicht, dass du gehst."

Ich schaue Bienchen ganz gerührt an, was ist er doch nur für ein toller Kerl.

„Hey, das hier habe ich ganz alleine vermasselt und ich werde das auch alleine ausbaden. Wie auch immer, du brauchst dein Leben nicht wegen mir zu ändern. Und mit einem Baby im Haushalt würdest du das zwangsläufig müssen. Ich weiß selbst noch keine Lösung, aber egal wie ich mich entscheide: Es wird keine Auswirkungen auf deinen Lebensstil haben."

„Oh Lilly, ich … ich wünschte, ich könnte dir helfen", sagt er leise, er ist ganz ernst geworden, ich mag es nicht, wenn er so ist.

Ich streichele sanft seine Wange. „Das kannst du nicht, damit muss ich alleine klarkommen."

„Du solltest noch einmal mit ihm reden, Honey. Vielleicht … vielleicht hat ihn das einfach auch zu sehr umgehauen, vielleicht denkt er jetzt ganz anders darüber", versucht Bienchen, mir Mut zu machen.

„Ja, kann sein." Ich zucke mit den Schultern, aber so recht dran glauben kann ich nicht. „Aber wenn er seine Meinung geändert hat, dann kann er mich ja ansprechen, ich werde nicht noch einmal zu ihm gehen."

„Okay, das kann ich auch wieder verstehen." Bienchen gibt mir einen Kuss auf die Stirn. „Versprich mir, dass du alle Beratungsstellen abklapperst und keine übereilten Entschlüsse fasst, ja?"

„Okay, versprochen."

Ich kann Bienchen überreden, zur Arbeit zu fahren, dann stelle ich mich unter die Dusche und würge mir eine Scheibe Toast hinein. In mir ist ein riesiges schwarzes Loch, am liebsten würde ich den ganzen Tag nur heulen, aber dann reiße ich mich zusammen. Es ist zu spät, um zur Arbeit zu gehen, ich rufe nur kurz in der Klinik an und sage Bescheid.

Aber vielleicht sollte ich Bienchens Rat annehmen und mich mal erkundigen, was es für Möglichkeiten für mich gibt.

Also raffe ich mich auf und gehe zu einer Beratungsstelle, die Frau ist sehr freundlich und deckt mich mit Formularen und

Broschüren ein. Sie stellt mir auch eine Bescheinigung aus, falls ich mich für einen Abbruch entscheiden sollte.

Alles in allem ist dieser Besuch sehr ernüchternd für mich, wieder kommen Zweifel auf, ob ich es wirklich schaffen würde, ein Kind alleine großzuziehen.

Ich gehe in einen Park, es ist wieder so ein schöner Sommertag, was ich fast schon ungerecht finde, weil in mir alles düster und grau ist.

Bienchen ruft mich ein paar Mal an, er verspricht mir, etwas Schönes für uns zu kochen, wenn er nach Hause kommt. Ich heuchle Freude darüber, dabei glaube ich kaum, dass ich einen Bissen hinunter bekommen werde.

Bienchen betrachtet mit Sorge, wie ich das Essen auf meinem Teller hin- und herschiebe. „Sollst du jetzt nicht für zwei essen?“, fragt er mich traurig.

Ich schüttele den Kopf. „Sei mir nicht böse, ich kann einfach nicht.“

Ich erzähle ihm von der Beratungsstelle und dass eine Zukunft als alleinerziehende Mutter nicht gerade rosig aussieht.

„Glaubst du denn, dass du das hinbekommen würdest? Du bist eine Chaotin.“

„Ja, ich weiß. Keine Ahnung“, gebe ich offen zu.

„Lass dir Zeit.“ Bienchen nimmt meine Hand. „Du musst dich ja noch nicht heute entscheiden. Und vielleicht äußert sich der feine Herr Oberarzt ja auch noch mal.“

„Vielleicht“, flüstere ich, dann stehe ich auf und gebe Bienchen einen Kuss. „Tut mir leid, ich kann nichts essen.“

Am nächsten Tag mache ich mich fertig für die Klinik. Es muss ja irgendwie weitergehen, auch wenn ich mich am liebsten wieder nur im Bett verkrochen hätte.

Simon hat heute keinen Dienst, wenigstens etwas. Immerhin schaffe ich es, mich auf die Arbeit zu konzentrieren, auch wenn ich wenig Lust habe, mich mit meinen Kollegen zu unterhalten.

In einer Pause zieht es mich hinüber zum Säuglingszimmer, ich betrachte die kleinen Wesen, ein wehmütiges Gefühl kommt in mir hoch. Würde ich es schaffen? Und will ich das überhaupt?

Ich bin zweiundzwanzig und ohne Partner an meiner Seite, viel bieten könnte ich meinem Kind auch nicht, es würde vielleicht gerade so für uns beide reichen. Ich bräuchte eine Kinderbetreuung, müsste das Baby also in fremde Hände geben, zudem ist eine Tagesmutter teuer.

Mir kommt es so vor, als stünde ich vor einem riesigen Berg und ich habe überhaupt keine Ahnung, wie ich den bewältigen soll.

Bienchen hat recht, vielleicht sollte ich noch einmal mit Simon reden, vielleicht hat er sich beruhigt und sich Gedanken gemacht.

Am nächsten Tag habe ich Spätdienst, Simon ist auch im Haus. Bevor ich meine Arbeit antrete, schaue ich in seinem Büro vorbei, ich habe Glück – oder auch Pech, das wird sich zeigen –, er ist da.

„Kann ich dich kurz sprechen?“, bitte ich ihn, seine Miene ist wie versteinert, als er mich sieht.

„Ich wüsste nicht, was wir noch zu bereden hätten“, sagt er eisig.

Ich versuche, mich nicht beirren zu lassen. „Du weißt, warum ich hier bin.“

Er verzieht ärgerlich das Gesicht. „Ja, du behauptest, ein Kind von mir zu bekommen.“

„Das ist eine Tatsache!“ Ich recke mein Kinn vor, ich will mich nicht einschüchtern lassen, obwohl ich schon wieder mit den Tränen kämpfe und meine Knie ganz weich sind.

„Selbst wenn dem so wäre und du mich auf Unterhalt verklagst: Von mir bekommst du nur das Nötigste fürs Kind gezahlt. Rechne dir also nicht aus, auf meine Kosten zu leben, auf solche Frauen stehe ich gar nicht.“

„So eine Frau bin ich auch nicht. Würdest du dich denn mit um das Kind kümmern?“, frage ich hoffnungsvoll weiter.

„Nein, ich habe kein Interesse daran.“ Simon sieht mir fest in die Augen. „Lilly, es tut mir leid, dass es so gekommen ist. Aber ich denke nicht daran, meinen Lebensstil zu ändern, für nichts und niemanden. Und um es mal ganz klar zu sagen: Es gibt da auch wieder eine Frau, mit der ich mich treffe, mach dir also keine Hoffnungen, aus uns wird nichts mehr.“

Okay, ich habe wirklich viel erwartet, aber das haut mich jetzt doch um. „Das … das ging ja schnell.“ Ich versuche, Haltung zu bewahren, es fällt mir schwer.

„Ich bin nicht der Typ für was Festes, ich möchte mein Leben genießen. Ich möchte nur, dass dir das klar ist."

Ich gehe ein paar Schritte zurück, mir wird ganz schwindelig, aber ich will das hier mit Würde durchstehen.

„Das ist mir klar", sage ich, dann straffe ich die Schultern. „Das … das mit der Menschenkenntnis scheint nicht zu stimmen", füge ich leise hinzu.

Simon zieht die Augenbrauen hoch. „Inwiefern?"

„Dass du ein Arschloch bist, das wusste ich schon irgendwie. Aber dass du so widerwärtig bist, das überrascht mich dann doch."

„Vorsicht Lilly – überspann den Bogen nicht!"

Ich lache bitter auf. „Das sagt der Richtige."

„Mach, dass du raus kommst!" Er deutet auf die Tür. „Und versuch, mir aus dem Weg zu gehen."

Ich verlasse hastig sein Büro, allerdings kann ich es mir nicht verkneifen, die Tür ganz laut zuknallen zu lassen.

Mir ist nach Heulen zumute – aber ich kann noch nicht einmal mehr das. Ich bin zutiefst schockiert, das kann doch unmöglich derselbe Mann sein, der so wunderbar zärtlich zu mir war. Und so charmant, so witzig.

War das alles nur eine Masche, um mich immer wieder zum Sex rumzukriegen? Ist das jetzt sein wahres Gesicht?

Ich bleibe auf dem Flur stehen, ich kann das kaum glauben. Aber viel zu seiner Verteidigung finde ich jetzt auch nicht mehr.

Und es sollte dir auch egal sein, rüge ich mich selbst. Ich sollte mich wohl eher um mich kümmern, als noch einen Gedanken an ihn zu verschwenden.

Bienchen hört sich meine Schilderung mit betrübtem Gesicht an, dann schüttelt er nur den Kopf. „Ich weiß nicht, was ich sagen soll. So ein mieses Schwein." Er ballt seine Hände zu Fäusten, ich streichele sanft darüber.

„Es ist vorbei, ich muss über ihn hinwegkommen – und Entscheidungen treffen", sage ich leise.

„Ja, Maus, das ist wohl richtig. Weißt du denn schon, in welche Richtung es gehen könnte?", hakt er behutsam nach.

„Nach dem heutigen Gespräch schon", nicke ich. „Ich gebe mir trotzdem noch eine Woche Bedenkzeit. Länger als nötig will ich allerdings auch nicht warten“, sage ich mit mehr Tapferkeit als in mir steckt. „Ich meine, es kann immer noch sein, dass ich das Kind verliere, das passiert öfter als man denkt. Vielleicht findet das Schicksal ja eine Lösung für mich.“

„Ich wünsche es dir, auch wenn es so oder so hart werden wird.“ Bienchen gibt mir einen Kuss auf die Stirn. „Mensch Lilly, du tust mir so leid.“

Die nächsten Tage überstehe ich wie in einem Kokon. In meinem Kopf dreht sich alles nur um meine Schwangerschaft. Erstaunlicherweise schaffe ich es trotzdem, mich auf meine Arbeit zu konzentrieren. Immer wieder horche ich in mich hinein, versuche, Anzeichen für die Veränderung in meinem Körper zu finden, auch wenn ich weiß, dass es dafür noch viel zu früh ist.

Die Woche verstreicht, aber ich ringe immer noch mit mir und verlängere meine Bedenkzeit um ein paar Tage.

„Hey Simon, wann geht dein Flieger übermorgen?“

Ich verharre in meiner Bewegung, das ist die Stimme von Michael Werner, dem zweiten Oberarzt. Die beiden scheinen im Untersuchungsraum nebenan zu sein, die Verbindungstür ist nur angelehnt, ich überlege, ob ich sie schließen soll, dann bin ich aber doch zu neugierig.

„Morgens um acht Uhr müssen wir am Flughafen sein“, antwortet Simon.

Wir? Fliegt seine Neue schon mit? Ein schmerzhafter Stich trifft mich mitten ins Herz, ich krampfe die Hände in die Liege, die ich gerade mit frischem Zellstoff abgedeckt habe.

„Natascha ist also die Favoritin des Monats?“, hakt Dr. Werner nach.

„Ja, sie segelt auch gerne“, lacht Simon.

„Ja, ist klar. Das ist der Hauptgrund“, prustet Dr. Werner los.

Ich mache, dass ich aus dem Untersuchungsraum komme, mir wird furchtbar schlecht. Der Kurzurlaub auf Mallorca, zu dem er mich auch eingeladen hatte. Ich schlucke heftig gegen einen Kloß im Hals an, aber plötzlich ist meine Entscheidung gefallen, vielleicht habe ich nur noch diesen einen Schubs gebraucht.

Hastig klicke ich mich durch die Dienstpläne der Oberärzte, Simon hat heute Nacht Bereitschaftsdienst und ist also auf der Station, ich bin bis 21.30 Uhr hier.

Mir wird wieder ganz kalt, soll ich das wirklich durchziehen? Es ist eine harte Entscheidung, für mich und auch für ihn.

Doch warum soll ich diesen letzten Schritt alleine gehen? Er soll sich ebenfalls darüber klar werden, soll die Konsequenzen genauso tragen müssen wie ich.

Aber vielleicht ist es für ihn ja nur ein kleiner Routineeingriff? Vielleicht ist er sogar froh darüber, dass er es selbst erledigen kann.

Was weiß ich denn schon über ihn? Im Grunde nichts. Er ist mir so fremd geworden, nein, er ist es wohl immer schon gewesen.

Ich spule mechanisch meine Stunden herunter, Simon läuft mir noch einmal über den Weg, er ignoriert mich, gleich wird er es nicht mehr können.

Ich gehe in einen Behandlungsraum, als meine Schicht vorbei ist, und suche alle notwendigen Instrumente zusammen, jetzt kann ich nur hoffen, dass ich nicht entdeckt werde, sonst wird mein Plan zunichtegemacht.

Als ich alles vorbereitet habe, piepse ich Simon an und bitte ihn, in das Behandlungszimmer zu kommen, mein Herz klopft so laut, dass ich Angst habe, dass es mir aus der Brust springt.

Ich stelle mich hinter die Tür, damit er mich nicht sofort sehen kann, wenn er den Raum betritt, dann höre ich Schritte und die Klinke wird hinuntergedrückt.

Simon betritt das Untersuchungszimmer und bleibt verwundert stehen. „Niemand da?“

„Doch ich“, sage ich hastig und schließe die Tür hinter ihm ab.

Er fährt schnell herum und stöhnt entnervt auf. „Was ist, Lilly? Was soll das hier werden?“

Er macht Anstalten, zu gehen, doch ich ziehe schnell die Unterlagen hinter meinem Rücken hervor, ich wage es nicht, ihn anzuschauen. Als ich ihm die Beratungsbescheinigung gebe, zittern meine Hände.

„Was ist das?“, fragt er irritiert.

„Die Bescheinigung von der Schwangerschaftsberatungsstelle, die brauche ich für den Abbruch.“ Meine Stimme ist ganz brüchig, ich spüre, wie mich mein Mut immer mehr verlässt.

Was tust du hier, Lilly?, frage ich mich selbst verzweifelt.

„Na und?“, Simon schaut mich verwirrt an. „Warum gibst du mir die?“

Ich atme tief durch, deutlich spüre ich wieder den verräterischen Kloß in meinem Hals. Ich decke das sterile Tuch ab, sein Blick fällt auf die Instrumente, seine Augen weiten sich entsetzt.

„Was um Himmels willen …“, presst er hervor.

„Ich habe alle Unterlagen zusammen, ich möchte einen Abbruch“, flüstere ich heiser. „Und du sollst ihn durchführen, das … das bist du mir schuldig, Simon.“

Er sieht mich völlig fassungslos an. „Das ist nicht dein Ernst!“

„Doch, das ist mein völliger Ernst“, nicke ich, dabei kullern schon die ersten Tränen über mein Gesicht, verdammt, ich will nicht heulen!

„Wir haben beide damit zu tun und deswegen ist es nur fair, wenn wir beide … es beenden“, stammele ich. „Mehr verlange ich nicht von dir, dann werde ich dich nicht weiter behelligen.“ Ich wische mir hastig durchs Gesicht, suche seinen Blick, doch Simon hat den Kopf gesenkt.

„Du bist Arzt und ich weiß, dass du ein guter Arzt bist, du hast es schon so oft durchgeführt. Bitte, Simon … bitte lass mich damit nicht alleine hängen!“ Ich schluchze leise auf, was ist das für eine verdammte Scheißsituation?

Er sieht mich immer noch nicht an, auf einmal nickt er. „Okay“, sagt er leise, kaum hörbar. „Mach dich unten herum frei.“

Ich atme tief durch, dann zerre ich am Reißverschluss meiner Hose, es geht nicht, ich kriege sie nicht auf.

„Simon“ Ich weine seinen Namen mehr, als das ich ihn aussprechen kann, er schaut mich kurz an, sofort erkennt er mein Problem.

Er greift nach dem Bund meiner Hose. Ich kann seine Hände an meinem nackten Bauch spüren, sie sind ganz warm, mir ist eiskalt, wie sooft in den letzten Tagen. Er zieht den Reißverschluss hinunter, dann nickt er mir zu.

„Okay“, sagt er mit rauer Stimme.

Ich schiebe meine Hose hinunter, währenddessen greift Simon nach seinem Telefon.

„Meike, ich habe hier in Behandlungsraum sechs einen Eingriff, Lilly ist noch hier und assistiert mir, ich brauche also keine Unterstützung“, höre ich ihn sagen.

Gut, er denkt mit, zischt es in mir.

Als ich meinen Slip ausgezogen habe, gehe ich mit wackligen Beinen auf den Stuhl zu, es kommt mir komisch vor, so nackt vor Simon zu sein, dabei war ich es doch schon so oft.

„Bereit?“, fragt er mich, ich kann den Ausdruck in seinen Augen nicht deuten, aber er wirkt nicht feindselig.

„Ja“, hauche ich, klettere hinauf und lege meine Beine in die Schalen.

„Du weißt, wie das laufen wird?“ Er schaut zu mir hoch, ich kann nur noch nicken, meine Stimme ist weg, dafür rinnen jetzt die Tränen über mein Gesicht.

Er nimmt meinen Arm und misst meinen Blutdruck, dann drückt er kurz meine Hand. „Lilly, dein Blutdruck ist sehr niedrig.“ Er klingt jetzt sogar etwas besorgt. „Ich weiß nicht, ob ich das verantworten kann.“

„Bitte Simon.“ Meine Lippen formen die Worte, zu hören sind sie nicht.

Er setzt sich vor mich hin. „Ich spritze dir jetzt das Betäubungsmittel an fünf bis sechs Stellen in und um den Muttermund. Die Wirkung dürfte schnell einsetzen, hab keine Angst, ich werde mich vergewissern, dass du schmerzfrei bist.“

„Ist nicht schlimm, wenn nicht“, krächze ich, dann schluchze ich wieder auf.„Was soll das? Ich möchte nicht, dass du Schmerzen dabeihast“, sagt er ärgerlich.

Wenn du wüsstest, wie scheißegal mir diese Schmerzen sind, denke ich bissig, verkneife mir aber, das auszusprechen. Ich will keinen Streit, ich will nur, dass es schnell vorbei ist.

„Ich … ich bin nicht stolz auf das, was hier passiert“, flüstere ich.

„Ich auch nicht“, räumt er ein, dann setzt er die Spritzen an.

Ich spüre ein leichtes Piksen, aber das ist nicht schlimm. Der Schmerz, der in mir tobt, ist viel schlimmer und kaum auszuhalten.

„Wir müssen jetzt kurz warten“, erklärt Simon mir weiter, ich nicke nur, dann kann ich es nicht mehr zurückhalten, mein Weinen wird immer stärker, ich fange am ganzen Körper an zu zittern, verliere die Kontrolle.

„Hey, Lilly …" Simon steht auf einmal neben mir, er zieht mich in seine Arme. Woher ich die Kraft nehme, weiß ich nicht, aber ich stoße ihn heftig von mir.

„Bitte … fass mich nicht an", schluchze ich laut.

„In Ordnung." Er nimmt wieder seinen Platz ein. Vorsichtig dringt er mit einem Instrument in mich. „Spürst du das?"

Ich versuche, mich zu konzentrieren, dann schüttele ich den Kopf.

„Es wird ganz schnell gehen, in wenigen Minuten bin ich fertig", fährt er fort, ich höre, dass er den Sauger anstellt, ich presse die Hände vor mein Gesicht, schließe entsetzt die Augen.

„Lilly, du musst dich beruhigen, wenn du so zitterst, kann ich den Eingriff nicht durchführen." Seine Stimme klingt ganz sanft, auf so schmerzhafte Weise vertraut. Ich versuche, mich wieder in den Griff zu bekommen, schlucke heftig, ein bisschen lässt das Zittern nach.

Dieses Sauggeräusch ertönt wieder, ich lege einen Arm über meine Augen, mit der anderen Hand umkrampfe ich den Griff des Untersuchungsstuhls. Simon führt den Sauger in mich ein, Verzweiflung überkommt mich, es ist der schlimmste Moment meines Lebens.

Dann plötzlich ist Stille, ich höre nur noch mein Schluchzen.

Habe ich so dermaßen mein Zeitgefühl verloren? Oder ging es tatsächlich so schnell?

Ich hebe den Kopf und schaue zwischen meinen Beinen durch, Simon hat den Blick abgewandt, er fixiert einen Punkt an der Wand. Ich sehe ihn nur verschwommen, hastig wische ich mir die Tränen aus den Augen.

„Simon, was ist?" Meine Stimme ist nicht mehr als ein armseliges Winseln.

Er schüttelt den Kopf, dann sieht er mich direkt an. „Ich … ich kann das nicht tun!"

Er springt von seinem Hocker auf, reißt sich die Handschuhe und den Mundschutz weg und läuft im Behandlungszimmer Auf und Ab, immer wieder fährt er sich mit den Fingern durch die Haare.

„Ich kann das nicht, Lilly."

18

Ich richte mich entsetzt auf. „Aber … aber das kannst du mir nicht antun“, stammele ich. „Warum lässt du mich im Stich? Kannst du mir denn nicht wenigstens jetzt helfen?“, bitte ich ihn. „Muss ich wirklich zu einem anderen Arzt gehen?“

Ich bin wirklich verzweifelt, warum macht er das mit mir?

Simon lehnt sich gegen eine Untersuchungsliege, seine Kiefermuskeln spannen sich immer wieder an.

„Ich muss nachdenken, Lilly. Ich brauche Zeit“, sagt er leise.

„Zeit? Wie viel Zeit denn? Ich … ich möchte nicht länger warten, Simon. Mit jeder Minute, die es in mir wächst, wird es mir schwerer fallen!“ Ich beginne wieder zu weinen, fühle mich so unendlich allein.

Er atmet tief durch, dann kommt er zu mir, zu meiner Überraschung setzt er sich auf den Hocker vor mich.

„Ich weiß, Lilly“, flüstert er heiser. „Aber … aber ich kann den Eingriff nicht vornehmen, wenn es … wenn es von mir sein könnte.“

„Es IST dein Kind“, weine ich. „Ich habe dich geliebt, Simon. Ich hätte doch nie mit einem anderen Mann etwas anfangen können. Ich habe mich geirrt, was den Beginn meiner letzten Periode anging!“

Ich schlage die Hände vor mein Gesicht, was soll das alles hier? Warum tut er das?

Ich spüre seine Hände auf meinen Beinen, plötzlich bin ich mir meiner Nacktheit wieder sehr bewusst. Ich schiebe seine Hände energisch von mir. „Bitte fass mich nicht an. Ich ertrage das nicht mehr.“

„Tut mir leid.“ Simon sieht genauso verwirrt und verloren aus wie ich. „Lilly, ich bitte dich: Gib mir Zeit, über alles nachzudenken, vielleicht finde ich ja eine Lösung für das Baby.“

Ich lächele traurig. „Willst du ab und zu Vater-Mutter-Kind spielen? Uns gelegentlich besuchen kommen und ansonsten deinen Lebensstil, der dir so viel bedeutet, weiterleben?“

„Ich muss nachdenken. Bitte versprich mir, dass du solange nichts unternimmst. Bitte geh nicht zu einem anderen Arzt oder in eine Klinik, ja? Bitte …“ Er sieht mich eindringlich an.

„Nachdenken? Auf deiner Segeljacht auf Mallorca?“ Ich beiße mir auf die Unterlippe, doch diese Bemerkung konnte ich mir nicht verkneifen.

Er schüttelt den Kopf. „Nein, ich werde nicht wegfahren.“

„Wann hast du deine Pläne geändert?“

„Vor zwei Minuten etwa.“

„Aha.“ Ich weiß nicht, was ich von alldem hier halten soll. Ich bin so durcheinander, immer noch schluchze ich leise auf, und das verdammte Zittern bekomme ich auch nicht unter Kontrolle.

Simon reicht mir meinen Slip und meine Hose.

Ich rutsche von dem Stuhl hinunter, meine Beine sind wie aus Gummi. Als ich in mein Höschen schlüpfen will, wird mir plötzlich ganz schwummerig, panisch greife ich nach dem Untersuchungsstuhl um mich festzuhalten, dann ist da nur noch Schwärze.

„Lilly, hey Süße, bitte mach die Augen auf.“

Von irgendwoher höre ich eine warme vertraute Stimme, die bittersüße Erinnerungen weckt. Meine Lider flackern, ich sehe in ein Paar dunkle Augen, die mich aber mit Besorgnis, statt mit Verlangen mustern.

Es dauert eine weitere Sekunde, ein Blinzeln, dann ist alles schlagartig wieder da. Kälte erfasst mich, ich sehe mich um, doch ja, ich bin noch in dem Untersuchungsraum.

Ist es vorbei?

Tränen steigen mir in die Augen, ich hab es getan, ich hab es wirklich getan, ich hasse mich dafür.

„Lilly, rede mit mir … wie fühlst du dich?“ Simon hält mein Gesicht zwischen seinen Händen, ich sollte ihn anschreien, ihn wegschieben, doch im Moment lähmt mich mein Entsetzen zu sehr.

„Ist es … ist es weg?“, frage ich ihn mit piepsender Stimme.

„Weg? Was meinst du? Den Embryo? Nein, Lilly, wir haben es nicht durchgezogen, weißt du das nicht mehr?“ Er runzelt die Stirn, seine Hand streichelt zärtlich über meinen Kopf.

Doch, er hat recht! Mein Herz beginnt ganz schnell zu klopfen, jetzt weiß ich wieder wirklich alles.

„Okay.“ Ich bin so erleichtert, dass mir sogar ein kleines Lächeln gelingt. Ich will mich aufsetzen, kurz wird mir noch einmal schwindelig.

„Langsam, Lilly.“ Simon hält mich am Arm fest, jetzt realisiere ich, dass ich mich zugedeckt auf einer Liege befinde und ich habe meinen Slip an. „Ich kann dich leider nicht nach Hause bringen, ich muss in der Klinik bleiben. Ist Bienchen da, kann er dich holen?“

Ich nicke nur, dann gibt mir Simon meine Tasche. „Soll ich ihn anrufen?“

„Nein, lass mal, das mach ich lieber selbst.“ Ich will mir nicht ausmalen, was Bienchen ihm an den Kopf donnern könnte, wenn er ihn in der Leitung hat.

Meine Hände zittern immer noch ein wenig, als ich die Nummer wähle.

„Ja? Was ist, Honey?“ Bienchens Stimme klingt ganz verrucht, ich scheine ihn gerade bei etwas wirklich Wichtigem gestört zu haben.

„Hallo, ich bins“, sage ich kläglich.

„Mausi – das sehe ich doch an dem Display, du sexy Dummerchen“, kichert mein Freund. „Wo bist’n du?“

„In der Klinik“, antworte ich und versuche, diesen jammerigen Ton aus meiner Stimme herauszubekommen, wird schwierig.

„Immer noch? Wieso? Du müsstest doch schon längst zuhause sein.“ Bienchens Tonfall verändert sich, er scheint hellhörig zu werden.

„Kannst du mich abholen? Ich erkläre dir alles später. Aber … also … ich kann im Moment schlecht mit dem Bus fahren.“

„Was ist passiert? Raus damit!“

„Ich sagte doch, ich erkläre es dir später“, bitte ich ihn.

„Wir kommen sofort, wo bist du? Auf deiner Station? Oder wo finden wir dich?“, sagt er hastig.

Wir? Oh nein, denke ich verzweifelt. *Nicht das auch noch!*

„Kannst du nicht alleine kommen?“

„Geht nicht, ich bin bei Rob und den lasse ich heute nicht mehr aus meinen Fängen. Also: Wo bist du?“

„Ich werde unten auf euch warten, im Bereich des Haupteinganges“, erkläre ich ihm.

„Wir reiten schon los, holde Göttin“, kichert Bienchen albern, dann drückt er mich weg.

„Alles okay“, murmele ich nur, ich schaue Simon wieder an, der mich aufmerksam beobachtet. Statt einer Antwort misst er erneut meinen Blutdruck, ich bin viel zu erschöpft, um mich gegen seine Berührungen zu wehren.

„Immer noch zu niedrig.“ Er schüttelt den Kopf. „Mir wäre es fast noch lieber, du würdest die Nacht hier bleiben.“

„Nein, das ist schon in Ordnung. Bienchen und sein Freund kommen mich holen, er wird sich gut um mich kümmern.“ Ich rutsche von der Liege und greife nach meiner Hose.

„Warte …“ Simon kommt mir zu Hilfe.

„Halte dich mit einer Hand an der Liege fest, mit der anderen stützt du dich auf meiner Schulter ab“, weist er mich an.

„Ich denke, das kann ich schon alleine.“ Ich möchte weg aus seiner Nähe. Auch wenn ich wütend auf ihn bin und sehr verletzt, hat er immer noch diese verwirrende Wirkung auf mich.

„Und ich denke, dass du das NICHT kannst.“ Er schaut mir in die Augen, er sieht sehr entschlossen aus. „Los jetzt.“

Ich überlege, ob ich noch einmal aufmucken soll, fühle mich aber wie gerädert und entscheide mich dagegen. Gemeinsam schaffen wir es dann, mich in meine Jeans zu verfrachten, ich atme auf, als ich den Hosenknopf geschlossen habe.

„Ich begleite dich noch nach unten und warte mit dir“, sagt Simon..

„Oh, lieber nicht“, bitte ich ihn. Für ein erneutes Zusammentreffen von Simon und Bienchen ist mein Nervenkostüm einfach nicht stark genug.

„Oh doch!“ Simon greift nach meinem Arm und will mit mir zur Tür gehen, doch kurz davor stoppe ich ab.

„Was ist? Ist dir wieder schwindelig?“ Er streichelt mir kurz über meine Haare, diese Berührungen sind schwer auszuhalten.

„Ich möchte nicht, dass man uns zusammen hier hinausgehen sieht.“

„Hast du eigentlich keine anderen Sorgen?“ Simon wirkt genervt, dann lässt er mich aber los. „Okay, geh bis zu den Aufzügen und warte da.“

„Du musst nicht mitgehen“, versuche ich es erneut.

„Ich weiß, dass ich das nicht muss, aber ich werde es trotzdem tun! Ist das klar?“ Er sieht mich jetzt richtig böse an, ich will noch einmal aufbegehren, verkneife es mir dann aber, stattdessen nicke ich nur.

Ich schaue mich um, ob jemand von meinen Kollegen auf dem Flur ist, aber die Luft ist rein, also gehe ich langsam los.

Ich bin noch sehr wacklig auf den Beinen, die letzten Stunden, nein, die letzten Tage hatten es in sich.

Einer der Aufzüge stoppt gerade auf dieser Etage, ich zögere nicht und schlüpfe hinein.

Mir doch egal, wenn der sauer ist, denke ich trotzig und fahre abwärts.

Im großen Eingangsbereich der Klinik stehen einige Bänke, jetzt bin ich aber doch froh, als ich sie erreiche. Ich habe mich gerade hingesetzt, da sehe ich, dass Simon auch schon herangestürmt kommt. Seine Miene verspricht nichts Gutes, soll er doch meckern.

„Was an meiner Anweisung war so unverständlich?“, raunzt er mich auch sofort an.

„Der Aufzug ist direkt gekommen“.

Simon fährt sich mit den Fingern durch die Haare, dann hockt er sich vor mich hin. „Wie fühlst du dich?“

„Ich bin okay, zumindest … zumindest körperlich“, antworte ich ihm ehrlich.

„Lilly, ich weiß, dass ich mich in deinen Augen wie ein Arschloch verhalten habe. Aber bitte gib mir die Möglichkeit, nach einer Lösung für das Baby zu suchen. Mehr erwarte ich auch gar nicht von dir“, sagt er leise. Er sucht meinen Blick, doch ich kann ihn nicht ansehen. Dann nimmt er meine Hände in seine, ich entziehe sie ihm.

„Lass das Simon. Bitte fass mich nicht mehr an, ich … ich halte das nicht aus.“

„Entschuldige.“ Er setzt sich neben mich.

Wir schweigen beide, ich bin froh, dass ich erst mal nicht reden muss. Ich weiß nicht, was ich denken soll, ich habe keine Ahnung, was die Zukunft bringen wird. Und ich kann mir auch nicht vorstellen, wie eine Lösung aussehen soll, die allen gerecht wird. Aber ich bin auch zu müde, um darüber jetzt nachzugrübeln.

„AH!“

Ich höre Bienchens Stimme, mit Rob im Schlepptau rauscht er energisch auf uns zu.

„Was ist los, Honey?“, fragt er, dann trifft sein eisiger Blick Simon.

„Warum bist du hier in ihrer Nähe? Du hast nicht das Recht dazu! Du hast noch nicht einmal das Recht, sie anzusehen oder die gleiche Luft wie sie einzuatmen! Mach bloß, dass du verschwindest!“

„Ui“, kommentiert Rob den Ausbruch seines Lovers.

„Bienchen, lass uns fahren.“ Ich rappele mich von der Bank hoch, Bienchen ergreift meine Hand und nimmt mich in seinen Arm.

„Ich verstehe Ihre Aufgebrachtheit.“ Simon hat sich ebenso erhoben, aus den Augenwinkeln bemerke ich, dass Rob ihn aufmerksam mustert.

„Ist das DER Oberarzt?“, fragt er dann höchst interessiert.

„Ja, Mr. Asshole-Bombastic“, zischt Bienchen ihm zu. „Eine von den Heten-Schlampen, die meinen, dass ihre Gene so toll wären, dass sie sie überall unterbringen müssen.“

„Lass uns bitte gehen“, drängele ich, ich schaue mich vorsichtshalber um, aber um diese Zeit ist nur die Anmeldung besetzt und der Portier telefoniert gerade.

„Und der meiner Göttin unterstellt, dass sie mit noch einem Kerl herumgemacht hätte“, fährt Bienchen ungerührt fort.

„Echt?“ Robs Mund bleibt offen stehen, er scheint sehr beeindruckt zu sein.

„Ich wünsche Ihnen auch einen schönen Abend!“ Simon schaut Bienchen warnend an, das wird mir hier zu heikel, ich zerre an Bienchens Arm.

„Komm jetzt bitte.“

„Und der jetzt feige den Schwanz einzieht, wo es ernst wird!“ Bienchen scheint von Simons bösen Blicken ganz unbeirrt zu sein. „Weißt du eigentlich, wie scheiße es Lilly ergangen ist? Sie hat kaum noch was gegessen und sich die Augen ausgeheult! UND WENN MEINE LILLY HEULT UND DIE NAHRUNG VERWEIGERT, DANN WILL DAS SCHON WAS HEISSEN!“

„Das reicht jetzt!“ Ich presse meine Hand auf seinen Mund und ziehe ihn energischer von Simon weg. „Hilf mir“, bitte ich Rob, der immer noch ganz fasziniert von dem Spektakel zu sein scheint.

„Ich melde mich bei dir, ruh dich aus.“ Simon lächelt mir zu, doch ich kann sein Lächeln nicht erwidern. Dann wendet er sich an Bienchen. „Kümmern Sie sich gut um sie. Sie soll sich erst mal ausschlafen – und natürlich ausreichend essen und trinken.“

„Das musst DU MIR nicht sagen“, zischt Bienchen böse, er ist immer noch sehr aufgebracht. „Ich würde alles für sie tun. ALLES!“

„Bitte lass uns jetzt gehen.“ Mein Nervenkostüm zerfetzt sich gerade in tausend kleine Stücke, ich kann und will hier nicht mehr bleiben.

„Komm Darling, du siehst doch, wie scheiße Lilly aussieht“, sagt Rob sanft.

Immerhin scheint er Bienchen zu erreichen, denn der hört endlich damit auf, Simon mit tödlichen Blicken zu belegen.

Endlich können wir die Klinik verlassen, ich fühle mich wie durch einen Fleischwolf gedreht. Bienchen verfrachtet mich behutsam auf die Rückbank im Auto, schnallt mich sogar an, bevor er und Rob ebenfalls einsteigen.

„Was ist denn bloß passiert, Mausi?“, erkundigt er sich dann. „Wieso siehst du so fertig aus? Und warum saß dieser Scheißkerl an deiner Seite?“

„Ich … ich wollte, dass er das Kind abtreibt“, sage ich leise. Jetzt, wo ich die Worte ausspreche, kommt mir alles so ungeheuerlich vor.

Bienchen tritt scharf auf die Bremse, hinter uns wird ärgerlich gehupt, aber ihn scheint das nicht zu interessieren. „Sag das noch mal!“ Seine Augen sind weit aufgerissen.

„Du hast mich doch verstanden!“

„Und? Hat er es getan?“, bohrt Bienchen weiter nach, er ist blass um die Nase, das kann ich nachvollziehen.

„Nein, er … er war kurz davor, aber dann hat er gesagt, er könne das nicht tun.“ Ich schließe die Augen, die letzten Stunden haben es wirklich in sich gehabt.

Das Hupen um uns herum wird lauter, Bienchen scheint nicht im Mindesten zu interessieren, dass er in der zweiten Reihe parkt.

„Und warum konnte er nicht?“, keucht er, jetzt tut es mir schon fast leid, dass ich ihn mit dieser Nachricht konfrontiert habe.

„Er sagt, er könne es nicht, weil es seins sein könnte.“

„SEIN KÖNNTE? Zweifelt er immer noch daran?“ Bienchen wird wieder wütender.

„Er sagt, er brauche Zeit, um sich eine Lösung zu überlegen.“ Mir steigen wieder Tränen in die Augen. „Aber wie soll die denn aussehen? Ich möchte keine alleinerziehende Mutter sein, so hab ich mir das alles nicht vorgestellt."

„Warte erst mal ab, was der sich in seinem schönen Köpfchen so ausdenkt." Bienchen atmet tief durch. „Gottchen, Gottchen, du kreuzt hier aber mit Neuigkeiten auf!"

„Fahr lieber weiter, der Typ hinter uns ist gerade ausgestiegen!" Rob stupst Bienchen in die Seite. „Und der sieht wütend aus ..."

Bienchen reiht sich wieder in den fließenden Verkehr ein. Ich schaue aus dem Rückfenster und sehe, wie ein bulliger Typ hinter uns die Fäuste schwenkt.

„Im Grunde war das ein sehr genialer Schachzug von Lilly." Rob nickt mir kurz zu.

„Inwiefern?" Bienchen kann das nicht nachvollziehen – ich im Übrigen auch nicht.

„Na ja, indem sie den werdenden Vater vor vollendete Tatsachen gestellt hat. Zu hören, dass jemand schwanger ist, ist die eine Sache – aber sich dann selbst so damit konfrontiert zu sehen, eine andere. Er hätte es in der Hand gehabt, die Schwangerschaft abzubrechen, aber da war er dann doch zu feige – oder nicht skrupellos genug."

Ich schaue Rob müde an. „Das war aber nicht so von mir gedacht, ich wollte bestimmt keine psychologischen Spielchen spielen."

„Aber es hat gewirkt. Er setzt sich jetzt damit auseinander, deine Aktion scheint etwas in ihm berührt zu haben. Vielleicht hat er ja doch ein Herz?", grinst Rob.

„Nein, hat er nicht", knurrt Bienchen. „Sonst hätte er Lilly niemals so behandelt."

„Er ... er hat doch auch schon eine neue Geliebte." Ich kann nur noch flüstern. „Wie stellt er sich das denn alles vor?"

Ich lege meinen Kopf an die Nackenstütze und schließe die Augen. Ich bin so müde, so unendlich müde.

„Nun, darauf bin ich auch gespannt." Rob klingt ganz vergnügt, wenigstens einer, der dem Ganzen eine heitere Note abgewinnen kann.

Das nächste, was ich registriere, ist, dass mich jemand hochhebt. Ich öffne langsam die Augen, es ist Rob, der mich auf seinen Armen trägt.

„Lass, ich bin zu schwer", murmele ich.

„Rob kann das, er ist unglaublich stark“, flötet Bienchen ehrfurchtsvoll und schließt die Haustür auf.

„Aber bis nach oben, das ist zu viel.“ Ich winde mich ein wenig, aber Rob schüttelt nur den Kopf.

„Lass nur, dann verzichte ich morgen auf mein Workout.“

Ich zucke mit den Schultern, es ist verlockend, mich hochtragen zu lassen, ich kann mir auch nicht vorstellen, selbst die Treppen hinaufzukommen.

Rob bringt mich bis in mein Zimmer, Bienchen setzt sich direkt auf meine Bettkante und sieht mich besorgt an. „Soll ich dir noch was zu essen machen? Eine Hühnersuppe oder so was?“

Ich muss glucksen. „Ich bin nicht erkältet, sondern bloß schwanger.“

„Ja, was weiß denn ich?“, faucht Bienchen eingeschnappt.

„Ich möchte nur etwas zu trinken, danke.“

„Kommt sofort.“ Bienchen haucht mir einen Kuss auf die Stirn, mehr bekomme ich nicht mehr mit.

Als ich das nächste Mal die Augen aufschlage, ist es schon hell in meinem Zimmer. Erschrocken sehe ich auf die Uhr, gleich halb neun.

Ich schwinge die Beine aus dem Bett, irgendwie fühle ich mich wie gerädert, dann fällt mein Blick auf mein Handy, ich habe zwei SMS bekommen – von Simon.

Ich bin richtig erschrocken, jetzt bin ich wirklich hellwach. Nervös öffne ich die erste Nachricht.

Wie geht es dir? Hast du etwas gegessen und getrunken?

Ich schaue auf das Absendedatum, er hat sie gestern Abend noch losgeschickt, etwa eine halbe Stunde nachdem ich die Klinik verlassen habe.

Die zweite Nachricht ist von heute Morgen.

Ich will dich heute nicht in der Klinik sehen. Ruh dich aus und bleib im Bett. Das ist keine Bitte, sondern eine Anordnung von deinem Chef!

„Pff“, knurre ich nur, dann tapse ich hinaus in die Küche. Bienchen ist schon weg, er hat aber den Tisch für mich gedeckt und sogar Blümchen darauf gestellt. Ich muss lächeln, er ist wirklich ein Goldschatz.

Von ihm habe ich auch eine Nachricht bekommen, ein Zettel liegt auf dem Teller, natürlich in fein säuberlicher Handschrift geschrieben.

Guten Morgen, Honey. Auch wenn dein Arzt eine blöde Schlampe ist, hat er doch recht: ISS WAS!

Ich kichere in mich hinein, aber ich verspüre tatsächlich ein Hungergefühl.

Als ich in mein Brötchen beiße, schaue ich nachdenklich aus dem Fenster. Ich habe keine Ahnung, wie es weitergehen soll, aber trotzdem fühle ich mich heute nicht mehr ganz so traurig und einsam. Wenigstens macht Simon sich jetzt ebenfalls Gedanken um das Baby und auch, wenn ich mir beim besten Willen keine Lösung vorstellen kann, ist das ein gutes Gefühl.

Nachdem ich etwas gegessen habe, fühle ich mich soweit fit, dass ich sogar in die Klinik gehen kann.

Simons „Anordnungen" per SMS sind mir ganz egal, er hat mir nichts vorzuschreiben. Immerhin bin ich in der Probezeit, selbst wenn ich das Kind austragen sollte und der Mutterschutz einsetzt, will ich einen guten Eindruck machen.

Als ich mich gegen Mittag fertig umgezogen habe, geht auf einmal die Haustür auf und Bienchen steht vor mir.

„Wo willst du denn hin?", fragt er mich argwöhnisch.

„Zur Arbeit, wohin denn sonst?"

„Nein, willst du nicht!" Mein Freund baut sich mit verschränkten Armen vor mir auf. „Du warst gestern noch ein nervliches Wrack, du gehst heute nirgendwohin, außer vielleicht in die Badewanne!"

„Bienchen, ich möchte mir nicht noch einen Krankheitstag leisten", antworte ich genervt, fängt der jetzt auch noch an?

„Du bist krank!"

„Ich bin schwanger und etwas … etwas durcheinander, nichts weiter", pampe ich ihn an. Ich weiß ja, dass er es gut meint, aber seine Fürsorge geht mir manchmal ein wenig zu weit.

„Okay, dann halt anders: Ich weiß, dass du gestern vor den Augen deines Ex-Lovers zusammengeklappt bist!"

„W … was?", keuche ich atemlos. Diese Info kann er doch nur von einem haben!

„Er hat mich heute Morgen angerufen und gebeten, dafür zu sorgen, dass du dich schonst", berichtet Bienchen mir weiter.

„Woher weißt der deine Nummer?“, argwöhne ich.

„Ich habe ihm doch damals erzählt, wo ich arbeite. Ist DAS jetzt irgendwie wichtig?“ Bienchen versucht mich wieder ins Wohnzimmer zu schieben, doch ich schüttele energisch den Kopf.

„Nein, ich gehe in die Klinik.“

„Jetzt sei doch vernünftig“, stöhnt Bienchen.

„Er hat dich nicht anzurufen – und ich entscheide immer noch selbst, was für meine Gesundheit das Beste ist.“

„Du bist nicht mehr nur für dich alleine verantwortlich, schon vergessen?“

Ich lache bitter auf. „Als ob ich das nur eine Minute lang vergessen könnte“, murmele ich, dann schnappe ich meine Tasche und verlasse die Wohnung.

Ich bin gerade unten angekommen, da ist Bienchen auch schon neben mir. „Dann lass mich dich wenigstens fahren.“

„Okay.“ Ich lächele ihn wieder etwas milder an. „Ich weiß, dass du dir Sorgen machst, aber ich fühle mich gut.“

„Ich verstehe deinen Groll auf den Scheißkerl und ich verstehe auch, dass du bockig bist, wenn er dir hinterher stalkt. Aber ich glaube, er macht sich in diesem Fall richtig Sorgen, auch wenn er es nur als dein Arzt tut.“

„Er ist nicht mein Arzt“, sage ich trotzig, Bienchen stöhnt wieder auf, sagt aber nichts mehr.

Sigrid hat heute mit mir Dienst, ich freue mich, sie zu sehen. Sie begrüßt mich auch sehr freundlich, dann werfe ich einen Blick auf den Dienstplan der Ärzte, Simon ist heute noch einmal da, ab morgen hat er Urlaub.

Ob er wirklich nicht nach Mallorca fliegt? Ich knabbere auf meiner Unterlippe herum. Natürlich spukt mir der gestrige Tag noch im Kopf herum und meine Anspannung, was für eine Lösung mir Mr. Bombastic präsentieren will, steigt immer mehr.

„Sag mal, ist etwas mit dir?“ Sigrid reißt mich aus meinen Grübeleien. „Irgendwie bist du in der letzten Zeit so komisch.“

„Hm, nein, nein.“ Ich versuche, ihr beruhigend zuzulächeln. „Alles in Ordnung.“

„Sollen wir nach der Arbeit zusammen etwas trinken gehen?“ Sie sieht mich so freundlich an, dass ich spontan zusage.

Ich freue mich über ihr Angebot, nur mal wieder mit einer Frau zu quatschen, bringt mich vielleicht auf andere Gedanken. „Gerne."

Dann stürze ich mich in die Arbeit und schnappe mir die erste Krankenakte. Ich will versuchen, so wenig wie möglich hier am Tresen zu sein, Simons Büro ist in Sichtweite den Gang hinunter, und auch wenn es ihn nichts angeht, ob ich hier bin oder nicht, über den Weg laufen möchte ich ihm nicht unbedingt. Ich sehe auch zu meiner Erleichterung, dass er für zwei OPs eingetragen ist, die Chance ist groß, ihm überhaupt nicht zu begegnen.

Am späten Nachmittag betätigt eine der frisch operierten Frauen den Rufknopf, als ich ihr Zimmer betrete, fällt mir ihr Zugang auf, der sich gelöst hat.

„Tut mir leid, ich habe mich im Schlaf wohl umgedreht und es nicht bemerkt", sagt die Patientin zerknirscht.

„Kein Problem, das haben wir gleich wieder." Ich drücke ihre Hand und lächele ihr beruhigend zu.

Während ich alles wieder richte, geht die Tür hinter mir auf, ich drehe mich nicht um, sondern konzentriere mich darauf, den Zugang wieder zu fixieren.

„Oh, Dr. Stegmann", höre ich dann die Frau sagen.

Mist! Ich wage es nicht, mich umzudrehen.

„Wie fühlen Sie sich, Frau Zimmermann?" Simon geht auf die andere Seite des Bettes und lächelt der Frau zu. „Haben Sie Schmerzen?"

„Nein, es geht schon. Nur mein Zugang war mir abhandengekommen, aber die nette Schwester hat es schon wieder gerichtet."

„Das ist gut." Ich spüre, dass Simon mich anschaut, ich versuche, mir nichts anmerken zu lassen und richte mich auf..

„So, wieder alles schick", sage ich.

„Lilly, ich möchte Sie gleich kurz sprechen, bleiben Sie bitte in der Nähe", spricht Simon mich dann an, ich blicke scheu zu ihm, seine Augen funkeln böse.

„Ich … ich bin am Tresen", stammele ich nur, dann lächele ich der Patientin noch einmal zu und verlasse rasch das Zimmer.

Als ich die Tür hinter mir schließe, atme ich erst einmal tief durch. Wie ärgerlich, wieso musste ich Simon über den Weg laufen?

Er hat doch gleich Feierabend, und dann hätte ich ihn eine ganze Woche nicht sehen müssen.

Während ich versuche, mich wieder zu beruhigen, schnappe ich mir die nächste Aufgabe, nein, ich werde hier nicht auf ihn warten, wenn er etwas von mir will, dann muss er mich suchen. Die Patientinnen warten schließlich auf ihre Medikamente.

Ich beginne also mit der Verteilung und mache mich wieder auf den Weg.

Als ich aus dem dritten Zimmer komme, lehnt Simon lässig an der gegenüberliegenden Wand, seine Arme sind verschränkt und er sieht äußerst entschlossen aus.

Ich nicke ihm kurz zu, dann will ich meinen Weg fortsetzen.

„Wenn du nicht in zwei Minuten bei mir im Büro bist, dann wirst du mich mal richtig sauer erleben“, sagt er leise.

„Ja, bin gleich da“, antworte ich knapp, aber ich lasse mir Zeit. Ich brauche noch ein paar Minuten, um mich zu sammeln und verteile die restlichen Medikamente.

Ich bin vor lauter Aufregung einer Ohnmacht nahe, als ich kurz darauf an Simons Bürotür klopfe.

„Komm rein“, knurrt es von drinnen und ich frage mich, ob ich eigentlich alle Tassen im Schrank habe, dass ich jetzt DA hineingehe.

Er erhebt sich sofort von seinem Schreibtischstuhl und kommt auf mich zu, irgendwie hat das etwas von einer Raubkatze, kurz bevor sie sich auf ihre Beute stürzt.

„Du … du wolltest mich sprechen?“ Ich knete meine Finger ineinander, hoffe, dass er nicht bemerkt, wie nervös ich bin.

„JA! Das wollte ich allerdings!“ Er bleibt dicht vor mir stehen, unwillkürlich mache ich einen Schritt zurück. „Kannst du mir mal sagen, was du hier machst? Du solltest zuhause in deinem Bett liegen und AUF GAR KEINEN FALL HIER SEIN!“

Ich kann ihm ansehen, dass er sich nur mit Mühe beherrschen kann.

„Danke für deine Fürsorge, aber es geht mir schon viel besser“, lächele ich.

„Gestern bist du vor meinen Augen zusammengeklappt, ganz davon abgesehen, dass du nervlich völlig am Ende warst“, fährt er ungerührt fort. „Es geht hier nicht nur um dich, Lilly. Wenn du so unvernünftig bist, dann ist das die eine Sache. Wenn du aber noch ungeborenes Leben gefährdest, dann ist das noch mal was ganz anderes."

Ah, daher weht der Wind, er sorgt sich gar nicht um dich!

Ich kann nicht verhehlen, dass mir das einen Stich gibt.

„Ich gefährde hier nichts und niemanden. Kann ich jetzt gehen? Oder gibt es noch einen anderen Grund, warum du mich sprechen wolltest?" Meine Stimme klingt kühl, ich bin froh, dass man mir nicht anhören kann, wie aufgewühlt ich bin.

Simon hebt seine Hände und will mich berühren. „Lilly …"

„Nicht anfassen!", füge ich eisig hinzu.

Er nickt nur. „Nein, ich habe mir noch keine Gedanken machen können, aber ich habe jetzt eine Woche frei, wie du weißt."

„Hast du denn dann genügend Zeit zum Nachdenken? Ich meine, du hast doch jetzt wieder jemanden." Ich weiß, dass ich mir das verkneifen sollte, es geht aber nicht, so cool bin ich einfach nicht.

„Das musst du schon mir überlassen, Lilly. Ich kann mir meine Zeit ganz gut einteilen."

„Dann ist ja gut." Mir steigt schon wieder so ein fieser Kloß in den Hals, ich schlucke heftig, doch ich kann es nicht verhindern, mir kommen die Tränen. Hastig versuche ich sie wegzublinzeln, doch Simon hat es schon entdeckt.

„Lilly, es tut mir so leid, ich … ich wollte dich bestimmt nicht verletzen", sagt er dann mit seiner sanften Stimme, die das Ganze nur noch unerträglicher macht. „Ich dachte, du siehst das auch so unverbindlich wie ich. Ich hab dir nie was vorgemacht, oder?"

Ich schüttele den Kopf, natürlich hat er recht. „Nein, das … das hast du nicht. Das … das bedeutet aber nicht automatisch, dass sich … dass sich der andere keine Hoffnungen macht, oder?"

„Du hast auf mich so einen aufgeweckten und lebenslustigen Eindruck gemacht, ich dachte, du würdest das auch locker sehen", sagt er nachdenklich.

„Hör zu, Simon: Ja, es stimmt, ich habe mich in dich verliebt, das war ein großer Fehler, doch so etwas kann man nun mal nicht steuern. Mir wäre es ganz recht, wenn wir nur noch über die Schwangerschaft reden würden und wie es damit weitergeht, okay?" Meine Stimme zittert, warum kann ich nicht so scheißsouverän sein wie er?

„In Ordnung. Wie gesagt, ich werde mir jetzt ausgiebig Gedanken machen und dir dann Bescheid geben.“

Ich kann den Ausdruck in seinen Augen nicht deuten, vielleicht ist es sogar Mitleid, wer kann das bei diesem Typen schon wissen?

Ich wische mir schnell die Tränen aus dem Gesicht. „Gut, aber bitte lasse dir nicht zu viel Zeit, ja?“

„Natürlich. Ich werde nichts hinauszögern. Danke für dein Entgegenkommen, Lilly.“ Er wirkt sogar etwas verlegen. „Ich weiß, dass ich dazu überhaupt kein Recht habe. Aber ich weiß auch, dass du es bereut hättest, wenn wir gestern den Abbruch vorgenommen hätten.“

Ich kann ihn nicht mehr ansehen, er kennt mich einfach schon zu gut und sein Gespür für mein Gefühlsleben hat ihn offenbar noch nicht ganz verlassen.

„Mag sein“, murmele ich nur, dann greife ich nach der Türklinke, ich muss einfach raus hier.

Ich gehe hastig zu den Waschräumen und versuche meine Fassung wieder zu erlangen. Es ist schwer, es ist so verdammt schwer. Warum tut es nur so weh?

Ich kann mich nicht erinnern, so etwas bei der Trennung von Jonas empfunden zu haben.

Aber es hilft ja alles nichts, es muss irgendwie weitergehen. Kurz überlege ich, ob ich die Verabredung mit Sigrid heute Abend absagen soll, ich kann mich ja noch nicht einmal betrinken. Doch dann entscheide ich mich dafür, mit ihr auszugehen. Vielleicht komme ich auf andere Gedanken, das würde mir echt mal guttun.

Simon verabschiedet sich kurz darauf von den Schwestern und Pflegern.

„Haben Sie einen schönen Urlaub, Dr. Stegmann“, lächelt Anna ihm zu. „Erholen Sie sich gut.“

Die anderen wünschen ihm ebenfalls einen erholsamen Urlaub, ich kann spüren, dass er meinen Blick sucht, doch ich schaue ihn nicht an, sondern tue so, als sei ich in eine Patientenakte vertieft. Als er endlich gegangen ist, atme ich innerlich auf.

„Ich gehe mit einer Kollegin nach der Arbeit noch etwas aus“, informiere ich dann Bienchen pflichtschuldig.

„Ja, mach das, finde ich gut, Schätzchen. Aber keinen Alkohol!“

„Ich weiß schon Bescheid, Bienchen.“ Seit ich schwanger bin, verfällt er immer öfter in eine Art Mutti-Modus. Oder hat Simon ihn angewiesen, auf mich aufzupassen? Zuzutrauen wäre ihm das glatt.

Sigrid schlägt mir einen Biergarten in der Nähe vor, mir ist das ganz recht, so habe ich es hinterher nicht so weit nach Hause.

Es ist sehr voll, mit viel Glück ergattern wir noch einen freien Tisch.

„Puh, geschafft“, strahlt Sigrid.

Ich bestelle mir eine Apfelschorle, meine Kollegin ein Bier.

„Trinkst du keinen Alkohol?“, fragt sie mich auch prompt.

„Selten“, lüge ich. Ich bin froh, dass sie mich noch nicht so gut kennt.

„Ich finde es schön, dass wir mal zusammen was unternehmen. Ist ja gar nicht so leicht durch die blöden Dienstzeiten.“ Sigrids Freundlichkeit ist so wohltuend für mich.

„Ich habe mich auch sehr gefreut, als du gefragt hast. Irgendwie habe ich noch nicht so richtig Kontakt hier in der Stadt gefunden.“

Nö, du bist nur direkt schwanger geworden, so viel zum Thema ‚Kontakt‘, höhnt es in mir.

Sigrid ist wirklich gut drauf an diesem Abend, sie erzählt mir den neusten Kollegentratsch, ich habe in den letzten Tagen zu viel mit mir selbst zu tun gehabt, als mich darum zu kümmern und scheinbar viel verpasst.

„Und Stegmann soll jetzt mit einer Natascha zusammen sein“, plappert sie munter..

„Wer … wer ist denn diese Natascha?“ Ich versuche, ganz unbeteiligt zu klingen.

„Keine Ahnung, ich kenne niemanden aus der Klinik, der so heißt. Vielleicht ist sie in einer ganz anderen Abteilung oder er hat sich mal außerhalb umgesehen. Aber so exakt brauchen wir da wohl nicht nachzuforschen, es sei denn, er hält es länger als ein paar Wochen mit ihr aus“, kichert Sigrid.

„Hm.“ Ich schlucke hart, schon wieder steigen mir die Tränen in die Augen, verdammt, das passt aber jetzt gar nicht, dass ich hier anfange, loszuheulen.

„Lilly?“ Sigrid stupst mich leicht an der Hand an. „Du hast doch irgendwas, oder? Du bist in der letzten Zeit so abwesend und wirkst traurig. Als du bei uns angefangen hast, warst du viel fröhlicher. Ich weiß, ich habe kein Recht dazu, dich auszuhorchen, aber wenn du jemanden zum Reden brauchst …"

Ich sehe sie nur verschwommen, so feucht sind meine Augen, bin ganz gerührt von ihren Worten. „Danke", sage ich mit rauer Stimme.

„Gefällt es dir bei uns auf der Station nicht? Hast du Probleme mit den Kollegen?"

„Nein." Ich schüttele den Kopf, jetzt kullern die ersten Tränchen, ich kann es nicht stoppen.

„Lilly!" Sigrid sieht mich ganz erschrocken an. „Was ist denn bloß los?"

„Ich … ich bin schwanger", platzt es dann aus mir heraus. „Das ist los."

Ich weiß auch nicht, warum ich ausgerechnet ihr das jetzt erzähle, ich muss total bescheuert sein, aber es tut auch gut, mit jemandem außer Bienchen darüber zu reden.

„Oh …" Sie wirkt fassungslos, wäre ich wahrscheinlich auch an ihrer Stelle. „Damit hätte ich jetzt nicht gerechnet. Aber … aber du bist noch ganz am Anfang, oder?"

Ich nicke. „Ja, das bin ich. Und ehrlich gesagt weiß ich auch noch nicht, wie das weitergehen wird."

„Verstehe." Sie sieht mich mitfühlend an. „Was ist denn mit dem Vater des Kindes?"

Ich schüttele nur den Kopf. „Wir sind kein Paar, es war nur eine flüchtige Affäre."

„Oh, das tut mir leid." Sigrid atmet tief durch. „Na, das sind ja Neuigkeiten."

„Wirst du es in der Klinik herumerzählen?" Ich schicke ihr einen flehenden Blick, ich hätte nichts sagen sollen, das ist mir klar, aber ich bin trotzdem froh, dass ich mich zumindest ihr gegenüber nicht mehr verstellen muss.

„Nein, natürlich nicht." Sigrid greift nach meinen Händen. „Lilly, bitte sieh mich mal an."

Ich schaue auf, immer noch kann ich die Tränen nicht stoppen.

„Hat Stegmann damit vielleicht irgendwas zu tun?"

Ich zucke erschrocken zusammen. „Wie … nein … nein, natürlich nicht", stammele ich entsetzt.

Sigrid lächelt mir zu. „Weißt du, es laufen Wetten bei uns in der Klinik, ich hasse das zwar, aber du weißt ja, wie die Kollegen sind.

Es geht darum, wer wohl Stegmanns Charme noch zum Opfer fallen wird und du stehst da mit auf der Liste“, erklärt sie mir traurig.

„Und wie kommen die Kollegen darauf?“ Ich gebe zu, dass mich das doch sehr trifft. War es so offensichtlich, dass ich mich in ihn verguckt habe?

„Weil du ein sehr hübsches Mädchen bist, Lilly. Und weil Cheffe so ungemein charmant sein kann.“

Ich beiße auf meiner Unterlippe herum, dann wische ich mir hastig die Tränen aus dem Gesicht. „Und was glaubst du? Hat er mich rumgekriegt?“, frage ich bitter.

Sie zuckt mit den Schultern. „Das weiß ich nicht. Aber ich weiß, dass er es zumindest wollte. Ich kenne den Kerl jetzt schon seit seiner Assistenzzeit, und so wie er dich angesehen hat, war er zumindest sehr interessiert.“

„Ah ja“, presse ich nur hervor.

„Hab ich recht?“ Sigrid sucht meinen Blick, aber ich schäme mich zu sehr, als dass ich ihr in die Augen sehen kann, stattdessen nicke ich nur.

„Ja, er WAR interessiert“, gestehe ich ihr dann.

„Also ist es von ihm?“, hakt sie sanft nach.

„Ja.“ Ich kann nur noch flüstern. „Und jetzt weiß ich nicht, was werden soll.“

„Mensch Lilly, du tust mir so leid.“ Sigrid rutscht zu mir auf die Seite und nimmt mich in die Arme, jetzt kann ich mich überhaupt nicht mehr zurückhalten, ich schluchze laut auf.

„Ich bin so blöde, so blöde …“, schniefe ich immer wieder.

„Nein, das bist du nicht. Er ist ein verdammt attraktiver Mann und ich weiß von Svenja, dass er solange baggert, bis er sein Ziel erreicht hat – und das Ende kommt dann meist schnell und sehr kühl.“

„Da hat Svenja leider recht“, lache ich gequält auf.

„Aber eins verstehe ich nicht: Warum bist du schwanger? Versteh mich nicht falsch, ich weiß natürlich, wie das funktioniert, aber warum habt ihr nicht verhütet?“

„Ich vertrage die Pille nicht und wir … also … er hat an einem Abend die Kondome vergessen. Ich hatte schon einiges an Alkohol intus, er auch. Da … da ist es einfach so passiert“, schluchze ich.

„Und direkt einen Treffer gelandet, hui, Punktlandung, das muss man euch auch erst mal nachmachen.“ Sigrid schüttelt den Kopf. „Wie geht es denn jetzt weiter? Weiß er davon?“

„Ja“, nicke ich. „Er war nicht begeistert, sondern sogar richtig gemein zu mir. Ich spiele mit dem Gedanken, die Schwangerschaft abzubrechen, doch er bittet um Bedenkzeit.“

„Ach ja? Was will er denn bedenken?“ Sigrid runzelt die Stirn.

„Ich weiß es nicht“, antworte ich ihr ehrlich. „Aber solange unternehme ich erst einmal nichts.“

„Ich hoffe, du bekommst das Happy End, das du dir wünschst“, lächelt Sigrid.

„Das wird es wohl nicht geben. Der Prinz hat schon die nächste Prinzessin abgeschleppt“, sage ich bitter.

„Bei dem Prinzen muss das nichts heißen“, winkt Sigrid ab. „Der kann sich morgen schon wieder umentscheiden. Aber vielleicht hilft es ihm ja dabei, erwachsen zu werden.“

„Das wäre ihm zu wünschen – nur wäre es mir lieber, wenn ich nicht diejenige wäre, die ihm dazu verhilft.“

Immerhin, als die Tränen getrocknet sind, kann ich gelassener mit Sigrid sprechen. Meine Skrupel, dass ich ihr von meinem Dilemma erzählt habe, verfliegen auch rasch wieder, sie macht wirklich den Eindruck, dass ich ihr vertrauen kann.

Ich kann den Abend mit ihr tatsächlich noch genießen und das erste Mal seit längerer Zeit auch wieder mal herzhaft lachen.

Bienchen schimpft zunächst mit mir, als ich ihm erzähle, dass ich Sigrid eingeweiht habe. Dann sieht er aber auch ein, dass es für mich wichtig war, mit einer Frau zu reden. Meine beste Freundin Ela ist zu weit weg und ihr das am Telefon mitteilen, das wollte ich dann doch nicht.

Ich bin einerseits froh, dass ich Simon in den nächsten Tagen nicht über den Weg laufe, so kann ich mich voll und ganz auf die Arbeit konzentrieren.

Andererseits wächst natürlich meine Anspannung. Ich kann ja nicht so tun, als wäre nichts passiert und ich brauche eine Lösung. Diese Ungewissheit treibt mich noch zur Verzweiflung.

Es vergehen fast fünf Tage, als mein Handy eine SMS von Simon meldet, ich zucke erschrocken zusammen, als ich seinen Namen sehe.

Wenn du reden kannst, dann ruf mich bitte an.

Ich gehe in den Krankenhauspark und suche mir dort eine ruhige Ecke, mit zitternden Händen wähle ich seine Nummer.

„Hallo Lilly.“ Seine Stimme klingt warm und freundlich. „Schön, dass du dich so schnell meldest.“

Das kann ich von dir nicht behaupten!

„Ich bin im Park, ich habe aber nicht viel Zeit“, sage ich hastig, mein Herz klopft mir bis zum Hals.

„Können wir uns treffen? Ich möchte mit dir etwas besprechen. Hast du heute Abend Zeit, bei mir vorbeizukommen? Ich kann auch was kochen.“ Er hat einen lockeren Plauderton aufgesetzt, ich frage mich, was er damit bezweckt.

„Ich möchte nicht zu dir in die Wohnung“, sage ich mit heiserer Stimme, natürlich gelingt mir so ein locker-flockiger Tonfall nicht.

„Okay, dann mach einen anderen Vorschlag. Ich würde aber gerne ungestört mit dir reden.“

„Dann komm doch bei uns vorbei. Ich habe Frühdienst und bin gegen drei Uhr zuhause.“ Ich schlucke heftig, will ich ihn wirklich heute schon sehen?

„In Ordnung. Ich kann aber erst am Abend. Passt es dir so gegen sieben Uhr?“

„Ja, das wäre okay“, antworte ich heiser.

„Gut, wir sehen uns dann.“ Er wirkt so, als ob er noch etwas sagen wollte, schweigt dann aber.

„Bis später.“ Ich drücke ihn weg, meine Hände zittern immer noch. Und ich weiß jetzt schon, dass es sehr schwer sein wird, mich heute noch auf die Arbeit zu konzentrieren.

19

„Simon kommt heute Abend bei uns vorbei, so gegen sieben. Er will mit mir reden.“ Ich bin leicht panisch, als ich Bienchen am Telefon davon erzähle.

„Oh, dass die blöde Tussi sich auch noch mal meldet“, ätzt er dann auch prompt. „Er hat sich ja lange genug Zeit gelassen …“

„Bienchen, ich hab so Schiss“, gestehe ich ihm. „Ich weiß gar nicht, was mich erwartet.“

„Das verstehe ich, Honey. Pass auf, so wie es aussieht, kann ich heute pünktlich verschwinden. Dann bin ich um sechs Uhr zuhause und hübsche dich auf. Was hältst du davon?“

„Aufhübschen? Wozu? Wir sind nicht mehr zusammen und er hat doch schon längst eine Neue“, sage ich traurig.

„GENAU DESWEGEN JA! Er soll sehen, wie dumm er war, dich abzuschießen. Vertrau mir mal, Schätzchen.“

Ich seufze auf, ich habe auch keine Lust, mich jetzt noch mit Bienchen auseinanderzusetzen. „Dann … dann bis nachher.“ Ich drücke ihn weg und bin froh, dass mein Freund in der Nähe sein wird, wenn Simon da ist.

Ich gehe zurück auf die Station, Sigrid sieht mich prüfend an und ich bitte sie kurz in die Teeküche.

„Simon wird heute Abend zu mir kommen … ich … ich bin total nervös.“ Ich versuche ein Lächeln, was aber nicht klappen will.

Sigrid zieht mich in ihre Arme. „Ich drücke dir die Daumen, dass sich für alles eine Lösung findet“, sagt sie leise.

„Danke, ich glaube, das Daumendrücken kann ich gut gebrauchen.“

„Ah ja, sehr schön“, säuselt Bienchen, als er mich geduscht und mit frisch gewaschenen Haaren vorfindet. Er ist wie versprochen um sechs Uhr zuhause und hat jetzt genug Zeit, um mich richtig verrückt zu machen.

Er plappert in einer Tour, als er mir die Haare macht, doch ich kann mich einfach nicht auf seine Worte konzentrieren.

„Soll ich noch was kochen?“, fragt er, als er mich dezent geschminkt hat.

„Nein, danke. Nicht nötig“, wiegele ich ab. „Ich weiß ja gar nicht, ob er so lange bleiben wird.“

Außerdem wird mir bei dem Gedanken an Essen schlecht. Heute Morgen war mir das erste Mal mulmig beim Aufstehen, ob das an der Schwangerschaft liegt oder einfach an meiner nervlichen Situation, das kann ich nicht zuordnen.

„Wenn etwas ist, ich bin in meinem Zimmer. Schrei einfach ganz laut und ich komme.“ Bienchen sieht mir ernst in die Augen. „Er soll sich unterstehen, dich noch einmal so zu verletzen. Auch wenn ich schwul bin, ich bin ein Mann und kann zuschlagen – glaube ich jedenfalls …“

„Nein, das kannst du nicht und das weißt du auch“, lächele ich ihm zu, dann gebe ich ihm ein Küsschen auf die Wange. „Aber danke, dass du dich so heldenhaft für mich einsetzen willst.“

„Ich würde alles für dich tun, Honey.“ Er zieht mich fest in seine Arme – und ich muss schon wieder gegen die Tränen ankämpfen.

Pünktlich um sieben Uhr klingelt es an der Tür, mein Nervenkostüm ist so angespannt, dass ich mich beherrschen muss, um nicht hysterisch loszuheulen.

Bienchen verschwindet in seinem Zimmer, er wirft mir noch einen Luftkuss zu, dann betätige ich den Türöffner.

Ich höre Simon im Treppenhaus, mit jedem Schritt erhöht sich meine Pulsfrequenz.

Viel zu schnell ist er oben angekommen, er hat einen wunderschönen Blumenstrauß in der Hand und lächelt, prompt kommt mein Herz ins Stolpern.

„Hallo Lilly.“ Seine Stimme klingt freundlich und sanft, er mustert mich kurz. „Hübsch siehst du aus.“

„Danke.“ Ich nehme die Blumen entgegen, froh darüber, dass ich etwas in den Händen halten kann.

Ich bitte ihn ins Wohnzimmer. „Ich hole schnell eine Vase“, sage ich. „Was möchtest du trinken?“

„Oh, nur ein Glas Wasser bitte.“ Er schaut sich etwas um, sein Blick bleibt auf Fotos hängen, sie zeigen unter anderem auch meine Eltern und mich.

Als ich mit einer Flasche Wasser und zwei Gläsern zurückkomme, deute ich aufs Sofa. „Setz dich doch bitte.“

Ich muss mich richtig konzentrieren, dass ich kein Wasser verschütte, so sehr zittern meine Hände, als ich uns beiden eingieße. Als ich fertig bin, setze ich mich in einen Sessel Simon gegenüber, ich brauche so viel Abstand wie möglich zu ihm.

Simon wirkt jetzt auch etwas aufgeregt, das beruhigt mich wiederum ein bisschen.

„Lilly, ich … ich habe mir in den letzten Tagen viele Gedanken gemacht. Und ich habe versucht, eine Lösung zu finden für … für unsere Situation“, beginnt er dann leise.

„Und? Wie soll die aussehen?“ Ich knete unruhig meine Hände, dann setze ich mich darauf.

„Du sagst, das Kind ist von mir …“

„Zweifelst du immer noch daran?“ Ich bin kurzzeitig durch die Wut, die in mir hochkommt, von meiner Nervosität abgelenkt..

„Versteh mich bitte nicht falsch, ich möchte einfach Gewissheit haben und würde dich deshalb bitten, einen Vaterschaftstest machen zu lassen.“ Simon lächelt unsicher, offenbar rechnet er mit Widerstand.

Ich schließe kurz die Augen und atme tief durch. Natürlich bin ich enttäuscht, dass er mir nicht glaubt, aber ich sollte ihn wohl weiterreden lassen.

„Und wenn sich dann herausstellt, dass ich nicht während unserer Blitzaffäre herumgehurt habe – was dann?“, frage ich bissig, ich kann mir das einfach nicht verkneifen.

„Ich will dich nicht kränken, Lilly.“

„Du tust es doch schon die ganze Zeit, warum solltest du jetzt damit aufhören?“

Lilly, fang dich wieder!, ermahne ich mich selbst.

„Okay, wenn das Kind von mir ist, dann biete ich dir folgende Lösung an: Es kann bei meiner Familie aufwachsen, du überlässt mir das alleinige Sorgerecht.“ Er atmet tief durch, dann sieht er mich gespannt an.

Ich bin total baff, irgendwie fehlen mir gerade die Worte, was hat er da gesagt? Er will sich kümmern? Er will das Kind haben?

Ich muss mich sammeln, irgendwie will das nicht so recht in meinen Kopf.

„Aber … aber du hast doch gesagt, dass du deinen Lebensstil niemals ändern würdest, für nichts und niemanden.“ Jetzt halte ich es nicht mehr aus, ich befreie meine Hände und knete sie wieder nervös. Ich zittere am ganzen Körper, warum zittere ich denn so oft in der letzten Zeit?

„Und … und dass du dein Leben genießen möchtest.“ Fahrig streiche ich mir eine Locke hinters Ohr. „Wie passt da ein Kind hinein?“

Mein Verstand weigert sich irgendwie immer noch, die Worte zu verstehen und einzusortieren, ich fühle mich wie ein einziges großes Fragezeichen.

„Ja, ich weiß, was ich gesagt habe, aber als du von mir den Schwangerschaftsabbruch wolltest, da … da ist mir klar geworden, dass ich das nicht kann und dass ich nicht möchte, dass dieses Kind abgetrieben wird. Es stimmt immer noch, ich möchte meinen Lebensstil nicht ändern und ich möchte auch immer noch mein Leben genießen. Deswegen habe ich ja gesagt, dass das Kind bei meiner Familie aufwachsen wird, genauer gesagt bei meiner Schwester.“ Er lächelt, aber er wirkt längst nicht so souverän wie sonst immer.

Ich reiße die Augen auf, das Ganze wird für mich immer unglaublicher. „Bei deiner Schwester?“

„Ja. Ich weiß nicht, ob du dich erinnerst, ich habe dir mal erzählt, dass sie zwei Kinder hat. Einen dreijährigen Jungen und ein acht Monate altes Mädchen, um genau zu sein. Eigentlich ist ihre Familienplanung auch abgeschlossen. Aber ich habe in den letzten Tagen oft mit ihr gesprochen, zusammen sind wir dann auf diese Lösung gekommen.“

„Ach, seid ihr“, stammele ich heiser.

„Ich kann mich nicht alleine um ein Baby kümmern, du kennst ja meine Arbeitszeiten, ich habe einen anspruchsvollen Job. Bei meiner Schwester würde es dem Kind gut gehen, sie ist eine ganz tolle, liebevolle Frau und mein Schwager ist ein verantwortungsvoller Mann. Sie haben ein großes Haus, das Kind hätte ein eigenes Zimmer und würde auf die besten Schulen gehen. Und natürlich wäre es erbberechtigt. Ich denke, das wäre eine gute Lösung.“

„Eine gute Lösung“, wiederhole ich seine letzten Worte, mir ist so verdammt kalt, dabei müssten doch bestimmt an die fünfundzwanzig Grad hier drin sein.

„Lilly“, Simon steht auf und hockt sich vor mich hin. „Wie denkst du darüber? Wäre das nicht ein guter Ausweg?“

Er greift nach meinen Händen, ich ziehe sie hastig zurück, will nicht von ihm berührt werden.

„Und was ist mit mir? Spiele ich bei dem Arrangement noch irgendeine Rolle?“ Ich schlucke heftig, diese Kälte breitet sich immer mehr aus.

Simon sieht mich jetzt ernst an.

„Ich weiß nicht, ob das so gut wäre. Es würde das Kind vielleicht verwirren und wie sollte man ihm erklären, dass es nicht bei seiner leiblichen Mutter aufwächst? Ich will dir nichts vormachen, Lilly. Ich will keine feste Beziehung, das hat sich nicht geändert. Aber ich biete dir hier eine Lösung an, mit der wir beide leben könnten, oder?“

Ich schüttele den Kopf, ich bin total sprachlos, weiß nicht mehr, was ich sagen oder denken soll.

„Du wolltest das Kind abtreiben, von dem du sagst, es sei meines! Ich biete ihm ein sorgenfreies, glückliches Leben in einer liebevollen Umgebung!“ Er wird jetzt lauter. „Ich verstehe ehrlich gesagt nicht, was es da noch zu zögern gibt!“

Ich schlage die Hände vors Gesicht, am liebsten würde ich mich im Bett verkriechen und heulen.

„Ich … ich möchte darüber nachdenken, Simon“, flüstere ich dann.

„Wenn du meinst, dass das nötig ist!“ Er steht wieder auf und läuft dann im Zimmer umher. „Ich verstehe dich nicht, Lilly. Auf dem Untersuchungsstuhl warst du so verzweifelt, dann bist du zusammengeklappt. Ich dachte eigentlich, dass es für dich eine ungeheure Belastung wäre, einen Abbruch vornehmen zu lassen. Täusche ich mich da? Ging es gar nicht um das Kind, sondern um dich? Oder hast du doch Zweifel daran, dass ich der Vater bin? Denn eines ist wohl klar: Mein Angebot gilt nur für mein leibliches Kind!“

Seine Stimme klingt immer vorwurfsvoller, in mir schreit alles auf, mich zu verteidigen, aber mir fehlen irgendwie immer noch die Worte.

„Ich möchte nachdenken“, wispere ich erneut, dann wird mir plötzlich speiübel, ich springe auf und haste ins Bad.

Ich schaffe es gerade noch, den Toilettendeckel hochzuklappen, dann kommt es schwallartig aus mir heraus. Ich breche so lange, bis ich nur noch den bitteren Geschmack von Galle in meinem Mund habe, doch ich muss immer noch würgen.

Ich soll das Kind austragen, für ihn, für seine Schwester? Irgendwie ist mir das immer noch unbegreiflich.

Ich weiß nicht, was ich mir für eine Lösung vorgestellt habe, mit Sicherheit nicht, dass er mich heiratet oder so etwas – aber das?

Könnte ich das? Mit der Gewissheit leben, dass mein Kind von anderen Menschen großgezogen wird?

Gibt es gar keine andere Lösung?

Doch Simon scheint sehr entschlossen zu sein, in mir tobt alles durcheinander.

Ich knie immer noch vor der Toilette, dann registriere ich Stimmen, mit wem redet Simon denn da?

Mit wem schon?, zischt es in mir. *Oh Gott – Bienchen ...*

Erschrocken richte ich mich auf, ich weiß nicht, ob das so gut ist, wenn die beiden jetzt aufeinandertreffen, schnell spüle ich mir den Mund aus, dann gehe ich auf wackligen Beinen zur Badezimmertür.

Ich öffne sie einen Spalt und höre die Stimme meines Freundes, er klingt sehr aufgebracht.

Leise gehe ich näher Richtung Wohnzimmer, vielleicht sollte ich mich bemerkbar machen, aber ich bleibe abrupt stehen.

„Weiß du eigentlich, was du da für einen Menschen verloren hast?" Bienchens Stimme ist ganz ernst, er klingt nicht so feminin wie sonst, ein sicheres Zeichen dafür, dass er sehr, sehr wütend ist.

„Hören Sie, ich weiß um die besondere Beziehung zwischen Ihnen und Lilly. Aber diese Sache geht Sie nichts an!" Auch in Simons Stimme höre ich einen warnenden Unterton.

Ich lehne mich an die Wand, man darf nicht lauschen, aber es ist einfach zu verlockend und es verschafft mir noch ein bisschen Zeit.

„Irrtum! Alles, was Lilly betrifft, geht mich etwas an. Sie bedeutet mir mehr als alles andere auf der Welt. Und wenn sie jemanden liebt, dann tut sie das bedingungslos, dann gibt es keinen anderen für sie. Der Vaterschaftstest ist eine einzige Beleidigung!" Bienchen klingt sehr aufgebracht.

Geh zu den beiden und stop das!, schreit alles in mir auf, doch ich kann mich nicht bewegen.

„Ich will auf Nummer sicher gehen", antwortet Simon, es klingt etwas gelangweilt.

Bienchen lacht bitter auf. „Als ich mein Outing hatte, da hat Lilly mir zur Seite gestanden, mit allen Konsequenzen. Sie hat manche Kämpfe für mich ausgetragen, und das meine ich wörtlich. Sie hat sich sogar für mich geprügelt, wenn mir jemand unrecht getan oder mich wegen meiner sexuellen Orientierung angegriffen hat. Geht das irgendwie in deinen Kopf, was ich dir damit sagen will? Lilly ist ein ganz besonderer Mensch, und wenn sie liebt, dann liebt sie denjenigen ausschließlich und vögelt nicht noch mit anderen in der Gegend herum."

„Das ist gut zu wissen, aber ich brauche Gewissheit", antwortet Simon.

„Du verlangst Lilly einiges ab, ich hoffe, du weißt, dass du sie damit zerstören kannst, wenn du ihr das Kind nimmst." Mein Freund klingt resigniert. „Sie ist ja jetzt schon nur noch ein Schatten ihrer selbst."

Okay, das reicht! In mich kommt endlich Leben, ich gehe ins Wohnzimmer.

„Bitte lass es gut sein." Ich schicke Bienchen einen flehenden Blick.

Er kommt auf mich zu und legt einen Arm um mich, ich bin dankbar für den Halt, den er mir dadurch gibt.

„Hast du etwa gelauscht, als Simon und ich gesprochen haben?", frage ich ihn.

„Natürlich", antwortet er, als wäre es das Selbstverständlichste auf der Welt. Aber was soll ich mich beschweren, ich habe eben das Gleiche getan.

„Lilly, wie geht es dir?" Simon sieht mich besorgt an, seit ich weiß, dass er wirklich nur das Baby will, tut das noch mehr weh.

„Besser, danke", antworte ich steif. „Wie gesagt, ich brauche Zeit, um über alles nachzudenken."

„Meine Schwester möchte dich kennenlernen. Du wirst dann selbst sehen, dass es dem Kind in ihrer Familie gut gehen würde", sagt er eindringlich.

Oh Gott, stöhnt alles in mir auf. Irgendwie muss ich das erst mal verdauen, das ist aber auf die Schnelle gar nicht so einfach.

Bienchen streichelt mir über den Arm, ich sehe, dass Simons Blick auf die Hand meines Freundes fällt, dann sieht er ihn böse an.

Ich muss fast schon lachen, er wird ja wohl nicht eifersüchtig werden – auf Bienchen! Aber nein, das kann ja nicht sein, er liebt mich nicht, wann begreife ich das endlich?

„Okay, wenn du Bedenkzeit brauchst, dann muss ich das wohl akzeptieren. Ich weiß, dass meine Forderung nach einem Vaterschaftstest dich kränkt, aber bedenke bitte: Wenn wir das Arrangement so treffen sollten, dann möchte natürlich auch meine Familie Gewissheit haben, dass das Kind von mir ist. Es geht hier immerhin auch um eine Menge Geld, meine Familie ist nicht unvermögend."

„Wenn du so viel Geld hast, warum hilfst du Lilly dann nicht dabei, das Kind großzuziehen?", mischt Bienchen sich wieder ein. „Dann dürfte es doch kein Problem sein, es ihr finanziell zu ermöglichen, mit dem Kind zu leben."

Simon zieht die Augenbrauen hoch, in seinem Blick kann ich die Missbilligung von Bienchens Vorschlag deutlich erkennen. „Ich führe keine Beziehung zu Lilly. Und ich halte es für die beste Alternative, das Kind bei meiner Schwester aufwachsen zu lassen. Lilly kann so einen Standard ja gar nicht gewährleisten, im Übrigen würde das Kind in einer intakten Familie aufwachsen."

„Nun ja, Lilly könnte ja auch noch einen netten Mann kennenlernen, der sich mit um das Kind kümmern kann", stichelt Bienchen weiter, dann sieht er mich an. „Honey, ich würde mir das wirklich gut überlegen. Es gibt nicht nur Mr. Bombastic auf dieser Welt."

„Es ist gut jetzt", bitte ich ihn. „Simon hat klargemacht, wie er sich das vorstellt und … und ich wäre jetzt gerne alleine."

Simon lächelt freundlich. „Es wäre gut, wenn wir das Treffen mit meiner Schwester noch in meinem Urlaub arrangieren könnten. Ich habe noch drei Tage frei."

Ich nicke nur. „Ich werde mir das durch den Kopf gehen lassen. Mehr kann ich dazu im Moment nicht sagen."

„In Ordnung." Simon fährt sich mit der Hand durch die Haare. „Bitte ruf mich so schnell es geht an, ja?"

„Ja, okay." Ich kann ihn nicht mehr ansehen, schon wieder ist mir so übel, ich fühle mich mit allem einfach total überfordert.

„Bitte nimm die Folsäure-Tabletten." Er drückt mir eine Packung in die Hand, dann wendet er sich an Bienchen. „Auf Wiedersehen."

Mein Freund verzieht süffisant den Mund. „Muss nicht sein."

Als Simon gegangen ist, lasse ich mich müde auf das Sofa plumpsen. Irgendwie kann ich immer noch keinen klaren Gedanken fassen.

Bienchen bringt mir eine Tasse Tee, dieser Mann ist einfach mit Geld nicht aufzuwiegen. „Weißt du, Honey, ich hatte so gehofft, dass er mit einem Heiratsantrag um die Ecke kommen würde." Bienchen schüttelt traurig den Kopf. „Stattdessen will er dir das Kind abluchsen."

„Er liebt mich nicht und er will keine Familie. Von seiner Warte aus ist der Vorschlag großzügig und fair", flüsterte ich heiser. Ich greife nach dem Tee, vielleicht kann mich das warme Getränk ja ein bisschen von meiner inneren Kälte befreien. „Wenn das Kind bei mir wäre, bestünde ja immer die Gefahr, dass ich heirate oder wegziehe."

„Es ist nicht fair. Fair wäre es, wenn er dich so unterstützen würde, dass du mit dem Kind ohne finanzielle Probleme leben könntest", beharrt Bienchen.

„Ich kann dem Kind nicht den Luxus bieten, den seine Familie auffahren kann. Mit den Stegmanns kann ich unmöglich mithalten. Und er ist der leibliche Vater." Ich lächele traurig. „Warum war ich bloß so blöde, mich auf den Kerl einzulassen?"

„Mausi, wenn du seinen Vorschlag annimmst … ich habe Angst, dass du dabei vor die Hunde gehst". Bienchen zieht mich wieder in seine Arme.

„Kannst du das? Dein Leben einfach so weiterführen, wenn du weißt, dass es da irgendwo ein Kind gibt?"

„Viele Frauen geben ihre Kinder weg, im Grunde ist es nichts anderes." Mir steigen wieder Tränen in die Augen. „Und hier könnte ich mich sogar noch vorher vergewissern, dass es in ein gutes Umfeld kommt. Darf ich dem Baby diese Chance nehmen?" Ich schaue Bienchen mit Tränen in den Augen an.

„Erwägst du das wirklich ernsthaft?" Er streichelt mir zart über die Wange. „Du musst nicht alles machen, was Simon will."

„Ich weiß, aber … aber ich weiß nicht, ob ich es alleine durchziehen könnte. Eigentlich wünsche ich mir nur, dass er zu mir steht – aber das ist wohl reines Wunschdenken", flüstere ich. „Er will mich nicht."

„Das ist wohl leider wahr, Honey." Bienchen drückt mich fest an sich. „Willst du dich wirklich mit seiner Schwester treffen?“

Nein, natürlich möchte ich mich nicht mit ihr treffen. Es geht hier um Simons und mein Baby. Was hat seine Schwester damit zu tun? Es erscheint mir nicht richtig. Dennoch sage ich:

„Es wäre nur fair dem Kind gegenüber, alle Möglichkeiten in Betracht zu ziehen.“

Dieser Berg, der sich vor mir aufgetürmt hat, seit ich weiß, dass ich schwanger bin, scheint nicht kleiner geworden zu sein.

20

Ich gehe früh ins Bett, obwohl ich natürlich viel zu aufgekratzt bin, um zu schlafen. Mit Bienchen bin ich noch einmal alle Möglichkeiten durchgegangen. Bist jetzt ist mir nur klar geworden, dass ein Abbruch nicht mehr infrage kommt. Ich hatte nie ein gutes Gefühl dabei und jetzt, wo es Simons Vorschlag gibt, würde ich es mir nie verzeihen – und er mir wohl auch nicht.

Mit seinem Zorn könnte ich zwar noch leben, aber nicht mit dem Hass auf mich selbst.

Ich gehe sämtliche Optionen wieder und wieder durch, vielleicht sollte ich doch versuchen, das Kind alleine großzuziehen. Und wer weiß, es könnte ja sein, dass Bienchen recht behält und ich doch noch einen netten Mann kennenlerne, der mich trotz des Babys will.

Aber was ist mit meinem Job? So viel verdiene ich noch nicht und dem Kind zuliebe müsste ich wohl weniger arbeiten.

Ich seufze auf, könnte ich meinem Kind dann noch gerecht werden? Wo es doch eine andere Alternative gäbe?

Ich bin ziemlich gerädert, als ich am nächsten Tag aufstehe und zur Arbeit fahre. Gott sei Dank hat Sigrid auch Dienst, ich bin froh, dass ich mich ihr gegenüber nicht zu verstellen brauche und sie weiß, was los ist.

„Wie war gestern das Gespräch mit Simon?“, fragt sie mich, als wir uns auf einen Kaffee in die Teeküche zurückziehen.

„Er hat mir angeboten, das Kind zu sich zu nehmen. Es soll dann bei seiner Schwester aufwachsen“, antworte ich traurig.

Sigrids Augen weiten sich überrascht. „Echt?“

Ich kann nur nicken, es fällt mir einfach schwer, diese Alternative ernsthaft in Betracht zu ziehen.

„Ja, und von seiner Warte aus klingt das auch alles sehr vernünftig. Sie haben bereits zwei Kinder, ein großes Haus, sind finanziell gut gestellt … alles supi“, schlucke ich.

„Und du? Was ist mit dir? Sollst du dann immer als die nette Tante zu Besuch kommen?“ Sigrid sieht mich wütend an. „Der Kerl hat vielleicht Vorstellungen!“

„Ich bin in diesem Plan nicht mehr vorgesehen.“ Ich drehe mich hastig um, damit meine Kollegin die Tränen nicht sieht, die in meinen Augen aufsteigen. „Er will … er will das alleinige Sorgerecht – ach ja, und natürlich vorher einen Vaterschaftstest, das ist seine Bedingung."

„Oh Mann!", flucht Sigrid leise. „Dann zweifelt er also an der Vaterschaft."

„Ja. Angeblich geht es dabei auch um sein Vermögen, das soll ja nicht in die Hände eines Kuckuckskindes fallen." Ich habe mich wieder einigermaßen gefangen und schaue sie betrübt an. „Er besteht darauf."

Sigrid legt eine Hand auf meine Schulter, jetzt brechen bei mir alle Dämme.

„Ach Mensch, Lilly, das tut mir leid. Wie kann ein Mann ein so sensibler Arzt sein und sich privat wie die Axt im Walde verhalten?" Sie nimmt mich in die Arme und ich versuche verzweifelt, mein Schluchzen zu unterdrücken.

Sie lässt mich in Ruhe weinen, als ich mich halbwegs wieder gefasst habe, lächelt sie mir zu.

„Warst du überhaupt schon einmal bei einem Gynäkologen? Und ich meine jetzt nicht privat, sondern wegen deiner Schwangerschaft?"

Ich schüttele den Kopf. „Nein. Ich bin ja neu hier, kannst du mir jemanden empfehlen?"

„Ja, mein Arzt ist sehr nett. Du solltest dich schnellstmöglich untersuchen lassen", rät sie mir.

„Ich weiß. Vor lauter Nachdenken bin ich dazu noch nicht gekommen", gestehe ich ihr.

Sigrid sucht mir die Nummer ihres Arztes aus dem Internet heraus, dann reicht sie mir das Telefon. „Ruf an und mach einen Termin."

Ich habe sogar mal Glück, Dr. Neumann hat für heute Nachmittag einen Termin frei, weil eine Patientin abgesagt hat.

Ich fahre kurz nach Hause, um zu duschen, dann mache ich mich auf den Weg in seine Praxis.

Die eigenartigsten Gedanken schießen durch meinen Kopf, als ich im Wartezimmer sitze. Vielleicht bin ich ja gar nicht schwanger – und die Aufregung ist umsonst. Aber dann schüttele ich über mich selbst den Kopf, ich habe die Werte gesehen und ich weiß, was sie bedeuten. Meine Periode ist ebenfalls ausgeblieben und mir ist morgens übel, schwangerer kann man wohl nicht sein.

Die Assistentinnen verzichten auf einen Schwangerschaftstest, als ich ihnen den Ausdruck mit meinen HCG-Werten zeige, und schicken mich nach den Routineuntersuchungen zu Dr. Neumann ins Sprechzimmer.

Er macht auf mich sofort einen sympathischen Eindruck, er hat einen warmen herzlichen Ausdruck in den Augen und ich entspanne mich ein bisschen.

„Nun, Sie sind ja schon gut vorbereitet." Er deutet lächelnd auf den Ausdruck. „Und Sie sind vom Fach", stellt er fest, als er auf den Anmeldebogen schaut, den ich ausgefüllt habe.

„Ja, ich arbeite auf der Gynäkologie in der städtischen Frauenklinik."

„Gut, dann brauche ich nicht viel zu erklären. Ich würde Sie gerne untersuchen." Er bittet mich, auf dem Stuhl Platz zu nehmen und beginnt mit einer Ultraschalluntersuchung. „Ja, wie Sie schon wissen: Sie sind schwanger", stellt er fest. „Und was wir hier sehen, entspricht unserer Vermutung, Sie sind etwa in der sechsten Woche."

Ich nicke nur, das habe ich mir auch so ausgerechnet.

„Herzlichen Glückwunsch", lächelt er.

Fasziniert schaue ich auf den Monitor, ich habe schon so oft diese Bilder gesehen, aber jetzt ist es doch etwas Besonderes.

Das ist es also ... Noch kann man den Embryo nicht erkennen, sondern sieht nur die schwarze Fruchthöhle, aber trotzdem bin ich sehr berührt.

Mein Baby ist sichtbar geworden, es ist nicht mehr nur ein Wert aus einer Laboruntersuchung, ich muss hastig schlucken, eigentlich sollte das ein so schöner Moment sein, so habe ich es mir jedenfalls immer vorgestellt.

Und jetzt?

„Geht es Ihnen gut?", fragt Dr. Neumann mich.

„Ja", antworte ich schnell, vielleicht einen Tick zu schnell. Als wir wieder an seinem Schreibtisch sitzen, gibt er mir den Ausdruck.

„Den Mutterpass bekommen Sie in einer Woche. So wie ich es sehe, ist alles in Ordnung. Der Geburtstermin dürfte so um den 22. April liegen. Und Sie sollten Ihren Arbeitgeber informieren, falls Sie es noch nicht getan haben. Nachtschichten sind jetzt für Sie tabu, genauso wie Schweres zu heben. Aber wem erzähle ich das?", lacht er.

„Ja, vielen Dank. Dann bis in einer Woche." Ich reiche ihm die Hand und verabschiede mich freundlich.

Jetzt ist es also amtlich: Lilly bekommt ein Kind.

Ich atme tief durch, als ich wieder auf der Straße stehe. Immer noch bin ich ratlos, ob ich Simons Vorschlag annehmen soll. Doch wenn ich wirklich eine Entscheidung treffen will, dann sollte ich wohl auch das Umfeld kennenlernen, in dem mein Kind aufwachsen soll. Es bringt wohl nichts, das Treffen mit seiner Schwester hinauszuzögern, zumal er mich auch gebeten hat, es in seine Urlaubszeit zu legen.

Und du machst natürlich immer, was er will!

Doch ich schiebe die böse kleine Stimme weg, ich muss versuchen, herauszufinden, was das Beste für mein Baby ist –, und nicht, womit ich am ehesten klarkomme.

Ich wähle Simons Nummer, er meldet sich sofort. „Hallo Lilly. Wie geht es dir?", fragt er mich freundlich.

„Gut, danke. Ich rufe an wegen deiner Schwester, … also wegen des Treffens mit ihr. Ich würde sie gern mal kennenlernen", stammele ich. Wieso bin ich immer so aufgeregt, wenn ich mit ihm rede?

„Das freut mich, Lilly. Wann hast du denn Zeit?"

„Morgen habe ich frei, weil ich übermorgen in die Nachtschicht gehe. Würde das passen?"

„Wegen der Nachtschicht müssen wir noch einmal reden, du weißt, dass du das nicht mehr machen solltest", rügt er mich.

„Noch weiß es ja niemand."

„Aber du solltest es der Pflegedienstleitung schnellstens mitteilen."

„Simon, ich weiß das alles." Ich verdrehe genervt die Augen. „Würde es morgen passen? Sonst verschieben wir es eben."

„Nein, nein. Morgen ist okay, ich rufe gleich meine Schwester an und melde mich noch mal bei dir, wann ich dich abholen komme", sagt er hastig, scheinbar will er dieses Treffen unbedingt.

„In Ordnung." Ich schließe die Augen und frage mich zum wiederholten Male, was ich hier eigentlich tue.

„Was soll das denn sein?“ Bienchen dreht das Ultraschallbild in alle Richtungen und schaut mich dann fragend an.

„Das ist mein Baby“, lächele ich. Ich habe für uns gekocht, doch wirklich Hunger habe ich nicht.

„Ich will ja deine mütterlichen Gefühle nicht verletzen – aber das ist kein Baby, Honey. Das ist irgendein wildes Gekrussel mit einem schwarzen Fleck in der Mitte.“ Stirnrunzelnd betrachtet er wieder das Bild.

„Der schwarze Fleck ist die Fruchthöhle“, erkläre ich ihm. „Und darin ist das Baby.“

„Fruchthöhle?“ Er verzieht das Gesicht. „Was ist denn das für ein Wort? Fruchthöhle – das hört sich ja fies an.“

„Man nennt es eben so.“ Ich muss jetzt doch kichern, auch wenn mir eigentlich nicht danach zumute ist.

„Na ja, wenn du es süß findest.“ Er schiebt das Ultraschallbild wieder zu mir herüber. „Ich kann deswegen nicht in Verzückung ausbrechen.“

„Du bist doof!“

„Nein, Mausi, ich nenne die Dinge beim Namen!“ Er widmet sich wieder dem Essen, dann mustert er mich böse.

„Warum isst du nichts?“

„Ich habe keinen Appetit.“ Ich schiebe den Teller von mir weg, nein, es geht nicht, ich kriege nichts herunter.

„Schwangere haben doch immer Appetit“, sagt Bienchen. „Und es ist echt genießbar.“

„Oh, danke“, seufze ich auf. „Mir ist das Ganze eben auf den Magen geschlagen.“

„Das verstehe ich, Honey. Aber trotzdem musst du essen!“ Er schiebt den Teller wieder zurück in meine Richtung. „Los jetzt, wenigstens die Hälfte!“

„Simon holt mich morgen um zehn Uhr ab, dann fahren wir zu seiner Schwester“, sage ich leise.

„Na toll“, schimpft Bienchen los. „Jetzt habe ich auch keinen Hunger mehr! Wieso willst du da hin? Ziehst du seinen Vorschlag wirklich in Erwägung?“

„Muss ich das nicht tun? Dem Baby zuliebe?“ Ich schlucke heftig, ach, wenn ich doch wüsste, was das Richtige ist.

Bienchen greift nach meiner Hand. „Du musst dich nicht vollständig aufopfern, nur weil du ein Kind bekommst. Ich habe Angst, dass du damit nicht klarkommst."

„Ich will nur das Beste für das Kind." Ich verberge mein Gesicht hinter meinen Händen und fange an zu weinen.

„Sagt man nicht, dass die Babys immer bei der Mama bleiben sollen?", höre ich Bienchen sanft sagen.

„Aber ich bin eine Chaotin – du sagst es doch selbst immer wieder", schluchze ich.

„Ja, das bist du. Aber eine ganz liebenswerte Chaotin. Und vielleicht kannst selbst du Ordnung lernen, so völlig ausgeschlossen ist das doch nicht." Bienchen umfasst meine Hände und zieht sie behutsam von meinem Gesicht fort. „Es ist sehr ehrenhaft, dass du darüber nachdenkst. Aber ich glaube, dass das der falsche Weg ist."

„Danke für deine Einschätzung. Ich weiß es einfach nicht, ich weiß irgendwie gar nichts mehr."

Ich habe die ganze Nacht kein Auge zugemacht. Doch soviel ich auch grübele, zu einem Ergebnis komme ich nicht. Vielleicht sehe ich ja klarer, wenn ich Simons Schwester kennengelernt habe. Ich frage mich sowieso schon die ganze Zeit, warum sie das tut. Ist sie so kinderlieb? Aber das Kind einer völlig Fremden aufzuziehen, kann man das so einfach?

Okay, sie ist die Tante des Babys, vielleicht überwiegen ja die verwandtschaftlichen Bande zwischen Simon und ihr.

Bienchen macht mir noch die Haare und schminkt mich ein bisschen, bevor er zur Arbeit fährt. Netterweise hat er mir attestiert, dass ich wie ausgekotzt aussehe und das SELBST ER das nicht wirklich beheben könnte – und so fühle ich mich auch.

Mit viel Überwindung esse ich ein halbes Brötchen und ich bin froh, dass ich es drin behalte. Ich weiß, dass die Übelkeit wieder vergehen wird, aber ob mein Appetit danach wiederkehrt? Ich bin nicht sicher.

Ich warte unten vor dem Haus auf Simon, es ist fast Ende August und noch angenehm warm. Ich habe mich für das Sommerkleid entschieden, das ich getragen habe, als ich mit Simon in dem Gartenlokal essen war. Wenn ich daran denke, was er unter dem Tisch mit seiner Hand gemacht hat, werde ich wehmütig. Es war eine schöne und sehr intensive Zeit, auch wenn ich wünschte, es hätte sie nie gegeben.

Simon ist wie immer pünktlich – und er sieht wie immer umwerfend aus.

„Hallo Lilly.“ Er kommt auf mich zu und gibt mir ein Küsschen auf die Wange, verständnislos sehe ich ihn an. Was soll das?

„Lass das bitte“, sage ich entschieden. „Ich möchte nicht, dass du mir so nahe kommst.“

„Okay.“ Er hebt abwehrend die Hände. „Es war nur eine harmlose Begrüßung.“

NICHTS IST HARMLOS, WENN ES VON DIR KOMMT!, schreit alles in mir auf.

„Ich möchte das aber nicht“, beharre ich.

„In Ordnung.“ Er zuckt mit den Schultern, dann öffnet er die Autotür für mich. „Darf ich wenigstens sagen, dass ich dein Kleid immer noch sehr hübsch finde?“

Er hat dieses professionelle Simon-Ladykiller-Lächeln aufgesetzt.

„Du hast es mir ja schon einmal gesagt und ich bin nicht so vergesslich.“ Mit grimmigem Gesicht setze ich mich in den Wagen.

„Wenn du so schlechte Laune hast, sollten wir das Ganze vielleicht abblasen“, brummt Simon, als er sich hinters Lenkrad setzt.

„Ich habe keine schlechte Laune.“ Ich atme tief durch. „Ich … ich bin aufgeregt, tut mir leid.“

„Lilly …“ Simon greift nach meiner Hand, ich will sie ihm direkt entziehen, aber da ich ihn eben schon so angegangen bin, lasse ich ihn gewähren. „Du musst nicht nervös sein. Meine Schwester ist sehr nett und sie freut sich schon darauf, dich kennenzulernen.“

Ich schaue ihn ungläubig an. „Sie freut sich darauf?“

„Ja, sie ist ein Familienmensch.“

„Dann seid ihr euch nicht gerade ähnlich, oder?“ Die Bemerkung platzt einfach so aus mir heraus, ich beiße mir direkt auf die Unterlippe.

Simon lacht leise auf. „Du hast recht, was das angeht.“

Mir fällt das Ultraschallbild in meinem Rucksack ein. „Ich möchte dir etwas zeigen.“

Simon nimmt die Hände wieder vom Lenkrad. Als ich ihm das Bild reiche, wirkt er überrascht. „Du warst beim Arzt?“

„Ja, gestern. Das wurde ja auch Zeit."

Simon sieht sich das Bild genau an, aber es ist nicht die Fruchthöhle, die seine Aufmerksamkeit erregt, sondern es sind die Daten, die am Rand stehen.

„Warum gehst du zu einem anderen Gynäkologen? Ich kann dich doch untersuchen. Ich werde deine Schwangerschaft begleiten und das Baby entbinden." Er schaut mich sehr ernst an, wirkt sogar etwas sauer.

Ich lache auf und schüttele den Kopf. „Von welchem Arzt ich mich untersuchen lasse, das ist wohl einzig und allein meine Entscheidung!"

Der spinnt doch, der spinnt doch wohl total!

„Nein, ist es nicht. Ich bin der Vater, wie du sagst, und ich bin ein sehr guter Facharzt. Es ist überhaupt nicht einzusehen, dass dich jemand anderes untersucht, Lilly." Er funkelt mich jetzt richtig böse an. Soll er doch, ich lasse mich nicht mehr davon beeindrucken.

„Sagen wir es mal so: JEDER Arzt ist mir lieber als du."

„So läuft das nicht!" Er schüttelt den Kopf. „Ich möchte mich selbst davon überzeugen, dass sich das Baby gut entwickelt, das ist ja wohl mein gutes Recht!"

„Ich werde dich informieren, wenn ich Dr. Neumann aufgesucht habe. Das muss dir reichen."

„DAS REICHT MIR ABER NICHT! Du wirst möglicherweise mein Kind austragen und ich will daran teilhaben. Niemand ist kompetenter als ich und niemand wird dich besser und gründlicher untersuchen!"

„Ich will das aber nicht", keife ich zurück. „Du warst mal mein Liebhaber, mir ist das unangenehm!"

„Oh Lilly!" Simon lehnt sich mit der Stirn gegen das Lenkrad. „Ich kenne dich in- und auswendig. Ich bin ARZT! Ich habe bestimmt keine anderen Absichten mehr, als mich über die Schwangerschaft zu informieren. Stattdessen gehst du lieber zu einem anderen Mann – das ist dann okay, oder was?"

Ich schaue verwundert auf. „Ich kann auch zu einer Frau gehen, wäre dir das lieber?", frage ich verblüfft. Stört es ihn, dass Dr. Neumann ein Mann ist? Das wäre ja lächerlich!

Simon spannt die Kiefermuskeln an, ein Zeichen dafür, dass es in ihm arbeitet. „Lilly, bitte … Lass uns nicht darüber streiten. Ich kann

Privates und Berufliches trennen, ich bin nur an deiner Gesundheit und dem Baby interessiert. Warum sträubst du dich so dagegen?“

„Vielleicht kann ich es ja nicht so gut trennen wie du“, sage ich leise. „Ich habe dich geliebt und … und es fällt mir schwer, mich wieder nackt vor dir zu zeigen.“

„Und wenn ich dich darum bitte?“ Er sieht mir direkt in die Augen, immer noch hat er diese besondere Art von Macht über mich.

Schnell schaue ich auf meine Hände, die ich aufgeregt knete. „Warum tust du alles, um es mir so schwer wie möglich zu machen?“, flüstere ich heiser.

„Das will ich nicht, Lilly. Aber ich brauche die Gewissheit, dass es euch gut geht. Bitte versteh mich doch, ich möchte dein Wohlbefinden und das des Babys nicht in andere Hände geben. Ist das so schwer zu begreifen?“

„Aber ich weiß nicht, ob ich das kann. Warum kapierst du das nicht?“, frage ich verzweifelt.

„Lilly, ich weiß, dass du eine aufregende Frau bist und ich fand unsere Zeit wirklich sehr schön. Aber jetzt interessierst du mich nur als Patientin, du brauchst keine Bedenken zu haben, okay?“

Ich lehne meinen Kopf zurück an die Stütze und schließe für einen Moment die Augen, um nachzudenken.

Er ist Arzt, er hat schon irgendwo recht. Und er ist bestimmt besonders gründlich, ihm wird nichts entgehen, flüstert mein Gewissen mir zu. *Du hast so einen schweren Weg vor dir, da ist das doch ein Klacks.*

„Okay, Simon.“ Ich öffne die Augen und versuche ein Lächeln, er atmet hörbar auf und erwidert es.

Wir fahren in einen noblen Vorort, ich staune, als ich die Villen hier sehe. Ich wusste ja, dass die Familie wohlhabend ist, aber dass sie in so einem edlen Viertel wohnt, hätte ich nicht gedacht.

Das Haus liegt etwas von der Straße versteckt, es gibt eine kleine Auffahrt, mir bleibt die Spucke weg, als ich das riesige Anwesen sehe. Es ist ein sehr modernes Haus, gerade Linien, viel Glas.

„Wow“, entfährt es mir prompt, ich bin beeindruckt.

Die Haustür öffnet sich, heraus kommt eine brünette Frau, ich erkenne die Ähnlichkeit mit Simon. Sie winkt uns freundlich zu, auf ihre Hüfte gestützt trägt sie ein Baby.

Er öffnet mir die Beifahrertür und reicht mir die Hand, die ich aber geflissentlich ignoriere.

Die Frau kommt auf uns zu. „Hallo, Sie müssen Lilly sein", lächelt sie, es ist ein offenes Lächeln, ich entspanne mich ein bisschen. „Ich bin Sarah Hildebrand."

„Guten Tag, Frau Hildebrand", antworte ich verlegen.

„Oh, nennen Sie mich bitte Sarah", lacht sie, dann reicht sie das Baby an Simon weiter. „Hier, Mäuschen, dein Onkel kümmert sich jetzt um dich."

Ich schaue verdutzt zu Simon, der seine Nichte anlächelt und mit ihr auf dem Arm voraus ins Haus geht.

„Bitte kommen Sie doch herein." Sarah deutet auf das Anwesen. „Ich freue mich, dass Sie hier sind."

Ich bin eingeschüchtert, alles hier wirkt so edel und teuer, der Reichtum springt einen förmlich an.

Als wir das Haus betreten, bin ich aber dann doch positiv überrascht. Wir stehen in einer großen, gefliesten Halle, von der eine Treppe nach oben führt. Auch hier ist alles sehr schick, aber an den Wänden hängen krakelige Kinderbilder und auf dem teuren Marmorboden steht ein Bobbycar.

„Das gehört meinem Sohn", lacht Sarah. „Bitte achten Sie darauf, wo Sie hinlaufen, hier liegt überall Spielzeug auf dem Boden."

Durch die Kindersachen wirkt es direkt viel freundlicher und nicht mehr so steril hier, ich bin erleichtert.

Sarah Hildebrand führt mich in ein Wohnzimmer, in dem auch ein großer Esstisch steht, sie hat ein opulentes Frühstück vorbereitet, doch mein Magen ist wie zugeschnürt.

„Ich hoffe, Sie haben noch etwas Appetit mitgebracht?"

„Danke, aber … aber ich habe schon gefrühstückt."

„Oh, schade. Aber vielleicht möchten Sie ein Glas Orangensaft?" Sie hält eine Karaffe hoch, ich stimme zu, ich möchte ja nicht unhöflich sein.

Ich nippe am Saft, bemerke, dass Simon mich beobachtet, doch ich versuche, ihn zu ignorieren und mich auf seine Schwester zu konzentrieren.

„Es ist schon eine komische Situation, oder?“ Sarah scheint auch ein bisschen aufgeregt zu sein, ich kann ihr nur zustimmen.

„Ja, das … das ist es“, gebe ich ihr recht.

„Ich fand es wichtig, dass Lilly mal das Umfeld kennenlernt, in dem das Kind aufwachsen soll“, mischt sich Simon ein.

„Ja, das ist auch sicherlich richtig.“ Sarah lächelt ihrem Bruder zu. „Aber ich kann mir vorstellen, dass es ganz komisch für Lilly sein muss.“

„Das … das stimmt.“ Simons Schwester wird mir immer sympathischer, es hat den Anschein, als könne sie sich wirklich in meine Lage hineinversetzen.

„Wenn Sie keinen Hunger haben, soll ich Sie dann mal ein bisschen herumführen?“, schlägt sie mir dann vor.

Ich stimme erleichtert zu, vielleicht wird sich meine Befangenheit ein wenig lösen.

Simon erhebt sich ebenfalls, immer noch hat er das Baby auf dem Arm.

„Es wäre total lieb, wenn du Nele hier ein bisschen bespaßen würdest, Bruderherz.“ Sie deutet auf eine Krabbeldecke auf dem Boden. „Die Hausführung schaffen Lilly und ich schon alleine.“

Simon runzelt kurz die Stirn, es scheint ihm nicht zu passen, aber dann fügt er sich der Bitte seiner Schwester und setzt sich mit der Kleinen auf den Boden.

Ich folge Sarah wieder hinaus in die Halle. „Ich glaube, manche Dinge besprechen sich leichter unter Frauen“, sagt sie lächelnd.

Sarah geht vor mir die Treppe hinauf, sie ist eine bildhübsche Frau mit einer tollen Figur. Dass sie schon zwei Kinder geboren hat, sieht man ihr nicht an.

Wir sind auf der oberen Etage angekommen, vor der Treppe gibt es ein Gitter, überhaupt scheint hier alles kindersicher zu sein.

„Ich zeige Ihnen mal die Zimmer meiner beiden.“ Sie geht voran und öffnet eine Tür. „Nicht erschrecken, das ist Pauls Reich. Mein kleiner Chaot ist jetzt noch im Kindergarten, gegen Mittag hole ich ihn ab.“

Es sieht wirklich recht abenteuerlich in Pauls Zimmer aus, aber das ist mir direkt sympathisch, man sieht eben, dass hier ein Kind wohnt.

Neles Räumlichkeiten sind erwartungsgemäß aufgeräumter, es ist ein sehr hübsches Zimmer, liebevoll eingerichtet wie das ihres Bruders.

„Und das wäre … also hier wäre noch Platz.“ Sarah öffnet eine weitere Tür, in dem Zimmer stehen ein Bett und ein Schrank. „Wir benutzen es als Gästezimmer, aber hier könnte dann Ihr Kind wohnen.“

„Ah ja.“ Ich trete zögernd ein, doch am liebsten würde ich wegrennen. In meinem Hals sitzt ein dicker fetter Kloß und Tränen steigen mir in die Augen.

„Setzen wir uns?“ Sarah deutet auf das Bett, ich sehe sie Hilfe suchend an, ich möchte weg hier.

„Bitte, Lilly“, sagt Sarah mit sanfter Stimme. „Haben Sie keine Angst vor mir, ich möchte Sie zu nichts überreden, was Sie nicht wollen.“

Zögernd setze ich mich. Sarah schließt die Tür, offenbar will sie sichergehen, dass ihr Bruder nichts mitbekommt.

Die unterschiedlichsten Gedanken schießen durch meinen Kopf, was denkt sie wohl von mir? Hält sie mich für einen schlechten Menschen, weil ich mein Kind vielleicht abgeben möchte?

„Lilly, bitte glauben Sie mir, ich bin auch aufgeregt und … und ich möchte, dass Sie mich alles fragen, was Ihnen auf der Seele brennt.“

„Okay“, ich räuspere mich, versuche mich wieder in den Griff zu bekommen. „Wieso … wieso tun Sie das? Ich meine, warum wollen Sie ein fremdes Kind aufnehmen?“

„Ich mache das für Simon. Ich liebe meinen Bruder, ich kenne aber auch seinen Lebensstil.“ Sie schürzt missbilligend die Lippen. „Meine Eltern und ich haben schon lange befürchtet, dass irgendwann mal so etwas passieren wird..“

„Es war bestimmt nicht beabsichtigt“, flüstere ich.

„Umso überraschter waren wir dann, als Simon an uns herangetreten ist und uns gefragt hat, ob wir uns vorstellen könnten, das Kind zu betreuen.“ Sie sieht mir direkt in die Augen, sie sind genauso dunkel wie die ihres Bruders.

„Mein Mann war anfangs nicht gerade begeistert, eigentlich ist unsere Familienplanung abgeschlossen, aber ich kann da nicht aus meiner Haut, ich liebe Kinder über alles und wo zwei sind, da findet sich auch noch Zeit und Raum für ein drittes“, lacht sie leise. „Meine

Pläne sehen allerdings vor, dass ich, wenn Ihr Kind ein Jahr alt ist, wieder halbtags zu arbeiten anfange. Ich bin Teilhaberin einer Zahnarztpraxis, um Nele und Ihr Baby würde sich dann eine Kinderfrau kümmern."

„Ah ja", sage ich nur, was Gescheiteres fällt mir nicht mehr ein. Wieder frage ich mich, was ich hier tue, aber Sarah hat eine sehr offene und direkte Art, das gefällt mir. Und ich habe auch nicht den Eindruck, dass sie mich verurteilt.

„Simon soll nicht glauben, dass er das Kind hier parken und dann so weitermachen kann, wie vorher", fährt sie fort. „Mein Mann und ich werden schon dafür sorgen, dass er in die Pflicht genommen wird. Er muss zu seiner Verantwortung stehen."

„Okay." Ich streiche mir eine Locke hinter mein Ohr, weiß nichts darauf zu sagen.

„Ehrlich gesagt wundert es mich, dass er das Kind haben möchte", fährt sie fort.

„Hm."

„Lilly, darf ich ganz offen sprechen?"

„J … ja?" Ich bin wie erstarrt, was kommt wohl jetzt?

„Ich weiß nicht, was ich von dem Ganzen halten soll. Simon hat uns erzählt, dass Sie das Kind nicht haben wollen, aber auf mich wirken Sie nicht so, als würden Sie es leichten Herzens fortgeben. Ich habe mich gefragt, was Sie wohl für eine Frau sind, ich meine das nicht negativ, sondern ich war wirklich neugierig. Ich kenne Sie kaum, aber Sie wirken nicht oberflächlich oder berechnend auf mich."

„Danke", presse ich mühsam hervor, schon wieder steigen mir die Tränen in die Augen. „Mir fällt das alles auch nicht leicht, aber ich möchte das Beste für das Baby", sage ich dann leise. „Und ich kann ihm nicht das Gleiche bieten wie Simon und Sie. Ich wäre auf mich alleine gestellt und ich muss auch arbeiten. Ich habe Angst, dass ich damit überfordert bin und dem Kind nicht gerecht werden kann."

Ich atme tief durch, scheu sehe ich sie an. „Ich … ich bin kein schlechter Mensch."

„Das habe ich auch nicht angenommen." Sarah streichelt leicht über meinen Oberarm. „Lilly, ich verspreche Ihnen, dass wir uns sehr gut um das Baby kümmern würden, aber ich will Ihnen nichts wegnehmen. Sie müssen hinter der Entscheidung stehen, es bringt nichts, wenn Sie daran zerbrechen."

„Ich möchte das Beste für das Baby. Und das kann ich ihm nicht geben." Ich zucke mit den Schultern. „Das ist auch Simons Einstellung."

Sarah runzelt ärgerlich die Stirn. „Wissen Sie, ich liebe meinen Bruder, aber bei manchen Dingen ist er einfach ein unsensibler Klotz. Sie sollen wissen, dass Sie natürlich Kontakt zu dem Baby halten können, wenn Sie das möchten. Wir würden Ihnen das auf jeden Fall ermöglichen."

Ich schaue verdutzt auf. „Wie bitte?"

„Warum sind Sie jetzt so überrascht? Das ist doch selbstverständlich. Wissen Sie, ich sehe das so: Normalerweise leben die Kinder bei der Mutter, hier ist es eben anders herum. Aber das bedeutet ja nicht, dass Sie deswegen im Leben des Kindes nicht stattfinden. Und vielleicht ändert sich ja auch Ihre Lebenssituation einmal oder vielleicht möchte das Kind später mal bei Ihnen leben, das sind alles Dinge, die kann man nicht im Voraus festlegen."

„Aber … aber Simon sagte, dass es das Kind verwirren könnte und ich habe es so verstanden, dass er nicht möchte, dass ich Kontakt halte", stammele ich.

„Wie bitte?" Sarah springt empört vom Bett auf, sie beginnt im Zimmer auf und ab zu laufen, irgendwie erinnert sie mich jetzt sehr an ihren Bruder. „Oh nein, so wird das nicht laufen, das kann er sich abschminken. Hier geht es doch nicht darum, Ihnen das Kind wegzunehmen. Ich sehe es als ein Arrangement für unbestimmte Zeit", sagt sie entschieden. „Lilly, bitte glauben Sie mir, das ist bestimmt nicht die Absicht von meinem Mann und mir. Wir möchten helfen, Ihnen und Simon, aber so wie er sich das denkt, wird das nicht laufen. Sie sind die Mutter."

Sie wirkt sehr aufgebracht, ich beobachte sie staunend.

„Dieser Blödian", grummelt sie weiter. „So leicht geht das nicht, er hat eine Verantwortung für das Kind – und für Sie. So sehe ich das jedenfalls, und da spreche ich auch für meinen Mann."

„Wir sind kein Paar", gebe ich ihr zu bedenken. „Er hat keine Verantwortung für mich, ich komme schon alleine klar."

„Ja, ihr beide seid kein Paar", wiederholt sie, sie wirkt völlig in Gedanken. „Das ist natürlich schade, es wäre die einfachste Lösung, wenn er zu Ihnen stehen würde."

„Liebe kann man nicht erzwingen.“

„Lilly? Darf ich indiskret sein?“ Sarah setzt sich wieder neben mich.

„Äh … ja?“

„Lieben Sie Simon? Oder war er für Sie auch nur eine Affäre?“

„Nein, ich … ich habe ihn geliebt, aber nach dem, was jetzt geschehen ist … ich …“

„Lieben Sie ihn?“, hakt sie sanft nach.

„Er liebt mich nicht. Und er hat mich sehr verletzt“, flüstere ich, wieder spüre ich Tränen in meinen Augen.

„Lieben Sie ihn?“, wiederholt sie noch einmal ihre Frage.

„Ja“, sage ich leise. „Ich bin kein Roboter, der das einfach an- und ausstellen kann.“

„Danke für Ihre Ehrlichkeit.“ Sarah drückt noch einmal meine Hand. „Vielleicht sollten wir jetzt nach unten gehen, er wird sich bestimmt schon fragen, was wir hier bereden.“

„Sarah?“ Ich halte sie noch kurz zurück.

„Ja?“

„Sie sind eine bemerkenswerte Frau. Danke“, lächele ich scheu.

„Nichts zu danken“, zwinkert sie mir zu.

21

Ich folge ihr nach unten, das Gespräch hat mich aufgewühlt und beruhigt zu gleichen Teilen. Simons Schwester hat jetzt ein Gesicht, sie ist nicht mehr irgendeine Frau, bei der mein Kind aufwachsen soll. Und sie ist wirklich sympathisch, soweit ich das beurteilen kann, doch auf meine Menschenkenntnis möchte ich mich nicht mehr verlassen.

Simon sitzt mit Nele am Esstisch, er hat eine Banane zerdrückt und füttert die Kleine mit einem Löffel.

„Na, amüsiert ihr euch?“, fragt Sarah grinsend.

„Geht so“, knurrt er. „Ich würde sagen, Nele schon.“

Wie auf Stichwort kreischt Nele fröhlich los und patscht dabei mit ihrem Händchen in den Bananenmus.

„Nele – ich hab dir doch gesagt, du sollst das sein lassen“, schimpft Simon leise mit seiner Nichte.

„Oh, Nelchen, hast du nicht gehört, was Onkel Simon gesagt hat?“, kichert Sarah, dann wischt sie ihrer Tochter die Hände ab. „Du bist ein böses Mädchen, ein ganz böses Mädchen.“

„Schön, dass dich das so freut“, brummt Simon.

„Ich mag es, wenn Frauen dich so gut im Griff haben.“

„Sie ist aber auch die Einzige, die sich das erlauben darf“, erwidert er, jetzt lacht er auch.

Ich schlucke, natürlich war die Bemerkung nur ein Witz, aber mich trifft es trotzdem – lächerlicherweise.

„Na, mal sehen, ob das immer so bleiben wird.“ Sarah nimmt ihm die Kleine ab und Simon reinigt sich auch die Hände.

„Seid ihr mit der Hausführung fertig?“, will er dann von mir wissen.

„Ja, es ist sehr beeindruckend hier“, antworte ich, ich meine allerdings nicht die Räumlichkeiten.

Simon lächelt mich an, wieso hat der immer noch diese Wirkung auf mich, mein Herz schlägt prompt ein bisschen schneller. „Es freut mich, dass es dir hier gefällt.“

„Wem würde es hier nicht gefallen?“

„Ich hoffe, deine Entscheidung wird dir jetzt leichter fallen.“ Er schaut mich prüfend an, doch ich weiche seinem Blick aus und antworte nicht.

„Lilly braucht Zeit, um über alles nachzudenken. So was kann man nicht übers Knie brechen“, kommt Sarah mir zu Hilfe.

„Wir müssen ja eh noch den Vaterschaftstest abwarten, der muss natürlich in meinem Sinne ausfallen“, erklärt Simon seiner Schwester.

„Natürlich.“ Ich lache bitter auf, dann greife ich nach meiner Tasche. „Es war schön, Sie kennengelernt zu haben“, wende ich mich dann Sarah zu, ich halte es keine Minute mehr länger mit Simon aus.

„Bitte vergeben Sie meinem Bruder, dass er so ein ungehobelter Klotz ist.“ Sie kommt schnell zu mir. „Das mit dem Test muss auf Sie wie ein Affront wirken, aber mein Vater besteht ebenfalls darauf. Bitte verstehen Sie, dass es hier auch um viel Geld geht, das Ihrem Kind einmal zustehen wird.“

„Wir möchten alle sichergehen!“ Simon klingt ganz entschieden.

Okay, das reicht jetzt wirklich, ich gehe im Laufschritt zur Haustür.

„Großartig, Simon. Ganz großartig! Warum benimmst du dich ihr gegenüber eigentlich wie ein Riesenarsch?“, höre ich seine Schwester mit ihm schimpfen, die Antwort würde mich zwar auch interessieren, aber ich bin schon fast aus der Haustüre raus.

„Lilly, warte!“

Ich nehme Schritte hinter mir wahr, aber ich denke nicht daran, stehen zu bleiben. Ich habe zwar überhaupt keine Ahnung, wo ich genau bin, aber Buslinien oder eine U-Bahn-Haltestelle wird es hier doch wohl geben.

„Lilly!“ Ich spüre eine Hand, die meinen Arm festhält, wütend reiße ich mich los.

„Du sollst mich nicht anfassen!“

„Bitte Lilly, es tut mir leid, ich wollte dich nicht schon wieder verletzen. Aber wir müssen die Dinge einfach beim Namen nennen!“ Er sieht mich fast schon flehend an, ich bleibe stehen und schaue ihm böse in die Augen.

„Simon, ich weiß nicht, ob du das nicht verstehst: Das hier alles ist verdammt schwer für mich. Und dann brauche ich nicht auch noch zusätzlich deine Gemeinheiten!“ Meine Stimme bricht weg, oh bitte, nicht schon wieder heulen!

„Ich wollte nicht fies sein“, sagt er mit sanfter Stimme, doch ich will mich nicht von ihm einwickeln lassen. „Wir müssen noch etwas anderes besprechen.“

„Was denn noch?“, frage ich genervt.

„Du kannst morgen nicht in die Nachtschicht gehen, das lasse ich nicht zu. Ich werde morgen in die Klinik kommen, dann stelle ich dir eine Schwangerschaftsbescheinigung aus und den Mutterpass. Damit gehst du dann zur Pflegedienstleitung. Ich denke, auf unserer Station wirst du bleiben können, wir behandeln ja keine Patientinnen mit ansteckenden Infektionen. Du darfst nur nicht mehr schwer heben.“

„Okay, Doc“, sage ich zynisch. „Sonst noch was?“

„Du kannst natürlich auch auf einer Versetzung bestehen, allerdings werde ich es nicht dulden, dass du in ein anderes Gebäude gehst, ich möchte dich in meiner Nähe haben.“

„Und warum?“

„Ich hätte gerne ein Auge auf dich, das ist doch wohl klar. Und falls etwas sein sollte, möchte ich für dich sofort ansprechbar sein.“ Er sieht mir fest in die Augen, er meint jedes Wort ernst, was er da von sich gibt.

„Bist du jetzt fertig? Ich möchte gehen. Das wird mir jetzt wirklich alles zu viel.“

„Ja, ich fahre dich jetzt nach Hause. Ruh dich aus, du siehst erschöpft aus“, lächelt er mir zu.

„Danke, ich fahre mit dem Bus“, antworte ich ebenso lächelnd.

„Lilly, bitte!“ Simon stöhnt auf. „Das müssen wir jetzt nicht ernsthaft ausdiskutieren, oder? Ich bringe dich natürlich zurück.“

„Hör auf, mich zu bevormunden!“, mobilisiere ich meinen letzten Widerstand.

„Dann hör auf, dich so dämlich zu benehmen!“ Er deutet auf sein Auto. „Jetzt komm.“

Ich seufze innerlich auf, mein Wille rebelliert in mir, verlangt, dass ich jetzt sofort die Gegenrichtung einschlage und mit öffentlichen Verkehrsmitteln fahre. Aber mein Körper ist müde, das Schlafdefizit macht sich bemerkbar und ich sehne mich nach Ruhe.

Simon sieht mich auffordernd an, dann lächelt er wieder so liebevoll, wie er es am Anfang getan hat, als er mich unbedingt ins Bett kriegen wollte.

„Was geht in deinem wunderhübschen Köpfchen vor?“, fragt er mich.

„Das wirst du nie erfahren“, knurre ich und schlage den Weg zu seinem Auto ein.

Die Rückfahrt verläuft schweigend, ich bin auch dankbar dafür, nichts sagen zu müssen. Ich muss sogar aufpassen, dass mir die Augen nicht zufallen, das alles ist so unglaublich ermüdend …

„Lilly, hey Süße, wach auf.“ Ich höre eine schmeichelnde Stimme und spüre, wie jemand über meine Wange streichelt. Doch ich möchte nur noch schlafen, können mich nicht einfach mal alle in Ruhe lassen?

„Lilly, komm schon, mach die Augen auf“, beharrt Simon.

Simon?

SIMON?

Schlagartig bin ich wach, verdammt, warum musste ich denn einschlafen? Ich schaue ihn feindselig an, dann taste ich nach dem Türgriff.

„Danke fürs Fahren“, nuschele ich und will aussteigen, doch er hält mich am Arm zurück.

„Lass los!“

„Wir sehen uns also morgen früh in der Klinik, ja?“, beharrt er. „So um sieben? Und bitte nüchtern.“

Ich verdrehe genervt die Augen, dieser Kerl ist eine Plage. „Simon, ich habe schon alle Tests bei Dr. Neumann machen lassen. Nächste Woche kann ich da meinen Mutterpass abholen. Das ist doch alles doppelt gemoppelt.“

„Ich möchte mich selbst davon überzeugen, dass mit dir alles okay ist!“ Er sieht mich jetzt richtig trotzig an. „Danach stelle ich dir die Bescheinigung aus, die kannst du dann der Pflegedienstleitung vorlegen“, fährt er fort. Er redet jetzt ganz sachlich, Simon ist wieder in seinem Arzt-Modus, ich muss kapitulieren, für eine Diskussion fehlen mir jetzt einfach die Nerven.

„Kann ich jetzt BITTE ENDLICH gehen?“, frage ich ihn so liebenswürdig, wie es mir möglich ist.

Er nickt mir gnädigerweise zu, dann steigt er ebenfalls aus, doch ich habe keine Lust auf seine Höflichkeitsfloskeln, ich kann schließlich selbst die Tür aufmachen. Ohne ihn noch einmal anzusehen, gehe ich auf die Haustür zu und atme erleichtert auf, als ich sie hinter mir schließen kann.

„Und?“ Bienchen ist direkt an sein Handy gegangen, ich kann aus seiner Stimme heraushören, dass er vor Neugier platzt.

„Die Schwester ist sehr nett und das Haus ist ein Traum“, beginne ich meinen Bericht. Ich liege schon im Bett, doch dieser Anruf muss noch sein, ich habe es meinem Freund versprochen.

„Ja – und weiter? Was hat sie so gesagt?“

„Sie hat mir zugesagt, dass ich das Kind sehen kann und es klingt alles ganz vernünftig. Sie hat auch gesagt, dass es ja sein kann, dass es später mal bei mir wohnen möchte und dass man so etwas nicht planen kann.“

„Hm, das klingt wirklich ganz vernünftig.“ Bienchen scheint überrascht. „Weiß Simon davon, was seine Schwester so von sich gibt?“

„Nein, er war nicht dabei. Und sie wollen ihn mit in die Kindererziehung einspannen, ich glaube, das weiß er auch noch gar nicht.“

„Geschieht ihm ganz recht. Noch kann er es sich ja anders überlegen und dich heiraten. Aber ob es für ihn besser ist, sich mit dir herumzuschlagen?“

„Ich würde so einen Kerl niemals heiraten“, protestiere ich. „Nein, danke. Einmal Liebeskummer wegen ihm reicht mir. Wenn ich das hinter mir habe, dann bin ich geheilt vom Mr.-Bombastic-Virus." Ich nicke entschlossen zur Bekräftigung meiner Worte.

„Okay, wir werden sehen. Was machst du jetzt?“

„Schlafen.“

„Iss vorher noch etwas!“

„Ich habe keinen Hunger. Machs gut und hübsche ein paar Damen auf“, flöte ich durch den Telefonhörer.

„Und Männer“, giffelt Bienchen.

„Natürlich auch die“, lache ich.

„Honey?“

„Ja?“

„Ich hab dich lieb“, sagt Bienchen leise.

„Ich dich auch. Warum bist du nicht hetero?“, jammere ich.

„Igitt, spinnst du?“, faucht er gespielt empört. „Schon die Vorstellung, dass ich bei einer Frau die …“

„Machs gut“, ich drücke ihn schnell weg.

Ich kann tatsächlich schlafen, ich bin selbst ganz überrascht, als ich am späten Nachmittag aufwache. Meine Laune hat sich ebenfalls gebessert, ich habe sogar ein bisschen Hunger und beschließe, für Bienchen und mich zu kochen.

Als er am Abend nach Hause kommt, hat er Rob im Schlepptau.

„Oh, hier riecht es ja gut." Bienchen schnuppert in der Luft. „Und du siehst ausgeruhter aus. Hast du geschlafen, Honey?"

Ich bekomme ein Küsschen auf die Wange, auch von Rob.

„Ja, hab ich. Wenn ich gewusst hätte, dass Rob mitkommt, hätte ich was Anspruchsvolleres gekocht als Pasta." Ich werfe Bienchen einen vorwurfsvollen Blick zu, denn ich weiß, dass seine Flamme ein hervorragender Koch und zudem noch ein kleiner Gourmet ist.

„Oh, ich mache mir auch schon mal Pasta, keine Sorge", grinst mir Bienchens Freund verschwörerisch zu.

Ich schaue neidisch auf den Rotwein, den die beiden sich zum Essen gönnen, ich habe dafür von Bienchen eine Flasche Traubensaft mitgebracht bekommen, nun ja.

Immerhin schaffe ich den halben Teller - obwohl ich Hunger habe, hat sich mein Magen wohl immer noch nicht von den Aufregungen der letzten Tage erholt.

„Und morgen wirst du also von Mr. Bombastic untersucht?", fragt Bienchen mich neugierig.

Rob reißt die Augen auf, offenbar wittert er wieder einen neuen Aufreger. „Wie - untersucht? So richtig?"

„Er besteht darauf", murmele ich, dieses Thema möchte ich nicht vertiefen, am liebsten würde ich den Gedanken daran ganz weit von mir wegschieben.

„Ja, er besteht darauf!" Bienchens Stimme trieft vor Sarkasmus. „Und weil Lilly ihre devote Ader entdeckt hat, macht sie auch alles, was der große Meister will. Hat er dir eigentlich schon ein Halsband gekauft? Und einen Futternapf?"

Ich schicke meinem Freund nur einen genervten Blick.

„Echt?" Rob ist völlig aus dem Häuschen.

„NEIN!", motze ich ihn an.

„Ist das nicht komisch? Also das mit der Untersuchung?", hakt Rob nach, nachdem er sich gefasst hat. War ja klar, dass er da nicht lockerlassen würde.

„Ich kann mir Schöneres vorstellen.“ Missmutig trinke ich einen Schluck Saft.

„Wenn ich mir vorstelle, dass mein Ex-Lover da in mir rumfummelt – also ich weiß nicht“ Bienchen haut in die dieselbe Kerbe, na klasse!

„Ich sagte ja, ich kann mir auch Schöneres vorstellen“, antworte ich mürrisch.

„Kriegt man da nicht … Gefühle?“ Rob kann vor lauter Anspannung nicht weiteressen, die Hand mit seiner Gabel verharrt regungslos in einer Art Starre.

Ich will das gar nicht, aber ich ertappe mich dabei, wie ich rot werde. Doch da die beiden keine Ahnung von gynäkologischen Untersuchungen haben – wie auch? – will ich ihnen mal ihre Neugierde nachsehen.

„Jungs, auf einem gynäkologischen Stuhl zu sitzen und sich untersuchen zu lassen, hat nichts mit Romantik oder Erotik zu tun, sorry. Zumindest habe ich diese Art Fetisch nicht.“ Ich zucke betont gelangweilt mit den Schultern, muss mir aber eingestehen, dass ich mich schon vor Simons Berührungen fürchte.

Nicht, weil es mich erregen könnte, das nun wirklich nicht, aber es ist für mich schwer auszuhalten, dass er mich nur noch als Patientin sieht und auch so behandeln wird.

„Ach so.“ Rob scheint mit der Antwort zufrieden und isst brav weiter seine Pasta, Bienchen schaue ich unterdessen so böse an, dass er sich ebenfalls weitere Fragen verkneift.

Natürlich bin ich sehr aufgeregt, als ich am nächsten Morgen in die Klinik fahre. Simon hatte mich gestern per SMS noch gefragt, ob er mich abholen soll, ich habe diese Nachricht aber ignoriert und mein Handy abgeschaltet. Ich will so wenig Kontakt zu ihm halten, wie nur irgend möglich und es ist für mich schwer vorstellbar, dass ich mit ihm auf eine kameradschaftliche Art befreundet sein könnte – jedenfalls im Moment. Ich bin einfach zu sehr verletzt, und obwohl ich wahrlich ganz andere Sorgen haben sollte, kränkt es mich, dass er bereits mit einer anderen Frau zusammen ist.

Eine von vielen und beliebig austauschbar zu sein, das nagt ungemein an mir.

Ich sehe, dass sein Auto schon auf dem Ärzteparkplatz steht, als ich auf die Frauenklinik zugehe.

Ich vergewissere mich, dass mich niemand der Kollegen sieht, dann klopfe ich an seine Bürotür.

„Komm rein“, ertönt es freundlich, noch einmal atme ich tief durch.

Also los!, mache ich mir selbst Mut.

„Guten Morgen, Lilly.“ Er lächelt mir nett zu, doch das nimmt mir meine Anspannung in keiner Weise.

„Hallo Simon“, antworte ich leise.

„Hast du meine Nachricht nicht bekommen? Ich hätte dich abholen können.“

„Doch, aber ich habe sie erst eben gesehen“, lüge ich.

„Okay, sollen wir direkt loslegen? Untersuchungsraum eins habe ich geblockt.“

„Und mit welcher Begründung?“, frage ich zweifelnd.

„Privatpatientin“, grinst er. „Zufrieden?“

„Hm.“

Er hat schon alles vorbereitet. „Ich möchte dir zuerst Blut abnehmen.“

„Wenn ich einen blauen Fleck bekomme, kriegen wir Ärger!“, zicke ich ihn an.

„Willst du es selbst machen?“ Er zieht die Augenbrauen hoch, ich finde das immer noch so ungeheuer sexy.

„Ist wohl besser, ich mache das öfter“, murmele ich und nehme ihm die Armbinde ab.

Simon beobachtet mich genau, ich kann nicht gerade sagen, dass mich das ruhiger macht, aber ich schaffe es, mich zu konzentrieren und reiche ihm dann milde lächelnd das Röhrchen.

„Traust du mir denn zu, dir in den Finger zu piksen?“ Er grinst wieder, wieso sieht er bloß so gut aus?

„Okay, das müsstest du wohl hinbekommen, ohne größeren Schaden anzurichten.“

Simon lacht auf, ich schaue ihm ebenso genau auf die Finger wie er mir. Als er fertig ist, zieht er Pflaster mit Prinzessinnen-Aufdruck hervor und versorgt mich damit.

„Hab ich von meiner Nichte geklaut“, sagt er, das Grinsen scheint heute bei ihm festgetackert zu sein.

„Danke, sehr nett“, nicke ich ihm huldvoll zu.

„Du weißt, was damit zu tun ist.“ Er reicht mir einen Becher für die Urinprobe. „Aber da muss ich ja nicht zwingend dabei sein.“

„Das will ich dir auch nicht raten!“

„Zieh dir bitte die Schuhe aus und stell dich auf die Waage“, weist er mich an.

Okay, auch das lasse ich über mich ergehen, ich stelle fest, dass ich abgenommen habe, was bei meinem mangelnden Appetit ja auch kein Wunder ist. Aber dazu halte ich lieber mal schön meinen Mund.

„Gut, sollen wir?“ Er deutet auf den Stuhl, ich atme innerlich tief durch.

„Muss das wirklich sein?“

„Bitte Lilly, was ist denn schon dabei? Wir sind doch beide Profis, oder?“, sagt er mit sanfter Stimme.

Ich stöhne genervt auf, dann ziehe ich mir Hose und Slip aus.

„Okay, du weißt, was ich jetzt mache, oder? Ich beginne mit dem Abstrich“, sagt er.

„Ja, tu mir nur einen Gefallen und beeile dich.“

„Selbstverständlich.“

Ich weiß nicht, ob ich es mir einbilde, aber ich könnte schwören, dass er wieder grinst.

Ich versuche, mich nicht zu sehr zu verspannen, doch das ist nicht so leicht, weil mir das alles hier überhaupt nicht passt.

Dann steht er auf, ich weiß, was jetzt kommt und das gefällt mir noch weniger. „Darf ich?“ Er sieht mich fragend an, eine Hand liegt bereits auf meinen Bauch, ich nicke nur und schaue zur Seite.

Ich spüre, wie er mit einem Finger in mich eindringt, mit der anderen Hand drückt er auf meine Bauchdecke, ich bin so verkrampft, dass es ein bisschen wehtut.

„Lilly, bitte, versuch dich zu entspannen. Ich will dir keine Schmerzen zufügen“, murmelt er, kurz darauf ist er fertig und ich kann es kaum erwarten, den Stuhl zu verlassen.

Er hält meine Beine fest und legt sie zurück in die Schalen. „Ich möchte noch eine Ultraschalluntersuchung machen.“

„Das hat Dr. Neumann doch gemacht.“

„Ich will es mit eigenen Augen sehen“, beharrt er.

Entnervt lehne ich mich wieder zurück, er dreht den kleinen Monitor zu mir, nun gut, dann lasse ich das also auch noch über mich ergehen. Kommt jetzt auch nicht mehr darauf an.

„Schau“, er lächelt, als er auf den Bildschirm sieht und deutet auf die Fruchthöhle.

„Ja, ich bin schwanger. In der Tat.“

Simon wirkt ernüchtert, er stellt noch ein paar Messungen an, dann darf ich tatsächlich endlich den Stuhl verlassen.

„Alles so weit in Ordnung. Sobald das Labor die Ergebnisse hat, kannst du den Mutterpass in meinem Büro abholen. Die Bescheinigung stelle ich dir jetzt gleich aus.“ Seine Stimme klingt auf einmal sehr nüchtern und dienstlich.

Schnell ziehe ich mich wieder an, er reicht mir die Bescheinigung. „Soll ich bei dem Gespräch dabei sein?“, bietet er mir an.

„Nein, danke, das schaffe ich schon alleine. Nicht, dass noch Gerede entsteht.“

„Das wäre mir egal, ich hab dir schon einmal gesagt, dass mich der Klatsch hier nicht interessiert.“ Es scheint ihm ernst zu sein.

„Mich aber – und das weißt du auch.“ Ich verschweige lieber mal, dass Sigrid eingeweiht ist.

„Ich habe etwas zum Frühstück mitgebracht.“ Er fährt sich mit den Fingern durch die Haare. „Leistest du mir in meinem Büro Gesellschaft?“

„Nein danke, ich hab selbst was dabei“, antworte ich entschieden.

Er wirkt enttäuscht, aber was soll ich denn machen? Ich beiße nervös auf meiner Unterlippe herum, dann fasse ich mir ein Herz.

„Simon, du sollst wissen, dass ich es durchaus schätze, was du bereit bist, für das Kind zu tun. Aber das ändert nichts daran, dass es für mich einfach noch sehr schwer ist, alles zu verdauen. Es geht hier darum, dass ich mein Kind nach der Geburt abgeben soll, das habe ich mir bestimmt nicht für mein Leben so erträumt. Und es geht darum, dass du mir sehr wehgetan hast.“ Ich spüre schon wieder den Kloß im Hals. „Ich … ich kann das nicht so einfach vergessen und so tun, als wäre alles in Ordnung.“ Ich werde immer leiser, vielleicht sollte ich besser gehen, bevor ich hier gleich vollständig in Tränen ausbreche.

„Du hast bereits wieder eine neue Affäre, für dich scheint alles so leicht zu sein. Aber so bin ich nun einmal nicht.“

„Ist okay, Lilly. Ich versuche nur, alles richtig zu machen und dich und das Kind gut durch die Schwangerschaft zu bringen. Ich möchte dich wirklich nicht weiter verletzen.“ Er hebt die Hand und streicht mir eine Träne weg.

„Dann halte so viel Abstand wie möglich zu mir“, bitte ich ihn, dann schiebe ich seine Hand weg und verlasse den Untersuchungsraum.

Ich gehe kurz zu den Waschräumen, um mich wieder halbwegs herzustellen, ich kann nur hoffen, dass Simon jetzt verstanden hat, warum ich nicht so cool wie er bin.

Um kurz nach neun Uhr klopfe ich an das Büro der Pflegedienstleitung, die Bescheinigung halte ich fest in meinen Händen.

Herr Sommer bittet mich herein und lächelt mir zu. „Hallo, Frau Zeisler, was führt Sie zu mir?“

Ich setze mich auf den mir angebotenen Stuhl, dann reiche ich ihm die Bescheinigung. „Ich möchte Ihnen mitteilen, dass ich schwanger bin.“

Herr Sommer wirkt etwas verdutzt, hat sich aber schnell wieder im Griff. „Ah ja, gut zu wissen.“

Er tippt etwas in seinen PC, der Schichtplan der Pflegekräfte erscheint. „Sie wissen, dass für Sie jetzt besondere Schutzmaßnahmen gelten?“

„Ja, das weiß ich.“

„Und natürlich ist damit die Probezeit hinfällig, das Mutterschutzgesetz tritt jetzt für Sie in Kraft.“ Ich kann ihm keinerlei Regung ansehen, wenn er verärgert ist, dann kann er das jedenfalls gut überspielen.

„Auch das weiß ich, natürlich. Herr Sommer, ich möchte betonen, dass ich selbst total überrascht wurde von der Schwangerschaft. Es tut mir leid, dass ich ausfallen werde.“

„Solche Dinge passieren eben.“ Er lächelt freundlich. „Sie hätten heute Nachtschicht.“ Er ruft eine andere Seite auf. „Das ist jetzt natürlich ein bisschen knapp, ich habe zwei Krankmeldungen von Mitarbeitern“, stöhnt er leise auf.

„Das ist kein Problem, ich werde die drei Nachtschichten noch machen“, biete ich ihm an.

„Das würde uns sehr helfen. Danke.“ Jetzt sieht er erleichtert aus, dann ruft er meine Personalakte auf.

„Oh, ich sehe, es gibt bereits eine Notiz, von Dr. Stegmann.“

Ich schaue ihn überrascht an. „Wie bitte? Was denn für eine Notiz?“

Was hat Simon denn jetzt schon wieder veranstaltet?

„Er hat Ihnen ja auch die Bescheinigung ausgestellt, ist also informiert und schlägt vor, Sie entweder hier in der Abteilung oder bei den Wöchnerinnen bzw. bei den Neugeborenen einzusetzen“, liest Herr Sommer mir vor. „Ich habe keinerlei Bedenken, Sie weiterhin hier zu beschäftigen, nur das Umbetten von Patientinnen oder andere schwerere körperliche Tätigkeiten müssen Sie halt unterlassen. Was wäre Ihnen denn am liebsten?“

Ich bin ziemlich fassungslos über Simons Einmischung, ich weiß ja, dass er mich am liebsten in der Nähe hätte. Kurz bin ich versucht, um eine Versetzung in einen ganz anderen Bereich und damit in ein anderes Gebäude zu bitten, aber dann entscheide ich mich dagegen. Hier ist mir alles vertraut, das ist mir im Moment am liebsten. Und auf die Wöchnerinnenstation möchte ich unter diesen Umständen nicht. Zu viele glückliche Mamis und Papis, die sich gemeinsam über den Nachwuchs freuen, das könnte ich im Moment nur schwer verkraften.

„Frau Zeisler?“ Herr Sommer scheint ungeduldig zu werden.

„Ich möchte hier bleiben“, sage ich.

„In Ordnung. Verbleiben wir dann so, dass Sie noch die nächsten drei Nächte machen und dann schreibe ich den Dienstplan um?“

„Ja, einverstanden.“ Ich stehe auf und reiche ihm die Hand. Herr Sommer hat immer noch sein unverbindliches Gesicht aufgesetzt, wenn er sauer auf mich ist, weil ich so schnell wieder ausfallen werde, dann zeigt er es zumindest nicht.

Ich beschließe, wieder nach Hause zu fahren und mich noch etwas hinzulegen, damit ich heute für die Nachtschicht fit bin. Außerdem bin ich müde, vielleicht liegt das an der Schwangerschaft, vielleicht aber auch daran, dass mich die ganze Situation mitnimmt.

Ich bin gerade zuhause angekommen, da läutet auch schon mein Handy, ich sehe, dass es Simon ist. Wieder überkommt mich Wut darüber, dass er sich so dermaßen in mein Leben einmischt.

„Ja?“, knurre ich in den Hörer.

„Hey Lilly. Warum bist du einfach so gegangen? Ich hatte eigentlich gedacht, wir sehen uns nach dem Gespräch mit der Pflegedienstleitung noch einmal und du erzählst mir, wie es gelaufen ist.“ Er scheint meine schlechte Laune geflissentlich überhören zu wollen.

„Warum sollte ich dich darüber informieren? Du weißt doch bestimmt schon alles, und Vorschläge, wo ich eingesetzt werden kann, hast du ja auch bereits gemacht“, fauche ich ihn an.

„Na und? Du wusstest doch, dass ich dich in meiner Nähe haben will“, knurrt er zurück. „Und deswegen sollte Sommer direkt Bescheid wissen.“

Ich stöhne genervt auf, verkneife mir aber eine weitere bissige Bemerkung.

„Und? Wie sieht dein neuer Dienstplan aus?“

„Ich habe noch keinen. Zwei Kolleginnen sind krank, also werde ich die nächsten drei Nachtschichten wie geplant machen. Danach gibt es eine neue Einteilung für mich.“

„Das kannst du getrost vergessen, das kommt überhaupt nicht infrage!“, wütet Simon durchs Telefon. „Für dich gilt jetzt ein besonderer Schutz!“

„Simon – ich habe das so mit Herrn Sommer besprochen und ich werde das genauso durchziehen. Ich möchte es mir mit dem Mann nicht verscherzen, ich hoffe, dass ich meinen Job auch nach dem Mutterschutz noch behalten kann. Und wenn du jetzt in Erwägung ziehen solltest, dich da wieder einzumischen, dann kriegen wir RICHTIG ÄRGER!“ Meine Stimme wird immer lauter, aber ich kann mich kaum noch beherrschen.

„Ich dulde nicht, dass du unnötige Risiken eingehst. Du solltest doch wissen, dass gerade in den ersten drei Schwangerschaftsmonaten die Fehlgeburtsrate am höchsten ist.“ Er redet jetzt wieder ruhiger mit mir, scheinbar versucht er, mich einzulullen.

„Das weiß ich, Simon.“ Ich lache bitter auf. „Ich werde das Gespräch jetzt beenden. Bitte nimm zur Kenntnis, dass ich die Nachtschichten noch machen werde, und misch dich zukünftig weniger ein“, sage ich ernst. Ich habe keine Lust mehr auf ermüdende Diskussionen, ich muss ins Bett.

„Lilly …“

„Das ist mein völliger Ernst. Ich bestimme immer noch selbst über mein Leben und ich weiß, was ich mir zumuten kann“, beharre ich energisch.

„Du bist ein stures Luder“, knurrt er.

„Kann sein. Aber vielleicht sollten wir eher darüber sprechen, welche Version wir den Kollegen präsentieren. Soll ich sagen, wer der Vater meines Babys ist? Oder doch lieber die Klappe halten?“, frage ich zuckersüß.

„Bitte sag erst mal nichts, es steht ja auch noch das Testergebnis aus. Danach können es von mir aus alle wissen.“

„Natürlich, klar. Vielleicht stellt sich ja heraus, dass es ein anderer war. Wie konnte ich das bloß vergessen!“ Ich kann nicht mehr, ich drücke ihn weg und schmeiße das Handy in die Ecke.

22

Auch Bienchen ist nicht erbaut darüber, dass ich am Abend in die Klinik fahre, doch ich fauche ihn nur an, dass er sich da heraushalten soll. Er muckt auch nicht weiter auf, scheinbar ist mir anzumerken, dass jede Diskussion zwecklos ist.

Der Flurfunk hat bereits bestens funktioniert, meine Kolleginnen wissen alle schon Bescheid, als ich meinen Dienst antrete.

„Das ist ja eine süße Überraschung", flötet Anna.

„Und wer ist der glückliche Vater?" Svenja kommt hinzu, ich habe sie schon länger nicht mehr gesehen, und wenn wir zusammen Dienst hatten, ist sie mir stets aus dem Weg gegangen. Ich ahne schon, warum, sie wird ja auch von den Wetten wissen, die auf mich und Stegmanns Charme abgeschlossen worden sind.

„Es gibt keinen Vater, jedenfalls keinen, der mit mir zusammenwohnt. Mehr möchte ich dazu nicht sagen." Ich schaue meine Kolleginnen bittend an.

„Ein Unfall also?", hakt Svenja nach.

Ich zucke nur mit den Schultern und nehme mir ein Krankenblatt vor. Ich hoffe, dass das Verhör damit beendet ist. „Nenn es, wie du willst."

Ich habe Glück und die Meute lässt von mir ab. Dann versuche ich, mich auf die Arbeit zu konzentrieren, ein Notfall wird angekündigt, ich bin froh über die Ablenkung.

Mir ist allerdings klar, dass meine plötzliche Schwangerschaft noch eine Weile Gesprächsthema sein wird, aber da muss ich wohl durch.

Dr. Werner ist heute auf der Station, Simon hat frei, ich bin froh, dass ich ihm nicht über den Weg laufen muss, die Begegnung und die Gespräche heute mit ihm haben mir erst mal gereicht. Wie soll ich es bloß schaffen, von ihm loszukommen, wenn ich ihm wegen der Schwangerschaft zwangsläufig so oft begegnen muss?

Ich helfe Dr. Werner beim Versorgen der Patientin, sie hat starke Blutungen und läuft Gefahr, ihr Baby zu verlieren. Die junge Frau ist völlig verzweifelt, sie tut mir sehr leid, auch der angehende Vater macht einen verlorenen Eindruck.

Doch alle Maßnahmen werden nicht helfen, sie wird ihr Baby verlieren, das kann ich in den Augen des Oberarztes erkennen.

„Lilly, bitte schicken Sie Svenja zu mir, ich brauche Sie hier nicht mehr", sagt er plötzlich knapp zu mir.

Ich schaue ihn überrascht an, warum schickt er mich denn weg? Aber die Situation lässt keine Diskussion zu, also beeile ich mich, seine Anweisungen zu befolgen.

Als die Patientin versorgt ist, spreche ich Dr. Werner auf seine Anweisung an.

„Es hat nichts damit zu tun, dass ich Ihre Kompetenzen anzweifele", sagt er. „Aber ich fand es nicht richtig, eine schwangere Krankenschwester mit dieser Situation zu belasten."

Okay, er weiß es also auch, war ja zu erwarten!

„Das ist mein Job und es ist nicht mein erster Abort, den ich betreut habe", erwidere ich und kann meinen Ärger nur schwer beherrschen.

„Das ist mir klar, aber wenn es sich verhindern lässt, dann muss das ja nicht sein", beharrt er. „Simon Stegmann hat mich gebeten, darauf zu achten, dass Sie möglichst wenig belastet werden."

Ein Lächeln umspielt seinen Mund - weiß er ALLES?

Ich bin so sauer, ich bin richtig, richtig sauer.

„Ich brauche keinen Aufpasser!"

„Sie sollten um diese Zeit überhaupt nicht mehr arbeiten und das wissen Sie. Und wer bei mir assistiert, das müssen Sie mir schon überlassen." Er wendet sich zum Gehen. „Das Gespräch ist für mich jetzt beendet."

Ich schnappe mir meine Tasche und zücke mein Handy, dann gehe ich nach draußen in den dunklen Krankenhauspark, um in Ruhe zu telefonieren. Es ist mir völlig egal, dass es jetzt fast halb zwei in der Nacht ist.

„Ja?", höre ich Simons verschlafene Stimme.

„Hör auf, dich einzumischen, verdammt noch mal!", motze ich ins Telefon. „Ich brauche keine Sonderbehandlung und ich WILL AUCH KEINE!"

Ich kann mich nur mit Mühe beherrschen.

„Oh, Lilly … was ist denn los?", seufzt er.

„Du weißt sehr gut, was los ist, also stell dich nicht blöder an als du bist“, fauche ich. „Dr. Werner weiß also auch schon Bescheid und hat mich während eines Aborts aus dem Behandlungsraum geschickt!“

„So was solltest du auch jetzt nicht unbedingt mitkriegen.“ Er wirkt etwas wacher. „Das muss ja nicht sein.“

„DAS IST MEIN JOB!“ Ich kann mich kaum noch beherrschen, schaue mich dann jedoch vorsichtig um, ich will ja keine Patienten wecken.

„Was ist denn los, Schatzi? Wer ruft denn mitten in der Nacht an? Die Klinik?“ Ich höre eine Frauenstimme, plötzlich ist meine ganze Wut verpufft.

Simon hat also Besuch, hätte ich mir ja denken können, dass er seinen freien Abend nicht alleine verbringt.

„Ich bin gleich fertig“, murmelt Simon, dann wendet er sich mir wieder zu.

„Lilly, hör zu, ich weiß, dass du …“

Ich drücke ihn weg und stecke mein Handy wieder in meine Tasche, für heute habe ich wirklich genug von ihm.

Du wirst nicht heulen, verdammt, Lilly, nicht heulen, hämmere ich mir immer wieder ein, als ich zurück auf die Station gehe.

Als ich dort ankomme, habe ich mich halbwegs wieder gefasst. Ich muss diese Schicht irgendwie rumbekommen und versuchen, mich zu konzentrieren, die Patientinnen haben ein Recht darauf.

Die restliche Nacht verläuft ruhig, ich schaue ein paar Mal nach der Patientin mit der Fehlgeburt, ihr Mann ist noch bei ihr und hält ihre Hand, ich versuche tröstende Worte zu finden, weiß aber selbst, dass das nicht möglich ist.

Ich fühle mich wie gerädert, als ich am Morgen nach Hause komme, Bienchen ist bereits auf und hat Frühstück gemacht.

„Na, wie war die Nachtschicht?“

Ich erzähle ihm von der Fehlgeburt und Simons Anweisungen. Bienchen sieht mich überrascht an.

„Oh, er scheint ja wirklich besorgt zu sein“, nickt er anerkennend.

„Er mischt sich ein bisschen zu sehr ein.“

„Er meint es nur gut, das kannst du ihm nicht vorwerfen." Bienchen streichelt über meine Hand, ich erwiderte seine Geste.

„Ich … ich überlege, ob ich nach den drei Nachtschichten nach Hause fahre", gestehe ich ihm dann. „Ich habe schließlich zweieinhalb Tage frei, vielleicht kann ich Ela treffen, ich muss hier mal raus."

„Okay, das verstehe ich." Bienchen sieht mich traurig an. „Meinst du wirklich, dass du das alles schaffst? Ich meine, die Zusammenarbeit mit Simon, das Schwangersein und vielleicht die Weggabe des Babys?"

„Hab ich denn eine andere Wahl? Ich muss entscheiden, was das Beste für das Kind ist und ich kann wohl sicher sein, dass Simon mich sehr gründlich während der Schwangerschaft betreuen wird. Und was danach kommt …" Ich schlucke hart. „Das muss man halt abwarten."

„Ach Mausi, ich würde dir so gerne die Entscheidung abnehmen oder dir zumindest was ganz Kluges raten, aber das kann ich nicht. Die ganze Kiste ist irgendwie so verfahren."

„Ich weiß das zu schätzen, Bienchen. Aber da muss ich alleine durch", lächele ich ihm zu.

Als ich an diesem Abend in die Klinik komme, ist Simon ebenfalls da. Er hat Bereitschaftsdienst, ich hoffe, dass ich ihn nicht sehen muss. Doch diese Hoffnung erfüllt sich leider nicht, er fängt mich ab, als ich aus einem Patientenzimmer komme.

„Können wir reden?", fragt er freundlich, doch ich bin nicht wirklich gut auf ihn zu sprechen.

„Worüber denn?"

„Komm!" Simon zieht mich in ein leeres Zimmer und bleibt vor der Tür stehen, sodass ich nicht flüchten kann.

„Also: Worüber willst du reden?", frage ich ihn erneut.

„Lilly, es … es tut mir leid. Ich sehe ein, dass ich zu weit gegangen bin. Ich hätte Michael Werner nicht bitten sollen, dich zu schonen." Er sieht wirklich zerknirscht aus.

„Du nimmst dir ganz schön viel heraus, Simon. Auch wenn ich dein Kind bekomme, so ist das immer noch mein Leben!"

„Ich weiß, ich wollte dich auch nicht verärgern, ich möchte nur alles richtig machen." Er fährt sich mit der Hand durch die Haare, ich ertappe mich dabei, dass ich dies gerne tun würde. Dann muss ich aber wieder daran denken, dass er letzte Nacht nicht alleine war, der dumpfe Schmerz in meinem Herzen ist sofort wieder da.

„Das hast du mir schon gesagt, ich weiß das auch zu schätzen. Aber du gehst zu weit!“

„Ich regele das mit ihm, bitte nimm meine Entschuldigung an“, sagt er mit treuem Blick.

Ich deute auf die Tür. „Okay. Kann ich jetzt bitte wieder gehen?“

„Natürlich.“ Simon tritt zur Seite und lässt mich vorbei.

„Lilly?“

Ich bin schon fast draußen und drehe mich wieder zu ihm herum. „Ja?“

„Wie geht es dir? Sind die Nachtschichten nicht zu anstrengend?“

Jetzt muss ich doch grinsen. „Du kannst nicht aus deiner Haut, oder?“

„Nein“, lacht er leise.

„Ich komm schon klar, danke.“

„Isst du genug?“

„Ja.“

„Vielleicht … vielleicht können wir ja mal essen gehen? Was meinst du?“

Ich schaue ihn verblüfft an, dann schüttele ich den Kopf. „Simon, mir wäre es lieber, wenn wir uns nur zu den Untersuchungen oder hier dienstlich sehen. Ich dachte, das wäre klar?“

„Aber ich fände es schön, wenn wir eine Freundschaft aufbauen könnten“, beharrt er.

„Das kann ich nicht“, flüstere ich, die Traurigkeit in meinen Worten kann ich kaum vor ihm verbergen.

„Okay.“ Er verlässt ebenfalls das Zimmer. „Schade“, murmelt er im Weggehen.

„Grüß Ela von mir!“ Bienchen drückt mich noch einmal an sich, als ich zwei Tage später in unser Auto steige. „Und ruf an, wenn du da bist.“

„Mach ich – beides!“ Ich werfe ihm noch einen Handkuss zu und starte den Wagen. Ich kann es kaum erwarten, zu meiner alten Freundin zu kommen. Natürlich finde ich es auch schön, mit Sigrid zu reden, sie hat immer ein offenes Ohr für mich. Aber Ela kennt mich schon viel länger und sie hat mehr Abstand zu dem Ganzen hier. Vielleicht gelingt es mir ja bei ihr, einen Weg zu finden, wie ich alles am besten regeln kann.

Bevor ich zu meiner Freundin fahre, zieht es mich aber zuerst auf den Friedhof. Ich habe zwei Kerzen dabei und zünde sie vor dem Kolumbarium an, in dem die Urnen meiner Eltern stehen.

Traurig schaue ich auf ihre Namen, mit meinen Fingerspitzen gleite ich über die eingemeißelten Buchstaben.

„Hallo ihr beiden", flüstere ich leise, mir kommen bei den Erinnerungen an sie die Tränen. „Ihr hättet euch mit mir um das Baby gekümmert … ich weiß …"

Ich schluchze laut auf. „Was soll ich denn tun? Soll ich Simons Angebot annehmen? Wäre das nicht das Beste für das Kind? Seine Schwester ist sehr nett und geht liebevoll mit ihren Kindern um. Den Mann kenne ich noch nicht, aber Simon sagt, dass er sehr verantwortungsbewusst ist - was man von mir nicht sagen kann, oder?"

Mit meinem Arm wische ich mir das Gesicht ab. „Warum bin ich bloß so dumm?"

„Hallo Maus." Ela empfängt mich mit einem strahlenden Lächeln.

„Hallo du." Ich nehme sie fest in die Arme und möchte sie erst mal gar nicht mehr loslassen.

„Hey, du siehst aber nicht gut aus. Du bist so blass", stellt sie fest, als sie mich genauer betrachtet. „Stimmt etwas nicht?"

„Das kann man wohl laut sagen", murmele ich und greife dankbar nach dem Tee, den sie mir reicht, dann fange ich stockend an zu erzählen.

Meine Freundin hört mir gespannt zu, sie unterbricht mich nicht einmal, streicht mir nur hin und wieder über den Rücken, als ich anfange zu weinen.

„Oh je, was ist denn das für eine Scheiße?", seufzt sie auf, als ich fertig bin. „Aber hey …" Sie greift nach meiner Hand und streichelt darüber. „Du bist immer schon stärker gewesen, als du dachtest.."

„Ich glaube aber, dass ich jetzt an meine Grenzen komme", sage ich kläglich.

Es tut gut, mit Ela zu reden, aber sie äußert große Bedenken, was Simons Vorschlag angeht.

„Als ich meinte, du bist stärker als du denkst, meinte ich eigentlich, dass du das mit dem Kind schaffen würdest. Aber es wegzugeben, daran wirst du zerbrechen“, sagt sie ernst.

Als ich abends im Bett liege, bin ich sehr nachdenklich. Hat sie recht? Bienchen hat sich auch schon dahin gehend geäußert.

Aber dann muss ich an Simons Schwester denken, sie räumt mir ja genügend Besuchsmöglichkeiten ein. Ich wälze mich unruhig herum, plötzlich meldet sich mein Handy, verblüfft sehe ich, dass es Simon ist.

„Ja?“

„Hallo Lilly. Ich … also … wo bist du?“ Seine Stimme klingt besorgt.

„Bei einer Freundin. Warum?“

„Ich hatte versucht, dich zu erreichen, du hast ja jetzt zwei Tage frei. Meine Schwester wollte dich für morgen zum Essen einladen. Dann könntest du auch meinen Schwager kennenlernen, ich dachte, das würde ganz gut passen“, erklärt er mir.

Kann der Kerl Gedanken lesen?

„Ich bin nicht in der Stadt, ich komme übermorgen erst zurück. Sag ihr vielen Dank.“

„Oh, wo bist du denn?“

„In meinem Heimatort“, antworte ich brav, obwohl ihn das ja eigentlich nichts angeht.

„Ah, bist du mit dem Auto gefahren? Alleine?“

„Simon!“

„Ja, ja, schon gut“, sagt er hastig. „Sollen wir einen anderen Termin mit ihr ausmachen?“

„Ich rufe dich an, wenn ich wieder zuhause bin. Gute Nacht.“ Entschlossen drücke ich ihn weg.

Seufzend schließe ich die Augen. Seine Stimme zu hören, war schön, nur komme ich jetzt doch wieder ins Schwanken.

Ich setze mir selbst ein Ultimatum: Nach dem Essen bei seiner Schwester fälle ich eine Entscheidung. Ich brauche endlich eine klare Linie, und auch Simon und seine Familie haben eine Antwort verdient.

„Na, gut geschlafen?“

Ela begrüßt mich am nächsten Morgen fröhlich, ich komme gerade aus dem Bad und fühle mich hundeelend.

„Ja, danke. Geschlafen habe ich gut, aber diese verdammte Übelkeit …“ Ich halte mir die Hand auf den Bauch, dann greife ich dankbar nach einer Scheibe Toast.

„Simon hat gestern Abend noch angerufen und wollte, dass ich zu seiner Schwester zum Essen komme. Dann könnte ich auch deren Mann kennenlernen.“

Ela sieht mich erschrocken an. „Die machen ernst, was? Lass dich nicht unter Druck setzen.“

„Ich muss für mich selbst bald eine Entscheidung treffen – dieses ewige Hin und Her, das kann ich nicht.“

„Das ist aber keine Entscheidung, die man jetzt treffen sollte. Vielleicht siehst du es anders, wenn das Baby auf der Welt ist.“

„Wenn, dann werde ich es ihm direkt geben, damit ich mich gar nicht so sehr daran gewöhnen kann.“ Der Kloß in meinem Hals wird wieder größer.

„Ich glaube nicht, dass das der richtige Weg ist.“ Ela schüttelt wieder den Kopf.

Ich fühle mich wehmütig, als ich am nächsten Tag nach Hause fahre. Es war schön bei meiner Freundin, wir haben viele alte Bekannte getroffen, jetzt geht es also zurück in die Stadt, die mir bisher kein Glück gebracht hat.

War es ein Fehler, dorthin zu gehen?

Vielleicht bin ich in einer Kleinstadt doch besser aufgehoben – und vielleicht wäre die Entfernung zu Simon auch besser.

Eventuell sollte ich mir überlegen, nach der Entbindung hierher zurückzukehren und noch einmal neu anfangen.

„Wie war es bei Ela?“ Bienchen knutscht mich zur Begrüßung heftig ab, auch von Rob bekomme ich zwei Küsschen.

„Oh, es war sehr schön, wir haben die Clique getroffen und sind mit ihnen ausgegangen“, erzähle ich strahlend.

„Ich muss alles wissen, komm …“ Bienchen zieht mich ins Wohnzimmer und drückt mich aufs Sofa. „Rob hat gekocht, wir können gleich essen.“

Ich berichte ihm den neusten Klatsch, Bienchen hört gespannt zu, ich weiß, dass er für so etwas empfänglich ist.

Danach ist das Essen fertig, ich versuche, höflich zu sein und würge mir ein wenig hinunter. Es ist wirklich köstlich, aber ich kann einfach nicht mehr.

„Honey, das ist immer noch zu wenig, was du da isst“, rügt mich Bienchen sanft.

„Ich weiß, mehr kann ich aber nicht“, rechtfertige ich mich.

„Was anderes: Ich hab dir da was mitgebracht.“ Rob schiebt mir eine Lotion über den Tisch. „Morgens und abends den Bauch einreiben und das Gewebe zupfen. Dann bekommst du auch nicht diese hässlichen Schwangerschaftsstreifen“, raunt er mir verschwörerisch zu.

„Danke.“ Ich gebe ihm ein Küsschen. „Was würde ich ohne euch bloß machen?“

Als ich am nächsten Tag wieder in der Klinik bin, bittet mich Simon zu sich ins Büro. Sigrid bekommt dies als Einzige mit, sie zwinkert mir zu, als ich mich auf den Weg mache.

„Hallo Lilly.“ Er steht auf und umrundet seinen Schreibtisch. „Schön, dich zu sehen. Wie geht es dir? Hast du die Fahrt gut überstanden?“

„Danke, es geht mir gut.“ Ich versuche ein überzeugendes Lächeln. „Warum möchtest du mich sprechen?“

„Zum einen, um mich nach deinem Wohlbefinden zu erkundigen, und zum anderen, um mit dir einen Termin abzusprechen, wann wir bei meiner Schwester aufschlagen können“, antwortet er freundlich.

„Ich bin sicher, du kennst meinen Schichtplan besser als ich“, flöte ich zuckersüß. „Am Sonntag habe ich frei.“

„Okay, dann zum Mittagessen?“ Er überhört meine kleinen Sticheleien und nickt.

„Bist du sicher, dass du das schon willst? Ich meine, wir haben den Vaterschaftstest noch nicht gemacht und jetzt soll ich auch noch deinen Schwager kennenlernen? Willst du das Risiko wirklich eingehen?“

„Lilly, lass das.“ Er funkelt mir böse zu. „Ich weiß, dass du mir das nachträgst.“

„Nein, ich lass‘ es nicht, Simon. Das wirst du wohl oder übel über dich ergehen lassen müssen. Lass mich wissen, wann ich am Sonntag bei deiner Schwester sein soll“, entgegne ich nur kühl.

„Hallo Lilly, schön, Sie zu sehen.“ Sarah empfängt mich mit einem herzlichen Lächeln.

Ich sehe, dass Simons Auto bereits vor der Villa steht, natürlich gab es wieder Diskussionen darum, dass er mich abholen wollte, aber das habe ich kategorisch abgelehnt. Ich will mir wenigstens noch einen kleinen Teil meiner Freiheit bewahren, er schnürt mich schon zu sehr ein.

Ich überreiche Sarah einen Blumenstrauß und eine Flasche Wein, Rob hat mich beraten und ich habe mich für diesen Tropfen ganz schön in Unkosten gestürzt.

„Sieh mal, Dirk, was für einen wunderbaren Wein Lilly mitgebracht hat.“ Sie wendet sich einer Person zu, die hinter ihr steht, jetzt tritt ihr Mann hervor, er nickt anerkennend, als er auf das Etikett sieht.

„Vielen Dank, Lilly. Nur schade, dass Sie nichts davon trinken dürfen.“ Er reicht mir die Hand und bittet mich hinein.

„Wir werden ihn mit ihr zusammen trinken, wenn das Baby da ist“, zwinkert Sarah ihm zu.

Ich mustere kurz ihren Mann, Dirk wirkt ebenfalls sehr sympathisch. Er hat blonde Haare und ganz helle Augen, die hinter einer modischen Brille stecken.

„Ist es Ihnen recht, wenn wir draußen essen?“, fragt er mich. „Es ist so ein schöner Spätsommertag.“

„Ja, natürlich.“ Ich kann Simon sehen, er sitzt bereits auf der Terrasse und schaut mit einem kleinen dunkelhaarigen Jungen zusammen ein Bilderbuch an.

„Simon dürfte Ihnen bekannt sein“, grinst Dirk. „Und das ist Paul, unser Ältester. Sag mal Hallo zu Lilly“, weist er den Kleinen an.

„Hajo“, kommt es fröhlich.

„Hallo Paul, hallo Simon“, begrüße ich die beiden, dann hocke ich mich vor Paul hin und überreiche ihm ein kleines Geschenk. „Schau mal, ich hab was für dich dabei.“

Es gelingt mir, damit Pauls Sympathie zu erobern, der Kleine ist auch wirklich niedlich, seine unbefangene Art hilft mir ein bisschen, Simons Gegenwart zu ertragen.

Da es wirklich noch angenehm warm ist, zündet Dirk den Grill an, wobei Simon ihm assistiert.

„Wie geht es Ihnen?“, erkundigt Sarah sich bei mir.

„Na ja, mir ist morgens immer noch übel und auch sonst kann ich noch nicht so viel essen“, berichte ich ihr. „Aber das wird sich bestimmt bald bessern.“

Ach – wird es das? Meine innere Stimme meldet Bedenken an.

Immerhin schaffe ich ein kleines Stück Fleisch und ein bisschen Salat, ich weiß, dass Simon mich kritisch beobachtet, vielleicht macht es das alles nur noch schlimmer.

Nach dem Essen wird die Atmosphäre lockerer, Dirk und Simon spielen mit dem kleinen Paul im Garten und Sarah bringt Nele in ihr Bettchen.

Ich beobachte die beiden Männer und das Kind sehr lange, ich habe schon wieder einen dicken Kloß im Hals. Mein Kind könnte auch so aufwachsen, umgeben von netten Menschen, die es lieben und die ihm ein sorgenfreies Leben ermöglichen können.

Ein letztes Mal regen sich meine tieferen Gefühle, es ist doch mein Baby, es sollte bei mir sein und das nicht nur für kurze Besuche.

Entweder - oder ...

Ich kenne Simons Bedingungen: Keine Unterstützung für mich, wenn ich das Kind alleine großziehen möchte.

Aber du kannst ihm deine Liebe geben, muckelt es noch ganz zaghaft in mir, doch die kleine Stimme wird immer leiser.

Sarah kommt hinzu, sie klettert mit Paul auf ein Trampolin und beginnt mit ihm zu hüpfen.

Als Paul immer müder wird, nimmt ihn Dirk auf den Arm und haucht ihm einen Kuss auf die vor Aufregung gerötete Wange.

Liebe wird es hier auch bekommen ... Mein Verstand hat die Oberhand gewonnen. *Triff die Entscheidung nicht gegen das Wohl deines Kindes!*

„Es war sehr schön, vielen Dank.“ Ich verabschiede mich kurz darauf von Sarah und Dirk.

„Willst du schon fahren?“ Simon sieht mich enttäuscht an, er wirkt sogar etwas aufgeregt, vielleicht befürchtet er, dass ich mich gegen seinen Vorschlag entscheide. Ich sollte ihn erlösen, jetzt, da ich eine Entscheidung getroffen habe.

„Kann ich dich noch kurz sprechen?“, frage ich.

„Klar.“ Er fährt sich mit der Hand durch die Haare, scheint wirklich nervös zu sein.

Wir gehen hinein ins Haus, Simon bietet mir einen Platz im Wohnzimmer an, doch ich winke nur ab.

„Ich mache es kurz." Meine Stimme ist ganz leise und kratzig und ich habe schon wieder das Gefühl, jeden Moment losheulen zu müssen.

Er sieht mich gespannt an. „Ja?"

„Deine Schwester und dein Schwager sind sehr nette Leute, man spürt auch, wie sehr sie ihre Kinder lieben. Ich … ich weiß, dass es unser Kind hier gut haben wird. Ich möchte nicht egoistisch sein und ihm das vorenthalten, es wäre nicht richtig. Ich kann ihm nichts dergleichen bieten", flüstere ich heiser. „Ich bin damit einverstanden, dass es hier aufwächst."Schnell drehe ich mich um und will weglaufen, damit Simon meine Tränen nicht sehen kann.

„Lilly!" Er hält mich am Arm fest, ich reiße mich von ihm los.

„Nicht anfassen", bitte ich ihn mit gequälter Stimme.

„Okay." Er hebt beschwichtigend die Hände. „Lilly, ich bin dir sehr dankbar und ich finde es gut, dass du so vernünftig bist", strahlt er mich an, in mir drin ist es dagegen ganz dunkel geworden.

„Ja, wer hätte das gedacht, was?", wispere ich. „Ich kann auch vernünftig sein."

Wieder wende ich mich zum Gehen.

„Willst du nicht doch noch ein bisschen bleiben?", bittet er mich.

„Nein, Simon. Das möchte ich nicht. Ich habe genug gesehen und ich habe mich entschieden. Und jetzt möchte ich einfach nur nach Hause."

Und dann werde ich mir die Decke über den Kopf ziehen und nur noch weinen, weinen, weinen ...

„Oh, du bist schon da", flötet Bienchen mir entgegen, als ich kurz darauf die Wohnungstür aufschließe. Auch wenn ich mich sonst immer freue, ihn zu sehen, heute wäre ich lieber alleine.

„Hallo", lächele ich, ich hoffe zumindest, dass ich ein Lächeln zustande bekommen habe.

„Warum schon so früh?" Er sieht misstrauisch aus, offenbar wirke ich nicht überzeugend.

„Es war sehr nett, aber ich wollte nicht noch länger bleiben." Nervös knete ich meine Hände, Rob lugt aus der Küche heraus, natürlich, die beiden sind ja unzertrennlich geworden.

Bienchen baut sich vor mir auf, ich will an ihm vorbeigehen, aber er versperrt mir den Weg. „Was ist los gewesen? Raus damit!“

„Bienchen bitte, ich möchte alleine sein“, bitte ich ihn kläglich.

„Was ist los? Ich sehe dir doch an, dass irgendwas passiert ist.“ Er zieht mich einfach an sich, ich lege meinen Kopf an seine Schulter, doch zu meiner Überraschung kommen keine Tränen.

„Ich habe mich entschieden und Simon mitgeteilt, dass er das Kind zu sich nehmen kann, also … ich meine … zu seiner Schwester“, sage ich leise.

„Was?“ Bienchen schiebt mich von sich und betrachtet mich prüfend. „Ist das dein Ernst?“

„Ja, ist es“. Ich nicke tapfer. „Bitte Benjamin, ich hab da jetzt schon so lange drüber nachgedacht, dort ist es einfach zu perfekt, als dass ich irgendwas dagegen haben könnte. Und je eher ich mich mit einer Entscheidung abfinde, desto besser.“

„Aber du hast vielleicht noch gar nicht genügend, äh, Mutterhormone, oder wie das heißt“, mischt Rob sich ein. „Vielleicht bereust du es, wenn das Kind auf der Welt ist.“

„Ich muss realistisch sein und ich will die besten Chancen für mein Kind. Wenn ich schon so viel falsch gemacht habe, dann soll es nicht darunter leiden. Es wird in einer intakten Familie aufwachsen, ich weiß, wie schön das ist und wie wichtig. Ich alleine kann das nicht leisten“, schüttele ich den Kopf. „Und bitte, bitte: Nehmt das jetzt einfach mal so hin, ich möchte darüber nicht mehr diskutieren, okay?“

Bienchen sieht mich traurig an, dann nickt er. „Okay. Aber Sorgen machen darf ich mir doch noch um dich, oder?“ Seine Finger streicheln zart über meine Wange.

„Es gibt dafür keinen Grund“, behaupte ich.

„Du hast etwas abgenommen, das sollte sich aber bald ändern.“ Ich kann Simons strafenden Blick auf mir spüren, als ich von der Waage steige.

„Das liegt an der Übelkeit“, versichere ich ihm. „Wenn die ersten drei Monate vorbei sind, bessert sich das bestimmt. Du kennst das doch.“

„Ich will es hoffen.“ Er sucht Augenkontakt, aber ich schaue immer weg.

„Und wie geht es dir sonst? Hast du irgendwelche Beschwerden?“, fragt er weiter.

„Nein“, lüge ich.

Jedenfalls keine, die zur Schwangerschaft gehören, füge ich innerlich bitter hinzu.

Auch nach drei weiteren Wochen hadere ich noch mit meiner Entscheidung und mit dem Liebeskummer. Ich versuche, Simon aus dem Weg zu gehen, doch er sucht immer wieder das Gespräch mit mir. Meist antworte ich nur einsilbig, ich kann ihm anmerken, dass ihm das nicht gefällt, aber zu mehr Freundlichkeit und Entgegenkommen bin ich einfach nicht bereit.

„Können wir?“ Er deutet auf den Stuhl, ich ziehe mich rasch aus, will es nur schnell hinter mich bringen.

Ich spüre deutlich, dass er mich mustert, sein Blick bleibt auf meiner Hüfte liegen, doch er sagt nichts, sondern beginnt mit der Untersuchung.

„Nimmst du die Folsäurekapseln regelmäßig?“, fragt er, wohl um die Situation etwas zu entspannen, denn ich verkrampfe mich erneut.

„Natürlich, was denkst du denn?“ Ich bäume mich kurz auf, als er mich von innen abtastet.

„Schon vorbei“, murmelt er nur, dann zieht er das Ultraschallgerät zu sich heran.

„Sieh nur.“ Über sein Gesicht huscht ein Lächeln, ich entdecke den Grund dafür auf dem Monitor.

Der kleine Embryo ist jetzt richtig gut zu erkennen und auch lebhaft, Simon sieht mich gespannt an. Ich lächele auch, dabei ist mir mehr nach Heulen zumute. Natürlich freue ich mich, dass das Baby sich so gut entwickelt, aber ich habe auch irgendwie Angst, dass die Schwangerschaft viel zu schnell vorbei geht.

„Alles okay.“ Simon reicht mir die Hand, damit ich mich aufrichten kann, doch ich ignoriere sie und rutsche schnell vom Untersuchungsstuhl hinunter.

23

Manchmal liest man ja in Büchern so Sätze wie „Ich funktioniere nur noch."

Ich habe mich schon immer gefragt, wie das wohl gehen soll – einfach funktionieren.

Kann man seine Gefühls- und Gedankenwelt soweit hinunterfahren, dass einem alles andere scheißegal ist? Oder wie soll das sonst gehen?

Okay, ich will das zumindest auch versuchen: Lilly funktioniert ab jetzt nur noch.

Auf der Arbeit ist das auch ganz einfach, da sorgt mein Pflichtgefühl schon dafür, dass es klappt. Ich habe eine Verantwortung den Patientinnen gegenüber und der werde ich auch gerecht. Und solange ich Simon nur kurz auf dem Gang begegne, fällt es mir auch gar nicht mehr so schwer, ihn zu sehen.

Anders sieht das bei den Vorsorgeuntersuchungen aus. Simon lässt mich öfter antanzen als das normalerweise üblich wäre.

Heute steht wieder eine an. Wie gewohnt bestellt er mich schon morgens um sieben Uhr in die Klinik, ich weiß nicht, was die anderen Kollegen bereits mitbekommen haben, aber auf den werdenden Vater hat mich niemand mehr angesprochen.

„Guten Morgen, Lilly." Er begrüßt mich gewohnt freundlich, das ist sein typisches Arzt-Verhalten und hat nichts mit mir als Frau zu tun, das habe ich auch mittlerweile begriffen.

„Hallo Simon." Ich reiche ihm kurz die Hand, dann setze ich mich auf einen Hocker und pikse mir selbst in den Finger, er lässt mich gewähren, er hat wohl eingesehen, dass ich so viel wie möglich alleine machen will.

Danach stelle ich mich auf die Waage, das ist der Teil, der mir, von den Untersuchungen mal abgesehen, am wenigstens behagt, weil es immer Diskussionen gibt.

„Lilly, du bist in der sechszehnten Woche und hast zu wenig zugenommen", schimpft Simon dann auch prompt los.

„Ich habe nicht viel Appetit“, verteidige ich mich, dabei versuche ich schon, so viel Vitamine in mich hineinzustopfen, wie ich nur kann.

„Am liebsten würde ich dich rund um die Uhr hierbehalten“, schimpft er weiter. Er sieht mich streng an, dann fährt er sich mit der Hand durch die Haare.

Ich werde wehmütig, wenn er das macht, wie gerne hab ich das damals getan?

Lilly! Sofort rüge ich mich deswegen selbst, ich wollte doch nicht mehr in dieser Weise an ihn denken. Und wer weiß auch schon, wie viele Frauen er in der Zwischenzeit hatte, der Kliniktratsch gibt nicht mehr soviel her, es ist von einer kurzen Affäre die Rede mit einer Simone, die aber auch nicht hier arbeitet, die beiden wurden zufällig in einem Club entdeckt.

„Das ist nicht nötig. Ich esse viel Obst und Gemüse, ich kann nur keine großen Mengen zu mir nehmen, dann wird mir übel“, verteidige ich mich.

„Ich mache mir Sorgen.“ Er schüttelt den Kopf. „Das Baby wird sich schon das holen, was es braucht, aber du kommst zu kurz.“

Kann dir doch egal sein, maule ich ihn innerlich an, dann klopft er auf den Stuhl und ich füge mich in das Unvermeidliche.

„Hey.“ Er schaut auf meinen Bauch, es ist eine kleine Rundung zu erkennen, noch kann ich es gut kaschieren, aber bald werde ich mir wohl andere Hosen kaufen müssen.

„Was für ein süßer, kleiner Babybauch.“ Er strahlt mich jetzt richtig an und kommt an meine Seite, als ich auf den Stuhl klettere.

Simon legt die Hand auf meinen Bauch, eigentlich ist mir das nicht recht, aber ich lasse ihn gewähren, seine Anteilnahme an der Entwicklung des Babys rührt mich. „Spürst du schon etwas?“

„Nein, also … ich glaube nicht. Da mein Magen noch verrückt spielt, kann es auch daher kommen“, antworte ich.

„Was fühlst du denn?“, erkundigt er sich weiter.

„Es ist wie ein kleines Zucken.“

Simon grinst jetzt breiter. „Das ist das Baby, Lilly.“

Ich muss ebenfalls lächeln, das hatte ich schon irgendwie vermutet. .

Simon beginnt mit der Untersuchung, wie immer verkrampfe ich mich. Ihn da zwischen meinen Beinen zu wissen, behagt mir einfach nicht und ich glaube kaum, dass sich das bis zum Ende der Schwangerschaft noch mal ändern wird. Ich rechne es ihm an, dass er sich beeilt, nur für den Ultraschall lässt er sich Zeit.

„Schau mal: Hier ist der sichtbare Beweis dafür, dass es sich um eine kleine Lady handelt.“ Er deutet auf den Monitor, ich nicke. „Und sie nuckelt am Daumen.“ Seine Stimme wird weich, und auch mir wird es ganz warm im Bauch.

„Simon?“

„Hm?“

„Bitte … bitte sag Sarah und Dirk, dass sie gut auf sie aufpassen sollen“, bitte ich ihn mit tränenerstickter Stimme.

Simon lässt den Untersuchungsstab sinken, er streichelt mir zärtlich mit dem Handrücken übers Gesicht. Ich spüre es selbst nicht, aber ich scheine zu weinen, denn er wischt mir die Tränen ab.

„Natürlich werden sie das. Du musst dir keine Sorgen machen, und ich werde ja auch da sein und nach dem Rechten sehen. Keine Angst, Lilly, ihr wird es an nichts fehlen.“

Nur ihre Mutter wird nicht da sein, stichelt es in mir, aber das ist im Grunde auch Quatsch, denn die Kleine wird Sarah als ihre Mutter wahrnehmen und das weiß ich ja auch.

„Okay.“ Ich schniefe leise auf, er reicht mir ein Zellstofftuch. „Geht schon wieder“, versichere ich ihm.

Es passiert zwei Wochen später, in einer ruhigen Minute, die ich in der Teeküche verbringe, es ist so heftig, dass ich zusammenzucke. Ganz deutlich spüre ich die Bewegungen jetzt. Ich lege die Hand auf meinen Bauch und streichele darüber.

Anna hat die Szene beobachtet und grinst mich an. „Bewegt es sich?“

„Ja“, nicke ich. „Ich kann es richtig fühlen, bisher war das nur so eine vage Vermutung.“

„Ist doch schön, Lilly.“

Ich warte, bis sie gegangen ist, dann mache ich mich auf den Weg zu Simon. Ich brauche nicht auf den Dienstplan zu schauen, ich weiß, dass er da ist, neuerdings sind wir immer zur gleichen Zeit im Haus und ich kann mir schon denken, dass das kein Zufall ist.

Er antwortet mürrisch, als ich anklopfe, vielleicht sollte ich besser nicht stören, unsicher stecke ich den Kopf durch den Türspalt.

„Soll ich noch mal wiederkommen?“, frage ich leise.

„Oh, Lilly!“ Er springt sofort auf und kommt auf mich zu. „Nein, natürlich nicht, für dich bin ich immer ansprechbar. Was gibt es?“

„Sie … sie bewegt sich.“ Ich lächele ihn vorsichtig an. „Ich kann es jetzt ganz genau spüren.“

„Ja?“ Auf sein Gesicht legt sich ein Strahlen. „Jetzt gerade auch?“

„Eben, als ich ruhig gesessen habe.“ Ich höre in mich hinein, nein, jetzt im Moment merke ich nichts, schade.

„Komm.“ Simon drückt mich sanft in einen Sessel. „Lehn dich zurück und bleib ganz still sitzen.“

Ich setze mich, meine Hände streicheln behutsam über meinen Bauch, da ist es wieder, ich lache leise.

„Gib mir deine Hand“, bitte ich ihn. Ich schiebe die Hose ein Stück hinunter und führe Simons Hand vorsichtig unter meinen Kasack.

Seine Hand ist so angenehm warm, ich genieße die Berührung. Die innere Kälte in mir bin ich immer noch nicht losgeworden – wird sich das je wieder ändern?

„Ich merke es auch.“ Er grinst mich an, für einen Moment sehen wir uns in die Augen und genießen gemeinsam den Augenblick.

„Schade, die Show ist schon vorbei“, sagt er schließlich und seufzt auf. „Danke Lilly, dass du zu mir gekommen bist.“

„Nichts zu danken.“ Ich erhebe mich wieder. „Ich … ich gehe dann mal wieder.“

„Oh, schicki, schicki.“

Als ich am Montagmorgen in die Klinik komme, hängen Sigrid und Monika schon über der Tageszeitung. Sie kichern albern, wahrscheinlich lesen sie gerade wieder eine Prominentenklatschgeschichte.

„Lilly, das musst du dir ansehen, Stegmann im Smoking. Zum Anbeißen“, flötet Monika in meine Richtung, ich zucke unmerklich zusammen, Sigrid sieht mich entschuldigend an.

Ich nähere mich den beiden langsam. „Ach ja? Wie kommt er denn in die Zeitung?“

„Ärzteball im *Continental* – eine ganz edle Veranstaltung. Da, Dr. Werner und seine Frau sind auch auf dem Bild.“ Sie tippt auf die Zeitung, die ausgebreitet auf dem Tisch liegt.

Ich weiß nicht, ob ich das Foto wirklich sehen will, Sigrids Blick verheißt nichts Gutes, aber wenn ich so tue, als hätte ich kein Interesse, wäre das wahrscheinlich noch auffälliger.

Ich betrachte das Foto, Simon hat eine wunderschöne blonde Frau im Arm, sie lächelt ihn an, ihre Augen strahlen.

„Das scheint wohl die Aktuelle zu sein.“ Monika zeigt auf die Blondine. „Sie heißt Yvonne und ist Bankierstochter.“

„Schön für Dr. Stegmann“, presse ich mühsam hervor.

„Vielleicht ist sie ja was für ihn – Kohle kommt doch immer zu Kohle“, fährt Monika mit ihren Überlegungen fort.

Ich atme tief durch und versuche, so unbeteiligt wie möglich auszusehen. „Ja, kann sein.“

„Ach was, ist bestimmt auch nur wieder eine Affäre“, sagt Sigrid, ich lasse mich auf einen Stuhl plumpsen und schaue nach draußen. Es ist noch dunkel, die Dämmerung müsste bald einsetzen, eigentlich mag ich die kalten trüben Tage Ende November nicht, aber jetzt gerade passt das alles hervorragend zu meiner Stimmung.

„Guten Morgen, Honey.“ Bienchen strahlt mich an, als ich an diesem Sonntagmorgen zum Frühstück erscheine. „Wie geht es euch beiden?“

Ich gebe ihm und Rob ein Küsschen, dann lasse ich mich auf einen Stuhl plumpsen. „Gut, danke.“

„Man sieht deinen Bauch jetzt aber schon ganz deutlich“, grinst Rob. „Wie weit bist du?“

„In der zweiundzwanzigsten Woche.“ Ich werde wehmütig, schon über die Hälfte der Schwangerschaft ist vorbei, ich mag gar nicht darüber nachdenken, was danach kommt.

„Aber sonst bist du ja immer noch erschreckend dünn“, fährt er fort.

„Fang du nicht auch noch an“, maule ich, mir reicht es schon, dass Simon immer darauf herumreitet, wie wenig ich zugenommen habe. Dabei versuche ich, dem Baby zuliebe so viel es geht in mich hineinzustopfen, doch ab und zu muss ich auch immer noch brechen, es ist wie verhext.

Mein Handy klingelt, ich schaue erstaunt auf das Display, die Nummer kenne ich gar nicht.

„Ja?“, frage ich vorsichtig.

„Lilly? Entschuldigen Sie die Störung am Sonntagmorgen. Hier ist Sarah, die Schwester von Simon“, meldet sich eine fröhliche Stimme, im Hintergrund höre ich den kleinen Paul plappern.

„Oh, hallo.“ Ich bin verwundert, was will sie denn von mir?

„Simon hat mir Ihre Nummer gegeben, ich hoffe, Sie haben nichts dagegen“, fährt sie freundlich fort. „Ich wollte Sie heute gerne zu einem Adventskaffee einladen. Hätten Sie Lust?“

Ich bin mehr als überrascht, scheinbar sieht man mir das auch an, denn Bienchen und Rob schauen gespannt zu mir herüber.

„Das … das ist sehr nett, aber … aber doch nicht nötig“, stammele ich, ich bin total überrumpelt.

„Na ja, Sie sind jetzt schon im sechsten Monat, da dachten mein Mann und ich, wir sollten uns besser kennenlernen, schon allein im Hinblick auf die kleine Maus.“

Die Freundlichkeit, mit der sie spricht, ist irgendwie ansteckend, doch ich bin mir nicht sicher, ob es so gut ist, den Kontakt zu ihrer Familie zu halten.

„Bitte Lilly, kommen Sie doch vorbei. Wenn wir uns besser kennenlernen, wird es für alle später leichter sein, meinen Sie nicht?“, fügt sie hinzu.

„Ich … ich weiß nicht“, antworte ich ehrlich, dann gebe ich mir aber einen Ruck, Sarah ist wirklich ein netter und herzlicher Mensch, ich will sie nicht vor den Kopf stoßen. „Vielen Dank für die Einladung, ich komme gerne“, höre ich mich sagen.

„Oh, wie schön!“ Sie klingt vergnügt. „So gegen drei?“

„Danke, ich werde da sein“, verspreche ich ihr.

„Wer war’n das?“ Rob kaut gespannt auf seinem Brötchen herum und lässt mich nicht aus den Augen.

„Das war Sarah, Simons Schwester“, erkläre ich ihm.

„Die Frau, die mal Lillys Kind großziehen soll“, knurrt Bienchen.

„Und was wollte sie?“, hakt Rob nach.

„Mich zum Kaffee einladen, damit wir uns besser kennenlernen.“

„Na ja, schaden kann es nicht“, muss selbst Bienchen einräumen, ich hoffe, er behält recht.

Rob fährt mich zu den Hildebrands, unterwegs besorge ich noch einen schönen Weihnachtsstern. Rob staunt nicht schlecht, als er das Haus sieht, ich kann es ihm nicht verdenken.

„Wenn etwas ist, ruf uns an, ich bin den Tag über bei Benjamin", sagt er, ich muss grinsen, die fürsorgliche Art mir gegenüber hat er von Bienchen übernommen.

Der kleine Paul öffnet mir die Tür, für ihn habe ich einen Schokoweihnachtsmann dabei. Hinter ihm steht Sarah und lächelt mir freundlich zu.

„Wie schön, dass Sie da sind." Strahlend nimmt sie den Weihnachtsstern entgegen. „Der ist ja toll, was für ein intensives Rot."

Der Tisch im Wohnzimmer ist hübsch dekoriert, ich schaue allerdings etwas verwirrt auf ein Gedeck, das ich keiner Person zuordnen kann. Kommt noch jemand?

Mein Herz klopft plötzlich schneller.

„Simon wird auch gleich da sein", flötet Sarah unschuldig, ich frage mich, ob sie das am Telefon erwähnt hatte, bin aber ziemlich sicher, dass sie das nicht getan hat.

Wie auf Kommando klingelt es an der Tür, mein Herzrasen wird immer heftiger. Hätte ich gewusst, dass Simon auch kommt, wäre ich bestimmt nicht hier.

Aber vielleicht war das ja auch genau der Grund, warum Sarah es mir verschwiegen hat. Doch warum? Was bezweckt sie damit?

„Oh hallo, du bist ja auch da." Simon sieht genauso überrascht aus wie ich, offenbar wusste er auch nichts von meiner Anwesenheit.

„Ich dachte, wir machen uns mal alle einen gemütlichen Nachmittag, um Lilly besser kennenzulernen." Sarahs gute Laune ist ungebrochen, während ich immer nervöser werde, als Simon sich neben mich setzt.

Immerhin schafft es Dirk, mich durch ein bisschen Small Talk zu beruhigen, auch Simon beteiligt sich an der Unterhaltung und ich bin erst mal froh, dass ich nichts sagen muss. Die beiden Kinder tragen ebenfalls dazu bei, dass nie peinliche Gesprächspausen entstehen.

„Wie feiern Sie denn Weihnachten?" Simons Schwester sieht mich fragend an.

„Ich feiere mit meinem Mitbewohner und dessen Freund", erkläre ich ihr. „Das ist immer ganz nett."

Sie sieht betrübt aus. „Simon erwähnte schon, dass Ihre Eltern verstorben sind, das tut mir sehr leid."

„Ja, das … das war ein schreckliches Unglück", antworte ich leise.

Simon schaut mich mitfühlend an, er streichelt kurz unter dem Tisch über mein Bein, warum kann er es nicht lassen, mich anzufassen?

„Lillys Freund arbeitet bei *Beauty Glow*", grinst Simon seinen Schwager an.

„Ah – das ist doch der Laden, in dem du letztens so viel Geld gelassen hast, oder?", fragt Dirk seine Frau misstrauisch.

„Ja, genau Schatz." Sie lächelt spitzbübisch. „Aber es hat sich doch gelohnt, oder?"

„Natürlich", beeilt er sich ihr zu versichern.

„Was soll er jetzt auch anderes sagen?", gluckst Simon, dafür fliegt zur Strafe Sarahs Serviette an seinen Kopf.

„Wie wäre es: Hättet ihr Lust, auf einen Weihnachtsmarkt zu gehen? Heute ist es trocken draußen und die Kinder könnten auch noch einmal an die frische Luft", schlägt sie uns dann vor.

Ich finde den Vorschlag gar nicht so schlecht, immerhin könnte ich Simon dort besser aus dem Weg gehen.

„Gerne", sage ich.

Dirk schaut Simon verzweifelt an.

„Na, wie toll – Weihnachtsmarkt. Aber immerhin gibt es dort Glühwein", stöhnt er.

„Haben wir eine Chance, das irgendwie abzuwenden?", fragt Simon seine Schwester theatralisch.

„Nein, eigentlich nicht, Bruderherz."

Ich werde dazu verdonnert, mit Simon in einem Auto zu fahren, der Wagen der Hildebrands ist voll.

„Wie kommt es, dass du heute auch bei meiner Schwester bist?", fragt er, als er den Motor startet.

„Sie hatte mich eingeladen, ich war ein bisschen überrumpelt, wollte sie aber nicht vor den Kopf stoßen", gestehe ich ihm ehrlich.

„Sarah kann sehr überzeugend sein." Er schaut kurz zu mir herüber. „Aber ich finde es schön, dass du gekommen bist."

„Und – hast du gesehen, dass ich Kuchen gegessen habe?", grinse ich.

„Ja, aber nur ein halbes Stück", bemängelt er sofort. „Wie fühlst du dich?"

„Ganz gut, danke."

„Und die Kleine? Ist sie aktiv?"

„Im Moment nicht." Ich muss leise lachen, natürlich hat er mich das gestern in der Klinik auch schon gefragt, wie jeden Tag eigentlich.

„Was ist so lustig?"

„Nichts", kichere ich weiter.

Als Nele winterfest verpackt in ihrem Buggy sitzt, stürzen wir uns ins Gedränge. Paul geht an der Hand seines Vaters, und wenn ich gehofft hatte, dass ich etwas Abstand zu Simon gewinnen könnte, so habe ich mich gründlich geirrt. Scheinbar weckt das Gedränge seinen Beschützerinstinkt, er hat einen Arm um mich gelegt und mich ganz fest an sich gezogen.

„Das ist nicht nötig." Ich versuche, mich von ihm zu lösen, doch er hält mich fest.

„Nicht dass du noch angerempelt wirst." Er sieht mich mit einem Widerstand-ist-zwecklos-Blick warnend an. Ich bemerke, dass Sarah uns lächelnd beobachtet, es scheint ihr zu gefallen, was sie sieht, und ich erahne so langsam den Grund für dieses arrangierte Treffen.

Es wird nichts bringen, antworte ich ihr in Gedanken. *Er liebt mich nicht und ich weiß auch nicht, ob ich ihm nochmals vertrauen könnte.*

Wir kommen an einem Stand vorbei, der niedliche Schmusepuppen für Babys und Kleinkinder anbietet. Ich bleibe davor stehen und sehe mir verzückt die kleinen Häschen, Teddys und Schäfchen an. Ein kleines Schäfchen hat es mir angetan, es sieht allerliebst aus.

„Ist das nicht süß?" Auch Sarah hat es entdeckt.

„Ja. Ich würde es gerne kaufen, für das Baby", sage ich leise, mehr zu mir selbst als für fremde Ohren bestimmt.

„Eine gute Wahl, ich glaube ich nehme auch eins für Nele."

Als ich schließlich das kleine Schäfchen in den Händen halte, schießen mir die Tränen in die Augen, ich kann es nicht verhindern.

„Alles wird gut", flüstert Sarah mir ins Ohr und streichelt mir über den Rücken, Simon wird aufmerksam und kommt hinzu.

„Was ist denn los?"

„Nichts.“ Ich schüttele schnell den Kopf und gehe weiter, es dauert keine Sekunde und er ist wieder neben mir.

Dirk wird mürrisch und verlangt nach einem Glühwein, wir bleiben an einem Stand stehen und ich bekomme einen alkoholfreien Punsch in die Hand gedrückt.

Simon schirmt mich mit dem Rücken vor den vorbeigehenden Leuten ab, seine Fürsorge rührt mich, ich versuche ihr aber nicht zu viel Bedeutung beizumessen.

Wir bummeln weiter, es gibt eine kleine Bühne, auf der eine Band spielt. Sie ist richtig gut, wir beschließen, ein bisschen zuzuhören. Als sie plötzlich *Power of Love* von Frankie goes to Hollywood spielen, verspüre ich wieder einen dicken Kloß im Hals, ich hasse diese Schwangerschaftshormone.

Der Sänger hat eine wunderbare Stimme und singt mit so viel Gefühl, dass ich weinen muss. Obwohl das Lied so schön ist, macht es mich unglaublich traurig und mir ist wieder so kalt. Ich fühle mich unendlich einsam und mein Herz liegt wie ein eisiger schwerer Stein in meiner Brust.

Arme umschlingen mich von hinten, ich weiß, dass es Simon ist, doch ich wehre mich nicht dagegen. Für diesen einen Moment ist es schön so und ein bisschen tröstlich.

„Frierst du? Du zitterst ja“, flüstert Simon in mein Ohr.

„Ein bisschen“, antworte ich leise. Aber ich sage nicht, dass diese Kälte von innen kommt und dass sie mich seit Beginn der Schwangerschaft begleitet.

Er zieht mich näher an sich heran, ich spüre seinen Körper in meinem Rücken, seine Hände legen sich auf meinen Bauch und streicheln sanft darüber.

Ich schließe die Augen, genieße seine Nähe, dieser Augenblick ist kostbar und ich weiß, dass es nie wieder so geschehen wird.

„Lilly, bitte nicht weinen … schsch“, murmelt er, es klingt so warm und vertraut, sein Atem kitzelt meine Wange.

Ich höre sein Handy klingeln, Simon murmelt „Entschuldige“ und zieht das Handy aus der Tasche.

„Hallo“, raunt er ins Telefon, ich gehe einen Schritt von ihm weg, doch ich kann trotzdem jedes Wort verstehen.

„Klar, komm vorbei.“ Er lacht. „Bis gleich.“

Ich bin ernüchtert, wische mir hastig übers Gesicht und versuche, meine Fassung wiederzuerlangen.

Er schaut mich zerknirscht an, dann wendet er sich seiner Schwester und Dirk zu. „Ist es okay, wenn ich gleich verschwinde?“

Bei dem Blick, dem seine Schwester ihm zuwirft, müsste Simon eigentlich auf der Stelle tot umfallen. „Willst du darauf eine ehrliche oder eine höfliche Antwort?“, zischt sie ihm zu. „Ich dachte, wir machen mal alle etwas gemeinsam!“

„Ja, tut mir leid, aber das ist wichtig.“ Er zuckt mit den Schultern.

„Hau schon ab!“ Dirk bedeutet ihm mit dem Kopf, zu verschwinden. „Ich bringe Lilly später nach Hause.“

Simon hebt kurz die Hand, dann lächelt er mir zu. „Wir sehen uns morgen in der Klinik.“

„Ja, bis morgen.“ Ich versuche krampfhaft, ungezwungen zu klingen, aber ob mir das gelungen ist – keine Ahnung.

„Dieser Idiot“, schimpft Sarah, als Simon gegangen ist.

„Vielleicht hätten wir ihm das Handy abnehmen sollen“, murrt Dirk. „Aber du weißt ja, was ich von dieser Idee gehalten habe.“

„Ist gut jetzt! “Sie sieht ihren Mann scharf an. Mir wird das alles zu viel, auch wenn sie es sicherlich nett gemeint haben, ich will nur noch nach Hause.

„Ich werde auch gleich fahren, aber ich nehme die U-Bahn“, sage ich mit heiserer Stimme. „Vielen Dank, es war ein schöner Tag.“

„Nein, wir bringen Sie nach Hause, das ist doch klar.“ Sarah sieht mich enttäuscht an, ich kann mir denken, was in ihrem Kopf vorgeht und es rührt mich auch, dass sie versucht haben, ein bisschen zu kuppeln, aber Simon scheint das alles nicht beeindruckt zu haben.

„Das ist nicht nötig“, wiegele ich ab.

„Doch, bitte.“ Sie legt eine Hand auf meinen Arm. „Oder haben Sie noch kurz Zeit, da drüben ist ein schönes Lokal, da könnten wir noch eine Kleinigkeit essen. Bitte.“ Sie sieht mich so freundlich an, dass ich wieder einmal weich werde. „In Ordnung.“

„Dann geht ihr beiden mal, ich fahre mit den Kids nach Hause“, sagt Dirk zu Sarah. „Es ist ja nicht weit, du könntest mit der U-Bahn nachkommen.“

Sarah bestellt einen Salat, ich schließe mich an, obwohl ich wieder keinen richtigen Hunger habe. Nach diesem Nachmittag sowieso nicht, ich ärgere mich, dass ich Simon so nah an mich herangelassen habe.

„Ich muss mich für Simon entschuldigen“, beginnt Sarah schließlich. „Es war absolut unhöflich von ihm, Sie einfach stehen zu lassen.“

„Simon kann tun und lassen, was er will, wir sind nicht zusammen“, sage ich leise. „Sarah, es ist mir schon klar, was Dirk und Sie bezwecken wollten mit diesem Nachmittag und ich finde es auch sehr rührend, aber ich glaube nicht, dass es noch großen Sinn macht. Er scheint seine Freiheit sehr zu brauchen und ich weiß nicht, ob ich es mit so einem Mann überhaupt aushalten würde.“

„Ich weiß nicht, was ich von seinem Verhalten halten soll“, seufzt Sarah. „Ich kenne ihn so nicht, er ist so … widersprüchlich.“

Ich runzele die Stirn. „Inwiefern?“

„Wenn er bei uns ist, dann redet er eigentlich nur von Ihnen und dem Baby. Dirk und ich, wir haben den Eindruck, dass Sie ihm ganz schön unter die Haut gehen. Das konnte man heute ja auch merken, er hat Sie nicht aus den Augen gelassen und ich habe mitbekommen, wie zärtlich er zu Ihnen war, als wir der Band zugehört haben. Aber dann - ein Anruf und er ist weg.“ Sie verdreht die Augen.

„Er macht sich Sorgen um das Baby, Sarah. Es geht ihm nicht um mich“, sage ich traurig.

„Hm, das kann ich nicht so recht glauben“, grummelt sie.

„Aber ich glaube das.“ Ich probiere von dem Salat, er schmeckt wirklich gut.

„Vielleicht braucht er einfach nur Zeit um sich zu sortieren. Ich glaube, er ist selbst ganz schön durcheinander.“

„Das mag vielleicht sein. Aber ich möchte nicht darauf warten, ich … ich kann das einfach nicht“, flüstere ich heiser.

„Sie leiden ganz schön unter der Situation, oder?“ Sarah legt ihre Hand auf meine. „Wenn ich das so sagen darf, ich hab mich richtig erschrocken, als ich Sie heute gesehen habe.“

„Ich versuche wirklich, über ihn hinwegzukommen, aber durch das Baby ist das nicht einfach.“ Meine Stimme klingt ganz rau, oh je, bloß nicht schon wieder weinen!

„Ich wünsche es mir so sehr, dass mein Bruder vernünftig wird – allerdings weiß ich seit heute nicht mehr, ob man Ihnen das zumuten darf. Simon muss anscheinend noch sehr viel lernen!“ Sarah wird immer aufgebrachter. „Wissen Sie, Simon ist immer alles zugefallen. Er war ein sehr guter Schüler, hat ein Einser-Abi hingelegt, das Studium hat er spielend gemeistert und er war immer der Beste. Deswegen haben unsere Eltern ihn nach Strich und Faden verwöhnt und immer ein Auge zugedrückt, was seine Eskapaden anging. Aber auch sie hoffen natürlich, dass er mal etwas ruhiger wird, und wir dachten, jetzt, wo er bald Vater wird, wäre er bereit, mehr Verantwortung zu übernehmen, auch gerade Ihnen gegenüber. Aber so weit scheint er noch längst nicht zu sein!“

„Man kann ihn nicht zwingen, das muss von ihm selbst kommen. Und vielleicht bin ich auch einfach nicht die richtige Frau für ihn. Im Moment kenne ich mich selbst kaum wieder, ich habe mich so völlig verloren und versuche einfach, jeden Tag irgendwie herumzubekommen. Und wenn ich dann abends im Bett liege, bin ich einerseits froh, dass ich die Augen zumachen und vergessen kann – und andererseits auch traurig, weil jeder Tag mich näher ans Ende der Schwangerschaft bringt. Und ich habe so große Angst davor, was dann kommt.“ Ich schlucke heftig.

Sarah sieht mich erschrocken an. „Warum? Lilly, es ist IHR Baby! Niemand zwingt Sie dazu, es zu uns zu geben. Wir möchten Ihnen nichts wegnehmen.“

„Aber Sie und Ihr Mann sind so wundervolle Menschen und ich weiß, dass es mein Kind nicht besser antreffen könnte. Wenn es bei mir bliebe, dann hätte es keinen Vater und ich könnte ihm längst nicht so viel bieten wie Simon und Sie beide. Ich hätte ständig ein schlechtes Gewissen und würde mich wohl fragen, ob ich meinem Kind nichts vorenthalte.“

„Ich verstehe Ihre Bedenken, aber ich kann Ihnen nur noch einmal versichern, dass Sie Ihr Kind jederzeit sehen können, und wer weiß, vielleicht ändert sich Ihre Einstellung ja noch einmal, wenn Sie es erst mal im Arm halten“, lächelt sie mir zu. „Wegen uns brauchen Sie sich keine Gedanken zu machen, okay?“

„Danke Sarah. Sie sind wirklich eine tolle Frau.“ Ich lächele zögerlich zurück. Man muss sie einfach mögen, ich frage mich, warum ihr Bruder so komplett anders ist als sie.

Wir bleiben noch eine Weile im Lokal sitzen, schließlich bietet Sarah mir sogar das Du an, ich freue mich darüber, ich mag sie wirklich gerne.

Wir verabschieden uns sehr herzlich.

„Wenn etwas ist, dann ruf mich an, ja? Auch wenn du nur einfach jemanden zum Quatschen brauchst. Oder wenn Simon dich wieder aufregt."

„Danke Sarah. Und danke auch für den schönen Nachmittag."

„Gerne wieder." Sie drückt mich zum Abschied, dann mache ich mich auf den Weg zur U-Bahn.

Bienchen und Rob regen sich furchtbar darüber auf, dass Simon einfach gegangen ist, aber ich habe keine Lust mehr, über ihn zu sprechen und gehe ins Bett.

Vor meinem inneren Auge erscheint noch einmal die Szene vor der Bühne auf dem Weihnachtsmarkt. Ich kann es nicht verleugnen, ich fühle mich immer noch so wohl in Simons Armen. Obwohl dieser Mann Gift für mich ist, ich bin einfach hingerissen von ihm.

Simon passt mich am nächsten Tag direkt ab, als ich zum Dienst erscheine. „Bist du gestern gut heimgekommen?"

„Ja, Dirk ist mit den Kindern früher nach Hause gefahren und Sarah und ich haben noch eine Kleinigkeit zusammen gegessen", erzähle ich ihm.

„Und wie bist du nach Hause gekommen?"

„Mit der U-Bahn."

„Mit der U-Bahn?" Er zieht die Augenbrauen hoch. „Was soll das denn? Ich hatte gedacht, mein Schwager fährt dich mit dem Auto!"

„Wie gesagt, ich war noch eine Kleinigkeit mit Sarah essen."

„Ich sollte mal mit den beiden reden, das war so nicht abgemacht. Wie kann man eine schwangere junge Frau alleine mit der U-Bahn fahren lassen!"

„Deine Schwester ist auch mit der U-Bahn gefahren!"

„Sie hatte nur drei Stationen und ist außerdem nicht schwanger. Wenn dich jemand angerempelt hätte!", regt er sich auf.

„Jetzt krieg dich wieder ein, ich bin schon ein großes Mädchen." Ich schüttele den Kopf über ihn, dann schnappe ich mir eine Krankenakte und lasse ihn stehen.

„Am zweiundzwanzigsten findet unsere Weihnachtsfeier statt.“ Sigrid strahlt mich am nächsten Morgen an, als wir zusammen unseren Dienst beginnen. „Du kommst doch auch, oder?“

„Ja.“ Ich habe zwar keine Lust dazu, aber ich weiß, dass Sigrid und Anna schon mit Eifer dabei sind, alles zu planen. Und schon ihnen zuliebe möchte ich nicht absagen. „Braucht ihr denn noch Hilfe?“

„Nein. Professor Meineke hält immer ein kleines Budget für uns bereit, dafür können wir dann ein Essen kommen lassen, nur um die Deko kümmern wir uns selbst“, erklärt sie mir.

Ich bin gespannt, was mich am Abend der Weihnachtsfeier erwartet. Ich hatte schon Frühdienst und müsste eigentlich nicht mehr hier sein, von Simon weiß ich, dass er Bereitschaft hat, er wird wohl auch bei der Feier dabei sein.

Ich bin überrascht, als ich die Station betrete, Anna und Sigrid haben sich wirklich große Mühe gegeben, rund um unseren Tresen ist alles festlich geschmückt und das Buffet sieht lecker aus.

Da einige Kollegen im Dienst sind, ist es ein ständiges Kommen und Gehen, aber das hat auch seine Vorteile, so kommt man immer mit anderen Kollegen ins Gespräch.

Simon hat mich schon entdeckt, wie stets, wenn er mich sieht, erkundigt er sich nach meinem Wohlbefinden. Er ist freundlich und zuvorkommend, aber ich spüre auch eine Reserviertheit mir gegenüber. Seit dem Besuch auf dem Weihnachtsmarkt vor einer Woche ist er so merkwürdig, aber ich zwinge mich, nicht wieder so viel über ihn nachzugrübeln.

„Hallo Lilly.“ Ich drehe mich um, Jan aus dem Labor steht hinter mir. Er hat mir damals die Hiobsbotschaft von meiner Schwangerschaft überbracht.

Ich lächele ihm zu, er ist ein netter Kerl und immer gut gelaunt. „Hi, schön, dass du auch hier bist.“

„Wie geht’s dir?“ Er schaut auf meinen Bauch und grinst. „Wie ich sehe, gibt es jetzt keine Zweifel mehr, oder?“

Ich werde prompt rot. „Nein, die gibt es nicht mehr.“

„Wie weit bist du?“

„In der dreiundzwanzigsten, die Hälfte habe ich also schon geschafft."

Er reicht mir ein Glas Orangensaft. „Hier, Vitamine für die werdende Mami."

„Danke." Ich nippe kurz am Saft, dann sehe ich plötzlich Simon, er steht etwas abseits bei Dr. Werner. Sein Blick ist nicht gerade freundlich, ich frage mich, was er denn jetzt schon wieder hat, doch Jan lenkt mich ab.

„Was machst du Weihnachten?"

„Ich feiere mit meinem Mitbewohner und dessen Freund", antworte ich. „Und du?"

„Ah, der übliche Verwandtenbesuchsmarathon." Er rümpft die Nase und sieht dadurch sehr niedlich aus, ich muss kichern.

„Oh, du Armer", lache ich. „Kannst du dich dem gar nicht entziehen?"

„Nein, ich fürchte nicht. Du müsstest mal meine Oma erleben, die drückt mich immer noch so fest an sich und knutscht mich ab, als wäre ich ein Dreijähriger", stöhnt er theatralisch und ich lache laut auf.

„Lilly, haben Sie gerade mal eine Minute für mich?"

Simon steht auf einmal neben uns, er schaut böse hinüber zu Jan, das darf ja wohl nicht wahr sein, dass der jetzt hier auftaucht und sich einmischt.

„Eigentlich nicht, Dr. Stegmann." Ich funkele zurück.

Jans Augen weiten sich überrascht, mit so einer Antwort von mir zu einem Vorgesetzten hat er wohl nicht gerechnet.

Simon fasst meinen Oberarm und zieht mich von dem netten Laboranten weg. „Es dauert nicht lange."

„Was soll das?", zische ich.

„Mach hier keine Szene, die anderen gucken schon und du willst doch immer alles so unauffällig wie möglich haben", raunt er mir zu. In einer leeren Ecke bleibt er stehen.

„Sag mal, spinnst du eigentlich? Was bildest du dir ein?", fahre ich ihn an, ich muss mich anstrengen, um leise zu reden, doch in mir ist eine ungeheure Wut auf ihn hochgekocht.

„Was wird das? Du und dieser Laborant?"

„Ich unterhalte mich mit ihm – nichts weiter. Und davon abgesehen wüsste ich nicht, was dich das angeht!"

„Er steht auf dich, das sieht jeder!“, blafft er mich an. „Suchst du einen Ersatzvater?“ Simon lässt mich nicht aus den Augen, er wirkt ebenso böse wie ich.

„Ich suche in erster Linie einen GESPRÄCHSpartner. Du hast ja einen an der Waffel! Was ziehst du hier für eine Show ab? Du hast es gerade nötig, vögelst wie ein Irrer durch die Gegend und machst mir eine Szene, wenn ich mit einem netten Kollegen rede! Werd mal klar im Kopf, Simon!“

Ich will mich umdrehen und weggehen, doch er hält mich an der Hand fest.

„Lilly …“ Seine Stimme klingt nicht mehr so wütend, als ich ihn anschaue, sehe ich seinen zerknirschten Gesichtsausdruck. „Es tut mir leid. Ich … ich möchte nur nicht, dass das Baby einen neuen Vater bekommt.“

Natürlich – das Baby!

„Ich weiß, dass du das Kind willst, Simon. Das ist mir klar.“ Ich löse mich von ihm und gehe zurück zu Jan.

„Alles klar?“, er mustert mich besorgt. „Gab es Ärger mit deinem Chef?“

„War nicht so wichtig“, wehre ich ab.

Immerhin, Simon lässt mich den restlichen Abend tatsächlich in Ruhe. Ein paar Mal wird er zu einer Untersuchung gerufen und ich unterhalte mich sehr nett mit Jan. Er ist witzig, ich kann tatsächlich mal wieder lachen, und als er mich fragt, ob er mich nach Hause bringen soll, sage ich nicht Nein.

Als wir die Feier verlassen, laufen wir Simon direkt in die Arme. Seine Miene ist wieder so düster wie vorhin, aber er sagt nichts.

„Auf Wiedersehen, Dr. Stegmann. Einen schönen Abend noch.“ Ich nicke ihm freundlich zu, auch Jan verabschiedet sich höflich. Als ich an Simon vorbei gegangen bin, spüre ich deutlich seine Blicke in meinem Rücken.

24

„Frohe Weihnachten, Honey."

Bienchen reicht mir sehr aufwendig verpackte Geschenke, er drückt mich fest an sich und ich bekomme viele Küsschen.

„Danke, Schnuffi." Ich bin ganz gerührt von seiner Herzlichkeit und natürlich kullern wieder ein paar Tränchen. „Und das ist für dich. Frohe Weihnachten."

Ich übergebe ihm meine Präsente, ich bin nicht so talentiert im Verpacken wie er, bei ihm sind es kleine Kunstwerke, die ich mich kaum traue zu zerstören.

„Jetzt mach schon auf", drängelt er, gespannt schaut er mich an.

Ich kann fühlen, dass es etwas Weiches ist und als ich das erste Geschenk öffne, kommt mir eine sehr hübsche Bluse entgegen.

„Ich habe die Befürchtung, dass du nicht viel Geld für schöne Umstandsmode ausgeben wirst, also muss ich das wohl tun", seufzt er theatralisch.

„Oh danke, du bist ein Schatz." Ich betrachte die Bluse eingehend, sie ist wirklich schön und das Etikett verrät mir, dass Bienchen in der wohl teuersten Boutique der Stadt einkaufen war.

„Du sollst nicht so viel Geld für mich ausgeben", sage ich. „Und ich kann die Bluse doch sowieso nicht lange tragen."

„Ich möchte aber, dass du eine heiße Schwangere bist. Vielleicht reißt du ja doch noch einen neuen Kerl auf, wer weiß."

Dann öffnet Bienchen das erste Päckchen, er steht auf ganz konventionelle Geschenke wie Anziehsachen oder Eau de Toilette, also tue ich ihm jedes Mal den Gefallen. Aber trotzdem bekommt er auch immer etwas Ausgefallenes, das kann ich mir nie verkneifen.

Ich öffne ein weiteres Geschenk, eine Hose kommt zum Vorschein, ebenfalls aus der teuren Schwangerenboutique. Offenbar ist Bienchen dort einem Kaufrausch erlegen, er hat auch noch Babysachen eingekauft, jetzt schießen mir wirklich Tränen in die Augen.

„Danke." Ich sitze neben ihm auf dem Boden, vor unserem pink geschmückten Tannenbaum, und schluchze wie ein Häufchen Elend.

„Ach, Honey, ich wünschte, ich könnte dir richtig helfen", murmelt Bienchen, als ich ihm um den Hals falle.

„Du hilfst mir doch schon, was wäre ich denn ohne dich?“ Ich wische mir hastig die Tränen aus dem Gesicht.

„Stimmt auch wieder.“ Er öffnet ein weiteres Geschenk, das ist die Überraschung, ich bin gespannt, was er dazu sagt.

„Honey …“, grinst er breit, ich habe ihm erotische Unterhosen gekauft, die wirklich nur das Allernötigste verhüllen und mit neckischen Bändchen an der Seite zusammengehalten werden.

„Gefallen sie dir?“, gluckse ich.

Bienchen sieht mich gespannt an. „Jetzt sag nicht, du warst in einem Sexshop und hast die da gekauft?“

„Sexshop … pfff!“ Ich winke abfällig mit der Hand. „Ich war in … speziellen Läden“, grinse ich. „Wozu leben wir denn in der Großstadt?“

Ich muss daran denken, wie ich mit knallrotem Kopf in einen dieser Gay-Shops hineingegangen bin. Aber die Jungs da drin waren ganz süß, ich konnte sie nur mit Mühe davon abhalten, mir die Modelle auch vorführen zu wollen.

„Du bist so mutig, Honey“, giggelt Bienchen. „Soll ich mal anprobieren?“

„Das kannst du machen, wenn Rob hier ist“, beeile ich mich zu sagen. Bienchens Freund will auch heute Abend kommen, Bienchen wollte aber zur Bescherung mit mir alleine sein, um unsere Tradition nicht zu brechen.

Bienchen wirkt etwas zerknirscht. „Da ist noch ein Geschenk für dich – aber nicht von mir.“

Er gibt mir ein kleines Päckchen, ich schaue ihn mit großen Augen an. „Von wem ist das denn?“

„Das kam heute per Kurier, ich habe es für dich entgegengenommen.“ Er verzieht etwas das Gesicht, da erst registriere ich den Absender – es ist von Simon.

„Du hättest die Annahme verweigern sollen“, murre ich.

„Mach es doch wenigstens auf, vielleicht … vielleicht ist es was ganz Schönes“, sagt Bienchen sanft.

Ich schiebe es von mir weg. „Kann ich mir nicht vorstellen.“

„Bitte …“ Bienchen schiebt das Päckchen wieder zu mir zurück. „Jetzt mach‘ doch, zurückgeben kannst du es doch immer noch.“

„Nein, ich will nicht.“ Ich schüttelte energisch den Kopf.

„Darf ich denn mal gucken?“ Bienchen sieht mich bettelnd an.

Ich seufze auf, natürlich ist er neugierig, irgendwie bin ich es ja auch. „Es ist egal, was es ist, ich werde es nicht behalten“, sage ich trotzig.

Bienchen öffnet die Schutzhülle, zum Vorschein kommt ein sehr edel verpacktes Kästchen. „Willst du wirklich nicht selbst …?“

„Nein.“ Ich versuche, gleichgültig auszusehen, doch natürlich bin ich das nicht.

„Der Aufdruck ist von einem Juwelier.“

„Na und?“

„Einem verdammt noblen Juwelier“, betont Bienchen.

„Mir egal.“

Er öffnet die kleine Schachtel und reißt die Augen auf. „Wow!“

Mein Herz klopft wie verrückt. „Was … was ist es denn?“

Bienchen schiebt mir das Geschenk herüber, jetzt kann ich sehen, was ihm da die Sprache verschlagen hat.

Zwei wunderschöne Ohrringe glitzern mir entgegen, sie sind herzförmig und der Stein in der Mitte sieht aus wie ein …

„Meinst du, die sind echt?“, frage ich Bienchen fassungslos.

„Die sind von *Cartier*, Honey. Ich gehe mal sehr stark davon aus, dass das Weißgold ist und die beiden Steinchen Diamanten sind.“ Er scheint auch sehr beeindruckt zu sein.

„Warum … warum tut er das? Was soll das alles?“ Meine Stimme ist ganz heiser.

„Hier ist eine kleine Karte“, Bienchen reicht sie mir herüber, meine Hände zittern richtig, als ich sie entgegen nehme.

Liebe Lilly,

bitte nimm dieses Geschenk als kleine Entschädigung dafür an, wie ich mich Dir gegenüber benommen habe. Ich weiß, ich habe kein Recht darauf, dass Du überhaupt noch mit mir sprichst und trotzdem kommst Du mir immer wieder entgegen.

Simon, der immer noch auf eine Freundschaft zu Dir hofft.

Frohe Weihnachten

Ich klappe das Schmuckkästchen wieder zu und gebe die Karte an Bienchen zurück. Mir ist nach Heulen zumute, wieso schafft Simon es immer wieder, mich zu verletzen?

Bienchen liest die Karte durch, er lacht bitter auf.

„Der schafft es echt, alles, was er mit den Händen aufgebaut hat, mit dem Arsch wieder einzureißen. Wenn er das mit der Freundschaft nicht geschrieben hätte, wäre das eine richtig nette Geste gewesen."

„Er will sicherstellen, dass ich das Geschenk nicht falsch verstehe." Ich stehe auf und stelle die Sachen zur Seite. „Ich werde es natürlich nicht behalten."

„Das verstehe ich, Süße." Bienchen sieht mich traurig an. „Schade, doch kein Happy End."

Als Rob kommt, ziehe ich mich auf mein Zimmer zurück, um den beiden Zeit für sich zu geben.

Und irgendwie komme ich auch in den nächsten zwei Tagen nicht so recht aus diesem Zimmer heraus.

Bienchen und Rob versuchen zwar immer, mich zum Ausgehen zu bewegen, doch ich verzichte dankend. Ich schlafe viel und versuche mich wiederzufinden, doch es gelingt mir einfach nicht. Diese schwere Traurigkeit begleitet mich in jeder Minute. Nur in den wenigen Augenblicken, in denen ich das Leben in mir spüre, erwache ich aus dieser Umklammerung.

Nach den Feiertagen beauftrage ich einen Kurierdienst, Simon das Geschenk zurückzubringen. Da ich weiß, dass er arbeiten muss, lasse ich es ihm in die Klinik bringen.

„Jetzt komm mit", bettelt Bienchen. Er und Rob sehen wie aus dem Ei gepellt aus, und beide haben einen Hundeblick aufgesetzt.

„Nein, geht ihr ruhig alleine. Ich habe keine Lust." Ich kuschele mich unter meine Decke und zappe mich durch das Fernsehprogramm.

„Aber du kannst unmöglich Silvester alleine bleiben", sagt Bienchen. „Es wird bestimmt total klasse im *Madame Puppette's*".

„Ja, das wird es bestimmt, aber ich bin zurzeit eine Spaßbremse - und nun weg mit euch", sage ich. Ich möchte zuhause bleiben und mich selbst bemitleiden, das habe ich mir fest vorgenommen.

„Ach Honey ..." Bienchen küsst mich noch einmal, dann schmeiße ich ihn und seinen Freund raus.

Das Fernsehprogramm ist zum Gruseln, aber ich habe es ja nicht anders gewollt. Ich versuche, die Gedanken an das kommende Jahr zu verdrängen, aber das kleine Mäuschen in mir ist so lebhaft heute, dass das schwer ist.

Als es Mitternacht ist, gehe ich ans Fenster und schaue mir das fröhliche Treiben auf der Straße an, das Feuerwerk ist wirklich beachtlich, die ganze Stadt scheint zu glühen.

Gegen halb eins meldet sich mein Handy, ich schaue gar nicht auf das Display, weil ich davon ausgehe, dass es Ela oder Bienchen sind.

„Ja?"

„Frohes neues Jahr, Lilly", höre ich Simon sagen, mir fällt fast vor Schreck der Hörer aus der Hand.

„Simon", stammele ich nur.

„Ja, genau der ist dran." Er lallt ein bisschen, ganz offenbar hat er schon kräftig gefeiert, dass er alleine ist, kann ich wohl ausschließen, denn im Hintergrund höre ich Stimmen und Lachen.

„Ich wünsche dir auch ein frohes neues Jahr", sage ich leise, als ich mich von dem ersten Schock erholt habe.

„Warum hast du die Ohrringe nicht behalten?", kommt es vorwurfsvoll.

„Weil das Geschenk unangemessen war. Was soll ich mit so kostbarem Schmuck? Schenk sie doch lieber deiner aktuellen Favoritin", platzt es aus mir heraus.

„Autsch!", höre ich ihn sagen. „Aber ich habe sie nur für dich ausgesucht. Sie sind wertvoll … so … so wie du."

„Ja, klar." Ich schlucke heftig, warum kann er mich immer noch aus der Fassung bringen? „Feier schön weiter, Simon."

„Nicht auflegen, Lilly … bitte …"

Ich schließe die Augen, warum lässt er mich nicht in Ruhe? „Was ist denn noch?"

„Du wirst ein wunderschönes Baby bekommen", sagt er leise.

„Ja, und ich hoffe, du wirst ihm ein verantwortungsvoller Vater sein", flüstere ich.

„Liebst du mich noch, Lilly?" Seine Stimme verursacht mir eine Gänsehaut.

„Das steht nicht zur Debatte, Simon. Und es ist auch egal", krächze ich.

„Ich bin ein Arsch."

„Ich weiß. Gute Nacht!“ Ich drücke ihn hastig weg und schalte das Handy aus. Wieder hat er es geschafft, dass ich wie ein zitterndes Etwas auf dem Sofa sitze und mir die Augen aus dem Kopf heule.

So langsam klappt es wirklich, ich funktioniere nur noch. Die Arbeit geht mir leicht von der Hand, mit Simon rede ich nur noch das Nötigste und von allem anderen schotte ich mich ab.

Ich habe mit Bienchen die größten Diskussionen, weil ich nur zuhause sitze, doch ich reagiere kaum noch darauf. Es ist so merkwürdig, es kommt mir vor, als hätte ich mein Gefühlsleben so weit heruntergefahren, dass mich nichts mehr wirklich berührt. Da sind nur die kleinen kostbaren Momente mit meinem Kind, die ich ganz exklusiv für mich habe und mit niemandem zu teilen brauche.

Vielleicht habe ich auch schon genug geweint und mit mir gehadert, vielleicht musste das so sein, damit ich mich selbst abhärten kann.

Selbst die Untersuchungen bei Simon lasse ich neuerdings mit einer stoischen Ruhe über mich ergehen.

Ich versuche, mich ausgewogen zu ernähren, auch wenn ich nur kleine Portionen essen kann, ich breche nicht mehr und so hoffe ich, dass mein Baby die nötigen Nährstoffe erhält.

Mittlerweile ist es Anfang Februar, ich habe es in die dreißigste Woche geschafft, mein Bauch ist nicht mehr zu übersehen, aber Gott sei Dank sprechen mich die Kolleginnen nicht mehr so häufig auf meine Schwangerschaft oder den potenziellen Vater an. Ich würde auch nicht darauf antworten, ich rede sowieso nur noch das Nötigste mit ihnen, selbst Small Talk kostet mich im Moment einfach zu viel Kraft.

Simon versucht immer wieder, mit mir ins Gespräch zu kommen, ich wehre ihn freundlich, aber bestimmt ab und verweise ihn auf die Routineuntersuchungen, und auch da lasse ich nur Fragen über die Schwangerschaft und das Baby zu.

„Hallo Lilly.“ Sigrid lächelt mir zu, sie hat heute mit mir zusammen Dienst. „Na, dein Babybauch wird ja echt immer runder.“

„Na ja, das gehört ja auch dazu“, sage ich.

„Wir sind so lange schon keinen Kaffee mehr trinken gegangen, hast du nicht mal wieder Lust?“, fragt sie freundlich.

„Ich habe keine Zeit, tut mir leid. Nach der Arbeit bin ich meistens zu müde“, weiche ich ihr aus. Es tut mir schon irgendwie leid, ihr wieder einen Korb zu geben, aber ich möchte einfach niemanden sehen. Ich will nur nach Hause und meine Ruhe haben, warum kann das keiner verstehen?

„Schade. Lilly, es geht mich ja nichts an, aber … aber wir machen uns hier alle ein bisschen Sorgen um dich“, sagt sie dann mit sanfter Stimme.

„Warum? Es geht mir gut, wirklich. Ihr könnt den netten Oberarzt fragen, der meine Schwangerschaft betreut.“

„Warum? Weil du schrecklich aussiehst, um es mal ganz klar zu sagen: Du bist blass wie die Wand und wirkst krank.“ Sigrid mustert mich besorgt.

„Sigrid, deine Fürsorge rührt mich, aber es geht mir wirklich gut“, versichere ich ihr. „Ich … ich bin nur einfach immer kaputt nach der Arbeit.“

„Vielleicht sollte Stegmann dich krankschreiben“, schlägt sie mir vor.

„Nein, das ist nicht nötig. Es sind ja auch nur noch vier Wochen bis zum Mutterschutz.“ Ich lege eine Hand auf ihren Arm. „Alles ist gut.“

Nur vor einer Verpflichtung kann ich mich nicht drücken: Bienchens Geburtstag steht an und er gedenkt ihn auch zu feiern. Zwar hat er vor, das in seinem Lieblingsclub zu tun, aber ich werde da wohl auch erscheinen müssen.

„Süß siehst du aus, Honey“, bestätigt er mir, als ich mich ausgehfein gemacht habe.

„Danke.“ Ich überreiche ihm sein Geschenk.

„Süß im Rahmen deiner jetzigen Möglichkeiten“, fügt er strafend hinzu. „Du warst mal eine strahlende Schönheit, jetzt bist du nur noch ein Schatten dieser alten Lilly.“

„Ich weiß, das wird sich nach der Geburt bestimmt bald ändern, manche Frauen werden durch die Schwangerschaft schöner, andere eben nicht.“

„Nun denn, hoffen wir mal, dass das auch stimmt!“

Der Abend in dem Club wird sehr schön, Bienchen liebt es, im Mittelpunkt zu stehen, und ich unterhalte mich auch sehr angeregt mit seinen Freunden. Es ist schon eigenartig, mit so vielen Männern über die Schwangerschaft zu plaudern, aber die meisten sind sehr interessiert und stellen viele Fragen.

Immerhin habe ich einen guten Grund, mich früh von der Feiermeute zu verabschieden, keiner murrt, als ich mir ein Taxi bestelle.

Am nächsten Tag habe ich Spätdienst und ich bin gespannt, was Bienchen mir beim Frühstück noch von seiner Feier berichten wird.

Gott sei Dank steht er früh genug auf, sodass wir uns noch sehen, bevor ich los muss.

„Guten Morgen, meine ehemals schöne Göttin“, flötet er, als er die Küche betritt.

„Guten Morgen, Schnuffi.“ Ich gebe ihm einen Kuss auf die Wange. „Du siehst aber ganz schön fertig aus.“

„Bin erst um sechs Uhr wieder hier gewesen.“

„Wieso bist du dann schon wach? Du hast doch heute frei.“

„Weil ich mit dir reden muss, Honey“. Er wird plötzlich sehr ernst, irgendwie beunruhigt mich das.

„Was ist los? Ist etwas mit Rob?“

„Ja, so kann man das wohl nennen.“

„Ihr seid doch noch ein Paar, oder? Jetzt sag nicht, dass er Schluss gemacht hat. An deinem Geburtstag!“, empöre ich mich.

„Nein, nein!“ Bienchen winkt schnell ab. „Keine Sorge, das ist es nicht, eher das Gegenteil …“

Ich runzele die Stirn. „Das Gegenteil? Was ist passiert?“

„Das ist sein Geburtstagsgeschenk für mich.“ Bienchen zückt ein Kästchen, in dem ein Schlüssel liegt. „Rob hat mich gefragt, ob wir zusammenziehen wollen. Er hat eine große Wohnung und bietet mir an, bei ihm zu wohnen.“

„Oh …“ Für einen Moment kommt diese Kälte wieder in mir hoch, doch ich versuche, nein, ich MUSS mich für meinen Freund freuen. „Hey, das … das ist doch großartig“, beeile ich mich zu sagen.

„Aber dann muss ich dich hier alleine zurücklassen“, seufzt Bienchen. „Und ich wohne gerne mit dir zusammen.“

„Du hast dich immer nach einer festen Beziehung gesehnt." Ich greife nach seiner Hand. „Das ist deine Chance, Schatz, die darfst du nicht verschleudern. Und schon gar nicht wegen mir", sage ich eindringlich. „Ich würde mir das nie verzeihen, wenn du Rob meinetwegen vor den Kopf stoßen würdest."

„Ach Honey, ich wusste, dass du so was sagen würdest." Bienchen nimmt meine Fingerspitzen und küsst sie sanft. „Weißt du, ich habe schon die Idee gehabt, dass er mit hier einzieht und … und dass wir das alle zusammen mit deinem Baby wuppen könnten. Aber Rob will davon nichts wissen, er kann mit Kindern noch weniger anfangen als ich." Bienchen schüttelt den Kopf. „Was soll ich tun, Lilly?"

„Auf dein Herz hören, natürlich." Ich streichele sanft über seine Wange. „Wenn es mit Simon und mir anders gelaufen wäre, dann wäre ich doch vielleicht auch gegangen und mit ihm zusammengezogen. Uns war doch beiden klar, dass dies passieren könnte, oder?"

In Bienchens Augen glitzern jetzt die Tränen. „Ja. Aber ich … ich will dich nicht alleine lassen."

„Kein Problem, ich suche mir eine kleinere Wohnung." Ich versuche cool zu wirken, doch diese Nachricht ist das Einzige, was mich seit Wochen richtig tief trifft und nicht an mir abprallt. „Wann … wann willst du denn ausziehen?"

„Wenn ich weiß, dass mit dir und dem Baby alles okay ist. Ich lasse dich bestimmt nicht schwanger hier zurück."

„Bienchen, du musst keine Rücksicht nehmen, hörst du?"

„Nein." Er schüttelt den Kopf. „Darüber brauchen wir nicht zu diskutieren und auch Rob sieht das ein. Ich muss wissen, dass es dir gut geht, dann erst ziehe ich zu ihm. Und ich helfe dir natürlich bei der Wohnungssuche, das gehen wir aber erst an, wenn die Kleine da ist, das mute ich dir jetzt noch nicht zu."

„Ich kann schon mal Annoncen studieren", sage ich.

Ich versuche mir vorzustellen, wie es werden wird, ein Leben ohne Bienchen – oder zumindest mit weniger Bienchen, aber das kann ich irgendwie nicht.

„Bist du mir böse, Honey?", fragt er mich.

„Nein, natürlich nicht. Ich freue mich für dich." Ich gebe ihm einen dicken Schmatzer auf die Wange. „Ist doch schön, dass wenigstens einer von uns glücklich wird."

„Ich wünsche es mir so sehr auch für dich."

Ich versuche ein Lächeln. „Kein Problem, ich bekomme das schon hin."

Ich muss zugeben, dass mich diese Neuigkeit doch mehr aus der Bahn wirft, als ich das gerne hätte. Meine mühsam errichtete Fassade gerät ins Bröckeln. Ich muss mich zusammennehmen, denn wenn Bienchen mitbekommen würde, dass ich seinetwegen traurig bin, bekäme er ein schlechtes Gewissen, und das gilt es mit aller Macht zu verhindern.

Nach zwei Wochen habe ich das dann auch so weit verinnerlicht, dass ich wieder in der Spur bin und nicht mehr soviel darüber nachgrübele, was wohl werden wird, wenn ich alleine wohne.

„Hallo Lilly, hier ist Sarah." Die Stimme von Simons Schwester klingt fröhlich durch das Handy. Ich stöhne innerlich auf, sie ist wirklich eine ganz liebe Person, aber einfach zu nah dran an dem, was für mein inneres Gleichgewicht gefährlich werden könnte, also meide ich lieber ihre Nähe, das ist besser für mich.

„Hallo Sarah, schön dich zu hören", antworte ich dennoch freundlich.

„Du müsstest ja schon eine ganz schöne Kugel haben, oder?", lacht sie. „Dreiundreißigste Woche, stimmt's?"

„Ja, richtig", bestätige ich ihr. Ich weiß ja, dass sie die Informationen aus erster Hand bekommt.

„Hör mal, Lilly, ich möchte Möbel aussuchen, für das neue Kinderzimmer. Ich werde sie erst liefern lassen, wenn es ganz sicher feststeht, dass die kleine Maus zu uns kommt, aber ich würde sie gerne mit dir zusammen auswählen. Hast du Lust mal vorbeizukommen? Dann können wir in Ruhe in Katalogen stöbern."

Nein, nein, nein! Das ist nicht gut, das ist definitiv nicht gut! Alles in mir schreit laut auf. *Das ist zu nah, zu nah, zu nah ...*

„Ähm, Sarah, du hast so einen tollen Geschmack, ich bin sicher, dass du etwas Schönes auswählen wirst", stammele ich.

„Aber die Möbel sollen auch dir gefallen, Lilly. Vielleicht nimmst du die Kleine ja auch schon bald zu dir, dann müssen sie doch in deine Wohnung." Sie wirkt überrascht über meine Antwort.

„Ich vertraue dir da voll und ganz. Aber danke für dein Angebot.“ Ich drücke das Gespräch weg, dieses blöde Zittern ist wieder da und diese komische Kälte.

Ich will das nicht, das soll aufhören!

Und ich will nicht über Möbel nachdenken, die bestimmt nie in meiner Wohnung stehen werden.

25

„Na? Wie wars?“ Bienchen erwartet mich mit gespanntem Gesichtsausdruck, als ich nach Hause komme.

„Wieder nichts“, murre ich und kicke mir müde die Schuhe von den Füßen. „Eine schwangere Frau ohne Partner will keiner als Mieterin haben.“

Frustriert lasse ich mich aufs Sofa plumpsen, Bienchen setzt sich neben mich und zieht mich in seine Arme. „Ich hab dir doch gleich gesagt, dass du mit der Wohnungssuche warten sollst, bis das Baby auf der Welt ist. Wahrscheinlich haben die meisten Vermieter Angst, dass du keinem Job nachgehen kannst und die Kohle nicht pünktlich reinkommt.“

„Ich fürchte, du hast recht.“ Ich reibe mir müde die Schläfen. „Aber ich würde so gerne etwas tun, die Langeweile bringt mich um“, stöhne ich.

„Du bist doch erst die zweite Woche zuhause“, kichert Bienchen. „Wie soll das denn noch werden mit dir?“

„Ich vermisse meine Arbeit!“

„Mit deiner Kugel kannst du doch eh nicht mehr so viel laufen. Und darf ich dich daran erinnern, dass du ganz schön gestöhnt hast, wenn du Feierabend hattest?“ Bienchen streichelt mir sanft über den Bauch, mittlerweile macht er das ganz gerne und ist auch immer verzückt, wenn meine kleine Tochter ihm durch eine kurze Bewegung antwortet.

„Ich weiß ja.“ Ich gebe Bienchen ein Küsschen auf die Wange. „Und wie weit bist du mit Rob in der Wohnung?“

Ich muss mir eingestehen, dass mich das immer noch ein bisschen mitnimmt, dass Bienchen bald ausziehen wird. Und so langsam wird es konkreter, denn Rob hat eingewilligt, dass Bienchen ein paar Änderungen in der Wohnung vornimmt, jetzt gerade ist ein Maler da, der die Wände streicht.

„Oh, das sieht schon richtig klasse aus“, strahlt Bienchen mich an, und prompt schäme ich mich für meine Gedanken. Ich freue mich ja für ihn, er hat es so verdient, einen liebevollen Partner gefunden zu haben. „Aber was anderes: Mr. Bombastic hat schon zweimal angerufen. Hat er dich nicht auf dem Handy erreicht?“

„Ich bin nicht rangegangen, ich war schließlich bei einer Besichtigung.“ Ich habe den Anruf sehr wohl registriert, auch Sarah hat erneut versucht, mich zu erreichen, aber ich möchte beide nicht sprechen, es reicht schon, wenn ich bei Simon jetzt jeden dritten Tag in der Klinik antanzen darf, damit er sich mit eigenen Augen davon überzeugen kann, dass es dem Baby gut geht.

„Ruf ihn an, du weißt doch selbst, dass er sonst keine Ruhe gibt.“ Bienchen stupst mich auf die Nase, natürlich hat er wieder einmal recht und ich krame mein Telefon aus dem Rucksack.

„Hey Lilly, endlich …“ Seine Stimme klingt ein bisschen vorwurfsvoll, als er sich meldet.

„Hallo Simon. Warum hast du angerufen?“, frage ich ihn in dem unverbindlichen Plauderton, den ich mir für ihn angewöhnt habe.

„Erst mal, um zu hören, wie es dir geht“, knurrt er, er scheint wirklich ungehalten zu sein.

„Es geht mir gut. Du musst mich aber deswegen nicht jeden Tag anrufen.“

„Das musst du schon mir überlassen“, schnaubt er. „Und dann zum anderen: Sarah hat auch versucht, dich zu erreichen. Sie möchte dich zu ihrem Geburtstag einladen, sie gibt eine kleine Feier.“

Oh! Darauf war ich nicht vorbereitet. Aber ich möchte nicht dorthin, ich möchte niemanden aus Simons Dunstkreis sehen, auch wenn Sarah noch so nett ist. Es tut mir auch leid, dass ich sie so ignoriere, aber ich kann das einfach nicht.

„Lilly? Hast du gehört?“

„Ja, hab‘ ich“, antworte ich hastig. „Sag ihr, dass das sehr lieb von ihr ist, dass ich aber nicht kommen werde.“

„Lilly, was soll das? Warum machst du so dicht?“ Simon klingt genervt, aber das ist mir egal. Ich will die letzte Zeit mit meinem Baby genießen und nicht immer wieder mit der Nase darauf gestoßen werden, dass es woanders aufwachsen wird.

„Das musst du schon mir überlassen“, wiederhole ich seine Worte von eben und beende das Gespräch.

Ich igele mich in den nächsten Tagen komplett ein, selbst das Einkaufen übernimmt Bienchen jetzt im Alleingang. Ich will nicht auf die Straße gehen, will niemanden sehen, ich verlasse das Haus nur, um in die Klinik zu fahren und dort die Kontrolluntersuchungen bei Simon wahrzunehmen.

Er versucht ständig, mit mir ins Gespräch zu kommen, doch das lasse ich nicht zu, ich antworte entweder nur knapp oder gar nicht. Auch bei den Kolleginnen schaue ich immer nur kurz vorbei, lediglich mit Hedi unterhalte ich mich länger.

Sie ist Hebamme und untersucht mich ebenfalls, auf meinen eigenen Wunsch hin.

„Es wird nicht mehr lange dauern, Lilly“, lächelt sie mir zu. Sie ist schon lange in der Klinik, ich mag ihre besonnene Art.

„Meinst du?“ Ich schaue sie panisch an, eigentlich hatte ich gehofft, dass mein Baby ein paar Tage später als erwartet zur Welt kommt. „Ich bin in der achtunddreißigsten Woche.“

„Es würde mich wundern, wenn du es bis zum Termin schaffst“, lacht sie. „Aber gut, die Babys kommen, wann sie wollen, lassen wir uns überraschen.“

„Ja, lassen wir uns überraschen“, flüstere ich leise, ich versuche, nicht zu entsetzt zu klingen, ich möchte doch noch so viel Zeit wie möglich mit dem kleinen Schatz in mir verbringen.

Hedi ist eine erfahrene Hebamme, das wird mir eine Woche später klar, als ich von Rückenschmerzen wach werde. Es ist gegen neun Uhr am Abend, ich bin früh ins Bett gegangen, weil ich mich seit dem späten Nachmittag so verspannt gefühlt habe.

Ich bleibe ruhig im Bett liegen und hoffe, dass ich mir alles nur eingebildet habe und das keine Wehen sind.

Das Ziehen im Rücken kehrt nach ungefähr neun Minuten wieder, ich seufze auf, also doch …

„Warum denn jetzt schon?“ Ich streichele über meinen Bauch. „Bitte gib uns noch ein bisschen Zeit zusammen.“

Tränen steigen mir in die Augen, ich will mein Baby nicht schon hergeben, es ist noch zu früh, ich fühle mich um Zeit mit meinem Baby betrogen!

Doch ich weiß auch, dass ich jetzt nichts mehr beeinflussen kann, ich stehe auf und hole meine Tasche aus dem Schrank, die ich auf Simons Drängen längst gepackt habe.

Ganz oben liegen die wunderschönen Babysachen, die mir Bienchen zu Weihnachten geschenkt hat, und das kleine Schäfchen vom Weihnachtsmarkt. Ich drücke es noch einmal ganz fest an mich, dann gehe ich ins Bad.

Ich lasse mir Zeit, dusche noch einmal und betreibe gründlich Körperpflege. Drei weitere Wehen erinnern mich dann daran, mich jetzt doch auf den Weg zu machen.

Ich hoffe, dass ich Bienchen und Rob nicht gerade bei etwas Wichtigem störe, als ich leise an die Zimmertür klopfe, doch ich kann hören, dass sie miteinander reden, ich atme auf.

„Ja?"

Vorsichtig drücke ich die Klinke herunter und stecke meinen Kopf durch den Türspalt. „Ich wollte nur sagen, ich mache mich auf den Weg in die Klinik, ich habe Wehen."

„WAS?" Bienchen kreischt laut auf und ist mit einem Satz aus dem Bett.

„Jetzt schon? Hast du nicht noch eine Woche?" Auch Rob beeilt sich, in seine Jeans zu kommen.

„Jungs, es wird noch ein bisschen dauern, ich kann auch alleine fahren." Die plötzliche Hektik entlockt mir ein Grinsen.

„SPINNST DU?" Bienchen zieht sich hastig ein Shirt über den Kopf und sprintet vor den Spiegel.

„Müssen wir nicht Mr. Bombastic verständigen?", fragt Rob, als er seine Sneakers zubindet.

„Es ist noch Zeit, ich werde ihn vom Krankenhaus aus anrufen", sage ich.

„Nein, du rufst ihn JETZT an, Honey. Und wenn du es nicht tust, dann mach ich es!", zischt Bienchen mir zu.

„Ich glaube, er ist zuhause und hat frei. Es wäre überflüssig, ihn jetzt schon deswegen in die Klinik zu bestellen", versuche ich Bienchen zu beschwichtigen.

„Der Kerl hat dir so unfassbar schlimme Dinge angetan, der soll gefälligst antanzen, wenn meine Göttin sein Kind bekommt!" Bienchen schaut mich entschlossen an, ich will aufmucken, doch eine Wehe kommt und ich kann nur noch stöhnen.

Bienchen und Rob schauen mich mit offenen Mündern an. „Geht es los?" Bienchen springt panisch um mich herum.

„Brauchen wir nicht heißes Wasser und Handtücher?", piepst Rob.

Oh Gott, wenn ich nicht gerade eine Wehe hätte, würde ich laut losprusten!

Fünf Minuten später sitzen wir dann im Auto, Bienchen ist zu nervös, um zu fahren, also übernimmt Rob das Steuer, und er fährt wie ein Wahnsinniger. Ich bin froh, dass um diese Zeit nicht mehr so viele Autos auf den Straßen sind, so werden weniger Menschen gefährdet.

„Ruf Simon an!“, befiehlt Bienchen mir wieder, er hat es also nicht vergessen.

„Ja, ist ja gut“, maule ich ihn an, ich angele nach meinem Handy und wähle Simons Nummer.

Ob er wieder Damenbesuch hat?

In den letzten Wochen habe ich keinen Klatsch mehr mitbekommen, ich war ja auch immer nur kurz in der Klinik, aber auch vorher gab es keine Spekulationen mehr, scheinbar ist er diskreter geworden.

Nach dem zweiten Klingeln nimmt er das Gespräch an, er klingt recht munter.

„Hallo Lilly, was ist los?“, fragt er direkt.

„Ich habe alle neun Minuten Wehen und Bienchen meint, ich soll dich anrufen“, seufze ich ins Telefon.

„Okay, wo bist du jetzt?“

„Auf dem Highway to hell“, knurre ich, weil Rob geflissentlich eine rote Ampel ignoriert hat.

„Muss ich das verstehen?“ Simon wirkt ungeduldig.

„Rob und Bienchen versuchen mich gerade in die Klinik zu fahren, ob wir da allerdings heil ankommen, da habe ich meine Zweifel … PASS AUF!“, kreische ich, als mein Chauffeur sich gerade die Vorfahrt erzwingt.

„Rob, ich fahre lieber selbst, fahr rechts ran!“, herrsche ich ihn an.

„Schon gut, Honey, er weiß, was er tut“, versucht Bienchen mich zu beruhigen.

„Wir sind gleich da“, sage ich zu Simon, den habe ich ja immer noch am Telefon, wie mir wieder einfällt.

„Sag ihm, er soll dich bloß heil abliefern!“, brüllt Simon. „Du hättest mich anrufen sollen!“

Mir wird das jetzt zu blöd, ich drücke ihn einfach weg, er weiß ja, wo er mich in den nächsten Stunden finden kann.

Ich schicke meine beiden Begleiter vor dem Kreißsaal weg, Bienchen sieht mich besorgt an.

„Sollen wir wirklich gehen?"

„Willst du etwa bei der Geburt zugucken?", gluckse ich.

„Um Himmels Willen: NEIN!", kiekst er erschrocken auf. „Ich dachte, wir warten hier", Er deutet auf die Stühle vor dem Kreißsaal.

„Bienchen, es wird noch ganz lange dauern, bis das Baby da ist. Vermutlich wird es sogar erst morgen zur Welt kommen, vielleicht hören die Wehen aber auch wieder ganz auf. Ich rufe euch an, okay?" Ich streichele ihm zart über die Wange. „Und macht euch keine Sorgen, ich bin hier gut aufgehoben."

Mein Freund drückt mich fest an sich, er wirkt auch ein bisschen erleichtert, dass er wieder gehen kann. „Okay."

„Du machst das schon, du bist stark", raunt er mir zu.

„Irgendwie wird das schon gehen", lächele ich, dann öffne ich die Tür zu einem der Kreißsäle und mache mich auf die Suche nach einer Hebamme.

„Hallo Lilly." Petra kommt strahlend auf mich zu, sie schaut auf meine Tasche. „Geht's los?"

„So langsam, die Wehen kommen alle neun Minuten, ich dachte, ich schaue mal bei euch vorbei und höre mir an, was ihr dazu meint", antworte ich.

„Okay, dann komm' mal mit." Sie bringt mich zu einem großen Bett und bittet mich die Hose auszuziehen. „Ich möchte kurz schauen, wie weit der Muttermund schon auf ist."

Ich nicke nur und befolge ihre Anweisungen.

„Zwei Zentimeter", erklärt sie mir dann. „Du hast noch ein bisschen was vor dir."

„Das hatte ich mir schon gedacht", lächele ich.

„Ich schreib mal ein CTG." Sie holt den Wehenschreiber und schließt ihn mir an. „Alles klar soweit bei dir?"

„Ja", nicke ich.

Ich höre dem regelmäßigen Herzschlag meines Babys zu, Petra ist hinüber in den anderen Kreißsaal gegangen, dort liegt noch eine Frau, ich bin auch froh, ein bisschen zu allein zu sein.

Kurz darauf höre ich Stimmengemurmel, ich erkenne sofort, wer da gekommen ist.

„Lilly …“ Simon steht neben mir, in Jeans und T-Shirt, und streichelt mir zärtlich über die Wange. „Wie fühlst du dich?“

„Ganz okay.“ Ich schließe kurz die Augen, weil eine Wehe kommt, doch ich registriere trotzdem, dass er meine Hand nimmt.

„Die Wehen sind ganz in Ordnung, aber noch nicht stark genug“, erklärt er mir. „Möchtest du etwas gegen die Schmerzen?“

„Nein.“ Ich schüttele energisch den Kopf. Ich will das Ganze bewusst mitkriegen, will den Schmerz spüren, und ich will auch nicht, dass mir die Geburt leicht gemacht wird.

„In Ordnung, du hast ja noch Zeit, es dir zu überlegen“, lächelt er mir zu.

„Du brauchst nicht bei mir zu bleiben, es wird ja noch lange dauern“, versuche ich ihn loszuwerden. Simon runzelt die Stirn.

„Doch, das werde ich aber“, sagt er entschlossen. „Bitte, Lilly …“, fügt er dann sanfter hinzu. „Es ist doch vielleicht auch mein Baby.“

Ich gebe es auf, will keine Diskussion mit ihm führen. Stattdessen schließe ich die Augen und höre einfach auf den Herzschlag des Babys.

„Oh, Dr. Stegmann. Bleiben Sie jetzt hier?“

Petra ist überrascht, das kann ich gut verstehen. Sie weiß ja, dass er nicht im Dienst ist und es ist sicherlich verwunderlich, dass ein Oberarzt privat vorbeikommt, um einer Schwester bei der Geburt beizustehen.

„Ja, ich werde die ganze Geburt über dableiben. Dr. Werner hat zwar Dienst, wenn aber Not am Mann ist, können Sie mich natürlich rufen – aber nur dann.“ Er lächelt, doch aus seinen Worten ist die unmissverständliche Botschaft herauszuhören, dass er nicht gestört werden will.

„Gut, alles klar“, nickt sie, dann fällt ihr Blick auf seine Hand, die meine immer noch festhält, und in diesem Moment wird ihr wohl einiges klar.

Ich sollte Simon bitten, mich loszulassen, schließlich hat er mir, mal von den Untersuchungen abgesehen, in der ganzen Schwangerschaft nicht beigestanden. Aber warum eigentlich? Dies hier ist das große Finale unserer ach so wunderbaren Affäre, danach werden wir uns wohl wirklich nur noch beruflich sehen – falls ich überhaupt in der Klinik beschäftigt bleibe.

„So, das wars erst mal", sagt Petra und nimmt mir das CTG ab. „Möchtest du etwas herumlaufen? Du kennst dich ja hier aus."

„Ja, gerne." Ich richte mich auf, Simon legt einen Arm um mich, als ich aufstehe.

Er sieht mich besorgt an. „Willst du wirklich spazieren gehen?"

„Ja, ich möchte mich bewegen, herumliegen werde ich wohl noch lange genug." Ich greife nach meiner Jacke, er reicht sie mir und legt sie um meine Schultern.

„Okay, dann los", sagt er leise und unter Petras neugierigen Blicken verlassen wir den Kreißsaal.

Ich steuere das Treppenhaus an, Simon lässt mich keinen Moment aus den Augen.

„Bist du sicher, dass du dich nicht lieber ausruhen willst?", fragt er mich noch einmal.

„Ja, bin ich", sage ich genervt. „Vielleicht geht es so etwas schneller."

„Versteh mich nicht falsch, ich bin normalerweise auch dafür, dass die Frauen sich bewegen, aber du bist so … zerbrechlich geworden, Lilly." In seinem Blick liegt echte Sorge, ich weiß, er meint es wirklich gut, aber das hier will ich schon noch alleine entscheiden.

„Das täuscht, ich bin nicht so schwach", antworte ich beleidigt, dann mache ich mich auf den Weg in den Park.

Unterwegs kommt eine Wehe, ich bleibe kurz stehen, Simon zieht mich an sich, drückt meinen Kopf an seine Brust und massiert mir leicht den Rücken. Neben dem Schmerz registriere ich seinen Herzschlag, der mich sogar ein bisschen ruhiger macht.

„Vorbei?", fragt er, als ich mich wieder löse.

„Ja." Ich lächele ihm scheu zu, es war nett von ihm, mich so zu halten. Wie sehr hätte ich seine Nähe in den letzten Monaten gebraucht?

„Wie sind die Wehen?", hakt er nach.

„Auszuhalten, ist schon okay", sage ich und füge leise hinzu: „Danke."

„Wofür?"

„Dass du jetzt da bist.“

„Scheiße, Lilly, bedank dich nicht bei mir, das … das ist echt unnötig.“ Er grinst schief, ich lächele zurück und gehe weiter hinunter in den Klinikpark.

Wir reden nicht viel, Simon hat den Arm um mich gelegt, und auch wenn ich ihn so oft in der letzten Zeit auf Abstand gehalten habe, heute bin ich ganz froh über ein bisschen menschliche Nähe.

Nach anderthalb Stunden wird es mir dann doch zu kalt, die Nächte im April sind noch nicht besonders einladend für Spaziergänge.

Als wir wieder oben ankommen, erwartet Petra uns schon. „Soll ich mal nachschauen, was sich so getan hat?“

„Ja.“ Ich nicke und fange einen Blick von Simon auf, ich kann ihm ansehen, dass er das gerne selbst machen würde, aber er lässt Petra gewähren.

„Drei Zentimeter, du brauchst noch Geduld, Lilly“, sagt sie bedauernd.

„War ja klar“, seufze ich auf.

„Willst du baden gehen?“ Simon hat sich auf die Bettkante gesetzt, wieder nimmt er meine Hand.

„Vielleicht später.“ Ich schließe kurz die Augen, versuche, ein bisschen Kraft zu tanken.

Dr. Werner kommt hinzu, er begrüßt mich freundlich und schlägt Simon auf die Schulter. „Wird’s ernst?“

„Ja, aber es wird dauern, drei Zentimeter“, klärt Simon ihn auf.

Dr. Werner scheint also Bescheid zu wissen - und das, obwohl Simon sich doch noch gar nicht sicher ist, dass die kleine Maus von ihm ist, das überrascht mich sehr.

Nach einer weiteren Stunde begebe ich mich dann doch in die Wanne, Simon ist kurz draußen, ich nutze die Gelegenheit und ziehe mich rasch aus.

Petra reicht mir einen Tee und setzt sich auf den Wannenrand. „Du bist sehr dünn, Lilly“, stellt sie mit einem Blick auf meinen Rippenbogen fest.

„Ja, ich hatte Probleme mit dem Essen in der Schwangerschaft“, gestehe ich ihr.

„Lilly, wenn es nicht mehr gehen sollte, dann sag Bescheid. Eine PDA würde ich aber nicht empfehlen, weil dein Blutdruck nicht besonders hoch ist und er dann noch weiter abzusinken könnte."

„Ich werde keine brauchen", schüttele ich den Kopf.

Simon kommt kurze Zeit später hinzu, ich bin froh, dass ich im Wasser bin, aber ich registriere sehr wohl, dass er mich etwas erschrocken mustert, er verkneift sich aber eine Bemerkung.

Als ich später die Wanne verlassen will, bitte ich ihn, hinauszugehen, damit ich mich alleine abtrocknen und anziehen kann, er folgt meiner Bitte etwas widerwillig.

„Wie fühlst du dich?", fragt er sanft, als ich wieder im Bett liege.

„Okay." Ich schließe kurz die Augen, wieder kommt eine Wehe, immerhin, die Abstände haben sich verkürzt.

Als ich die Augen wieder öffne, streichelt Simon mir übers Gesicht, er sieht ein bisschen traurig aus, ich bin verwirrt.

„Was ist los?"

„Ich … ich muss dran denken, wie wir … also an unsere gemeinsame Zeit, Lilly. Es war wunderschön mit dir." Er lächelt wehmütig.

„Na ja, du konntest mich danach aber nicht schnell genug loswerden", sage ich ernst.

„Ich weiß." Er schüttelt den Kopf. „Ich habe dir sehr wehgetan und dafür kann ich mich nur entschuldigen."

„Das ist alles doch schon längst egal geworden." Ich drücke kurz seine Hand. „Jetzt ist nur noch die Kleine wichtig."

„Ja, du hast recht." Er stupst mit dem Finger auf meine Nase, ich kann ihm ansehen, dass er noch etwas loswerden will, aber er sagt nichts mehr.

Als der Morgen graut, bin ich doch etwas genervt. Es geht wirklich langsam vorwärts, ich weiß, dass das beim ersten Kind normal ist, aber das tröstet mich gerade nicht wirklich.

Gegen neun Uhr tut sich dann ein bisschen was – ein bisschen viel, denn die Wehen werden immer unangenehmer und ich muss mich wirklich konzentrieren, um sie vernünftig zu veratmen.

„Lilly, wenn du keine Kraft mehr hast, dann machen wir einen Kaiserschnitt." Simon sieht mich besorgt an, doch ich schüttele nur den Kopf.

„Nein, das geht schon", sage ich energisch.

Ich muss sagen, er harrt weiter tapfer an meiner Seite aus, obwohl auch er schon ziemlich müde aussieht.

„Kann ich irgendwas für dich tun?“ Er streichelt über meine Wange, mitleidig schaut er mich an.

„Nein, was willst du denn tun?“, knurre ich.

Eine neue Wehe kommt, ich verziehe das Gesicht.

„Ja, ich weiß, das tut weh, aber du machst das ganz toll“, höre ich ihn mir zuflüstern.

„EINEN SCHEISSDRECK WEISST DU!“, schreie ich ihn an. „HÖR MIT DEM BLÖDEN GEQUATSCHE AUF, DU THEORETIKER!“

Ich kralle mich mit den Fingern in seinem T-Shirt fest, brauche jetzt einfach etwas, was ich zerquetschen kann.

Als die Wehe vorbei ist, spüre ich, dass ich zittere, das Ganze ist doch verdammt anstrengend.

„Wann haben die Wehen angefangen?“ Hedi ist da und betreut mich weiter, ich freue mich, dass sie jetzt Dienst hat.

„Irgendwann gestern Nachmittag“, erkläre ich ihr.

„Und jetzt ist es fast halb zwölf Uhr mittags“, seufzt sie. „Aber das wird so langsam, du bist jetzt bei neun Zentimetern.“

Es vergeht noch eine weitere Stunde, dann halte ich es kaum noch aus. Jetzt bin ich es, die Simon nicht mehr loslassen mag, und auch wenn er meine Wutausbrüche hautnah abbekommt, so bleibt er eisern an meiner Seite.

„Spürst du den Druck, zu pressen?“, fragt Hedi mich.

„Ja“, stöhne ich auf.

„Gut, dann probier es bei der nächsten Wehe mal.“ Sie nickt Simon zu, er verschwindet kurz, als er wiederkommt, hat er seinen Ärztekasack angezogen.

„Du kannst den Fuß auf meiner Schulter abstützen“, sagt er.

Ich nicke nur, die nächste Wehe rollt über mich hinweg.

„Schieb es nach unten, hierher, wo meine Hand ist“, sagt Hedi, ich tue ihr nur zu gerne den Gefallen, bin froh, dass ich endlich etwas aktiv machen kann.

„Prima Süße, das sieht schon gut aus, gleich noch mal“, feuert Simon mich an.

Ich taste nach seiner Hand, er ergreift sie und hält mich ganz fest.

Ich versuche mein Bestes, ich spüre deutlich, wie sich das Köpfchen immer mehr hervordrängt, im Moment habe ich das Gefühl, zu zerreißen.

„Super, tief durchatmen." Simon lächelt mir während einer kurzen Pause zu, er streichelt zärtlich über meinen Oberschenkel, doch das registriere ich nur am Rande.

„Es geht weiter", stöhne ich, es ist nicht mehr auszuhalten, der Schmerz ist so übermächtig, dass ich nur bete, dass es aufhören soll.

„Noch ein kleines bisschen, ich kann das Köpfchen sehen." Simon nimmt meine Hand und legt sie zwischen meine Beine. „Spürst du es?"

Ich nicke, ich kann Haare ertasten, für einen Moment muss ich lächeln, dann rollt die nächste Welle an.

„Komm noch einmal, dann hast du es geschafft", höre ich Simon sagen, ich versuche noch mal, alles zu mobilisieren, dann plötzlich lässt der große Druck nach.

„Klasse, Lilly, jetzt nicht mehr pressen", weist Hedi mich an.

Ich befolge ihre Anweisung, dann fühle ich deutlich, wie das Baby ganz nach draußen rutscht.

„Geschafft, du hast es geschafft." Ich höre Simons Lachen, dann schließe ich kurz die Augen.

„Hier ist deine Tochter, Lilly, schau doch." Hedi legt mir ein kleines Bündel in die Arme, mein Baby hat ganz viele dunkle Haare und ebenso dunkle Augen. Ich kann mich nicht an ihm sattsehen, so wunderhübsch ist es. Vorsichtig lüfte ich das Tuch, in das sie eingewickelt ist, vergewissere mich, dass zehn Finger und zehn Zehen da sind, dann zieht Simon mich in seine Arme.

„Sie ist eine Schönheit, genauso wie ihre Mama, ich hab es immer schon geahnt", raunt er mir zu, zärtlich umfasst er mein Gesicht mit seinen Händen. „Das hast du ganz wunderbar gemacht, Schatz."

Ich spüre wie sich seine Lippen auf meine legen, ganz sanft tupft er mir kleine Küsse auf den Mund.

Atemlos lasse ich ihn gewähren, es ist ein schöner Moment, für einen kleinen Augenblick bin ich tatsächlich so etwas wie glücklich. Simon lehnt seine Stirn an meine, dann meldet sich meine kleine Tochter und muckelt ein bisschen herum.

„Willst du sie direkt anlegen?", fragt Hedi mich.

„Nein." Ich schüttele den Kopf, schlagartig bin ich zurück im Hier und Jetzt. „Ich möchte nicht stillen."

„In Ordnung." Hedi nimmt mir die Kleine vorsichtig ab. „Ich versorge sie und lasse sie von einem Kinderarzt anschauen, dann bringe ich dir Tabletten."

„Ja." Ich versuche, mir jedes Detail meiner Tochter einzuprägen.

„Wie heißt die kleine Dame denn?", fragt Hedi mich.

Ich sehe Simon ratlos an, wir haben darüber noch nicht gesprochen, ich für mich habe aber einen Namen ausgewählt.

„Sag du", lächelt er mir zu.

„Ich würde sie gerne Anna nennen", antworte ich der Hebamme.

„Nach deiner Mutter?" Simon sieht mich aufmerksam an, woher weiß er …?

„Ja." Ich schlucke heftig.

„Darf ich den Zweitnamen aussuchen?" Er sitzt immer noch bei mir am Kopfende und streichelt die ganze Zeit über meine Haare.

„Bitte …" Jetzt bin ich es, die ganz gespannt ist.

„Notieren Sie bitte: Anna Elisabeth", sagt Simon zu Hedi. „Ich möchte, dass sie wie ihre wunderbare Mutter heißt", raunt er mir zu, schließlich gibt er mir noch einen Kuss auf die Stirn. „Danke für dieses Geschenk, Lilly."

26

Ich kann Simon nur traurig anlächeln, die Kälte, die seit Monaten mein ständiger Begleiter ist, kehrt mit aller Macht zurück und umschließt mich.

„Dr. Stegmann, schauen Sie bitte noch einmal?“ Hedi deutet zwischen meine Beine, ich spüre eine Wehe, klar, noch bin ich ja nicht fertig hier.

Simon überwacht die Nachgeburt, dann wendet sich Hedi noch einmal an mich.

„Die Daten von der kleinen Anna Elisabeth Zeisler wären da: 52 cm, 3500 Gramm, Uhrzeit 13:32“, lächelt sie mir zu.

„Bitte bringen Sie die Kleine zu den Kinderärzten“, sagt Simon zur Hebamme, dann schaut er mich an. „Lilly, ich muss hier ein bisschen nähen, du bist gerissen“, sagt er mit sanfter Stimme zu mir. „Das, was du jetzt spürst, ist die Betäubung.“

„Okay.“ Ich schließe die Augen, ich fühle mich so erschöpft und bin einfach nur todtraurig. Was für ein Moment.

Während Simon mich weiter versorgt, habe ich die ganze Zeit die Augen geschlossen. Ich bin so fertig, dass ich noch nicht einmal mehr weinen kann. Mein Baby ist also auf der Welt und es hat den Anschein, als sei die kleine Maus gesund und munter.

Auftrag erledigt, ätzt die fiese kleine Stimme in mir.

„Lilly?“ Ich spüre, wie Arme mich umfangen, Simon sitzt auf der Bettkante und schaut mich liebevoll an. „Wie fühlst du dich?“

Ich kann nicht antworten, sondern wende den Blick von ihm ab. „Hast du schon den Vaterschaftstest veranlasst?“, frage ich stattdessen.

„Ja, du weißt doch … also, du weißt, warum er sein muss.“

„Natürlich“, lächele ich bitter. „Du brauchst Gewissheit.“

Ich schließe erneut die Augen, irgendwie hatte ich gehofft, dass er mir auch so glauben würde, aber ich kann noch nicht einmal mehr traurig darüber sein.

„Möchtest du alleine sein? Du musst noch zwei Stunden im Kreißsaal bleiben, du kennst das Prozedere ja. Ich gehe mal hinüber zur Neugeborenenstation, okay?“

Ich nicke nur, soll er doch gehen, ist ja seine Tochter, wie er bald schwarz auf weiß lesen wird.

„Was ist los, Lilly?“ Kurze Zeit später erscheint Hedi wieder. „Bist du traurig?“

Ich sehe nur aus dem Fenster, warum lässt man mich nicht einfach in Ruhe?

„Dr. Stegmann hat ein Privatzimmer für dich reservieren lassen, die 15“, sagt sie.

Oh, die 15 ..., raunt es in mir. *Das schönste Zimmer auf der Wöchnerinnenstation. Wie nett!*

„Hier sind die Tabletten, willst du wirklich nicht stillen?“

Ich werde etwas klarer, statt einer Antwort nehme ich wortlos das Medikament und spüle es mit einem Becher Wasser hinunter.

„Bitte, Lilly, rede mit mir.“ Hedi streichelt über meine Stirn und über mein Gesicht.

„Ich bin nur müde“, presse ich mühsam hervor.

„Das verstehe ich, du hast anstrengende Stunden hinter dir, vor allem, wenn man deine schwache körperliche Konstitution noch mit bedenkt. Ruh dich aus, die Kleine ist bestens versorgt und auch kerngesund.“

Doch trotz aller Müdigkeit kann ich nicht schlafen. Die letzten Stunden haben mich aufgewühlt, und mir geht das Bild meiner kleinen Anna nicht mehr aus dem Sinn. Wie gerne würde ich sie bei mir behalten, aber ich weiß selbst nur zu gut, dass es nicht richtig wäre. Der Schmerz darüber droht mich zu verschlingen, ich sehe zwar, dass draußen die Sonne scheint und es ein wunderschöner Frühlingstag ist, aber für mich ist es dunkel geworden. Ich wusste ja, dass dieser Tag kommen würde, aber jetzt, wo er da ist, da weiß ich nicht, wie ich es aushalten soll.

„Lilly?“

Ich höre Simons Stimme, doch ich sehe nur weiter starr aus dem Fenster. Sind die zwei Stunden etwa schon herum?

„Ich bringe dich in dein Zimmer, hörst du?“ Er kommt an meine Seite. „Geht es dir gut? Hast du noch Schmerzen?“

Ich antworte nicht, was soll ich ihm denn sagen? Dass ich so große Schmerzen habe, dass ich kaum noch atmen kann?

„Sie gefällt mir nicht“, mischt Hedi sich ein. „Sie ist so apathisch.“

„Lilly, antworte bitte.“ Simon umfasst mein Gesicht mit den Händen, in mich kommt wieder etwas Leben, ich muss reagieren, ich muss mich zusammenreißen.

Irgendwie ringe ich mir ein Lächeln ab. „Mir geht es gut, ich bin nur müde.“

„Okay, du kommst jetzt auf dein Zimmer, da kannst du dich ausruhen, Süße.“ Er haucht mir noch einen Kuss auf die Stirn, dann spüre ich, wie das Bett sich bewegt.

Es ist wirklich ein schönes Zimmer, aber im Grunde ist das völlig unwichtig.

„Deine Tasche steht hier im Schrank.“ Hedi öffnet eine Tür. „Soll ich dir helfen, dich umzuziehen?“

„Nein, das geht schon“, bedanke ich mich bei ihr.

„Lilly, ich bin drüben bei der Kleinen. Wenn irgendetwas sein sollte, dann pieps mich sofort an, okay?“, sagt Simon.

Ich nicke nur.

„Schlaf etwas, du warst ganz wunderbar in den letzten Stunden – und du hast mich nur ganz wenig beleidigt“, zwinkert er mir zu.

Ich kann nicht auf seine lockere Art eingehen, zucke stattdessen mit den Schultern.

„Bis später.“ Ich bekomme noch einen Kuss, diesmal einen auf die Wange, dann schließt sich die Tür und ich bin allein.

Ich gehe zu meiner Tasche und suche mir frische Sachen heraus, mein Shirt hat ein paar Blutflecken abbekommen. Schwerfällig tapse ich ins Bad, ich erschrecke, als ich mein Spiegelbild ansehe. Ich bin so furchtbar blass und meine Haare stehen wirr von meinem Kopf ab. Mühsam mache ich mir einen Zopf, dann ziehe ich mir saubere Sachen an.

Als ich auf dem Bett sitze, fällt mir Bienchen ein, ich schicke ihm eine SMS, sofort ruft er zurück.

„Wie war es? Bist du okay? Ist die Kleine gesund?“, fragt er mich hastig.

„Ja, alles in Ordnung“, versichere ich ihm, meine Stimme klingt so fremd, bin ich das wirklich?

„Wann können Rob und ich kommen?“, fragt er weiter.

„Heute Abend, ich werde mich erst etwas hinlegen, ja?“ Ich brauche Aufschub, möchte im Moment einfach niemanden sehen.

„Okay, Honey. Bis dann, ich freue mich schon auf dich“, kommt es fröhlich.

Ich lege mich ins Bett, doch wieder gelingt es mir nicht, zur Ruhe zu kommen. Mich zieht es zu meiner kleinen Tochter, ich möchte sie unbedingt sehen, irgendwie war die Zeit mit ihr bis jetzt viel zu kurz.

Ich gehe zum Schrank und hole das kleine Schmusetier-Schäfchen vom Weihnachtsmarkt heraus, meine Beine sind etwas zittrig, als ich das Zimmer verlasse, ich merke die körperliche Anstrengung jetzt überdeutlich. Es ist nicht weit bis zum Babyzimmer, doch ich brauche eine kleine Ewigkeit, bis ich da bin.

Es gibt eine große Scheibe, durch die man hineinschauen kann, ich wage einen Blick hindurch, dann bin ich wie erstarrt.

Sarah, Dirk und Simon stehen im Babyzimmer vor einem Bettchen. Sarah hebt gerade einen Säugling mit einem rosa Mützchen heraus, es ist nicht schwer zu erraten, wessen Baby das ist.

Ich wage kaum zu atmen, alle drei sehen glücklich aus und lachen fröhlich – es wird so deutlich, was ich da sehe: Annas neue Familie.

Ich beginne zu frieren, dann drehe ich mich um und mache mich auf den Weg zurück in das Zimmer. Es ist merkwürdig, alles geht auf einmal wie automatisch. Ich schlüpfe in meine Schuhe, dann hole ich noch die hübschen rosa Babysachen heraus, die Bienchen mir für Anna zu Weihnachten geschenkt hat, zusammen mit dem Schäfchen lege ich alles aufs Bett.

Es liegen ein Zettel und ein Stift für die Essensbestellung auf einem Tisch im Zimmer, mit zitternden Händen schreibe ich *„für Anna“* darauf und drapiere ihn neben den Sachen.

Dann nehme ich meine Tasche, sie ist so furchtbar schwer, und verlasse das Zimmer. Ohne jemandem zu begegnen, gelange ich zu den Aufzügen und trete nach draußen ins Freie.

Die Sonne scheint immer noch vom Himmel, ich gehe zu den Taxiständen und nenne dem Fahrer meine Adresse.

„Alles okay mit Ihnen? So wie Sie aussehen, sollten Sie lieber wieder zurückgehen“, spricht der Fahrer mich an.

„Fahren Sie bitte.“ Ich lehne den Kopf an die Stütze und versuche, eine Sitzposition zu finden, in der die frische Naht in meinem Schritt nicht so schmerzt, dann hoffe ich einfach nur, dass ich bald zuhause bin.

Wie ich mit der Tasche die Treppe hinaufgekommen bin, weiß ich nicht, irgendwie bin ich schließlich oben.

Natürlich ist Bienchen noch arbeiten, von dort aus wird er wohl direkt mit Rob in die Klinik fahren, also habe ich ein bisschen Zeit für mich alleine.

Zeit für dich alleine wirst du eh bald mehr als genug haben, giftet es in mir und wieder fällt mir ein, dass mein Freund ja bald ausziehen wird, weil nun mit dem Baby alles geregelt ist.

Wieder kann ich nicht einschlafen, dabei bin ich so müde wie wohl noch nie zuvor in meinem Leben. Ich schlurfe in die Küche und suche mir etwas zu trinken, mein Blick fällt auf eine Flasche Rotwein.

Perfekt ...

Zittrig öffne ich die Flasche, dann gehe ich zurück in mein Zimmer und stelle den Fernseher an, damit es nicht so still ist. Bei einem Musiksender bleibe ich hängen, ich mache ihn ganz laut und nehme zwei kräftige Schlucke aus der Flasche.

Die Wirkung des Alkohols lässt nicht lange auf sich warten, kein Wunder, ich habe lange nichts gegessen und bin ihn einfach nicht mehr gewohnt.

Als die halbe Flasche schließlich leer ist, kommt das Gedankenkarussell in meinem Kopf endlich zum Stillstand, ich kann die Flasche gerade noch abstellen, dann fallen mir die Augen zu.

„Lilly!“

„Lilly, Mensch, wach auf! HEY!“

Ich höre zwei Männer wild durcheinander meinen Namen rufen, doch die können mich mal, ich bin einfach zu müde und will nur meine Ruhe haben.

„Lilly, HERRGOTT NOCHMAL, WACH ENDLICH AUF!“, schreit einer, dann habe ich etwas Nasses im Gesicht und werde hochgezogen.

„Lass das“, nuschele ich unwillig, schließlich öffne ich doch genervt die Augen und sehe Simon auf meiner Bettkante sitzen.

„Was willst du’n hier?“, maule ich ihn an, hinter ihm stehen Bienchen und Rob, die mich fassungslos anstarren.

„Du hast getrunken, Honey!“, kommt es vorwurfsvoll von Bienchen. „Wieso bist du hier und besäufst dich?“

„Wieso nich?“, hickse ich.

„Konntest du es nicht abwarten, abzuhauen?“, blafft Simon mich an. Was bildet der sich eigentlich ein?

„Verschwinde.“ Ich will mich aus seinem Griff lösen, das Sitzen tut mir an der frischen Naht weh.

„Das werde ich nicht tun“, zischt er böse. „Erst, wenn du uns erklärst, was in dich gefahren ist? Bist du komplett übergeschnappt?“

„Nix erkläre ich euch. Gar nix, macht euch vom Acker und lasst mich in Ruhe!“ Ich versuche, mich loszureißen, doch Simon schüttelt mich leicht.

„WAS IST LOS, LILLY!“

Ich spüre, wie mein Mageninhalt sich mit aller Macht den Weg nach oben bahnen will, schnell presse ich die Hand vors Gesicht.

„Mir is schlecht“, stammele ich.

„Na, ganz toll!“ Simon hebt mich auf seine Arme und läuft mit mir an Rob und Bienchen vorbei ins Bad. Ich registriere sehr wohl den angewiderten Gesichtsausdruck von Rob. Wenn mir nicht so übel wäre, würde ich dem jetzt einen passenden Spruch reindrücken.

Wir schaffen es gerade noch zur Toilette, Simon setzt mich davor ab und hält mir die Haare aus dem Gesicht, schwallartig erbreche ich mich.

„Mir isso schlecht“, jammere ich los.

„Geschieht dir ganz recht, ich habe noch nie so eine unvernünftige Person wie dich erlebt“, schimpft Simon.

„Tu mir einen Gefallen und verschwinde endlich“, japse ich und sehe ihn böse an. „Du hast doch jetzt alles, was du willst.“

„Ach? Siehst du das so? Nun, dann kann man Anna ja wohl nur beglückwünschen, dass sie nicht bei so einer Mutter leben muss, die direkt nach der Entbindung verschwindet und sich vollaufen lässt!“

Ich lächele nur müde. „Verpiss dich, Simon. Verschwinde aus meinem Leben! Ich will dich nie wiedersehen.“

„Und auf so jemanden wie dich kann ich auch dankend verzichten!“

„Das tust du doch schon die ganze Zeit. Wenn ich nicht dein Kind ausgetragen hätte, dann hättest du mich doch eh nicht mehr angeguckt“, lache ich bitter auf.

Simon sieht mich fast schon erschrocken an, doch ich habe keine Lust mehr auf ihn, mir reicht es wirklich.

„VERSCHWINDE DOCH ENDLICH!“, schreie ich ihn an, woher ich die Kraft dazu nehme, weiß ich selbst nicht.

Er steht auf und schüttelt den Kopf, dann verlässt er tatsächlich das Bad. Ich höre die Wohnungstür laut zuknallen, er ist weg.

Bienchen und Rob erscheinen mit total geschockten Gesichtern.

„Was ist in dich gefahren? Ist das eine Schockreaktion nach der Geburt?“ Bienchen kniet sich neben mich hin. „Lilly, ich bin total fassungslos.“

„Is mir egal“, stöhne ich auf, dann rappele ich mich mühsam wieder hoch. „Ich geh schlafen, denkt doch alle von mir, was ihr wollt.“

„So geht das nicht, Honey, wir müssen reden“ Bienchen stellt sich mir in den Weg, doch ich schiebe ihn nur weg.

„Bitte nicht, Bienchen. Ich will nicht reden, ich will gar nichts mehr, nur schlafen“, stöhne ich auf.

„Aber du hast gerade ein Baby bekommen, du … du solltest doch im Krankenhaus sein“, mischt Rob sich ein.

„Die Frauen früher sind auch direkt wieder aufs Feld gegangen – und ich kann hier genauso herumliegen wie in der Klinik. Und jetzt LASST MICH BITTE IN RUHE!“

Ich falle wie ein Stein ins Bett. Das Letzte, was ich merke, ist, dass mein Kopfkissen immer nasser wird, bevor ich endlich in einen gnädigen Schlaf versinke.

Und wirklich, ich wache erst wieder auf, als der nächste Tag bereits angebrochen ist. Ich höre Stimmen aus der Küche, Rob und Bienchen scheinen schon auf zu sein. Fieberhaft überlege ich, was für ein Tag heute ist und warum sie noch nicht im Geschäft sind.

Langsam stehe ich auf und schlurfe in die Küche, mir tut alles weh, als hätte ich einen großen Muskelkater.

„Guten Morgen“, sage ich freundlich. Ich weiß nicht mehr genau, was ich gestern so von mir gegeben habe, aber dass ich nicht besonders nett zu den beiden gewesen bin, das weiß ich sehr wohl noch.

„Guten Morgen, Honey.“ Bienchen steht auf und gibt mir einen Kuss auf die Wange. „Wie fühlst du dich?“

„Gut, danke“, lüge ich. Aber was soll ich ihnen auch erzählen? Dass es mir noch nie so beschissen gegangen ist, selbst die letzten Monate nicht?

Ich habe so eine Sehnsucht nach meinem Kind, ich habe keine Ahnung, wie es weitergehen soll und wie ich überhaupt mit der Schuld leben soll, es weggegeben zu haben. Auch wenn Anna es gut bei Sarah und Dirk haben wird, der Ekel vor mir selbst ist so groß, dass ich mich selbst nicht mehr im Spiegel anschauen kann.

„Magst du etwas essen?“ Rob deutet auf einen Stuhl.

„Nein.“ Ich schüttele nur den Kopf, dann knete ich nervös meine Hände. „Mein Verhalten von gestern, das … das tut mir leid“, flüstere ich.

„Honey, ich weiß nicht, was mit dir los gewesen ist, aber ich war noch ein paar Mal gestern in deinem Zimmer und du hast im Schlaf geweint und geschrien. Bitte, bitte, überleg dir die Sache mit deinem Baby noch einmal. Du gehst hier vor die Hunde, vor unseren Augen.“ Bienchen kämpft sichtlich mit den Tränen. „Ich hatte gehofft, die Geburt würde etwas in dir auslösen, das dich um das Baby kämpfen lässt.“

Ich schüttele nur den Kopf. „Simon hat recht, es geht der kleinen Anna bei seiner Schwester besser als bei mir. Was soll sie mit so einer Mutter wie mir?“

„Ach, Lilly.“ Bienchen zieht mich in seine Arme. „Bitte. Bitte …“

„Nein, ich habe mich entschieden.“ Ich löse mich von ihm, dann hole ich mir eine Tasse Kaffee, mein Blick fällt auf eine Plastiktüte. „Was ist da drin?“

„Simon war gestern noch einmal hier und hat das vorbeigebracht“, sagt Rob.

„Simon?“ Ich bin überrascht, ich hätte nicht gedacht, dass er sich noch einmal blicken lässt.

Ich öffne die Tüte, ein Sitzring kommt zum Vorschein, ich kenne so etwas aus der Klinik, Frauen können sich nach einem

Dammschnitt darauf setzen, damit die Narbe entlastet wird. Dann fällt mir eine Schachtel mit Tabletten entgegen, ein Medikament für Mütter, die schnell abstillen wollen.

„Er meinte, du sollst eine Hebamme beauftragen, die nach dir sieht und die Nachsorge übernimmt“, fährt Rob fort.

Ich winke nur ab. „Die brauche ich nicht, ich kenne mich selbst aus.“

„Lilly!“ Bienchen stöhnt laut auf. „Was soll das?“

„Ich weiß, worauf ich zu achten habe“, antworte ich genervt.

Meine beiden Jungs verwöhnen mich von vorne bis hinten, sie haben sich sogar extra freigenommen. Ich bekomme immer wieder Anrufe von Simon und Sarah, doch ich drücke sie weg, ich will nicht mit ihnen sprechen, und das lasse ich auch über Bienchen ausrichten, bei dem Simon es dann anschließend probiert.

Am Nachmittag klingelt es an der Tür, ich schrecke vom Sofa hoch und schaue Bienchen panisch an.

„Wenn es Simon ist, ich möchte ihn nicht sehen, er soll mich bitte in Ruhe lassen“, flehe ich ihn an.

„Lilly, er möchte mit dir reden, vielleicht …“

„Nein, das kann er sich sparen. Er hat das bekommen, was er wollte, ich will endlich meinen Frieden finden.“

„Das wirst du niemals“, schüttelt Rob den Kopf.

„Bitte!“, sage ich eindringlich.

Bienchen stöhnt auf und geht zur Tür, ich bekomme mit, wie er mit Simon spricht. Ich verstehe den Wortlaut nicht, aber es ist ein längeres Gespräch, Simon wirkt sehr aufgebracht, dann schließt sich die Tür. Ich atme erleichtert auf, als Bienchen alleine wieder im Wohnzimmer steht, in seinen Händen ein riesiger Blumenstrauß.

„Es war schwer, ihn abzuwimmeln“, sagt er.

„Die Blumen hättest du nicht annehmen brauchen“, murre ich.

„Aber sie sind wunderschön“, sagt Bienchen zickig. „Hör zu, ich soll dir was ausrichten, ich muss das jetzt machen, sonst vergesse ich das wieder. Du sollst dir eine Hebamme suchen – nein, er sagte: Du sollst dir GEFÄLLIGST eine Hebamme suchen“, wiederholt Bienchen brav. „Und du sollst auf den Wochenfluss achten, er darf nicht zu früh aufhören.“ Mein Freund verzieht angewidert das Gesicht.

„Iiiieh“, quietscht auch Rob.

„Das weiß ich alles, danke", antworte ich nur.

„Und Lilly …"

„Bitte Bienchen, lass mich doch in Ruhe", flehe ich ihn an. „Ich möchte versuchen, mit allem klarzukommen."

Die nächsten Tage verbringe ich hauptsächlich damit, zu weinen. Eigentlich mache ich kaum was anderes. Essen geht nicht, das klappt noch schlechter als in der Schwangerschaft. Ich zwinge mich dazu, genügend zu trinken, beziehungsweise Bienchen tut das, indem er mir jeden Tag drei Flaschen Wasser vor die Nase stellt.

Mein Handy ist längst ausgeschaltet und auch Bienchen bekommt so nach und nach weniger Anrufe von Simon.

Zweimal war er noch da, ich war jedes Mal alleine zuhause und habe die Tür nicht geöffnet, als ich ihn durch den Spion gesehen habe. Bei seinem letzten Besuch hat er das Ergebnis des Vaterschaftstestes in den Briefkasten geworfen, jetzt ist es also amtlich.

Immerhin konnte ich Bienchen davon überzeugen, dass er jetzt mehr Zeit bei Rob verbringt. Ich will mich den beiden nicht länger zumuten, ich halte mich ja selbst kaum noch aus.

Nach einer Woche bemerke ich, dass der Wochenfluss fast versiegt ist. Ich weiß, dass das ein Alarmzeichen ist, ich weiß, dass ich zu einem Arzt muss – doch ich beschließe, nichts zu unternehmen.

Ich habe so eine Abscheu vor mir selbst, dass ich völlig unwichtig finde, wie es mit mir weitergeht.

Lass es darauf ankommen …

Aus Erfahrung weiß ich, was jetzt passieren kann und es tritt auch genauso ein. Ich bekomme Schmerzen, starke Schmerzen, sodass ich nur noch gekrümmt gehen kann. Noch nie zuvor habe ich so etwas erlebt. Mir kommt es so vor, als würde ich innerlich verbrennen. Gott sei Dank haben wir genug Schmerzmittel im Haus, damit ist es einigermaßen auszuhalten. Doch ich werde immer benommener, fange an zu zittern und bekomme kaum noch mit, ob ich Tabletten genommen habe oder nicht. Es fällt mir auch zunehmend schwerer, zu unterscheiden, ob es Tag oder Nacht ist.

Ich weiß, dass ich Fieber habe, ich brauche nicht zu messen.

Heute bin ich durch das Fieber so schlapp, dass ich nicht mal mehr aufstehen kann. Wenn Bienchen nach Hause kommt und nach mir sieht, stelle ich mich normalerweise schlafend, nur heute geht das nicht mehr, ich kann die Schmerzen kaum noch aushalten.

Ich spüre nur noch, dass ich völlig die Kontrolle verliere und ich höre mich selbst wimmern und weinen.

„Lilly, was ist los? Du glühst ja!"

Ich kann Bienchens Stimme hören, aber ich bin unfähig, zu antworten. Träge öffne ich die Augen, er schreit leise auf.

„Was ist mit dir, Honey? Was ist los? Bist du krank?"

Ich nicke nur. „Is nicht schlimm", krächze ich hervor.

„Das glaube ich nicht, du hast mir die letzten beiden Abende schon nicht gefallen, aber … oh Gott!" Er springt von meinem Bett auf und ruft schnell nach Rob.

„Verständige Simon, sofort", weist er ihn an.

„Nein …", presse ich mühsam hervor, dann fallen mir die Augen wieder zu.

Das Nächste, was ich wahrnehme, ist Stimmengemurmel, dann spricht mich jemand an.

„Lilly, kannst du mich hören? Bitte, Süße, rede mit mir!"

Statt einer Antwort stöhne ich nur, mit letzter Kraft öffne ich die Augen, die Schmerzen sind sofort wieder präsent, ich krümme mich zusammen.

Simon fummelt mit etwas an meinem Ohr. „40,1!" Er flucht laut auf. „VERDAMMT, BENJAMIN, HABEN SIE NICHTS BEMERKT? SIE KANN DOCH NICHT ERST SEIT HEUTE IN DIESEM ZUSTAND SEIN!"

„Sie hat immer geschlafen, wenn ich nach Hause gekommen bin, und ich bin die meiste Zeit jetzt bei Rob", verteidigt Bienchen sich, ich will auch etwas sagen, ihn in Schutz nehmen, doch ich drehe fast durch vor Schmerzen.

„Sie war also hauptsächlich alleine?" Ich kann die Wut in Simons Stimme hören.

„Lilly, ich taste dich jetzt ganz vorsichtig ab, verstanden?"

„Nein", stöhne ich auf. „Mir tut alles weh."

Ich kann seine Hand auf meinem Unterleib spüren, dann ertönt ein lauter Schmerzensschrei, war ich das?

„Einen Rettungswagen, sofort! Sagt auf der Intensiv Bescheid, wir brauchen ein Bett. Ja, ist lebensbedrohend, Wochenbettfieber, Verdacht auf Sepsis“, ist alles, was ich noch mitbekomme, dann bin ich wieder weg.

27

“Mama?“

Ich traue meinen Augen nicht, wie kommt meine Mutter hier her? Sie sitzt auf einer Decke auf einer grünen Wiese, es ist warm, angenehm warm.

„Lilly – komm doch her“, lacht sie mich an und streckt die Hand aus.

Ich freue mich so, sie zu sehen und renne zu ihr. Als ich sie erreiche, bin ich völlig außer Atem, sie nimmt mich in den Arm und ich weine, als sie mich an sich drückt.

„Oh, Lilly, ich hab dich so vermisst“, flüstert sie in mein Ohr.

„Ich dich auch, Mama, ich dich auch.“ Ich halte sie ganz fest, ich will sie nie wieder loslassen – und endlich ist mir auch nicht mehr so kalt …“

„Wir müssen höher in der Dosis gehen. Die Nieren sind angegriffen.“

„Das packt sie nicht, sie ist körperlich viel zu schwach.“

„Wir haben keine andere Wahl, wir können nicht warten, bis auch noch andere Organe in Mitleidenschaft gezogen werden. Es tut mir leid.“

„Ist Papa auch da?“ Ich schaue meine Mutter liebevoll an, ich kann es gar nicht glauben, dass ich sie wiedersehen darf.

„Schau mal!“ Lächelnd deutet sie hinter mich, ich drehe mich schnell um.

„Paps!“ Wieder renne ich los, er fängt mich auf und wirbelt mich herum, so wie damals, als ich noch ein kleines Kind war. Wir lachen, alles ist so leicht …

„Gibt es Angehörige? Wir müssen wissen, was zu tun ist, falls …“

„Das wird nicht eintreten, sie schafft das!“

„Es sieht nicht gut aus, ich muss dir das doch nicht sagen, oder?“

„Sollen wir nicht nach Hause gehen?" Ich sehe meine Eltern fragend an.

Ihre Gesichter werden auf einmal ganz traurig.

„Wir können dich noch nicht mitnehmen, Lilly. Aber wir werden uns wiedersehen, ganz sicher."

Mir kommen die Tränen, was sagen sie da? Aber ich will sie nicht verlieren, nicht noch einmal!

„Aber ich möchte bei euch bleiben!"

„Das geht noch nicht, Liebling."

„Honey, es reicht jetzt mit dem Schönheitsschlaf, los jetzt, Augen auf!"

Ich höre eine vertraute Stimme, woher kommt sie? Ich kann nichts sehen, alles ist dunkel um mich herum – und kalt. Wieso ist mir denn schon wieder so kalt?

Und wo sind meine Eltern?

Ich versuche mich umzusehen, verzweifelt die Augen aufzubekommen, aber es geht nicht.

„Schatz, bitte … bitte wach auf … ich … ich werde alles wieder gutmachen, hörst du? Es tut mir so leid, so leid …"

Jemand weint, ich kann es ganz deutlich hören, aber ich weiß nicht, wer das ist. Ich überlege fieberhaft, versuche gegen die Dunkelheit anzukommen, aber das geht nicht. Wieso nicht? Was ist los? Ich bin so verwirrt.

Ein Baby schreit, ich werde unruhiger, woher kommt dieses Schreien, und warum hilft ihm denn niemand?

Dann kann ich eine Berührung spüren, ich nehme einen Duft wahr, ich kenne den Geruch, ich mag ihn sehr, so riechen nur Babys …

„Schau mal, die Mama ist hier, aber sie schläft noch", sagt eine Frauenstimme. „Ruf sie noch mal, Anna-Mäuschen."

Das Baby schreit immer noch, was ist denn bloß los? Das Babyweinen zerreißt mein Herz, ich muss doch etwas tun können, ich versuche, die Lider zu öffnen, wo ist denn bloß dieses Baby?

Gleißende Helligkeit beißt in meine Augen, schnell schließe ich sie wieder, mein Kopf tut weh von dem hellen Licht.

„Sie wacht auf!“, sagt jemand, meine Hand wird genommen, Finger streicheln darüber, schöne warme Finger.

„Komm schon, Süße, bitte öffne die Augen noch einmal“, sagt eine sanfte Stimme, ich kenne sie, ich weiß aber nicht, woher.

Ich versuche es erneut, wieder brennt es höllisch, aber ich zwinge mich, die Augen offen zu lassen, ich höre wieder das Baby, es schreit nicht mehr so laut, etwas liegt auf meiner Brust.

„Lilly, kannst du mich hören?“, fragt die Stimme wieder, sie gehört zu einem Mann.

Ich blinzele, alles ist verschwommen, Geräusche dringen an mein Ohr, ein Piepsen, es klingt wie ein Überwachungsmonitor.

„Süße …“ Finger streicheln über mein Gesicht, ich drehe den Kopf ein bisschen, jetzt kann ich die Person erkennen, zu der die Stimme gehört. Es ist Simon.

„Lilly, hey …“ Er lächelt mir zu, er hat einen Stoppelbart und seine Haare sind ganz zerzaust. Warum?

Was tue ich überhaupt hier? Fieberhaft versuche ich mich an irgendetwas zu erinnern, ganz langsam sickert es in mein Bewusstsein - ich habe ein Baby bekommen, aber es ist nicht bei mir, es wird woanders groß werden.

Die Kälte ist wieder da.

„Schau mal, Süße, hast du schon bemerkt, wer hier ist?“ Simon nimmt meine Hand und legt sie auf einen kleinen Körper, jetzt verstehe ich, was da auf mir liegt, es ist mein Baby.

„Anna …“, presse ich mühsam hervor, meine Stimme ist ganz rau und klingt fremd, wieso ist das so? Und was soll das alles hier?

„Ja, genau.“ Er steht auf und hebt die Kleine hoch, direkt vor mich, ich kann ihr kleines Gesichtchen sehen, sie ist wunderschön.

„Anna …“ Ich spüre, dass mir Tränen in die Augen steigen, aber warum zeigt Simon sie mir denn? Ich verstehe einfach gar nichts mehr.

„Was … was ist …“ Meine Stimme bricht weg, mehr kriege ich nicht zustande.

„Ich lege sie hier neben dich, hier ins Bettchen, siehst du?“ Simon lächelt, ich folge seinen Bewegungen mit meinem Blick, tatsächlich steht dort ein Babywagen, wie es sie auch in unserer Klinik auf der Neugeborenenstation gibt.

Plötzlich wird mir klar, wo ich hier bin.

Klinik ... du bist in der Klinik ...

Simon setzt sich auf die Bettkante, er nimmt wieder meine Hand. „Weißt du, was geschehen ist, Lilly?"

Ich schüttele den Kopf und schließe kurz die Augen.

„Du warst sehr krank, du hattest eine Wochenbettinfektion und dadurch eine Sepsis. Du bist ins Koma gefallen, das war vor acht Tagen", erklärt er mir, ich kann sehen, dass Tränen in seinen Augen glitzern. „Wir hätten dich beinah verloren, Lilly. Aber Anna braucht doch ihre Mama. Und ich … ich brauche dich auch." Er hebt meine Hand an seine Lippen, ich spüre die weiche Berührung. „Lilly, ich habe wohl alles falsch gemacht, was ich falsch machen konnte, aber bitte … du … du musst mir glauben, mir tut alles so furchtbar leid. Und ich will es wieder gutmachen … wenn du mich lässt", flüstert er heiser.

Ich sehe ihn nur verwundert an, doch ich bin so müde und verwirrt, ich weiß nicht, was das alles hier soll, erschöpft schließe ich meine Augen.

„Okay, schlaf gut, meine Schöne. Ich werde hierbleiben und auf dich aufpassen." Simon weint, ich kann es ganz deutlich hören, ich will etwas sagen, aber es geht nicht, ich bin wie erschlagen und auch irgendwie überfordert mit allem.

Als ich das nächste Mal wach werde, scheint die Sonne ins Zimmer. Träge öffne ich die Augen, wieder schmerzt es ein bisschen, aber es ist nicht mehr so schlimm. Ich sehe mich vorsichtig um, das Babywägelchen steht wieder neben meinem Bett, daneben steht ein Sessel, in dem Simon schläft.

Simon?

Ich betrachte ihn verwundert, wieso ist er hier? Ich runzele die Stirn, mir fällt bruchstückhaft ein, dass er schon einmal da war, er hat geweint.

„Simon." Meine Stimme ist mehr ein Flüstern, aber sein Kopf ruckt sofort hoch und er steht auf.

„Hallo Lilly, na, wie fühlst du dich?" Seine Hände umfassen ganz zärtlich mein Gesicht.

„Müde … und verwirrt", gestehe ich ihm ehrlich.

„Das verstehe ich“, sagt er leise. „Kannst du dich noch erinnern, was ich dir gestern gesagt habe? Als du das erste Mal wach geworden bist?“

Gestern? Ist das schon so lange her?

Ich denke angestrengt nach, dann fällt es mir so langsam wieder ein. „Wochenbettfieber“, murmele ich.

„Ja, und es war sehr ernst. Lilly, ich frag dich jetzt nicht, wieso das passieren konnte, denn du wusstest ja sicher, was dir fehlte. Das können wir später klären. Wie geht es dir jetzt? Hast du Schmerzen?“

„Ein bisschen.“ Ich spüre in der Tat, dass mir der ganze Unterleib wehtut.

„Soll ich aufzählen, was alles entzündet war?“, sagt er ernst. „Es drohte ein Multiorganversagen.“

„Oh“, stöhne ich auf, aber so langsam kommen auch die Erinnerungen wieder, ganz dunkle, schwere Erinnerungen.

„Lilly, ich … ich weiß, dass ich dich jetzt bestimmt damit überfahre, aber ich muss es loswerden.“ Simon fährt sich mit der Hand durch die Haare, er sieht mich schon fast verzweifelt an. „Und ich kann mir vorstellen, dass du mir nicht glauben wirst, aber … aber ich möchte mit dir zusammen sein. Nicht nur wegen Anna, natürlich auch wegen ihr, sie braucht dich. Aber … aber ich brauche dich auch, ich war nur so verdammt verbohrt und … Ach Lilly, ich finde überhaupt keine Worte für mein Verhalten, ich hätte dich verloren, es war so knapp . Und … und, oh Gott, Lilly, ich liebe dich.“

Ich schaue ihn verblüfft an, ich weiß nicht, womit ich gerechnet habe, eigentlich weiß ich im Moment gar nichts.

Simon streichelt mein Gesicht, sein Zeigefinger gleitet über meine Lippen. „Bitte sag was“, bittet er mich.

Ich schüttele nur den Kopf. „Ich … ich weiß nicht. Ich kann das gerade nicht glauben. Ich bin so durcheinander, Simon. Meinst du das ernst? Vielleicht ist das nur der erste Schock wegen der Infektion … oder so“, presse ich mühsam hervor.

„Ich kann verstehen, dass du das denkst, aber so ist es nicht.“ Simon lächelt traurig. „Und ich könnte auch verstehen, wenn du mir keine Chance mehr geben würdest. Wie ich dich behandelt habe, das … das war unterirdisch. Aber jetzt ist erst mal wichtig, dass du wieder ganz gesund wirst.“ Er nimmt meine Hand und küsst meine

Fingerspitzen. „Ich habe dich nicht verdient, das ist mir vollkommen klar.“

„Simon, ich… ich kann dazu jetzt nichts sagen, ich weiß im Moment gar nichts.“ Seine Worte klingen einfach unglaublich für mich. Ich bin nicht in der Lage das einzuordnen, zu groß ist noch meine Verwirrung und so langsam wird mir erst mal klar, was überhaupt geschehen ist.

Multiorganversagen!

Ich schließe entsetzt die Augen – aber nicht wegen der möglichen Bedrohung, sondern wegen meines eigenen Verhaltens.

Mir wird wieder bewusst, warum ich das Risiko eingegangen bin, und ich erschrecke vor mir selbst.

„Lilly, ich werde Benjamin anrufen, ja? Er wartet schon sehnsüchtig darauf, dich zu sehen.“ Simons Stimme reißt mich aus meinen Gedanken.

„Ja, bitte“, flüstere ich. Er hält immer noch meine Hand in seiner, ich drücke sie vorsichtig. „Warst du die ganze Zeit hier?“

„Ja. Glaubst du, ich hätte dich nur einen Moment aus den Augen lassen können? Als Benjamins Freund mich um Hilfe gerufen hat und als ich dich dann gesehen habe … Scheiße, Lilly, das war der schrecklichste Moment meines Lebens. Ich will so was nie wieder erleben, versprich mir bitte, dass du niemals wieder so einen Mist machst!“

„Ich war so traurig“, antworte ich.

„Und das war hauptsächlich meine Schuld.“ Simon senkt den Kopf, ich sehe, dass er hart schluckt. „Lilly, wenn ich doch nur die Zeit zurückdrehen könnte …“ Seine Stimme bricht weg, und jetzt weiß ich es. Ich weiß, wer die Person war, die an meinem Bett geweint hat, als ich noch nicht wieder da war. Simon.

„Das habe ich mir auch oft gewünscht“, flüstere ich.

„Dann hättest du dir gewünscht, mir niemals begegnet zu sein, oder?“ Er sieht mich aus glitzernden Augen an.

Ich nicke. „Und …du? Wohin hättest du die Uhr zurückgedreht?“, frage ich vorsichtig, immer noch ist alles so irreal für mich.

„Zu dem Tag, an dem du in mein Büro gekommen bist und mir von der Schwangerschaft erzählt hast - und dass du dich in mich verliebt hast“, sagt er. „Ab da habe ich wirklich alles falsch gemacht.

Wenn du noch einmal zu mir kommen würdest, dann würde ich dich auf Händen tragen, Lilly."

„Wieso auf einmal? Ich kann diesen plötzlichen Stimmungswandel nicht so recht nachvollziehen." Meine Finger streicheln über seine Hand, ich habe das Gefühl, dass ich ihn jetzt trösten muss.

„Nicht auf einmal, Lilly, so stimmt das nicht. Ich habe immer gespürt, dass da etwas Besonderes zwischen uns sein muss, aber ich wollte es nicht wahrhaben. Ich musste dich in meiner Nähe haben, ich wollte dich sehen, und wenn du da warst, dann war ich darüber erschrocken, was du in mir ausgelöst hast. Selbst bei den Untersuchungen warst du nicht einfach nur eine Patientin für mich."

Simon schüttelt den Kopf. „Und dann war ich so überrascht über mich selbst. Ich – der tolle Kerl, der jede Frau haben kann, glaubte, mir selbst beweisen zu müssen, dass ich niemals schwach werden würde. Aber das war zum Scheitern verurteilt, von Anfang an."

„Du hattest andere Affären. Das hat mir so wehgetan." Ich schließe die Augen, das Gespräch strengt mich an, aber ich spüre, dass das jetzt ganz wichtig ist für uns beide – und für Anna.

„Ja, ich hatte eine kurze Affäre und zwei One-Night-Stands mit Frauen, die ich in einem Club getroffen habe. Das will ich dir gar nicht verschweigen, aber danach habe ich mich so mies gefühlt." Sein Blick ist voller Schmerz, als er mich ansieht. „Einmal hast du mich angerufen, da war gerade eine der Frauen bei mir. Aber ehrlich Lilly, ich muss mich anstrengen, um mir überhaupt noch ins Gedächtnis rufen zu können, wie die beiden ausgesehen haben, denn ich habe nur dich dabei im Kopf gehabt."

„Kein wirklicher Trost für mich, Simon", sage ich mit heiserer Stimme. „Und die Frau vom Ärzteball?"

Simon runzelt die Stirn. „Yvonne? Sie ist eine alte Klassenkameradin von mir gewesen, ich hatte nichts mit ihr, wir haben nur für das Foto posiert."

Ich muss mich zwingen, die Augen aufzubehalten, und die Schmerzen in meinem Unterleib werden wieder stärker, doch ich muss jetzt alles wissen.

„Warum wolltest du das Baby haben? Warum wolltest du mir nicht einfach helfen? Ich bin durch die Hölle deswegen gegangen."

Er fährt sich mit der Hand durch die Haare. „Du wolltest den Abbruch und das konnte ich nicht zulassen. Ich habe instinktiv gewusst, dass du die Wahrheit gesagt hast und das Baby von mir ist. Aber das passte überhaupt nicht in meine Lebensplanung – nur eines wusste ich: Wenn ich die Schwangerschaft unterbrochen hätte, dann hätte ich mir das mein Leben lang nicht verzeihen. Und ich konnte dich nicht einschätzen, ich war mir nicht sicher, ob du wirklich mit einem Kind von mir leben wolltest. Also dachte ich, Sarah wäre eine gute Lösung." Er atmet tief durch. „Später habe ich dann gehofft, dass wir uns durch die Schwangerschaft wieder näher kommen würden, das Baby war ein Bindeglied zwischen uns, ich wollte es langsam angehen lassen, hab immer auf ein Zeichen von dir gehofft, dass es noch eine Chance gibt."

„Das hast du aber sehr gut verborgen", sage ich müde.

„Ich weiß, Süße." Er verzieht gequält das Gesicht. „Ich wünschte, ich wäre nicht so feige gewesen… und hätte mal wirklich wahrgenommen, was in mir vorgegangen ist. Aber so kannte ich mich selbst noch nicht, ich habe ständig an dich gedacht, habe mich gefragt, wie es dir wohl geht und ob du mich noch liebst. Ich habe gesehen, dass du immer weiter abgenommen hast, ich hätte das viel stärker hinterfragen müssen. Letztendlich habe ich es auf die Schwangerschaft zurückgeführt, du weißt, wie viele Frauen Probleme mit Übelkeit haben, auch die ganzen zehn Monate lang. Ich WOLLTE nicht sehen, dass ich es war, der dir diesen Kummer bereitet hat. Oh Lilly, wenn ich darüber nachdenke, das macht mich wahnsinnig. Als du dann nach der Entbindung einfach gegangen bist, war ich so wütend, weil ich gedacht habe, du lehnst das Kind ab, weil es ein Teil von mir ist."

„Warum hast du nie mit mir darüber gesprochen, Simon?", flüstere ich erschöpft.

„Weil ich es doch selbst erst so spät erkannt habe und weil ich gehofft habe, dass wir noch mal neu anfangen könnten, wenn die kleine Maus erst mal da wäre. Tut mir leid, ich bin so ein Idiot."

„Ja, das stimmt." Ich stöhne leise auf.

„Hast du Schmerzen?" Simon sieht mich besorgt an.

„Ja."

„Das ist kein Wunder, deine Werte sind zwar besser geworden, aber das ganze Gewebe ist noch sehr gereizt." Er steht von meinem Bett auf und beugt sich zu mir herunter. „Ich hole dir etwas. Danke, dass du mir überhaupt zugehört hast."

„Hatte ich eine Wahl? Ich kann nicht weglaufen.“ Ich lächele ihn schief an.

„Ja, das war ganz schön clever von mir, was? Aber ich musste die Chance nutzen und dir die Ohren blutig quatschen.“ Er zwinkert mir zu, für einen Moment ist sie wieder da, die ungezwungene Stimmung zwischen Simon und mir.

„Okay.“ Er spritzt mir etwas in den Zugang. „Ich habe Benjamin verständigt, er wird in zwei Stunden hier sein.“ Simon streichelt mir übers Gesicht. „Schlaf noch ein bisschen.“

„Was ist mit Anna?“ Ich sehe hinüber zu dem Wägelchen, mein Baby schläft ganz friedlich und sieht aus wie ein kleines Engelchen.

„Ich bleibe wieder hier, wenn du nichts dagegen hast. Ich kümmere mich um Anna, wenn etwas sein sollte.“

Ich greife nach seiner Hand. „Danke, dass du so ehrlich warst.“

„Ich hab zu danken, Lilly. Dafür, dass du mir einmal deine Liebe geschenkt hast – und für Anna natürlich. Und dafür, dass du mir gezeigt hast, was es bedeuten kann, wenn man jemanden liebt. Und auch, wenn ich keine Chance mehr haben sollte: Du wirst immer hier drin sein.“ Er hebt meine Hand und legt sie auf seine Brust.

Über mein Gesicht huscht ein Lächeln, dann fallen mir die Augen zu.

28

„Ach nee – Madame schläft schon wieder!“

Ich öffne träge die Augen, vor mir stehen Rob und Bienchen, der mich richtig böse anfunkelt.

„Hallo“, antworte ich erschöpft. Ich versuche mich aufzusetzen, doch das tut einfach noch zu sehr weh.

„Liegenbleiben!“, höre ich auch prompt Simons barsche Stimme, okay, er ist also noch da, jetzt sehe ich ihn, er sitzt auf dem Sessel und hat Anna auf dem Arm.

„Hallo? Ist das alles, was du zu sagen hast?“ Bienchen setzt sich auf die Bettkante und mustert mich scharf. „Nachdem du versucht hast, dich selbst ins Jenseits zu befördern, ist ‚Hallo‘ nicht gerade das, was ich von dir hören will!“

Er fasst mich an den Schultern an und beugt sich über mich. „Ich werde dir das nie verzeihen, Honey. Du hast mich mindestens zehn Jahre meines Lebens gekostet, diese Falte hier geht auf deine Rechnung!“ Er deutet auf seine Stirn, dann wird seine Stimme immer leiser. „Ich kann dir gar nicht sagen, was ich für eine Scheißangst um dich hatte.“

„Tut mir leid“, antworte ich leise. „Ich … ich war nicht mehr ich selbst. Ich war nur verzweifelt und traurig.“

„Ja, den Schuldigen dafür haben wir ja auch schon ausgemacht!“ Bienchen wirft einen giftigen Blick über seine Schulter, Simon nickt zerknirscht.

„Wir haben schon geredet“, sage ich.

„Das ist gut, Honey.“ Bienchens Gesichtsausdruck wird sanfter. „Lilly, wenn du … wenn du gegangen wärst, ich …“ Er wischt sich schnell über die Augen. „Und ich war nicht da, um dir zu helfen.“

„Es war nicht schlimm, ich hab sie gesehen“, flüstere ich. „Mama und Paps.“

Bienchen reißt die Augen auf. „WAS?“

„Deine Eltern?“, japst Rob atemlos. „So weit weg warst du schon?“

„Es war ein schönes Gefühl“, sage ich lächelnd, mein Blick fällt auf Simon, er ist kreideweiß um die Nase, dann verbirgt er sein Gesicht in Annas Decke. Die kleine Maus trinkt gerade kräftig aus ihrer Flasche.

„Lilly, was machst du bloß für bescheuerte Sachen?“, weint Bienchen, er drückt mich fest an sich, es tut mir weh, aber ich sage nichts, sondern lege die Arme um seinen Hals.

„Ich weiß selbst nicht mehr, was mit mir los war. Das musst du mir glauben“, raune ich in sein Ohr.

„Habt ihr schon darüber gesprochen, wie es weitergehen wird?“ Bienchen redet so leise, dass nur ich es hören kann.

Ich schüttele den Kopf.

„Du wirst überrascht sein“, sagt er lächelnd. „Aber ich will hier niemandem vorgreifen.“

„So, kleine Lady, bist du endlich satt?“ Simons zärtliche Stimme reißt Bienchen und mich auseinander.

„Darf ich sie halten?“, bitte ich ihn.

„Natürlich, Süße. Wenn du noch zu wenig Kraft in den Armen hast, dann helfe ich dir.“ Er setzt sich mit Anna zu mir..

„Ist sie nicht wunderhübsch?“, freut Rob sich.

„Natürlich ist sie das, sie ist ja ein Abkömmling meiner Göttin!“ Bienchen knufft ihn in die Seite.

Simon hilft mir, die Kleine zu halten, ich habe wirklich noch überhaupt keine Kraft, bin selbst darüber erschrocken, wie schwach ich bin.

„Hallo du.“ Ich stupse mit meinem Finger an ihr Näschen, Anna hat die Augen auf und schaut umher..

„Man könnte meinen, die Mini-Göttin sieht schon was“, flötet Bienchen verzückt.

„Ja, es sieht wirklich so aus“, lacht Simon leise.

Ich kann mich gar nicht sattsehen an dem kleinen Wunder in meinen Armen. Erst als ich die Augen kaum noch offen halten kann, nimmt Simon sie wieder weg und legt sie in ihr Bettchen.

Rob und Bienchen verabschieden sich herzlich von mir, nur Simon und Anna sind noch da.

„Sarah lässt fragen, ob sie morgen kommen darf“, sagt er. „Ich habe sie gebeten, noch fern zu bleiben, solange du noch so schlapp bist.“

„Ist gut“, nicke ich.

„Lilly …“ Simon greift nach meiner Hand. „Du musst nicht aus der Wohnung raus, ich werde die Miete übernehmen und dir so viel Unterhalt zahlen, dass du ein gutes Auskommen mit Anna hast und auch nicht auf einen Job angewiesen bist. Allerdings liegt die

Wohnung im obersten Stock, das könnte mit Baby sehr beschwerlich werden."

Ich weiß gar nicht, was ich sagen soll, das alles war bislang so weit weg für mich, dass ich nicht darüber nachgedacht habe.

„Ein Aufzug wäre ganz gut", fährt Simon fort. „Und … also … du kannst auch gerne mit der Kleinen zu mir ziehen – oder zu Sarah, bis du weißt, was du möchtest." Er sieht mich hoffnungsvoll an. „Aber am besten würde mir gefallen, wenn du zu mir ziehen würdest. Dann hätte ich die beiden Menschen, die ich liebe, bei mir."

Ich schaue ihn überrascht an. „Das ist alles jetzt ein bisschen zu viel für mich, Simon", sage ich ehrlich.

„Ich weiß, du bist gerade aus dem Koma erwacht und ich verlange dir so etwas ab", sagt er zerknirscht. „Ich möchte nur, dass du weißt, dass ich es ernst meine."

„Guten Morgen."

Sigrid strahlt mich an, als sie mein Zimmer betritt. „Wie fühlst du dich?"

„Geht so", antworte ich ehrlich, denn die Schmerzen sind doch noch ziemlich stark.

„Ich gebe dir gleich etwas."

Suchend sehe ich mich im Zimmer um, Simon und Anna sind nicht hier, für einen Moment überkommt mich Panik, dass ich mir ihre Anwesenheit nur eingebildet habe.

„Dr. Stegmann ist mit der kleinen Anna im Säuglingszimmer", erklärt Sigrid mir, offenbar hat sie meinen ratlosen Blick gesehen.

„Okay." Ich atme erleichtert auf – doch keine Illusion.

„Lilly, darf ich fragen … warum nur?" Sigrid setzt sich zu mir und nimmt meine Hand. „Du kannst mir doch nicht weismachen, dass du nicht um die Risiken gewusst hast. Ich möchte es so gerne verstehen", sagt sie traurig.

„Ich war absolut verzweifelt", gestehe ich ihr.

„Aber warum hast du denn nichts gesagt? Ich wäre doch für dich da gewesen."

„Ich konnte nicht, ich hatte einen so großen Hass auf mich selbst. Es ging nicht." Ich schlucke heftig, bin immer noch erschrocken über mich selbst.

„Und jetzt? Wie geht es dir jetzt?", fragt sie.

„Besser. Es hat sich einiges verändert."

„Oh Lilly, ich hoffe so sehr, dass das auch wirklich stimmt. Willst du dir nicht lieber Hilfe suchen?“

„Nein, ich glaube, ich bin am meisten entsetzt über mein Verhalten. Und Hilfe hab ich schon bekommen.“

„Lass mich raten“, grinst sie. „Hat es vielleicht damit zu tun, dass du den größten Womanizer ever gezähmt hast? Stegmann ist ja gar nicht mehr von deiner Seite wegzukriegen.“

„Er will Anna und mich unterstützen“, verrate ich ihr. „Und das ist eine große Erleichterung für mich.“

„Nur unterstützen? Da hatten wir hier einen ganz anderen Eindruck“, lacht Sigrid leise. „Seit du mit dem Rettungswagen hier eingeliefert worden bist, ist er dir nicht von der Seite gewichen, er hat sich direkt ein paar Tage freigenommen. Und er hat dich sogar gewaschen, niemand durfte an dich heran außer dem Chefarzt und ihm selbst.“

„Oh“, staune ich.

„Wir haben ihn alle noch nie so erlebt, Lilly.“ Sigrid streichelt meine Wange. „Du scheinst ihm wirklich sehr viel zu bedeuten.“

„Er bedeutet mir auch noch sehr viel, aber im Moment ist das alles etwas viel für mich.“

„Kann ich verstehen. Lass dir Zeit. Hauptsache, du kommst wieder auf die Beine und es geht dir psychisch wieder besser. Soll ich dich mal ein bisschen herrichten?“, fragt Sigrid mich dann.

„Gerne.“ Ich fühle mich total schmuddelig und werde sicher furchtbar erschrecken, wenn ich mich im Spiegel sehe.

Als Sigrid mir gerade helfen will, mein Shirt auszuziehen, kommt Simon in mein Zimmer.

„Bitte draußen bleiben, Dr. Stegmann, die Patientin wird gewaschen“, flötet sie.

Simon wirft ihr einen bösen Blick zu, doch als er mich ansieht, werden seine Gesichtszüge milder. „Wie geht es dir?“

„Sigrid hat mir schon ein Schmerzmittel gegeben, es wirkt so langsam“, sage ich.

„Gut, dann stelle ich nur Anna hier ab und bin auch gleich wieder weg. Ich nehme an, dass du dir lieber von Sigrid helfen lassen möchtest.“ Er wirkt richtig verlegen.

Simon und verlegen – ich kann es kaum glauben.

„Ja, das ist richtig“, lächele ich.

Ich fühle mich tatsächlich besser, als sie fertig ist. Ich bin zwar immer noch erschreckend blass, aber ich habe jetzt einen Zopf, der meine Locken etwas bändigt.

„Gut, dann lasse ich mal den Oberarzt mit dem sehnsüchtigen Blick wieder herein", kichert meine Kollegin, sie wirft noch einen Blick in das Babybettchen. „Mein Gott, sie ist so hübsch. Und sie sieht genauso aus wie ihr Vater. Wahnsinn!", sagt sie verzückt.

„Ja." Ich denke an den unnötigen Vaterschaftstest, doch in mir ist keine Wut mehr, sondern nur noch Wehmut darüber, dass Simon mir nicht glauben wollte.

Er ist kurz darauf bei mir und deutet auf ein Tablett. „Bitte iss, du hast noch eine Menge aufzuholen."

„Das stimmt wohl." Ich verspüre kein Hungergefühl, aber ich greife nach einer Schreibe Brot und immerhin schaffe ich es, sie ganz aufzuessen.

„Kann ich irgendwas für dich tun?" Er streichelt sanft über mein Bein. „Bitte lass es mich wissen."

„Nein, es ist alles okay, Simon, wirklich." Es ist ein komisches Gefühl, jetzt so vertraut mit ihm zu sein. Aber es ist auch schön, ich fühle mich, als wäre ein ganz schwerer Stein aus meinem Magen verschwunden.

„Simon, was du mir alles gesagt hast, das … das hat mich sehr berührt. Aber bitte versteh, dass ich mir erst mal über alles klar werden muss. Doch mit dem Angebot, dass du mich und Anna unterstützen möchtest, hast du mir sehr geholfen. Ich …"

Ich schlucke heftig, jetzt kämpfe ich tatsächlich wieder mit den Tränen. „Ich hatte so lange gehofft, dass sich alles zum Guten wenden würde und jetzt, wo es den Anschein hat, dass es wirklich so sein könnte, da ist es so unbegreiflich für mich."

„Hey." Er zieht mich behutsam in seine Arme, ich lege den Kopf an seine Schulter, es tut so gut, ihn zu spüren. „Bitte, Lilly, lass dir Zeit und überstürze nichts. Ich werde bei dir sein, wenn du mich lässt, und ich werde dich in Ruhe lassen, wenn du es wünschst. Ich weiß, dass du mir noch nicht vertraust, aber bitte gib mir die Chance, zu beweisen, dass ich es wert bin. Streich mich nicht komplett aus deinem Leben", flüstert er an meinem Hals.

„Wie könnte ich das? Du bist der Vater meines Kindes", antworte ich leise. Ich spüre, wie seine Hände über meinen Rücken streicheln. Eine wohlige Wärme durchflutet mich, wie schön das ist.

„Weißt du, als wir auf dem Weihnachtsmarkt waren und die Band gespielt hat …“, beginnt er zögernd. „Ich habe dich festgehalten, es war ein unvergleichliches Gefühl.“

„Ja, und dann hat dein Handy geklingelt“, erinnere ich ihn.

„Allerdings, das war blöd“, seufzt er. „Es war ein Studienkollege von mir, der am nächsten Tag nach Afrika aufgebrochen ist. Er hatte noch zwei medizinische Bücher von mir, die ich gerne zurückhaben wollte, deswegen musste ich weg.“

„Oh“, sage ich verblüfft.

„Oh? Was ‚Oh‘?“ Simon schiebt mich von sich und mustert mich eindringlich.

„Ich dachte … also …“ Ich spüre, dass ich erröte.

„Du dachtest, es wäre eine Frau gewesen, stimmt’s?“

„Nun ja …“

„Ich hätte dich in diesem Moment für keine Frau der Welt stehen lassen“, sagt er ernst.

Ich sehe seinen Augen an, dass er die Wahrheit sagt.

„Du hättest sagen können, dass es ein Studienkollege war“, sage ich.

„Du hast recht, es ist so vieles noch unausgesprochen geblieben“, stöhnt er gequält auf. „Aber ich muss auch etwas wissen, es macht mich verrückt.“

„Und was?“

„Was ist mit dir und diesem Laboranten gelaufen? Hattet ihr eine Affäre?“ Simons Hand streichelt zart über meine Wange, ich muss mich zwingen, mich zu konzentrieren.

„Jan? Nein, Jan ist nur ein netter Kollege.“ Ich schüttele den Kopf. „Er hat mich an diesem Abend nach Hause gebracht, nichts weiter.“

Über Simons Gesicht huscht ein Strahlen. „Gut!“

„Du warst also eifersüchtig?“, necke ich ihn.

„Und wie! Und das kannte ich so auch noch nicht von mir. Du hast mich komplett verändert, Lilly.“

„Ist das jetzt gut oder schlecht?“

„Gut, da bin ich mir sicher, selbst wenn du mir keine Chance mehr geben solltest.“

29

Am Nachmittag kommt Sarah zu Besuch, sie hat einen Blumenstrauß dabei und zwei kleine Geschenke.

„Hallo, du kranke Maus“, begrüßt sie mich freundlich. Ich habe sie vor der Geburt sehr abblitzen lassen und das tut mir jetzt leid.

„Hallo Sarah, wie schön, dass du kommst.“

Sie gibt ihrem Bruder ein Küsschen und strahlt ihn an. „Du darfst jetzt mal rausgehen, Brüderchen.“

„Und wenn ich nicht will?“, knurrt er.

„Dann bringe ich Lilly dazu, dich rauszuschmeißen.“ Sie klimpert mit den Wimpern, Simon nickt mir kurz zu. „Ich werde mich mal fügen – ausnahmsweise.“

„So ist es brav.“ Sarah knufft ihn in die Rippen und drückt ihm den Blumenstrauß in die Hand. „Bitte besorge eine Vase, aber du musst dich nicht beeilen.“

„Zu Befehl.“ Simon sieht immer noch nicht begeistert aus, aber er fügt sich dem Willen seiner Schwester und geht hinaus.

„Lilly. Wie geht es dir?“

„Ich bekomme noch Schmerzmittel und Antibiotika, damit ist es auszuhalten“, antworte ich ehrlich. „Aber ich kann Anna noch nicht richtig halten, das fällt mir noch zu schwer.“

„Das wird schon.“ Sie drückt meine Hand. „Lilly, was geschehen ist – uns allen ist klar, dass das kein unglücklicher Zufall war.“

„Ich weiß.“ Ich senke schnell den Blick. „Ich möchte da nicht mehr drüber reden, mir ist bewusst, dass ich einen schweren Fehler gemacht habe.“

„Allerdings! Aber das alles ist nicht nur auf deinem Mist gewachsen, wir haben ALLE versagt. Wir hätten sehen müssen, auf was du da zusteuerst, aller-aller-spätestens, als du nach der Geburt so schnell verschwunden bist.“ Sie macht ein zerknirschtes Gesicht. „Mensch Lilly, ich kann dir gar nicht sagen, wie froh wir sind, dass du lebst.“

„Danke“, lächele ich.

„Und Simon … Er macht sich die schlimmsten Vorwürfe, er war so verzweifelt, ich habe ihn noch nie so weinen sehen, also außer als nerviges Kleinkind in der Trotzphase. Ich möchte ihn nicht länger so erleben“, sagt sie leise. „Ich nehme an, ihr habt gesprochen?“

„Er sagt, dass er mich liebt.“ Das auszusprechen klingt immer noch etwas fremd für mich.

„Das stimmt und ich habe das schon immer geahnt, du erinnerst dich doch an unser Gespräch nach dem Besuch auf dem Weihnachtsmarkt?“

„Ja, aber da konnte ich das nicht glauben.“

„Und es musste erst eine Katastrophe passieren, damit alles ins rechte Licht gerückt wird.“ Ihre Stimme klingt heiser. „Mein Gott, es war furchtbar.“

Ich kann dazu nichts sagen, so vielen Menschen habe ich Sorgen bereitet, es ist mir furchtbar unangenehm, obwohl ich weiß, dass ich in meiner damaligen Verfassung einfach keinen anderen Ausweg sehen konnte..

„Lilly, weißt du schon, wie es weitergehen soll, wenn du entlassen wirst?“

„Nein, im Moment habe ich noch keine richtigen Vorstellungen. Aber Simon will mir helfen, das ist sehr beruhigend für mich.“

„Hör zu, ich möchte dir einen Vorschlag machen. Du musst nichts übereilen. Wir haben bei uns ein Zimmer für die Kleine fertig eingerichtet. Komm zu uns, dort kannst du bleiben, bist du weißt, was du wirklich willst und ganz zu Kräften gekommen bist. Simon sagt, du wohnst im obersten Stock und es gibt keinen Aufzug, das ist nichts für eine junge Mami mit Baby, noch dazu in deiner Verfassung. Vielleicht möchtest du eine andere Wohnung suchen, du könntest das in aller Ruhe machen.“ Sie schaut mich fragend an. „Oder willst du zu Simon? Das wäre sehr in seinem Sinne.“

„Ich weiß. Und ich empfinde auch noch sehr viel für ihn, aber ich weiß nicht, ob das so eine gute Idee ist. Ich würde mich gerne erst an Anna gewöhnen und dann versuchen, mir klar zu werden, ob es mit mir und Simon klappen könnte. Ich meine, er hat immer betont, wie wichtig ihm seine Freiheit ist. Was ist, wenn ihm der Familienalltag doch zu langweilig wird?“

„Ich kann deine Bedenken verstehen, aber ich kenne auch meinen Bruder. Es ist ihm sehr ernst mit dir, und dass du so kurz davor warst, zu sterben, hat ihn total verändert. Aber nimm dir die Zeit, die du brauchst, Lilly. Es drängt dich keiner“, versichert sie mir.

„Okay, ich finde deinen Vorschlag sehr nett, darf ich mir es überlegen?“

„Natürlich“, sagt sie. „Es ist nur wichtig, dass du auf die Beine kommst.“

„Okay, bist du bereit?“, fragt Simon mich, ich bin etwas unsicher, stimme dann aber zu.

„Ganz vorsichtig, Lilly, sobald dir schwindelig wird, sag bitte sofort Bescheid“, sagt er sanft, sein Arm hat mich umschlungen und vorsichtig erhebt er sich mit mir vom Bett.

Ich spüre, wie meine Beine zittern, als ich endlich stehe, sofort dreht sich das Zimmer um mich. „Oh!“ Ich kralle mich noch fester an ihn.

„Alles gut, alles gut“, murmelt Simon mir ins Ohr. „Ich halte dich fest, Süße, es wird dir nichts passieren.“

Wir bleiben eine Weile so stehen, als das Drehen endlich aufgehört hat, nicke ich ihm zu. „Es geht wieder.“

„Dann gehen wir ein paar Schritte, ganz langsam.“

Ich hätte nie gedacht, wie anstrengend Laufen sein kann, als wir das Zimmer einmal durchquert haben, bin ich schweißgebadet.

„Oh, Mann“, stöhne ich auf, als ich zittrig wieder auf meinem Bett sitze.

„Das werden wir jetzt jeden Tag ein paar Mal üben, dein Kreislauf ist noch total am Boden, das wird schon wieder.“ Simon hockt sich vor mich hin und nimmt meine Hände in seine. „Mach dir keine Sorgen.“

Mein Blick gleitet zum Babywägelchen, ich werde ganz wehmütig. „Ich würde Anna so gerne versorgen.“

„Das wirst du sehr bald schon können. Aber du musst Geduld haben, die Schwangerschaft und die Blutvergiftung haben dir alle Kraft geraubt, dein Körper braucht Zeit, um sich zu regenerieren.“

„Ich weiß.“ Frustriert beiße ich auf meiner Unterlippe herum.

„Kranke Krankenschwester sind die Pest“, grinst Simon.

„Als ob kranke Ärzte besser wären.“ Ich zwicke ihn in die Nase, Simon lacht leise auf, dann hält er schnell meine Hand fest und haucht einen Kuss darauf.

„Hey, stören wir?“

Ich schaue überrascht zur Tür, die Stimme kommt mir doch sehr bekannt vor.

„Ela“, stammele ich verblüfft, hinter ihr kommen meine alten Freunde Theo, Paul und Jasmin ins Zimmer herein, ganz zum Schluss erscheint Bienchen.

Simon steht auf und tritt etwas zur Seite, meine Freundin umarmt mich ganz fest und lässt mich erst mal nicht mehr los.

„Bienchen hat uns alles erzählt“, flüstert sie in mein Ohr.

„Du gehörst übers Knie gelegt“, begrüßt mich Paul, auch von den anderen bekomme ich ähnliche Vorwürfe zu hören.

Ich stelle ihnen Simon vor, der sich danach entschuldigt und das Zimmer verlässt.

„Was ist bloß in dich gefahren?“, beginnt Ela schließlich das Verhör, als er hinausgegangen ist.

„Ich … ich weiß es selbst nicht so genau“, antworte ich leise.

„Am Telefon hast du mir immer erzählt, es gehe dir gut und ihr hättet ein Arrangement getroffen, mit dem du leben kannst.“ Ela lässt mich nicht aus den Augen. „Ganz offenbar war das eine einzige Lüge, oder?“

„Ich wollte dich nicht beunruhigen.“

„Jetzt lass sie doch in Ruhe“, mischt Jasmin sich ein. „Es ist doch viel wichtiger, dass es ihr und dem Baby JETZT gut geht.“

„Genau, die Kleine …“ Ela steht auf und geht ans Bettchen. „Wow, ist die niedlich. Die kann der Oberarzt gar nicht verleugnen.“

Meine Freunde betrachten nacheinander die kleine Anna, die friedlich schlummert und von dem ganzen Trubel nichts mitzubekommen scheint.

Ich werde mit Geschenken für das Baby überhäuft, gerührt betrachte ich die süßen Sachen.

„Wir werden in Eurer Wohnung übernachten und morgen zurückfahren“, sagt Theo. „Bienchen war so nett, uns das anzubieten.“

„Das ist ja wohl selbstverständlich.“ Bienchen winkt nur ab, dann wendet er sich mir zu. „Bist du heute schon aufgestanden?“

„Ja, aber es ist noch alles ein bisschen wacklig“, gestehe ich.

„Ich hoffe, Simon passt gut auf dich auf“, sagt er streng.

„Keine Sorge, er kümmert sich ganz liebevoll um mich.“

Ich genieße die Anwesenheit meiner Freunde und höre mir gespannt die Geschichten aus meiner Heimat an. Als sie am Abend gehen, bin ich richtig traurig, doch ich kann auch nicht verleugnen, dass mich der Besuch angestrengt hat.

„Hey.“ Simon sieht noch einmal nach mir, wie jeden Abend. „Na, bist du deinen Besuch losgeworden?“

„Es war schön, dass sie da waren“, sage ich müde.

Er nimmt vorsichtig meine Hand in seine und streichelt sanft darüber. „Sie machen einen netten Eindruck.“

„Ja, sie sind auch nett“, pflichte ich ihm bei. „Ich hatte schon mal überlegt, ob ich nach der Geburt nicht zurückgehe.“

Simon reißt erschrocken die Augen auf. „Wie bitte? Mit Anna?“

Ich schüttele den Kopf. „Soweit hatte ich noch nicht gedacht, aber jetzt ist die Situation anders.“ Sanft drücke ich seine Hand. „Ich würde gerne hierbleiben.“

Simon beugt sich über mich und gibt mir einen Kuss auf die Stirn. „Das ist schön, Lilly. Ich würde es nicht aushalten, wenn ich dich gehen lassen müsste.“

Dann sieht er mich richtig erschrocken an. „Ich meine … also ich fände es natürlich schöner, wenn du hier in der Nähe bleiben würdest, ich will dich aber auch zu nichts drängen oder dich beeinflussen.“

Ich lächele und lege eine Hand an seine Wange. „Das tust du aber, du beeinflusst mich. Aber das ist doch klar, du bist Annas Papa. Ich würde es schade finden, wenn du nicht versuchen würdest, mich umzustimmen.“

Simon erwidert mein Lächeln. „Okay, dann mache ich direkt mal weiter: Du würdest es nicht bereuen, wenn du dich für mich entscheiden würdest, Lilly. Ich weiß, dass das schwer zu glauben ist, aber ich lege keinen Wert mehr auf meinen alten Lebensstil. Ich hab gemerkt, wie egal mir andere Frauen geworden sind, du hast mich quasi für die Damenwelt versaut“, erklärte er mit treuem Blick.

„Ich kann nicht sagen, dass mir das leidtäte“, lache ich leise, ich muss zugeben, dass mich seine Worte sehr bewegen. Überhaupt hat er in der Zeit, in der ich jetzt aus dem Koma erwacht bin, nicht einen Zweifel daran aufkommen lassen, dass er mich liebt. Trotzdem bin ich immer noch vorsichtig, so ganz traue ich meinem Urteilsvermögen noch nicht über den Weg, was ihn angeht.

„Das muss es auch nicht.“ Er stupst mir auf die Nasenspitze. „Du siehst müde aus.“

„Das bin ich auch, der Besuch war zwar schön, aber auch anstrengend.“

Simon haucht mir einen Kuss auf die Wange. „Dann schlaf gut, Lilly. Bis morgen.“

Er nimmt Annas Wägelchen und schiebt es hinaus. Da ich die Kleine noch nicht versorgen kann, übernehmen das die Säuglingsschwestern nachts für mich. Ich bin sehr dankbar, dass dies möglich ist, normalerweise hätte Anna ja die Klinik schon längst verlassen müssen. Aber ich kann mir denken, wer dies alles hier arrangiert hat.

Simon.

Bei dem Gedanken an ihn wird mir warm ums Herz. Meine Liebe zu ihm ist nicht schwächer geworden, es fehlt mir nur noch Vertrauen und der Glaube, dass wirklich alles gut werden kann.

„So, ich hoffe, es gefällt dir.“ Sarah öffnet strahlend die Zimmertür, ich staune, als ich das Gästezimmer in ihrer Villa betrete. Es ist nicht mehr wiederzuerkennen, die Wände sind hellgelb gestrichen und wunderschöne Holzmöbel stehen darin. Neben einem Kinderbettchen ist auch ein großes Bett aufgebaut, alles ist sehr geschmackvoll eingerichtet und ausgesucht.

„Es ist superschön.“ Ich sehe Sarah dankbar an. „Ich weiß überhaupt nicht, wie ich das wieder gutmachen kann.“

„Werde ganz gesund.“ Sie nimmt mich in den Arm. „Und finde wieder zu dir, das wäre für uns alle der schönste Dank.“

Sie stellt meine Tasche neben meinem Bett ab, bevor sie das Zimmer verlässt. Ich habe meine Kraft immer noch nicht zurückerlangt und bin noch sehr wacklig auf den Beinen. Doch immerhin darf ich die Klinik verlassen und ich bin froh darüber, dass ich erst einmal bei Sarah und Dirk wohnen kann. Noch traue ich mir nicht zu, ganz alleine für Anna zu sorgen. Zu groß ist meine Angst, dass ich sie fallen lassen könnte oder mir schwindelig wird, wenn ich sie auf dem Arm halte.

Um zu Simon zu ziehen, soweit bin ich einfach noch nicht. Außerdem kann er nicht ewig Urlaub machen, auch wenn er mir versichert hat, dass er das schon irgendwie hätte durchdrücken können.

Als ich meine Kleidung in den Schrank sortiere, höre ich von draußen fröhliches Gelächter. Ich gehe ans Fenster und schaue hinaus, Simon und Dirk toben mit Paul durch den Garten, Nele wackelt auf ihren kleinen Kinderbeinchen kieksend hinterher, in einem Kinderwagen daneben steht Anna.

Ich schaue mir die Szene lächelnd an, Simon wirkt glücklich, sein Gesicht ist entspannt.

„Ich würde gerne hinunterkommen", sage ich kurz darauf in mein Handy.

Es ist zwar schon komisch für mich, auf Hilfe zu warten, aber ich weiß, dass es unvernünftig wäre, die große Treppe allein bewältigen zu wollen. Und auf noch einen Aufenthalt im Krankenhaus lege ich keinen Wert.

Einen Augenblick später steht Simon schon im Zimmer. „Alles klar?", strahlt er mich an.

„Ja, alles klar."

Er legt einen Arm um mich und zusammen machen wir uns auf den Weg nach unten.

Es ist ein warmer Maitag, wir beschließen, draußen zu essen. Sarah hat sich viel Mühe gegeben, es schmeckt wirklich gut, ich muss mich nicht zwingen, meine Portion aufzuessen. Es ist zwar immer noch nicht viel, was ich zu mir nehmen kann, aber als ich zu Simon schaue, sehe ich, dass er mich zufrieden mustert.

Alles wird gut, säuselt meine innere Stimme. *Glaub es doch endlich!*

„Die Wohnung ist wirklich schön", sage ich zum Makler, er grinst mich zufrieden an, scheinbar wittert er schon einen Abschluss.

„Das finde ich auch und der kleine Garten ist hübsch." Sarah schaut aus der Terrassentür hinaus. „Er ist auch eingezäunt, da wird Anna nicht ausbüxen können."

„Ich möchte mir das noch einmal in Ruhe überlegen", sage ich schließlich zu dem Makler. „Bis wann brauchen Sie eine definitive Antwort?"

„Nun ja, wie Sie schon sagten, die Wohnung ist schön, das finden auch andere Interessenten.“ Er wirkt ein wenig eingeschnappt.

„Sicher, da haben Sie recht. Aber ich lasse mich nicht unter Druck setzen“, lächele ich. „Wie Sie wissen, ist die Stadt groß, es gibt noch mehr Wohnungen.“

Er schaut mich verwundert an. „Nun ja, wenn Sie mir spätestens in drei Tagen Bescheid geben könnten, wäre das hilfreich.“

Ich reiche ihm die Hand und verabschiede mich von ihm. „In Ordnung.“

„Lust auf einen Kaffee?“, fragt Sarah, als wir wieder draußen auf der Straße stehen.

„Kommt Dirk denn so lange mit den Kindern alleine klar?“

„Ja, keine Sorge. Und in einer Stunde wird ihm Simon ja auch hilfreich zur Seite stehen“, grinst sie.

„Dann gerne“, sage ich.

Wir gehen in ein kleines Café in der Nähe der besichtigten Wohnung. Der Juni zeigt sich von seiner freundlichsten Seite, also setzen wir uns hinaus in die Sonne.

„Simon wird nicht begeistert sein, wenn du einen Mietvertrag unterschreibst“, lacht Sarah.

„Ich weiß, aber … aber ich kann doch nicht schon zu ihm ziehen.“ Ratlos nage ich an meiner Unterlippe. „Er ist ganz toll, wirklich, aber ich brauche einfach die Sicherheit einer eigenen Wohnung.“

„Das kann ich verstehen. Und Simon wird dir auch genügend zahlen, das hat er ja schon angekündigt.“

„Ja, das ist mir eine große Hilfe.“

Dank Simons Unterstützung habe ich mich entschlossen, für ein Jahr in meinem Job zu pausieren, danach will er mir helfen, wieder Fuß zu fassen. Ich weiß auch, dass er sich nichts mehr wünscht, als dass ich mit Anna zu ihm ziehe, aber ich kann mich noch nicht dazu durchringen. Vor fünf Wochen bin ich aus dem Krankenhaus entlassen worden, ich habe mich körperlich gut erholt, die Schwindelanfälle sind weg, und auch wenn ich noch relativ schnell erschöpft bin, kann ich Anna selbst versorgen.

In den Nächten haben mir Sarah und Dirk anfangs geholfen, und wenn Simon freihatte, hat er ebenfalls in der Villa geschlafen und mit angepackt.

Auch seine Eltern habe ich kennengelernt, ich war selten so nervös in meinem Leben. Sie kennen die Geschichte von Simon und mir und wissen um die dramatischen Entwicklungen, umso aufgeregter war ich vor dieser Begegnung. Doch dies war unbegründet, die beiden waren sehr warmherzig und haben mich nett in die Familie aufgenommen.

„Was ist mit deinem Freund, wann zieht er aus?" Sarahs Stimme reißt mich aus meinen Gedanken.

„In zwei Tagen, die Wohnung ist schon so gut wie leer." Ich bin schon ein wenig wehmütig, ich werde Bienchen vermissen, auch wenn sich mein Leben jetzt nur noch um Anna dreht.

Nur um Anna?, fragt eine kleine Stimme in mir.

Erst mal nur um Anna, korrigiere ich mich selbst.

„Wir werden aber noch eine kleine intime Abschiedsparty machen", kichere ich. „Ich habe Simon gebeten, an diesem Abend auf Anna aufzupassen."

Sarah sieht mich neugierig an. „Und wie sieht die aus?"

„Eine Art Pyjamaparty, wir werden uns in mein Bett verkrümeln, seins ist ja schon abgebaut, dort essen, fernsehen, uns betrinken und von alten Zeiten quatschen", erkläre ich ihr.

Und ganz viel heulen ...

„Hört sich gut an", lacht Sarah.

„Das wird auch gut."

„Und wann bist du wieder da?"

Simon schaut mir aufmerksam dabei zu, wie ich die Tasche für besagten Abend mit Bienchen packe.

„Wir werden morgen noch zusammen frühstücken, dann kommt Rob und holt ihn ab", seufze ich.

„Bist du traurig deswegen?"

„Ja, ein bisschen schon." Ich sehe ihn an, er sitzt auf meinem Bett in Sarahs Gästezimmer und hat Anna auf dem Arm. Ich kann mich an den beiden zusammen nicht sattsehen, Simon gibt einen perfekten Vater ab, das hätte ich, als ich ihn das erste Mal gesehen habe, nie erwartet. Und er ist immer noch so attraktiv wie eh und je.

Was man von dir nicht behaupten kann!

Natürlich habe ich noch einen kleinen Bauch, auch wenn kaum noch zu sehen ist, dass ich vor gut sieben Wochen ein Kind entbunden habe. Aber es ist natürlich noch nicht alles so straff wie vorher, ich weiß, dass das Geduld erfordert, aber neben so einem gut aussehenden Mann habe ich noch mehr Ehrgeiz, schnell wieder meine alte Figur wieder zu erlangen. Immerhin bin ich wieder etwas rundlicher geworden, meine Kurven lassen sich wieder gut erkennen.

„Hey, wo bist du denn mit deinen Gedanken?“ Simon steht auf einmal neben mir, ich habe gar nicht mitbekommen, dass er Anna in ihr Bettchen gelegt hat und zu mir gekommen ist.

Ich fühle mich ertappt. „Ach, nichts …“

„Ich wünsche dir jedenfalls viel Spaß.“ Er streicht mir eine blonde Locke hinters Ohr und lächelt mich an, ich spüre, dass mich das nicht kalt lässt. So ganz allmählich nehme ich Simons Gegenwart auch körperlich wieder stärker wahr und mein Innerstes sendet ganz zaghafte Signale.

Ich halte seine Hand fest und schmiege mein Gesicht hinein. „Danke, den werde ich haben.“ Simons Blick hält mich für einen Moment gefangen, dann räuspere ich mich und packe weiter.

„Sind noch viele Möbel von Bienchen in der Wohnung?“, fragt er dann. „Braucht ihr morgen Hilfe?“

Ich winke ab. „Nein. Es sind nur noch zwei Kartons mit Klamotten, die Küche war ja drin, alles andere ist schon drüben.“

„Ach ja?“ Er zieht fragend die Augenbrauen hoch. „Dann … dann schläft er auf dem Sofa?“

„Nein, das Sofa gehört auch ihm, ich mochte es nie besonders, es ist ebenfalls schon bei Rob.“

„Und … und wie macht ihr das dann gleich?“ Simon schaut mich misstrauisch an.

Ich runzle die Stirn, auf was will er denn hinaus? „Wie meinst du das? Was sollen wir wie machen?“

„Na, wo schläft Bienchen?“, hakt er nach.

„Bei mir. Wo denn sonst?“ Ich zucke mit den Schultern und ziehe den Reißverschluss meiner Tasche zu.

„Wie bitte?“ Simons Stimme klingt gefährlich leise, ich schaue ihn überrascht an. Was ist denn los mit ihm?

„Bei mir im Bett ist ja genug Platz, wir machen eine Art Pyjamaparty, wie früher. Er hat sich das gewünscht und ich freue mich auch schon darauf.“

„Ihr schlaft in einem Bett?“, wiederholt er noch einmal. So langsam ahne ich, was ihn daran stört, denn er sieht mich mit einer Mischung aus Fassungslosigkeit und Wut an.

„Du hast es verstanden. Schön“, strahle ich.

Simon verschränkt die Arme vor seiner Brust. „Nein, das werdet ihr nicht!“

„Oh doch!“ So langsam wird das hier aber albern.

„Das … das kannst du doch nicht machen!“ Seine Stimme wird lauter, ich werde hellhöriger, er sollte lieber mal aufpassen.

„Und ob wir das machen werden und ob ich das kann. Simon, jetzt werde bitte nicht kindisch“, rate ich ihm eindringlich.

„Wie kannst du mit einem anderen Mann schlafen? Ich dachte … ich dachte, es bestünde noch Hoffnung, dass aus uns ein Paar wird“, funkelt er zornig.

„Simon! Ich schlafe nicht MIT Bienchen, sondern NEBEN ihm, alles klar? Und falls es dir entfallen sein sollte: Bienchen ist schwul, er ist nicht an mir als Frau interessiert. Wir sind Freunde, richtig gute Freunde – und es ist nicht das erste Mal, dass wir uns ein Bett teilen.“ Ich versuche ruhig zu bleiben, aber meine Geduld ist so langsam erschöpft.

„Wer sagt denn, dass er nicht an Männern UND Frauen interessiert ist?“, motzt Simon dann los. „Du bist eine wunderschöne Frau und nur, weil er hauptsächlich an Männern interessiert ist, heißt das doch noch lange nicht, dass er nicht auch mal bei dir ran will!“

„Mir wird das hier zu blöd!“, zische ich zurück. „Ich wiederhole mich jetzt nicht mehr, es ist so, wie ich es gesagt habe!“

„Na toll!“ Er fährt sich mit der Hand durch die Haare und ich kann sehen, wie sehr es in ihm arbeitet.

Ich seufze auf und gehe zu ihm. „Simon, Bienchen ist wie ein Bruder für mich“, sage ich mit sanfter Stimme. „Wir sind nur richtig gute Freunde. Das musst du akzeptieren, okay?“

„Ich liebe dich, Lilly“, sagt er mit rauer Stimme. „Und ich will dich nur für mich alleine haben.“

„Falls wir wieder ein Paar werden, dann verspreche ich dir, dass es ganz genau so sein wird. Und das Gleiche erwarte ich auch von dir.“

„Natürlich“, nickt er, ich hauche ihm einen Kuss auf den Mund und nehme dann meine Tasche.

„Du hast besser kochen gelernt, seitdem du mit Rob zusammen bist“, lobe ich Bienchen, wir sitzen auf meinem Bett und essen Lasagne.

„Ja, ich muss aufpassen, dass ich nicht zu fett werde“, stöhnt Bienchen.

„Kein Problem, wir könnten ja mal wieder gemeinsam joggen gehen“, grinse ich.

„Vergiss es, Honey. Das tue ich mir bestimmt kein zweites Mal mehr an.“ Er tippt sich mit dem Finger an die Stirn. „Verrate mir lieber, wie es mit dir und Mr. Bombastic weitergeht. Baggert er immer noch an dir herum oder hat er mittlerweile aufgegeben?“

„In erster Linie ist er ein fantastischer Vater und er hilft mir sehr mit Anna. Wenn er frei hat, dann fragt er immer, ob er vorbeikommen kann, ich kann mich nicht beschweren, er macht das großartig.“

„Schön, schön, meine Göttin. Aber das war nicht meine Frage.“ Bienchen zwickt mich in die Nase.

„Ich … ich spüre, dass ich ihn immer noch liebe, das hat wohl niemals aufgehört“, gestehe ich . „Ich kann mir nur noch nicht vorstellen, dass er wirklich sein altes Leben aufgegeben hat. Ich möchte ihn nicht noch einmal verlieren.“ Prompt schlucke ich gegen einen Kloß im Hals an.

„Honey, aber was erwartest du jetzt von ihm? Er kann nicht mehr tun, als dir sagen, dass er dich liebt. Wenn du kein Vertrauen zu ihm aufbauen kannst, dann hat das Ganze keinen Sinn.“ Bienchen sieht mich ernst an. „Du musst lernen, ihm zu glauben.“

„Ja, das weiß ich. Aber solange ich das noch nicht wirklich kann, wäre es falsch, ihm Hoffnungen zu machen, oder?“

„Da hast du recht. Wenn er klug ist, dann gibt er dir noch ein bisschen Zeit. Aber ich denke schon, das wird er tun.“

„Das wünsche ich mir auch, ganz ehrlich.“

„Übrigens: Deine Reize kommen wieder mehr zum Vorschein. Die Zeit bei Sarah scheint dir zu bekommen.“

„Ja, sie und Dirk sind großartig. Es war wirklich gut für mich, dorthin zu gehen“, sage ich.

„Aber denk dran: Solltest du wieder auf Mr. Bombastic abfahren: Verhüte gefälligst!“, grinst Bienchen.

„Das werde ich. Ich habe heute meine Tage bekommen und mit der Pille angefangen. Simon hatte mir doch mal eine Packung gegeben, vielleicht vertrage ich die ja besser.“

„Braves Mädchen.“ Bienchen haucht mir einen Kuss auf die Wange. „Nachtisch, Honey?“

„Auf jeden Fall.“

„Machs gut.“ Ich umarme meinen Freund zum Abschied heftig, ich kann nicht verhindern, dass mir dicke Tränen über die Wangen kullern.

„Ach Honey, jetzt hör auf“, schluchzt Bienchen laut auf, auch Rob hat Tränen in den Augen.

„Ihr tut ja so, als ob ihr euch niemals wiedersehen würdet“, schnieft er.

„Es wird ja auch nicht mehr so sein wie früher.“ Bienchen presst mich ganz fest an sich. „Ich liebe dich, meine Göttin.“

„Und ich liebe dich.“ Ich gebe ihm einen Kuss auf den Mund, dann wende ich mich an Rob. „Pass bloß gut auf mein Bienchen auf!“

„Wird gemacht. Und ich hoffe, es passt auch bald jemand auf dich auf“, zwinkert er mir zu.

„Ich kann das schon ganz gut alleine.“

„KANNST DU NICHT!“, schallt es mir synchron entgegen.

Als die beiden fort sind, mache ich auch, dass ich hier schnell verschwinde. Es ist so leer und einsam ohne Bienchen, er hat der Wohnung eine Seele gegeben, jetzt, wo er fort ist, hält mich auch nichts mehr hier.

Ich bin überrascht, als ich Simons Auto noch vor Sarahs Haus sehe, eigentlich müsste er schon in der Klinik sein.

Ich finde ihn draußen mit seiner Schwester auf der Terrasse sitzen, Anna liegt auf einer Decke auf dem Rasen und brabbelt fröhlich vor sich hin. Simon steht sofort von seinem Stuhl auf und kommt zu mir. „Guten Morgen“, sage ich.

„Hey Lilly. Wie war dein Abend?“ Er mustert mich aufmerksam. „Hast du geweint?“

„Und wie“, gestehe ich ihm lächelnd. „Der Abschied war schlimm.“

„Ihr seht euch doch noch nach wie vor.“ Simon runzelt die Stirn, offenbar scheint ihm das nicht zu gefallen.

„Das ist doch nicht dasselbe.“ Sarah ist ebenfalls aufgestanden und knufft ihren Bruder in die Rippen. „Männer!“

Ich lege mich neben Anna auf die Decke. Meine kleine Tochter quietscht, als sie mich entdeckt und strahlt übers ganze Gesicht.

„Hallo, du süße Maus." Ich kitzele sie unterm Kinn, meine Traurigkeit um Bienchen ist wie weggeblasen, als ich sie anschaue.

Simon setzt sich ebenfalls zu uns.

„Musst du nicht in die Klinik?"

„Nein, ich hab getauscht, Michael hat mich darum gebeten, ich bin dafür morgen dran", erklärt er mir.

Er gibt Anna viele kleine Küsschen, sie kiekst laut auf und krallt sich mit ihren Fingerchen in seinen Haaren fest.

„Das habe ich auch immer gerne gemacht", platzt es plötzlich aus mir heraus, ich werde knallrot, als ich merke, was ich da gerade gesagt habe.

Simons Kopf ruckt hoch, er schenkt mir ein umwerfendes Lächeln. „Was hindert dich daran, es wieder zu tun?"

Ich senke schnell den Blick und verkrampfe meine Hände ineinander, ich kann darauf jetzt nicht antworten.

„Möchtest du etwas trinken?", frage ich stattdessen.

„Gerne." Simon sieht mir in die Augen, ich bin ihm dankbar, dass er das jetzt nicht weiter vertieft.

Als ich ihm ein Glas reiche, berühren sich unsere Fingerspitzen kurz, es ist eigentlich lächerlich, dass ich das wieder so bewusst wahrnehme.

„Lilly, ich … ich würde dich gerne einladen." Plötzlich wirkt er richtig schüchtern. „Hast du Lust?"

Ich bin ein bisschen überrumpelt von der Frage, wir haben uns in den letzten Wochen fast jeden Tag gesehen, aber eine Einladung habe ich noch nicht von ihm bekommen.

Los ... hör auf deinen Bauch, rät meine innere Stimme mir.

„Ja", lächele ich scheu an. „Gerne."

„Würdest du auch zu mir kommen?", fragt er weiter. „Bitte, Lilly, das würde mir echt viel bedeuten. Ich würde gerne mal einen Abend mit dir verbringen, völlig ungestört und allein."

„Soll ich was zu essen machen?", ruft Sarah von der Terrassentür aus dazwischen.

„Siehst du, das meine ich", stöhnt Simon leise auf.

Ich muss mir ein Kichern verkneifen. „Nein, für mich nicht, ich hab mit Bienchen ausgiebig gefrühstückt, danke!", antworte ich Sarah, dann wende ich mich wieder an Simon. „Okay", nicke ich.

Er strahlt mich an, oh, dieser Kerl ist einfach nur sexy …

30

„Ui … echt?“ Rob sieht mich mit großen Augen an. „Ein Date also?“

„Eine Einladung“, stelle ich richtig, obwohl ich natürlich weiß, dass er recht hat. Es ist ein Date und ich lasse mich gerne darauf ein.

„Jep, und wir wissen alle, wo das enden wird.“ Bienchen zieht mich aus dem Sessel in seinem Büro hoch und mustert mich eindringlich. „Wir brauchen das große Programm.“

„Oh nein!“, protestiere ich energisch. „In deine Waxing-Folterkammer begebe ich mich kein zweites Mal. Das wird auch nicht nötig sein, weil … weil es nicht so weit kommt, dass wir Sex haben werden!“

Bienchen und Rob wechseln einen Blick, dann kichern sie beide los. Empört funkele ich sie an.

„Du hast ein Kind auf die Welt gebracht und dich mit diesem fiesen Wochenbettfieber herumgequält – da wirst du doch ein paar Wachsstreifen aushalten? Das muss sein, Honey“, zwinkert er mir zu. „Du willst doch den Kerl um den Verstand bringen, oder?“

„Wir … wir reden nur“, starte ich einen weiteren Versuch, dem Ganzen zu entgehen, aber meine beiden Schönheitsexperten sehen mich so eindringlich an, dass ich weiß, dass ich mich ergeben muss.

„Also gut“, knurre ich, Bienchen und Rob klatschen begeistert in die Hände.

Es tut noch genauso weh wie beim ersten Mal, meine Laune ist nicht gerade die beste, aber als ich dann mit Bienchen und Nasti in der ersten Boutique stehe und sie mir ein hübsches Kleid empfehlen, sind die Schmerzen auch schon wieder vergessen. Es macht mir Spaß, wieder etwas für mich zu tun, und die Frau, die mir im Spiegel entgegenlächelt, hat nichts mehr mit dem Geist zu tun, der ich noch vor ein paar Wochen gewesen bin.

„Du bist eine Schönheit, ich liebe dich so sehr“, sagt Bienchen verzückt und gibt mir ein Küsschen auf die Wange.

„Viel Spaß“, wünscht Sarah mir, als ich an diesem Abend in mein Auto steige, um zu Simon zu fahren. Sie hat Anna auf dem Arm und winkt mir fröhlich hinterher.

„Und komm nicht vor morgen zurück“, grinst Dirk breit, was ihm einen empörten Schlag von seiner Frau einhandelt.

„Bring sie nicht in Verlegenheit“, rügt sie ihn.

Ich winke den beiden noch einmal zu, dann versuche ich, meinen Herzschlag unter Kontrolle zu bringen.

Ein Date mit Simon – und ich bin so aufgeregt, als wäre es mein erstes.

Der Türsummer ertönt sofort, nachdem ich geklingelt habe. Ich versuche mich noch einmal zu sammeln, dann bin ich auch schon oben. War der Fahrstuhl immer schon so schnell?

Simons Wohnungstür ist nur angelehnt, ich bin überrascht, dass er mich nicht empfängt, vorsichtig stoße ich die Tür ein bisschen auf.

„Simon?“, rufe ich scheu.

Ich entdecke Windlichter auf dem Fußboden, und aus dem Wohnzimmer ertönt Musik – *The Scientist* von Coldplay. Die Lichter scheinen mir einen Weg zeigen zu wollen, ich sterbe vor Nervosität.

Vorsichtig folge ich der Kerzenspur, ich durchquere das Wohnzimmer, immer noch ist von Simon keine Spur zu sehen. Die Teelichter weisen mir den Weg nach draußen auf die Dachterrasse, dort haben wir auch bei unserem ersten Treffen gemeinsam gesessen. Langsam gehe ich weiter, auf die Tür zu, die nach draußen führt ...

Simon steht vor mir, in seiner Hand hat er eine einzelne rote Rose, als er mich sieht, lächelt er scheu. „Hi Lilly“, seine Stimme klingt rau, er kommt auf mich zu, wirkt unsicher, genauso wie ich.

„Hallo Simon.“

„Schön, dass du da bist.” Er legt eine Hand an meine Wange. „Ich bin so froh, Lilly.“

„Das … das ist alles sehr schön hier.“ Ich deute auf die Windlichter und auf einen großen Strauß mit roten Rosen, der auf dem Tisch steht.

„Nicht zu kitschig?“, lächelt er verlegen.

Ich schüttele nur den Kopf.

„Okay, dann … dann wird es jetzt richtig kitschig", flüstert er heiser, er reicht mir die Rose. „Ich möchte, dass du auch meine persönliche Göttin wirst, Lilly. Bitte heirate mich."

Ich kann ihn für einen Moment nur anstarren. Er will mich heiraten, er will mich wirklich heiraten!

Wow!

Damit habe ich nicht gerechnet, ich wollte doch Zeit haben, um mir über alles klar zu werden, so viele Dinge wollte ich mir noch durch den Kopf gehen lassen, nachdenken, planen …

Doch ich schmeiße alle Bedenken sofort über Bord und beschließe, jetzt einfach mal auf meinen Bauch zu hören.

„Ja", höre ich mich sagen. Dann schlinge ich die Arme um Simons Hals und küsse ihn. Es geschieht mehr aus einem Impuls heraus, aber ich will jetzt einfach nicht mehr nachdenken. Simon liebt mich – und ich habe niemals aufgehört, ihn zu lieben, so sehr ich es auch versucht habe.

Er lacht leise in meinen Kuss hinein. „Du machst mich so glücklich, Süße", raunt er dann an meinen Lippen. „Ich liebe dich."

„Und ich liebe dich, Doc", grinse ich. „Und jetzt küss mich endlich weiter."

„Du kannst ganz schön bestimmend sein." Zärtlich zupft er an meiner Lippe.

„Gewöhn dich dran." Meine Finger gleiten durch seine Haare, wie habe ich das vermisst!

Er küsst mich mit einer Leidenschaft, die mir den Atem raubt. Ich kann es spüren, ich kann es in diesem Kuss spüren, all seine Sehnsucht liegt darin, ein Gefühl, das ich nur zu gut kenne. Es soll nie wieder aufhören, nie wieder.

„Und ich will dich." Seine Augen glühen förmlich bei seinen Worten.

„Sag es", fordere ich ihn auf. Weiß er es noch? Ich schmiege mich ganz dicht an ihn heran, ich spüre, dass es ihn nicht kalt lässt.

Ich beginne ihn wieder zu küssen, ganz sanft geht er darauf ein.

„Ich will mit dir schlafen, Lilly", seufzt er auf. „Ich begehre dich so sehr."

Seine Hände gleiten meinen Rücken hinunter, bleiben auf meinem Po liegen, ich stöhne auf, als er ihn sanft knetet.

„Sag es richtig, Simon." Jetzt grinse ich.

„Ich will dich ficken, du kleines Luder.“ Seine Stimme klingt so rau und sexy, dass mir ein Schauer durch den Körper läuft.

Alles ist auf einmal weg, meine Ängste, meine Bedenken – ich bin hier, in seinen Armen, dem einzigen Ort auf der Welt, an dem ich sein möchte.

„Worauf wartest du dann noch?“, flüstere ich ihm zu.

Simon hebt mich hoch auf seine Hüften, er hört nicht einen Moment auf, mich zu küssen, als er mich in sein Schlafzimmer trägt.

„Hier sind keine Teelichter, Doc“, stelle ich sachlich fest.

„Ich hatte nicht zu hoffen gewagt, dass wir hier landen würden.“ Er setzt mich vorsichtig auf seinem Bett ab, dann hockt er sich vor mich.

„So viel Unsicherheit?“ Meine Hände streicheln sein attraktives Gesicht, soll er wirklich mir gehören? Mir alleine?

„Ja“, lächelt er, seine Hände legen sich auf meine Schenkel, ich spüre die Wärme durch den dünnen Stoff meines Kleides hindurch.

Er beginnt mich zu streicheln, seine Finger gleiten meine Beine entlang, streichen aufreizend langsam über meine Waden hinunter. Er löst geschickt die Riemchen meiner Sandalen und streift sie mir ab.

Ein Schauer läuft durch meinen Körper, ich bekomme eine Gänsehaut.

Simons Hände gleiten wieder an meinen Beinen hinauf, diesmal an den Innenseiten, ich halte die Luft an, als er sanft meine Schenkel auseinander drückt.

„Stütz dich mit den Armen ab, Süße“, sagt er leise, ich tue, was er sagt und lehne mich ein bisschen zurück.

Seine Hände wandern weiter hinauf, berühren die empfindliche Haut meiner Oberschenkel, dann ist er an meinem Höschen angekommen, ganz zart lässt er seine Finger über die Spitze gleiten.

Ich stöhne heiser auf, fühle schon die Nässe zwischen meinen Beinen – und er wird es ganz sicher auch bemerkt haben.

„Du machst mich so an.“ Seine Stimme ist rau, er spreizt noch weiter meine Schenkel, dann presst er seinen Mund auf den Stoff meines Höschens. Vorsichtig schiebt er die Spitze zur Seite, ich kann seine Zunge spüren, schreie leise auf, als sie immer wieder durch meine Nässe gleitet.

„Du schmeckst so geil.“ Jetzt ist er es, der aufstöhnt.

Er dringt mit einem Finger in mich ein, seine Augen sind jetzt auf mich gerichtet. „Wenn du Schmerzen hast, dann sag es“, bittet er mich.

Ich schüttele nur den Kopf.

„Rede mit mir, Lilly!“

„Keine Schmerzen.“

Simon lächelt mir zu, ich könnte hinwegschmelzen, wenn er mich so ansieht. Seine Hände haken sich in den Bund meines Höschens ein, mit einem Ruck zieht er es mir herunter.

Wieder dringt seine Zunge in mich, mir wird immer heißer, es fasziniert mich selbst, wie spielerisch er meine Lust entfachen kann.

Er nimmt einen Finger hinzu, bewegt ihn in mir, ich schließe die Augen.

„Lass dich treiben, mein Engel“, höre ich ihn sagen, seine Worte bringen mein Innerstes zum klingen.

Er umspielt meinen Kitzler, beißt zärtlich hinein, meine Finger krallen sich in die Bettdecke und ich beginne zu zittern. Er wird immer schneller in mir, ich halte es nicht mehr aus, eine riesige Woge reißt mich mit sich mit.

Simon legt sich aufs Bett und zieht mich in seine Arme. Ich bin immer noch ganz benommen von dem Höhepunkt, es fühlt sich einfach nur gut an.

„Weißt du eigentlich, wie heiß du aussiehst, wenn du kommst?“, raunt er mir zu.

Ich spüre, dass ich erröte und knuffe ihn verlegen in den Bauch. „Klar weiß ich das, ich schaue mir dabei immer im Spiegel zu“, antworte ich frech.

„Du hast einen Spiegel über deinem Bett?“, gluckst er. „Den müssen wir unbedingt auch hier installieren.“

„Auch die Kameras?“ Ich schaue ihn erwartungsvoll an, seine Augen werden riesengroß.

„Kameras? Wow … von mir aus“, grinst er.

„Nein, das war ein Scherz!“, protestiere ich, er lacht laut auf.

„Das würde mir aber gefallen.“

„Spinner!“

„Nein, ich würde dich gerne dabei sehen, wenn wir Sex haben.“

„Männer!“, schimpfe ich, er legt seine Hand auf meinen Po und gibt mir einen Klaps.

„Ich liebe deinen Arsch“, grinst er.

„Ich deinen auch, ich würde ihn auch liebend gerne sehen, aber leider bist du ja noch komplett angezogen“, necke ich ihn.

Dann öffne ich den Knopf seiner Jeans und beginne, den Reißverschluss hinunterzuziehen, zum Vorschein kommt eine mächtige Erektion.

„Bitte zieh das aus, ich will dich nackt sehen“, raunt er mir zu und zupft an meinem Kleid.

Ich kann mich noch zu gut erinnern, ich knie mich aufs Bett, so wie ich es schon einmal hier getan habe. Meine Hände zittern etwas, als ich den Reißverschluss öffne und mir das Kleid über den Kopf ziehe.

„Du bist so wahnsinnig sexy“, stöhnt er auf. „Weiter …“ Er lässt einen Finger über die Spitze meines BHs gleiten. „Weg mit dem.“

Ich kichere verlegen, dann befreie ich mich auch von diesem Kleidungsstück. Simons Hand gleitet über meine Brüste, er kneift mich leicht in jede Brustwarze, ich spüre, wie meine Leidenschaft zurückkehrt, ich bin wie ausgehungert nach ihm.

Er lässt seine Fingerspitzen weiter an mir hinabwandern, an meinem Bauch stoppt er ab.

Unsicher schaue ich an mir hinunter. „Ich weiß, ich bin … also … meine Figur ist noch nicht so gut wie …“

Simon kniet sich schnell vor mich und gibt mir einen zärtlichen Kuss. „Bist du wohl still. Du hast unsere Tochter zur Welt gebracht, für mich bist du die schönste Frau der Welt“, raunt er an meinen Lippen.

„Aber du hast immer noch zu viel an.“ Ich zupfe an seinem T-Shirt, er hilft mir dabei, es ihm abzustreifen. Bewundernd gleiten meine Blicke über seinen Oberkörper, dann schiebe ich seine Jeans und seine Shorts hinunter.

„Bleib so“, bitte ich ihn, ich lege meine Hände auf seine Hüften und beuge mich nach vorne.

Ganz vorsichtig beginne ich, sein Glied zu küssen, ich höre, wie er den Atem scharf einzieht. Jetzt bin ich es, die ihn mit der Zunge zum Wahnsinn treibt, ich lecke den Lusttropfen ab und lasse seinen Penis in meinen Mund gleiten.

„Oh Gott“, stöhnt er auf, als ich an ihm sauge.

Plötzlich greift er nach mir und dreht mich auf den Rücken. „Ich will in dir kommen, Lilly.“

Er streift sich die restliche Kleidung vom Körper, dann greift er an das kleine Schränkchen neben seinem Bett.

„Wir brauchen keine Kondome“, sage ich.

Simon schaut mich überrascht an. „Lilly, ich gebe zu, ich habe gerade keine Lust auf Rechenspielchen.“

„Ich nehme die Pille. Weißt du noch, du hast mir damals eine Packung in den Briefkasten geworfen.“

Simon nickt, dann strahlt er mich schon fast unverschämt frech an. „Keine Gummis?“

Ich schüttele den Kopf.

„Oh Baby, ich liebe dich“, lacht er leise, er spreizt meine Beine noch mehr.

Vorsichtig legt er sich auf mich, ich schlinge die Arme um seinen Hals, es ist so schön, seinen nackten Körper auf meinem zu spüren.

„Ich will dir nicht wehtun. Wenn die Narbe noch Probleme macht, dann sag es, okay?“

„Okay.“ Ich nicke leicht, jetzt bin ich doch etwas nervös. Ob es schmerzen wird?

„Vielleicht solltest du lieber auf mir sitzen“, fragt er.

„Würdest du jetzt endlich mal zur Sache kommen?“

Simon greift unter mich und kneift mich in den Po. „Wirst du jetzt immer so frech zu mir sein?“

„Vielleicht, wenn du mich weiter so unbefriedigt liegen lässt.“

„Weißt du eigentlich, wie sehr ich dich will? Ich glaube, du hast keinen blassen Schimmer, Lilly.“ Er wird wieder ernst, ich sehe das Verlangen in seinen Augen.

„Ich will dich auch“, seufze ich auf.

Simon beginnt, mich zu küssen, ich spüre seine Spitze an meinem empfindlichsten Punkt. Ein paar Mal gleitet er nur durch meine Nässe, dann dringt er leicht in mich ein.

Ich spüre ein Stechen an der Naht, bäume mich etwas auf.

„Scheiße Lilly, du hast Schmerzen!“ Simon will sich wieder aus mir zurückziehen, doch ich schlinge die Beine ganz fest um seine Hüften, sodass er noch ein Stück in mich gleitet.

„Lilly.“ Er beißt mich sanft in die Lippe. „Was soll das?“

„Bitte fick mich“, stöhne ich heiser. „Ich brauche dich so sehr.“

Simon scheint alle Bedenken über Bord zu werfen, er bewegt sich in mir, der Schmerz ist auszuhalten. Die Gefühle, die er in mir auslöst, sind viel stärker und lassen mich die Narbe vergessen.

„Oh Süße …“ Seine Bewegungen werden schneller, er füllt mich so sehr aus, dass es mir schon allein nur dadurch kommt, dass er in mir ist.

„Komm für mich, Lilly … und sieh mich an.“ Seine Hände halten meinen Kopf fest, ich versinke in seinen dunklen Augen.

Wir halten uns mit Blicken fest, dann spüre ich es, dieses unvergleichliche Hochgefühl, das nur er in mir auszulösen vermag.

Simon beißt sich auf die Lippen, wartet scheinbar auf mich, dann endlich schreien wir beide auf, nicht einmal verlieren wir den Blickkontakt zueinander.

Seine letzten Stöße sind hart, dann sackt er kurz auf mich.

„Du bist der Wahnsinn, Lilly“, keucht er in mein Ohr. „Wie konnte ich so dumm sein und so lange auf dich verzichten?“

„Das wirst du nie mehr tun müssen.“ Ich streichele sanft über seinen verschwitzten Rücken.

„Ich werde dich nie wieder gehen lassen.“

Ich seufze leise auf, als Simon langsam aus mir herausgleitet. Dann stützt er sich mit seinen Armen neben mir ab und betrachtet mich kritisch.

„Hattest du wirklich keine Schmerzen?“

„Ein bisschen, aber das war nicht schlimm“, versichere ich ihm.

„Lilly, so soll es aber nicht sein“, knurrt er.

„Das ist doch normal, das wird sich schon noch geben. Du hast es geschafft, mich ganz hervorragend abzulenken.“ Ich schlinge meine Arme um seinen Hals und will ihn küssen, doch er scheint etwas anderes im Sinn zu haben.

„Winkele bitte mal die Beine an“, sagt er.

Ich bin verwundert, was soll denn das jetzt, aber ich tue, was er sagt.

Mit seiner Hand streichelt er ganz zart über meine Scham, dann tastet er mich vorsichtig ab.

„Die Narbe ist ganz gut verheilt, aber wenn die Schmerzen bleiben, ist das nicht gut. Ich denke eigentlich nicht, dass ich zu eng genäht habe, aber …“

Ich presse meine Beine wieder zusammen und funkele ihn böse an. „Simon!“

„Was ist?“ Er sieht verwirrt auf.

„Ich habe keine Lust, nach dem Sex gynäkologisch untersucht zu werden!“

„Es geht darum, dass es dir wehgetan hat. Ich möchte nicht, dass du Schmerzen hast, wenn wir Sex haben.“ Er legt sich wieder neben mich und zieht mich auf seinen Bauch.

„Es hat nur ein bisschen wehgetan – hörst du: ein bisschen!“ Ich lege meinen Kopf auf seine Brust, sein Herzschlag besänftigt mich. Seine Hände streicheln zart über meinen Rücken, wäre ich eine Katze, ich würde schnurren.

„Okay, aber wenn sich das nicht bessern sollte, dann sagst du mir sofort Bescheid.“ Er wirkt nicht sonderlich zufrieden mit meiner Antwort.

„Ich denke, du wirst das schon hautnah mitkriegen“, kichere ich.

Seine Hände haben meinen Po erreicht, er legt sie darauf ab und zwickt mich hinein. „Ich hab dich sehr vermisst, Süße“, sagt er mir rauer Stimme. „Und ich war so bescheuert und wollte mir immer etwas anderes einreden.“

„Ich hab mich auch so nach dir gesehnt.“ Langsam gleiten meine Finger über seine Brust. „Es wäre so schön gewesen, wenn …“

Ich beiße mir auf die Lippe und verkneife mir weitere Worte, ich habe Angst, dass sie die schöne Stimmung zerstören würden.

„Was wäre schön gewesen?“, bohrt Simon nach.

„Ist egal jetzt“, sage ich leise.

Simon legt einen Finger unter mein Kinn und dreht meinen Kopf zu sich. „Bitte, Lilly, sag es mir. Auch wenn es unbequem für mich werden könnte, ich möchte, dass wir über alles reden, was in den letzten Monaten geschehen ist. Und ich möchte, dass wir uns versprechen, das auch in Zukunft zu tun. Ich lege keinen Wert darauf, dass du noch einmal in so eine Krise stürzt, okay?“

„Okay.“

„Also – raus damit!“, beharrt er.

„Ich hätte es so schön gefunden, wenn du an meiner Seite gewesen wärst in der Schwangerschaft, also nicht nur als Arzt, sondern als Partner. Ich … ich habe mich so einsam gefühlt, und wenn ich junge Familien gesehen habe, hat es nur schrecklich wehgetan. Und ich habe das Gefühl, dass ich mich nicht genügend auf Anna gefreut habe, ich …“ Ich suche nach den Worten. „Ich habe mich als schlechte Mutter gefühlt, weil ich Anna weggeben wollte – aber hätte ich sie behalten und alleine großziehen müssen, dann hätte ich mir auch Vorwürfe gemacht. Alles in mir war durcheinander."

„Oh Schatz, ich hätte dir das alles ersparen können." Simon sieht mich traurig an. „Es wäre so einfach gewesen."

„Es ist, wie es ist." Ich beuge mich zu ihm und gebe ihm einen Kuss. „Wirst du mir wirklich treu sein, Simon?"

„Ja, Lilly, das werde ich. Es gibt für nichts Garantien, aber ich verspreche dir, dass wir zuerst über alles reden werden, wenn es nicht mit uns klappen sollte."

„Okay." Ich nicke zufrieden.

Plötzlich sieht er mich entsetzt an.

„Scheiße, ich hab was vergessen." Simon schlägt sich mit der Hand an die Stirn. Behutsam schiebt er mich von seiner Brust, dann ist er mit einem Satz aus dem Bett und aus dem Zimmer verschwunden.

Als er kurz darauf zurückkehrt, grinst er verlegen. „Ich bin so ein Trottel, das darf man echt keinem erzählen", lacht er leise.

„Wieso? Was ist denn?"

Er setzt sich auf die Bettkante und öffnet seine Hand, darin liegt ein Ring – ein Ring mit einem verdammt glitzernden Stein.

„Ich hab den Verlobungsring vergessen! Vergibst du mir, meine Schöne?"

Ich schaue ihn nur wie gebannt an, oh, wie ich diesen Kerl liebe …

„Lilly?" Er zieht die Augenbrauen hoch. „Ist was?"

„Nein." Ich schüttele schnell den Kopf, dann betrachte ich den Ring. „Er ist wirklich wunderschön."

Simon nimmt meine Hand und streift ihn mir über den Finger. „Er passt, Gott sei Dank", lächelt er erleichtert.

Der Ring scheint aus Weißgold zu sein, ich habe von so etwas keine Ahnung, in der Mitte funkelt ein kleines Herz. Wie bei den Ohrringen …

„Er ähnelt den Ohrringen, die du mir zu Weihnachten schenken wolltest." Ich beuge mich zu Simon und hauche ihm einen Kuss auf die Wange.

„Ja? Echt?", grinst er, dann öffnet er die andere Hand – und ich reiße die Augen auf.

„Du hast sie behalten?"

„Natürlich. Ich konnte sie nicht zurückgeben, es ging nicht. Lilly, ich würde einiges dafür geben, wenn ich dir zuerst den Ring geschenkt hätte. Wieso war ich bloß so blind?“

„Das ist alles so wertvoll, ich habe so etwas noch nie besessen“, sage ich ehrfürchtig.

„Tust du mir einen Gefallen?“

„Welchen?“

Es blitzt in seinen Augen frech auf. „Ich möchte, dass du in meinem Bett nur diesen Schmuck trägst.“

„Ich denke, das lässt sich machen“, kichere ich, dann tausche ich meine alten Ohrringe gegen die kleinen Kostbarkeiten aus.

„Sehr sexy – der Klunker steht dir.“

„Danke, Simon.“ Ich setze mich auf seinen Schoß. „Ich liebe dich – auch wenn du mir keinen kostbaren Schmuck geschenkt hättest. Ich will eigentlich nur dich“, flüstere ich in sein Ohr.

„Du hast mich, Lilly. Und das werde ich dir auch vor aller Welt versprechen.“ Er sieht mir in die Augen, der Ausdruck darin ist der Wahnsinn, ich spüre einen dicken Kloß im Hals und schlucke heftig.

„Was ist los?“, fragt er besorgt.

„Ich bin glücklich.“

„Und das soll sich nie wieder ändern.“ Simon nimmt mein Gesicht zwischen seine Hände und küsst mich leidenschaftlich.

„Ist das eigentlich normal?“, fragt er mich dann.

„Was?“

„Dass ich dich schon wieder will.“

„Ich glaube schon, Doc. Mir geht es nämlich genauso.“

31

Obwohl ich hundemüde bin, kann ich nicht einschlafen. Ich liege ganz eng an Simon geschmiegt und höre seinen regelmäßigen Atemzügen zu. Wie oft habe ich mir das in meinen Träumen so vorgestellt? Dies war einer meiner innigsten Wünsche.

Und jetzt werde ich sogar Simons Frau – das ist einfach unglaublich. Es ist gigantisch, meine Träume scheinen Wirklichkeit zu werden. Ein Happy End für Anna, Simon und Lilly …

Irgendwann muss ich dann doch eingeschlafen sein, denn als ich wieder zu mir komme, ist es hell und ich sehe direkt in ein braunes Paar Augen.

„Hey." Simon lächelt mir zu, dann streichelt er zärtlich mein Gesicht.

„Wie spät ist es? Müssen wir aufstehen?", nuschele ich verschlafen.

„Nein, nein, es ist gerade mal halb sieben."

Erschrocken setze ich mich im Bett auf. „Dann muss ich los, Anna müsste jeden Moment wach werden."

„Nein, musst du nicht. Sarah wird sich um sie kümmern." Er zieht mich an sich.

„Aber heute doch nicht auch noch", protestiere ich.

„Lilly, Sarah wusste von meinen Plänen und ich habe sie gebeten, auch den heutigen Tag noch zu übernehmen, falls alles gut gehen sollte." Simon haucht mir einen Kuss auf die Wange. „Und jetzt gib einfach Ruhe, okay?"

„Sie war also eingeweiht?"

„Ja. Ist das schlimm?"

„Nein, das ist perfekt." Wieder kommt mir in den Sinn, dass es also wirklich wahr ist – wir werden heiraten.

„Ich habe dich eben die ganze Zeit nur angesehen, es ist schön, dass du wirklich bei mir bist, Lilly", seufzt er.

Ich beiße mir auf die Lippen, dann kann ich mir ein Kichern aber nicht verkneifen.

„Was ist so lustig?"

„Mir ging es gestern Abend genauso“, gestehe ich ihm. „Ich wollte dich auch nur betrachten und konnte kaum glauben, dass wir beide tatsächlich hier zusammen sind.“

„Es ist ein Wunder, wenn man bedenkt, wie blöde wir uns angestellt haben“, lacht er leise.

„Vor allem du!“

Er beißt mich zärtlich in die Lippe. „Du bist ein freches Aas, Frau Stegmann.“

„Noch bin ich nicht Frau Stegmann“, raune ich ihm zu.

Simon zieht mich wieder auf seinen Bauch. „Was muss ich tun, damit ich dich von meinen Qualitäten überzeugen kann?“

„Weiß nicht, lass dir mal was einfallen.“ Ich verlagere mein Gewicht ein wenig, wie zufällig berühre ich dabei sein Glied, ich spüre, dass er bereits eine Erektion hat.

„Ich wüsste da was.“ Simon nimmt mein Gesicht zwischen seine Hände und gibt mir einen leidenschaftlichen Kuss.

„Schon ganz gut“, grinse ich an seinem Mund.

„Ganz gut?“ Ich bekomme einen Klaps auf den Po, dann umklammert er mich ganz fest und platziert mich auf seiner harten Spitze. „Ich will dich.“ Seine Stimme klingt wieder so rau und unglaublich sexy.

Ich lächele nur, dann bin ich es, die die letzte Distanz zwischen ihm und mir überwindet.

„Oh, auch schon da?“

Sarah öffnet uns die Türe. Als sie sieht, dass wir eng umschlungen vor ihr stehen, grinst sie breit.

„Ihr seht verdammt fertig aus“, lacht sie. „Aber auch sehr glücklich.“

„Du hast es erfasst, Schwesterchen“, nickt Simon.

Sarah stößt einen begeisterten Schrei aus, dann fällt sie ihrem Bruder und mir um den Hals. „Ich freu mich so wahnsinnig für euch!“ Sie nimmt unsere Hände und zieht uns hinein ins Haus.

„Wo ist Anna?“, erkundige ich mich. Die Zeit bei Simon war schön, aber ich vermisse meinen kleinen Engel.

„Draußen auf der Terrasse“, erklärt Sarah mir.

Anna liegt in ihrem Kinderwagen unter einem Schutznetz und brabbelt fröhlich vor sich hin.

„Hey Schatz!“ Ich nehme sie heraus, sofort lächelt sie mich an.

Simon umschlingt mich mit seinen Armen und gibt zuerst Anna und dann mir einen Kuss. „Deine Mama und dein Papa werden heiraten.“

„Dann ist es also wirklich wahr?“ Dirk kommt ebenfalls hinzu. „Das grenzt ja nahezu an ein Wunder.“

„Glaub es mal“, zwinkert Simon ihm zu.

„Habt ihr euch schon ein Datum ausgesucht?“, erkundigt Sarah sich, sie stellt ein Tablett mit Getränken auf dem Terrassentisch ab.

„Nächstes Wochenende hab ich keinen Dienst.“

Ich schaue ihn überrascht an. „Das ist jetzt ein Witz, oder?“

Es blitzt in seinen Augen auf. „Ich will nicht, dass du noch kalte Füße bekommst.“

„Spinner!“ Ich schüttele den Kopf und gebe Anna ein Küsschen auf die Nase.

„Hast du gehört, wie deine Mutter mich genannt hat?“ Simon schaut unsere Tochter empört an, doch Anna findet das nur lustig und juchzt auf.

„Was ist mit der neuen Wohnung? Du hast doch schon unterschrieben“, fragt Sarah.

„Na, was wohl?“ Simon antwortet an meiner Stelle. „Lilly wird versuchen, aus dem Mietvertrag herauszukommen.“

Ich schicke Simon einen warnenden Blick, der signalisieren soll, dass ich schon selbst antworten kann. „Und ich werde baldmöglichst mit Anna bei Simon einziehen.“

„Vielleicht suchen wir uns auch ein Haus mit Garten. Ich möchte, dass Anna einen Garten zum Spielen hat. Und ihre Geschwister auch.“ Er grinst mich so spitzbübisch an, dass ich nur den Kopf schütteln kann.

„Ihr habt ja jetzt ein rasantes Tempo drauf“, stellt Dirk fest. „Aber besser spät, als nie.“

„Nein! Oh nein! Oh nein, oh nein, oh nein!“

Bienchen umrundet seinen Schreibtisch und kommt zu mir geflitzt. Mir gelingt es kaum noch, Luft zu holen. Ich werde fast zerquetscht, dann abgeknutscht, das Ganze dauert eine kleine Ewigkeit, doch ich weiß, dass ich ihm die Zeit geben muss.

„Doch, oh doch“, presse ich schließlich mühsam hervor, als ich wieder etwas Luft in meine Lungen bekomme.

„Ich fass es nicht, ich fass es nicht!“ Er schaut mich mit tränennassen Augen an. „Wie konnte es dazu kommen? Und so plötzlich?“

„Simon hat mich gefragt …“

„Was ist los?“ Rob kommt zur Türe herein, er sieht ganz abgehetzt aus, Bienchen hat anweisen lassen, ihn sofort zu holen.

„Meine Göttin heiratet Mr. Bombastic“, erklärt er ihm, dann bricht er in lautes Schluchzen aus, genauso wie Rob, und das ganze schmerzhafte Prozedere wiederholt sich für mich. Ob ich das alles hier ohne Rippenbrüche überstehe, da bin ich mir noch nicht im Klaren drüber.

Ich kann mich schließlich befreien und stehe zwei sehr verheulten Männern gegenüber.

„Es ist so wunderbar“, schnieft Bienchen.

„Ein Traum, ein wahrer Traum“, ergänzt Rob.

„Aber ihr heiratet doch kirchlich, oder?“ Bienchen versucht, seine Fassung zurückzuerlangen. „Ihr MÜSST kirchlich heiraten, ich bin ein Meister in Brautfrisuren, außerdem wollen wir dich stylen, Honey. Das kannst du uns unmöglich abschlagen.“

„Ja, das ist so geplant“, lächele ich ihm beruhigend zu. „Wir wollen Anna dann auch gleichzeitig taufen lassen.“

„OHHHHHHOOOOO!“ Bienchen verliert erneut die Kontrolle und fällt Rob schluchzend in die Arme.

Wieder warte ich, bis er sich ausgeweint hat. „Ich hätte da auch noch eine Bitte“, beginne ich zögernd.

„Ja? Alles Honey, wir tun alles für dich!“ Bienchen sieht mich aus geröteten Augen gespannt an.

„Simon möchte, dass ich ihn in zwei Wochen auf eine Feier in einem dieser VIP-Clubs begleite. Dann möchte er mich auch als seine Verlobte seinen Freunden vorstellen“, erkläre ich. „Ich brauche eure Hilfe.“

„Natürlich, Schatz.“ Rob nickt heftig. „Wir werden dich schon aufhübschen.“

„Danke.“

Eigentlich habe ich gar keine Lust, zu dieser Party zu gehen, doch Simon hat mich so eindringlich gebeten, mitzukommen, dass ich nicht ablehnen konnte. Ich weiß, dass viele seiner Ex-Affären auch dort sein werden, und das trägt nicht gerade dazu bei, dass ich mehr Lust bekomme, dort aufzuschlagen.

Und das ändert sich auch nicht bis zu besagtem Abend. Ich weiß nur, dass Michael Werner und seine Frau auch kommen werden, außer den beiden kenne ich bislang noch keinen von Simons Freunden.

Bienchen und Rob haben mich wieder perfekt hingekriegt, ich bin so froh, dass ich die beiden habe, ohne sie wäre ich verloren in der Stylinghölle.

Simon hat einen Arm um mich gelegt, als wir den Club betreten. Ich bin dankbar für diese Geste, sie gibt mir ein bisschen Sicherheit, denn ich bin aufgeregt und hoffe, dass ich ihn nicht blamieren werde.

„Hallo Simon."

Eine umwerfend schöne Frau begrüßt ihn überschwänglich, für einen kurzen Moment lässt er mich los, denn die Dame nimmt ihn doch arg in Beschlag. „Schön, dich zu sehen", sagt sie, meiner Meinung nach ist ihr Augenaufschlag etwas zu gewagt. Sofort kocht Eifersucht in mir hoch, ich versuche verzweifelt, das unter Kontrolle zu bekommen.

„Darf ich dir Lilly Zeisler vorstellen?" Er legt wieder seinen Arm um mich. „Meine Verlobte."

Okay, das Gesicht der Frau entschädigt mich jetzt doch wieder ein bisschen, denn sie sieht ihn völlig verständnislos an.

„Verlobte?", stammelt sie.

„Ja, genau. Du hast richtig gehört. Lilly ist die Mutter meiner kleinen Tochter und ich habe das große Glück, dass sie mich auch haben will." Simon strahlt übers ganze Gesicht, dann gibt er mir einen Kuss auf die Wange.

„Wie schön", presst die Schönheit nur hervor, dann trottet sie von dannen.

„Werden alle Damen hier so reagieren?", frage ich skeptisch.

Simon zuckt gelangweilt mit den Schultern. „Keine Ahnung. Aber das ist mir ehrlich gesagt auch ziemlich egal."

Aber mir nicht, knurrt es in mir innerlich. Und jetzt weiß ich auch wieder ganz genau, warum ich überhaupt nicht mitkommen wollte.

Ich werde Mike vorgestellt, er hat heute Geburtstag und aus diesem Anlass sind wir auch hier. Ich muss viele Hände schütteln und Simon wird mit lautem Hallo begrüßt.

Gleich zwei Frauen umkreisen ihn dann, die beiden werden mir vorgestellt, Simon wirkt entspannt und locker, scheinbar hat er ein gutes Verhältnis zu ihnen.

Doch ich bin ja nicht blöde oder gar blind, eine von ihnen himmelt ihn genauso an wie die blöde Kuh von vorhin, ich frage mich, was da wohl mal zwischen den beiden gelaufen ist.

„Und du hast es also geschafft, dir Simon zu angeln. “ Sie lächelt mir zuckersüß zu.

„Ja, sieht ganz so aus, oder?“ Ich kann das auch, ebenso falsch lächele ich zurück.

„Nun ja, mit einem Baby ist es ja auch besser, wenn man abgesichert ist“, zischelt sie weiter.

Unterstellt sie mir jetzt gerade, dass ich Simon mit Anna geködert habe? Ich entscheide mich dafür, dass es so ist und die Wut kocht immer mehr in mir hoch.

„Das ist sicherlich wahr. Aber ich habe mir Simon geschnappt, weil er so heiß ist!“ Ich lasse die Schlange nicht mehr aus den Augen. „Und ich wage mal zu behaupten, dass er es umgekehrt genauso sieht.“

Ich recke mein Näschen nach oben, ich hoffe die blöde Tussi hat es jetzt kapiert.

Simon legt einen Arm hinter meinen Rücken und kneift mich fest in den Po, ich schaue ihn empört an, in seinen Augen liegt eine deutliche Warnung.

„Lilly hat völlig recht“, sagt er aber und gibt mir einen Kuss auf die Wange.

„Ich hätte nie gedacht, dass es dich mal so erwischen würde.“ Die Schönheit wirkt angesäuert.

„Vielleicht hat er vorher noch nicht die richtige Frau getroffen?“ Mein Lächeln ist wie festgetackert, ich bin stolz auf mich.

„Genauso ist es. Entschuldigt uns mal bitte kurz." Simon zieht mich von der Gruppe weg. Schade, jetzt, wo es gerade so interessant wurde.

„Lass das, Lilly", sagt er mit deutlicher Drohung in der Stimme.

Ich beschließe, mich unschuldig zu geben. „Was denn?"

„Es gibt keinen Grund dafür, eifersüchtig zu sein, okay? Ich liebe dich – und nur dich!"

„Und ich bin nicht blind, sie fährt immer noch auf dich ab, genauso wie die Frau von vorhin!"

„Kann sein. Ich war kein Unschuldsengel und das weißt du auch!" Simon fährt sich mit der Hand durch die Haare. „Aber sie sind Vergangenheit, lass sie doch reden, was sie wollen. Meine Zukunft bist du, und es ist lächerlich, wenn du eifersüchtig bist."

„Lächerlich? Ach, du findest mich lächerlich? Vielleicht hätte ich lieber doch zuhause bleiben sollen, ich hab mir schon gedacht, dass hier dein Fanclub auf dich lauert!" Jetzt werde ich aber wirklich wütend, soll er doch nicht so tun, als wäre ich verblödet!

„Lilly!" Er hält mich an den Oberarmen fest. „Bitte … jetzt sei nicht albern!"

„Ich bin nicht albern!" Ich reiße mich los und steuere die Theke an, ich habe wirklich keine Lust mehr auf ihn und seine Beschwichtigungsversuche. Warum um alles in der Welt bin ich bloß mitgekommen?

Mürrisch ordere ich ein Glas Champagner, dann schaue ich mich suchend nach Simon um, eigentlich hatte ich erwartet, dass er mir nachkommt, aber stattdessen plaudert er wieder mit anderen Leuten.

„Hi!" Eine Männerstimme spricht mich an, ich drehe mich um, meine Lust, Konversation zu betreiben, hält sich allerdings sehr in Grenzen.

„Hallo", knurre ich.

„Wie heißt du? Ich hab dich noch nie hier gesehen." Mein Gegenüber lächelt mich freundlich an. Ich mustere ihn kurz, er sieht niedlich aus, blond und helle Augen, das genaue Gegenteil von Simon.

„Lilly. Du kannst mich auch noch nie hier gesehen habe, ich bin das erste Mal hier", sage ich. Wenn Simon sich unterhalten kann, dann kann ich das ja wohl auch!

„Alleine?"

„Warum willst du das wissen?" Oh, er will flirten, na gut.

„Weil ich mir irgendwie nicht vorstellen kann, dass so ein schönes Mädchen noch Single ist."

Was für eine blöde Anmache, aber gut, ich hab ja gerade nichts anderes zu tun, außerdem findet mein Verlobter mich lächerlich.

„Du hast da was …" Er zupft an einer blonden Locke - meine Haare sind von Bienchen aufwendig gestylt worden - und hält mir etwas vor die Nase. Es ist ein glitzernder Papierschnitzel, als wir den Club betreten haben, hat jemand das Geburtstagskind damit überschüttet.

„Da bist du ja."

Wie aus dem Nichts steht Simon plötzlich neben mir. „Hallo Steffen", nickt er meinem Gesprächspartner zu. Simon legt einen Arm um meine Hüfte und zieht mich fest an sich. „Du kennst meine Verlobte bereits?"

„Verlobte?" Dieser Steffen sieht jetzt ziemlich verdattert aus. „Wow, damit hätte ich jetzt nicht gerechnet."

„Tja, so kann man sich täuschen." Simon fixiert ihn mit seinem Blick. „Wir müssen jetzt weiter", sagt er dann und schiebt mich in Richtung eines Ausganges.

„Ach, müssen wir weiter? Warum denn? Ich habe mich gerade so nett unterhalten", sage ich spitz, Simon drängt mich hinaus, kurz darauf stehen wir im Hinterhof des Clubs, ich atme tief durch, die frische Luft tut mir gut.

„Was soll das?", motzt Simon prompt los.

„Was soll was?"

„Warum lässt du dich von dem Typen anmachen? Das ist der größte Frauenvernascher der Stadt."

„Ach, ich dachte, mit dem wäre ich seit Neuestem verlobt!"

„Lilly!" Simon verdreht genervt die Augen. „Warum verstehst du nicht, dass ich nichts mehr von den anderen Frauen will? Ich will dich, nur dich. Aber ich kann ja nicht so tun, als würde ich meine alten Bekannten nicht mehr kennen, oder?"

Er sieht mich eindringlich an, ich spüre, wie ich unter seinem Blick weicher werde.

„Ich … ich habe einfach nur Angst dich zu verlieren. Und dass ich dir nicht mehr genüge", gestehe ich ihm dann.

„Das musst du nicht, Süße." Simon umfasst mein Gesicht mit seinen Händen. „Du wirst meine Frau, du bist mit Anna zusammen der Mittelpunkt meines Lebens. Glaub mir doch", raunt er mir zu, dann beginnt er, mich sanft zu küssen. Wie er das macht, ist mir schleierhaft, aber ich bin wie Wachs in seinen Händen.

Wie von selbst schlinge ich die Arme um seinen Hals, unser Kuss wird schnell leidenschaftlicher, jetzt kann ich deutlich spüren, wie sehr Simon mich begehrt.

„Glaubst du mir?“, flüstert er an meinen Lippen, seine Hände streifen an meiner Taille entlang und bleiben auf meinen Hüften liegen.

„Ja“, lächele ich, weswegen war ich eben noch mal so sauer?

„NÄ! Das geht gar nicht! Du siehst aus wie eine Buttercremetorte!“ Bienchen schüttelt energisch den Kopf, ich gefalle mir in diesem Kleid aber auch nicht. Die Farbe und die komischen Rosen sind einfach nicht mein Ding.

Seufzend ziehe ich es wieder aus und wir verlassen das Geschäft, um die nächste Boutique anzusteuern.

Ich weiß nicht, ob das alles wirklich so eine gute Idee war. Ich bin jetzt im gefühlten 387. Brautmodengeschäft, aber Rob, Bienchen und Nasti sind immer noch nicht mit mir zufrieden.

„Wie findest du das, Honey?“ Bienchen hält mir das nächste Kleid vor die Nase.

„Es sieht ziemlich genau so aus, wie die hundertfünfzig vorher, die ich schon anhatte“, maule ich.

„Gar nicht!“ Bienchen verzieht beleidigt den Mund. „Dieses hier ist viel auffälliger gearbeitet, schau dir doch nur die Stickerei an.“

„Ich seh da keinen Unterschied!“

„Jetzt werd aber mal nicht bockig, Honey.“ Rob baut sich jetzt auch vor mir auf, er hat mittlerweile diesen Kosenamen für mich von Bienchen übernommen. „Es ist DER Tag in deinem Leben, du heiratest Mr. Bombastic, da geht nicht einfach irgendein Fummel.“

Ich stöhne leise auf und ergebe mich in mein Schicksal. Als ich das Kleid dann übergestreift habe, bin ich selbst überrascht. Ich hätte nie gedacht, dass es so etwas gibt, aber dieses Kleid hier scheint wie für mich gemacht zu sein. Es ist elfenbeinfarben und im Mermaid-Stil gefertigt – und es sitzt perfekt.

Mit einem Strahlen im Gesicht trete ich aus der Umkleidekabine, sofort schießen Bienchen Tränen in die Augen, Rob bringt nur ein ersticktes „Oh Gott“ zustande und Nasti reckt beide Daumen nach oben.

Bienchen fliegt in meine Arme und küsst mich ab, ich registriere aus den Augenwinkeln, dass die Verkäuferin etwas irritiert schaut, wahrscheinlich fragt sie sich gerade, in was für einer Beziehung wir hier alle zueinander stehen. Ihre Augen werden noch größer, als auch Rob mir einen Schmatzer auf den Mund gibt.

„Ich nehme mal an, ihr findet das Kleid auch so toll wie ich?", frage ich überflüssigerweise.

„Es ist DEIN Kleid", flüstert Bienchen ehrfürchtig. „Ich wusste, wir würden so eins für dich finden. Warum kann ich nicht mal so was anziehen?"

„Kannst du doch", kichere ich, dann bemerke ich wieder den verunsicherten Blick der Verkäuferin. „War nur Spaß", zwinkere ich ihr zu.

Meine Euphorie wird allerdings etwas gebremst, als ich den Preis sehe. Soviel wollte ich eigentlich nicht ausgeben, auch wenn Simon ausdrücklich gesagt hat, dass ich bloß nicht aufs Geld schielen soll.

Bienchen zieht mich auf einen Hocker und bedeutet mir, dass ich mich setzen soll. Dann stellt er sich hinter mich vor den Spiegel und hält meine Haare hoch. Ab da habe ich nicht mehr viel zu melden, Rob und er diskutieren die verschiedenen Möglichkeiten der Frisur und lassen sich von der Verkäuferin passende Spangen bringen. Nasti kümmert sich in der Zwischenzeit um die Schuhe.

Ich bin froh, dass ich die drei um mich habe, ich selbst wäre viel zu unsicher in diesen Dingen. Fasziniert höre ich ihnen zu und ich weiß, dass ich an meinem großen Tag hübsch aussehen werde.

Nach zwei Stunden verlassen wir schließlich das Geschäft, ich gebe der Verkäuferin ein großzügiges Trinkgeld, denn das hat sie sich redlich verdient. Es ist nicht leicht für sie gewesen, gegen Bienchen und Rob anzukommen.

Ich frohlocke schon, weil ich denke, es geht nach Hause, aber Rob und Bienchen schütteln nur streng den Kopf.

„Jetzt brauchen wir noch was für drunter", lächelt Bienchen mir zu.

„Aber doch heute nicht mehr", jammere ich.

„Na klar, jetzt haben wir uns doch gerade erst warmgelaufen", grinst Nasti und schon bin ich in einem Dessous-Geschäft.

„Hey, schau mal, wer da kommt.“ Simon empfängt mich mit Anna auf dem Arm.

„Hallo ihr beiden, habt ihr euch gut amüsiert?“ Ich gebe meiner kleinen Tochter einen Kuss auf die Wange, dann ist Simon dran.

„Ich hoffe, du hast ein Kleid bekommen“, raunt er an meinen Lippen.

„Ja, allerdings“, lächele ich.

„Und was für eins! Ein Träumchen!“, flötet Bienchen, als er mit Rob zusammen ebenfalls die Wohnung betritt.

Simon nickt ihnen freundlich zu. „Hallo ihr beiden.“

„Wie, kriege ich kein Begrüßungsküsschen von dir?“ Rob stupst ihn vertraulich in die Rippen und Simon lächelt gequält.

Er mag diese Art von Neckereien meiner beiden Freunde gar nicht, aber ich finde es immer ganz amüsant, wenn Simon sich ein bisschen windet.

Er geht auch gar nicht darauf ein, Rob grinst nur und verschwindet dann in unserer Küche. Es ist ein nettes Ritual geworden, dass er ab und zu mal für uns alle kocht und ich genieße das Zusammensein mit meinen Männern.

„Ich war auch nicht untätig.“ Simon schiebt mir nach dem Essen zwei Dossiers von Häusern zu. „Schau dir die bitte mal an.“

Neugierig schlage ich eines davon auf, es ist eine komplett sanierte alte Villa und sie sieht sehr hübsch und gepflegt aus. Mittlerweile habe ich es aufgegeben, nach den Kosten zu schielen, Simon wird wissen, was wir uns erlauben können und ich weiß selbst, dass Diskussionen mit ihm darüber zwecklos sind.

„Das sieht sehr hübsch aus.“

„Ich wusste, dass es dir gefallen wird.“ Simon greift nach meiner Hand und haucht einen Kuss darauf. „Das zweite Haus ist auch klasse, aber etwas moderner.“

Rob und Bienchen hängen ebenfalls ihre Köpfe über die Unterlagen, sie finden erwartungsgemäß das moderne Haus schöner, aber ich habe mich sofort in die alte Villa verliebt.

„Wenn es wirklich so aussieht, wie auf den Bildern …“, strahle ich.

„Ich hab schon kapiert“, lacht Simon.

Ich glaube, ich war in meinem ganzen Leben noch nicht so nervös wie an diesem Tag.

Dabei kann mir eigentlich nichts mehr passieren, ich bin bereits Simons Frau, vor drei Stunden fand die Trauung im Standesamt statt, also sollte ich mich einfach nur freuen. Doch das geht leider nicht, denn mein Herz klopft mir bis zum Hals und ich habe Angst, dass mir irgendetwas Blödes passiert. Vielleicht trete ich ja auch mein Kleid?

Nein, das ist völlig ausgeschlossen, das weiß ich selbst, Bienchen hat dafür gesorgt, dass es perfekt sitzt und mir so etwas nicht passieren wird.

Oder ich stolpere?

Ich darf gar nicht daran denken, dass ich auf dem Weg zum Altar der Länge nach hinschlagen könnte.

„Alles klar?“ Ela greift nach meiner Hand.

„Ich sterbe vor Nervosität“, gestehe ich ihr.

„Das kann ich verstehen, Süße, aber das brauchst du nicht. Alles wird gut gehen – und du siehst einfach traumhaft aus. Simon werden die Augen aus dem Kopf fallen“, versichert sie mir.

„Das will ich auch hoffen.“

Vielleicht noch dreihundert Meter, dann sind wir da.

Simon wartet bereits auf mich, ich erkenne ihn schon von Weitem. Und ich sehe, dass er hin- und herläuft, scheinbar bin nicht nur ich sehr nervös.

Bienchen öffnet mir die Tür der Limousine, er hat schon ganz gerötete Augen, ich weiß, dass er gleich fürchterlich weinen wird. Ich hoffe nur, er wird es durchstehen, denn er ist zudem auch noch mein Trauzeuge, während Dirk an Simons Seite stehen wird.

Rob eilt hinzu, sie zupfen hastig an mir herum, immerhin schaffe ich es, halbwegs elegant den Wagen zu verlassen.

Simons Gesichtsausdruck werde ich mein Leben lang nicht mehr vergessen. Als er mich ansieht, schluckt er heftig und in seinen Augen kann ich unverhohlene Bewunderung erkennen.

„Lilly …“

Ich kämpfe ebenfalls mit den Tränen. „Hallo Simon, gut siehst du aus. “, flüstere ich leise. In seinem dunklen Anzug mit passender Weste sieht er einfach zum anknabbern aus.

Er haucht mir einen Kuss auf die Wange. „Du bist wunderschön!“

„Na, das kannst du wohl laut sagen“, mischt Bienchen sich ein. „Übrigens, der Pfarrer wartet.“

Er mustert mich noch einmal eingehend von oben bis unten, dann nimmt er Ela an die Hand und zusammen mit Rob gehen auch sie hinein.

„Bereit?“, fragt Simon mich und reicht mir seinen Arm.

Ich nicke und gehe mit ihm ebenfalls langsam auf die große Tür zu.

Als die Musik einsetzt und wir den langen Gang entlangschreiten, kommen mir meine Eltern wieder in den Sinn. Ich habe oft an sie denken müssen in der letzten Zeit, wie sehr hätten sie sich über diesen Tag gefreut.

Ich muss mich zwingen, nicht wieder zu weinen.

Sie sind bestimmt dabei, versuche ich mich zu trösten. *Sie schauen sich alles von oben an.*

Ich lächele aufgeregt, die Kirche ist sehr voll und wunderschön geschmückt, wie in meinem Brautstrauß überwiegen hier weiße Orchideen. Ich schaue in vertraute Gesichter, Simon hat viele seiner Freunde und die Kollegen eingeladen, von meiner Seite aus sind meine engsten Freunde dabei und meine liebsten Männer natürlich.

Als ich Bienchen am Altar stehen sehe, ist er bereits in Tränen aufgelöst, während Dirk uns breit angrinst.

In der ersten Reihe sitzen Sarah und Simons Eltern mit unserer kleinen Maus, die aussieht wie ein Püppchen. Rob und Bienchen haben es übernommen, sie einzukleiden und sich mächtig ausgetobt. Anna ist in ein zauberhaftes Spitzchenkleidchen eingehüllt und trägt ein Stirnband mit einer weißen Schleife.

„Liebes Hochzeitspaar, liebe Hochzeitsgäste. Ich heiße sie alle herzlich willkommen. Wir sind heute hier zusammengekommen, um mit Elisabeth Zeisler und Simon Stegmann die kirchliche Trauung zu feiern.“

„Ohhh“, höre ich Bienchen leise aufschluchzen, ich drehe mich zu ihm um, er hat sein Gesicht hinter einer Hand verborgen, dann putzt er sich schnell die Nase.

„Alles gut?“, frage ich leise.

„Ja, ja …“ Er nickt heftig, seine Augen sind schon richtig geschwollen.

„Sie beide möchten ihr Leben nun in aller Form gemeinsam gestalten. Was Sie sich für die Zukunft erhoffen …“

„Ohooo …“ Bienchens Schluchzen bricht mir fast das Herz, ich schaue wieder zu ihm, er ist völlig aufgelöst.

„Meinst du, er wird es überstehen?“, raunt Simon mir zu. „Ich weiß nicht, wie lange der Pfarrer heute Zeit hat.“

Ich schicke meinem Mann einen bösen Blick, seine Augen blitzen vergnügt auf.

Schnell greife ich nach Bienchens Hand und drücke sie, er nickt mir dankbar zu.

Immerhin bewältigt er jetzt die einleitenden Worte ohne größere Zusammenbrüche. Als das erste Lied gesungen wird, hat er sich wieder im Griff. Ich befürchte nur, dass dieser Zustand nicht lange anhalten wird, und meine Vermutungen werden auch bestätigt.

Als der Pfarrer uns bittet, uns zu erheben, sehe ich es wieder in Bienchens Augen glitzern.

„Simon Stegmann, ich frage dich vor Gottes Angesicht: Nimmst du deine Braut Elisabeth an als deine Frau und versprichst du, ihr die Treue zu halten in guten und bösen Tagen, in Gesundheit und Krankheit, und sie zu lieben, zu achten und zu ehren, bis der Tod euch scheidet? Dann antworte mit Ja.“

Leider ist Simons Antwort nicht zu verstehen, denn Bienchens Aufheulen ist so laut, dass es die Stille durchbricht. Rob kommt zu ihm und streichelt ihm über den Rücken, der Pfarrer wirkt jetzt sichtlich verstört.

„Ja“, antwortet Simon schließlich mit feixender Stimme, dann nimmt er den Ring und steckt ihn an meinen Finger.

„Dada“, kommentiert jetzt auch Anna das Geschehen, ich kann mir nur mühsam ein Kichern verkneifen.

„Elisabeth Zeisler, ich frage dich vor Gottes Angesicht: Nimmst du deinen Bräutigam Simon Stegmann an als deinen Mann und versprichst du, ihm die Treue zu halten in guten und bösen Tagen, in Gesundheit und Krankheit, und ihn zu lieben, zu achten und zu ehren, bis der Tod euch scheidet? Dann antworte ebenfalls mit Ja.“

„Ach Gottchen …“, schnieft es von der Seite, ich kann noch rechtzeitig antworten, bevor Bienchens Weinattacke weitergeht.

Meine Hände zittern ein bisschen, als ich Simon den Ring anstecke, aber schließlich ist es geschafft. Der Pfarrer legt eine Stola über unsere ineinandergelegten Hände.

„Der Herr festige euren Bund, er segne und stärke euch“, sagt der Pfarrer lächelnd, er scheint sehr erleichtert zu sein.

Anna wird aufgerufen, zum Glück hat Bienchen sich wieder soweit gefangen, dass er mir stabil genug erscheint, seinen Taufpatenjob gut zu überstehen.

Gerührt sehen Simon und ich dabei zu, wie der Pfarrer unsere Tochter tauft.

„Sie ist so wundervoll wie ihre Mutter“, flüstert Simon mir zu, ich schaue ihn verliebt an und bekomme einen zärtlichen Kuss.

Bienchen wirkt sehr mitgenommen, als wir die Kirche verlassen. Simon trägt Anna auf dem Arm, die die ganze Zeremonie sehr brav ertragen hat.

Vor der Kirche beglückwünschen uns alle, es gibt Champagner und viele liebe Worte.

Jetzt spüre ich auch, wie die Anspannung sich etwas von mir löst, dann posieren wir für Fotos. Simons Eltern haben einen bekannten Fotografen engagiert, und als Simon und ich gefühlte tausend Mal abgelichtet worden sind, drängelt sich Bienchen an meine Seite.

„Ich will auch mit Lilly aufs Bild!“

Simon schaut ihn ein wenig empört an, doch das beeindruckt meinen Freund überhaupt nicht.

Ich kann mir das Lachen nicht mehr verkneifen, denn Bienchen post tatsächlich so, als wäre er der Bräutigam.

Schließlich bekomme ich noch einen innigen Kuss auf den Mund, dann scheint es meinem Mann aber doch zu viel zu werden.

„Es reicht jetzt, Benjamin“, höre ich seine energische Stimme.

„Alles Gute, meine Göttin“, flüstert Bienchen mir zu.

„Danke.“ Jetzt kullern auch bei mir die Tränen. „Danke für alles, Bienchen. Was wäre ich denn ohne dich – ein Nichts!“

„Du hast so recht“, schluchzt auch er wieder auf.

Die Feier findet in einem noblen Hotel etwas außerhalb der Stadt statt. Ich will auch gar nicht mehr wissen, was das alles kosten wird. Simons Eltern haben es sich nicht nehmen lassen, die Kosten zu übernehmen, Einwände meinerseits wurden damit abgebügelt, dass sie es bei Sarah auch so gemacht hätten, also gebe ich auf, dagegen anzugehen.

Es wird eine ausgelassene Feier, nur meinen Brautstrauß werde ich nicht hergeben, ich möchte ihn am nächsten Tag mit Simon zusammen zum Friedhof bringen.

Bienchen hält, natürlich unter Tränen, eine rührende Rede, man sieht ihm an, wie sehr ihn der Tag geschafft hat.

„Wann können wir endlich verschwinden?“, raunt Simon mir kurz nach Mitternacht zu, ich sehe das Glühen in seinen Augen, und ich gebe zu, dass auch ich es kaum erwarten kann, ihm zu zeigen, was ich unter dem Kleid trage.

„Noch ein bisschen.“ Ich küsse ihn zärtlich, um ihn zu besänftigen.

Nach einer weiteren Stunde ergreift er das Mikrofon, ich schaue ihn verwundert an.

„Liebe Gäste, meine hinreißende Frau und ich wünschen euch noch eine schöne Feier“, sagt er nur, dann kommt er zu mir und nimmt meine Hand.

Völlig verdutzt lasse ich mich von ihm zum Ausgang ziehen, begleitet von feixenden Sprüchen und gut gemeinten Ratschlägen für die Hochzeitsnacht.

„Endlich“, seufzt er auf, als er die Hoteltüre hinter sich schließt. Die Suite ist ein Traum, auch hier gibt es eine wunderschöne Blumendekoration, ebenfalls mit weißen Orchideen.

Doch ich ahne schon, dass meinem Mann der Sinn nach etwas anderem steht, denn er führt mich sofort ins Schlafzimmer.

„Darauf habe ich mich schon den ganzen Tag gefreut.“

Er zieht mich an sich und küsst mich mit solcher Leidenschaft, dass mir der Atem stockt. Ich schlinge die Arme um seinen Hals und lasse mich einfach in den Kuss fallen.

„Dreh dich um, Süße“, befiehlt er mir zärtlich, ich bekomme eine Gänsehaut. Als ich mit dem Rücken zu ihm stehe, und spüre, wie seine Hände behutsam all die kleinen Knöpfe und Häkchen lösen, beginne ich zu zittern.

„Wer hat dieses Kleid ausgesucht?“, knurrt es hinter mir.

„Bienchen“, gluckse ich.

„Ich hätte es mir denken können", schnaubt Simon.

Schließlich hat er es geschafft, langsam schiebt er den feinen Stoff an meinem Körper hinab.

„Wow!" Er reicht mir die Hand. „Steig aus!"

Ich tue ihm nur zu gerne den Gefallen, seine Augen streicheln meinen Körper, der nur spärlich von feinster Spitzenwäsche verhüllt wird. Simon scheint den Anblick sehr zu genießen.

„Und wer hat das ausgesucht?"

„Bienchen", grinse ich breit.

„Ich beginne, den Kerl zu lieben."

„Zu spät, jetzt bist du mit mir verheiratet." Ich lege die Arme um seinen Hals. „Ich nehme mal an, es gefällt dir?"

„Und wie!" Er platziert seine Hände auf meinem Po und presst mich an sich, ich kann seine Erregung deutlich spüren.

„Dann komm endlich deinen ehelichen Pflichten nach." Ich beiße ihn in die Lippen, im nächsten Moment finde ich mich auf dem Bett wieder.

„Sehr, sehr gerne." Er hält meine Hände über meinem Kopf zusammen, als er beginnt, sich meinen Körper zu widmen.

ENDE

Vielen Dank an meine Leserinnen und Leser, ich freue mich über Ihr Interesse an meinem Roman.
Bitte besuchen Sie auch meine Facebook-Seite und meine Homepage, dort gibt es noch mehr Geschichten.
Über ein Feedback würde ich mich sehr freuen.

https://www.facebook.com/Ki.Ela.Stories
www.ki-ela-stories.de

Bisher sind von Ki-Ela Stories erschienen:

‚Bittersüß'
‚Unsere feuerrote Hexe'
‚Taxi 503'
‚Two Night Stand'
‚Mias Schatten'
‚Grenzerfahrungen'
‚Körpertreffer'

Über den Autor:

Seit einigen Jahren schreibe ich Geschichten, die ich aber nur in kleinen Internetforen veröffentlicht habe.

Angeregt durch die positive Resonanz habe ich mich entschlossen, die Geschichten als E-Book anzubieten.

14977820R00217

Printed in Poland
by Amazon Fulfillment
Poland Sp. z o.o., Wrocław